KB177703

니체와 바그너 1868년 니체는 작곡가 바그너(1813~1883)를 만나 쇼펜하우어에 대한 이야기를 나누면서 서로 가까워졌다. 한때 바그너를 숭배하다시피하던 니체는 이후 바그너의 〈니벨룽의 반지〉와 〈파르지팔〉 등의 작품에서 염세주의적 분위기와 그리스도교적 색채를 엿보고 실망한 뒤에는 바그너에 대한 결별 선언이나 마찬가지인 《바그너의 경우》(1888)와 《니체 대 바그너》(1895)를 출간했다. 바그너의 오페라 〈탄호이저〉에 나타나는 이 장면은 브뤼크너 형제가 무대 배경을 위해 그린 것이다.

나폴레옹의 제관식 모든 인간은 자유롭게 자신의 권력에의 의지를 스스로 느낄 수 있어야 한다고 니체는 말했다. 그는 정복과 쟁취에서뿐만 아니라 문화적·정치적 행위에서도 이것이 적용된다고 생각했고 나폴레옹(1769~1821)을 자신의 '권력에의 의지'를 가장 잘 인식했던 사람으로 꼽았다.

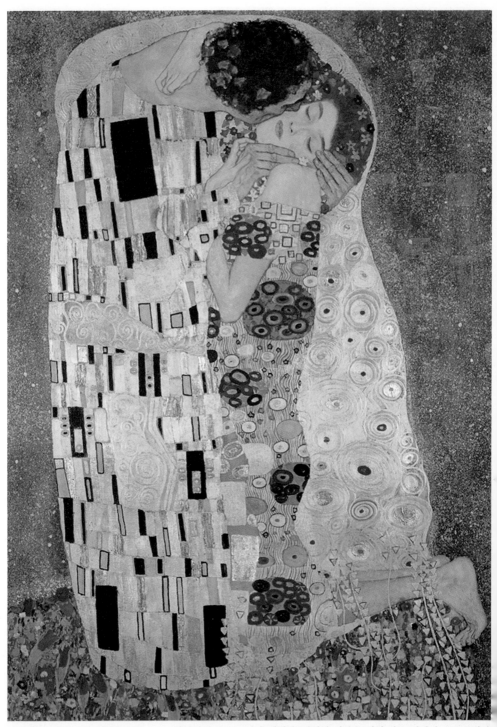

〈입맞춤〉 구스타프 클림트. 1907~08. 벨베데레 오스트리아 갤러리. 니체의 저작을 익히 알고 있었던 오스트리아 화가 클림트(1862~1918)는 세기말 빈의 고상한 척하는 예술적 관습에 도전했다. 〈입맞춤〉에서 볼 수 있듯이 그의 작품의 감각적이고 에로틱한 측면은 어떤 사람들에게는 포르노그라피로 느껴지겠지만, 이는 우리의 도덕과 가치를 재평가해야 하는 의무를 지니고 있다는 니체의 믿음을 완벽하게 표현한 것이다.

프리드리히 니체(1844~1900)

루 살로메, 파울 레와 니체(1882) 1873년 니체는 철학자 파울 레(Paul Rée, 1849~1901)를 만나 곧 친구가 되었다. 레가 니체를 루 살로메(Lou Salomé, 1861~1937)에게 소개한 뒤 이들은 복잡한 삼각관계로 발전했다. 살로메에 대한 레의 감정은 니체와의 우정에 손상을 주었다. 더구나 니체의 여동생이 살로메를 지나치게 질투해서 상황을 더욱 악화시켰다.

세계사상전집072

Friedrich Wilhelm Nietzsche

JENSEITS VON GUT UND BÖSE
GÖTZEN–DÄMMERUNG/ECCE HOMO

선악을 넘어서/우상의 황혼/이 사람을 보라

프리드리히 니체/강두식·곽복록 옮김

동서문화사

선악을 넘어서/우상의 황혼/이 사람을 보라
차례

Jenseits von Gut und Böse

선악을 넘어서

강두식 옮김

머리글

진리를 여성이라고 가정해 보자. 어떤가? 모든 철학자가 독단주의자인 한, 그들이 여자를 잘못 이해했다는 의심은 근거 있는 게 아닐까? 그들은 진리를 얻기 위해서 언제나 소름 끼치는 진지함과 서툴고 주제넘은 자신감만을 보여왔는데, 이것이야말로 여자를 얻기 위한 참으로 서툴고 부적절한 방법이었던 것이다. 그녀가 마음을 주지 않으리라는 것은 뻔한 노릇이다. 그래서 오늘날 모든 종류의 독단론은 의기소침하고 위축된 꼴을 하고 있는 것이다. 이 독단론이 여전히 버티고 있다면 말이다! 온갖 독단론이 바닥에 쓰러졌을 뿐만 아니라 숨이 끊어질 듯 허덕이고 있다고 주장하며 비웃는 사람이 있기 때문이다.

그러나 진지하게 말하자면 철학의 모든 독단은 아주 화려하고 결정적이며 최종적인 것처럼 태도를 취했어도 여전히 고상한 어린아이 장난이거나 신출내기의 미숙함에 지나지 않는다. 그리고 독단론이 지금까지 쌓아온 숭고하고도 절대적인 철학자들의 건축물이 얼마나 보잘것없는 기초 위에 세워져 있는가를 다시 이해되게 될 때도 머지않았다. 즉 그 기초가 되었던 것은 생각조차 할 수 없는 먼 옛날로부터 전해 내려온 (주관과 자아의 미신으로서 오늘날에도 여전히 피해를 주는 영혼에 대한 미신과 같은) 통속적 미신이다. 문법에 의한 말장난이나 유혹 또는 아주 제한적이고 여전히 개인적인, 또한 아주 인간적인, 너무나 인간적인 사실을 터무니없이 일반화한 것이다.

독단주의자의 철학은 기껏해야 지난 시대의 점성학처럼 수천 년을 뛰어넘은 앞으로의 약속일 뿐이다. 점성학에 진력하기 위해서 참된 학문을 위한 것보다 더한 노력, 돈, 예지, 인내가 낭비되었다. 이 점성학과 현실을 초월한 요구 때문에 아시아나 이집트에서는 대규모의 건축물이 생겨났다. 모든 위대한 것은 인류의 마음속에 영원한 권리를 가지고 새겨지기 위해서 먼저 엄청난 두려움을 불러일으킬 만한 모습으로 지상에 떠돌아다녀야 하는 것처럼 보인다. 아시아의 베단타(Vedanta)학파, 유럽의 플라톤주의 같은 독단적 철학도 마찬가지이다.

우리는 이러한 철학의 은혜를 저버려서는 안 된다. 설령 지금까지 가장 나쁘고 가장 지루하며 가장 위험한 것은 독단론자들의 잘못, 즉 플라톤의 순수 정신과 선 자체의 날조였다는 사실을 우리가 인정한다 해도 말이다. 그러나 이제 유럽은 이 잘못을 극복하고 악몽에서 깨어나, 적어도 보다 건강한 잠을 즐길 수 있게 되었다. 지금 우리의 임무는 깨어 있음 그 자체이며, 우리는 이 잘못과 싸워 기른 모든 힘을 상속받았다. 진실로 플라톤이 한 것처럼 정신과 선에 대해서 말한다는 것은 모든 가치를 뒤엎고, 온갖 생애의 근본 조건인 관점을 부정하는 것이다. "고대의 가장 아름다운 꽃 플라톤이 어디서 그러한 병을 얻었을까? 사악한 소크라테스가 그를 유혹했을까? 소크라테스는 정말로 젊은이를 타락시켜 독배를 마시게끔 되었던 게 아닐까?" 우리는 의사로서 이렇게 물어야 마땅하다.

그러나 플라톤에 대한 투쟁을 다시 '대중'을 위해 쉽게 말한다면(그리스도교는 '대중'을 위한 플라톤주의이므로), 수천 년에 걸친 그리스도교 교회의 압박과 싸워 이 지상에 일찍이 없던 화려한 정신의 긴장을 유럽에 이루어 놓았다. 이 정도까지 긴장한 활을 가졌다면, 제아무리 먼 표적이라 할지라도 맞힐 수 있으리라. 물론 유럽인은 이 긴장을 위기라 느끼고 이 활의 팽창을 도로 줄이려는 시도를 벌써 두 번이나 대규모로 행했다. 첫 번째는 예수회 정신에 의해서, 그리고 두 번째는 민주주의적 계몽주의에 의해서였다. 이 민주주의적 계몽주의는 출판의 자유와 신문의 보급 덕택에 정신이 더 이상 그리 쉽사리 '위기'라고 느끼지 않게 했다. (독일인은 화약을 발명했다. 놀라운 일이다. 그러나 그들은 그에 대한 보상이듯 인쇄술을 발명했다.) 하지만 우리는 예수회 회원도 아니고, 민주주의자도 아니며, 또 충분히 독일인도 못 된다. 우리는 좋은 유럽인이며 엄청나게 자유로운 정신의 소유자이다. 우리는 아직도 온갖 어려움과 그 활의 긴장을 가지고 있다! 그리고 어쩌면 화살도 있고, 임무도 있을 것이다. 누가 알겠는가? 목표도 있는지…….

오버엥가딘의 실스마리아에서
1885년 6월

제1장 철학자의 편견에 대하여

1

진리를 향한 의지. 이것은 우리를 많은 모험으로 유혹할 것이다. 모든 철학자는 이 명제의 참된 가치에 대해 경건하게 말해 왔다. 진리를 향한 의지는 지금까지 우리에게 어떠한 문제들을 제기해 왔던가! 참으로 기묘하고 골치 아프며 의심스러운 문제들이 아니었던가! 그것들은 이미 낡은 이야기이다. 그렇지만 그것은 지금에야 겨우 시작된 것처럼 생각되지 않는가? 우리가 이제야 시기하고, 의심을 품게 되고, 참지 못해 돌아서게 된다 해도 이상할 게 무엇인가? 스핑크스에 대해 우리 자신이 질문을 한다고 해서 이상할 건 무엇인가? 지금 우리에게 문제를 제기하는 자는 누구인가? 우리 내부에서 '진리를 향해' 의지를 다지는 것은 무엇인가?

사실 우리는 의지의 근원을 찾으려고 이 물음 앞에서 오랫동안 기다렸다. 그래서 마침내 보다 근본적인 물음 앞에 걸음을 멈추고 서 있다. 그리고 이 의지에 얼마만큼 가치가 있는가를 물었다. 우리가 진리를 바라는 것은 당연한 일이다. 어째서 차라리 진리가 아닌 것을 원하지 않는가? 그리고 왜 불확실을, 무지를 바라지 않는가? 여기서 진리의 가치란 무엇인가 하는 문제가 우리 눈앞에 나타났다. 아니, 우리가 이 문제 앞으로 걸어 나갔는지도 모른다. 이러한 경우 우리 가운데 누가 오이디푸스인가? 누가 스핑크스인가? 어쨌든 의문과 의문부호가 여기서 만난 것처럼 보인다. 이런 문제는 여태껏 한 번도 제기된 적이 없다. 그것을 처음으로 보고, 눈으로 확인하고, 감히 행한 것은 우리가 아니었을까 하는 생각이 드는데 믿어도 좋을까? 그도 그럴 것이 거기에는 위험이라는 것이 있기 때문이다. 그것도 어쩌면 그보다 더 큰 것은 없을 정도의 위험이.

"어떻게 무언가가 그 반대되는 것에서 생겨날 수 있을까? 이를테면 진리가 오류에서, 사심 없는 행위가 개인적인 욕심에서, 현인의 순수한 햇빛 같은 예지력이 정욕에서 생겨날 수 있을까? 그것은 불가능하다. 이런 것을 꿈꾸는 자는 바보다. 아니 바보보다 더 못난 사람이다. 최고의 가치를 지닌 것은 독자적인 기원을 가지고 있다. 이 덧없고 유혹되기 쉬우며 기만적이고 보잘것없는 세계로부터—이 망상과 탐욕의 혼란으로부터는 이끌어 내기 어렵다! 오히려 그 근원은 존재의 태내에, 불멸의 것 안에, 숨어 있는 신 안에, '사물 자체'에 있어야 하며, 그 밖의 어디에도 없다!"

이런 판단은 모든 시대 형이상학자의 특징이며 전형적인 선입견이다. 이러한 가치 평가는 그들이 지닌 모든 논리적 방법론의 배후에 있다. 그러한 '신앙'에서 그들은 '지식'을 찾는다. 그리고 마침내 그것을 엄숙히 '진리'라고 이름 붙인다. 형이상학자의 근본적인 신앙은 가치의 모순을 믿는 것이다. 그들 중 가장 신중한 사람조차도 '모든 것을 의심해 봐야 한다'고 단언했음에도 (가장 의심할 필요가 있는 논거)를 의심하지 못했던 것이다.

그러므로 사람들은 다음 두 가지를 의심해 볼 수 있다. 첫째, 모순이 존재하는가. 둘째, 형이상학자가 보증하고 피상적으로도 생각할 수 있는 가치 평가와 가치 모순은 경우에 따라서는 단지 변명으로서의 평가는 아닌가, 편의상의 관점은 아닌가. 또는 그저 한 각도에서만 바라본 것에 불과하고, 이른바 화가의 '개구리 원근법'으로 밑에서 올려다본 것은 아닌가. 비록 진리와 성실과 사심 없는 행위에 가치가 주어지더라도 망상과 이기심과 탐욕에 대한 의지보다 높고 보다 근본적인 가치가 부여되어야 한다는 것도 있을 수 있는 일이다. 다시 또 훌륭하고 존중받을 만한 사물의 가치를 이루는 것은 바로 그것과는 상반되어 보이는 나쁜 사물과 암암리에 결합되거나 연계된 데 있다는 것도 가능한 일이다. 더 나아가서 어쩌면 그 둘은 본질적으로 하나일 수도 있다. 어쩌면! 하지만 누가 이렇듯 위험한 '가정'을 하겠는가! 우리는 새로운 부류의 철학자가 나타나기를 기다려야 한다. 기존 철학자와는 달리 반대의 취미와 경향을 가진 철학자가 나타나기를 기다려야 한다. 이것이야말로 어떠한 의미에서는 위험한 '가정'

을 내세우는 철학자이다. 그리고 진지하게 말해서 나는 이러한 새로운 철학자가 나타나고 있다는 것을 알고 있다.

3

오랫동안 철학자를 통찰하고 난 뒤 나는 이렇게 평가했다. 우리는 의식적인 생각의 대부분을, 심지어 철학적 생각까지도 본능적인 활동에 포함시켜야 한다. 유전적인 특징이나 '선천적인 것'을 다시 배워야 했듯이, 우리는 이 점도 다시 배워야 한다. 유전이 절차에 따라 진행되는 동안 출산이라는 사실이 문제되지 않듯이 '의식적인' 것도 본능적인 것에 대해서 아주 대립되는 것은 아니다. 한 철학자의 의식적인 생각의 대부분은 모르는 사이 그의 본능에 의해 이끌리며, 어떤 일정한 궤도 위를 가게끔 강요된다.

겉보기에는 독자적으로 성립한 것 같은 모든 논리와 의견도 어떤 가치 평가가 존재하고 있다. 좀더 정확히 말하면 특정한 종류의 생명 보존을 위한 생리적 요구가 존재하고 있다. 이를테면 확정을 불확정보다 가치가 있다 보고, 가상을 '진실'보다 가치가 없다고 보는 평가는, 그것이 아무리 우리에게 중대한 규제력을 가지고 있다 해도 그저 변명으로서의 평가일지도 모른다. 우리와 같은 생물이 자기를 보존하는 데 필요한 어리석음일 수도 있다. 단 인간이 '만물의 척도'는 아니라는 것을 가정한다면 말이다.

4

어떤 하나의 판단이 오류라 해서 우리가 이 판단을 반론할 수 있는 것은 아니다. 이렇게 말하면 너무나도 이상하게 들릴지 모른다. 문제는 그것이 어느 정도로 생명을 촉진하고 보존하며, 종족을 보존하고 또 육성까지 하는가에 달려 있다. 우리는 원칙적으로 다음과 같이 주장하고 싶어한다. 가장 그릇된 판단(선험적 종합판단도 그 하나이다)일수록 우리에게 꼭 필요한 것이다. 또한 논리적 허구를 인정하지 않고는, 절대자와 자기 동일자라는 순수한 공상적 세계를 기준으로 해서 현실을 규정하지 않고는, 수(數)를 통해 세계를 위조하지 않고는 인간은 살 수 없다. 즉 그릇된 판단을 단념하는 것은 삶을 포기하고 부정하는 일이다. 거짓을 삶의 요건으로 인정하는 것, 이것은 물론 일상화된 가치감정에 위험한 반항을 하는 것을 의미한다. 그리고 그런 일을 감행하는 철학은 그것으로 이미 선악을 넘어서 있는 것이다.

5

모든 철학자를 반쯤은 의심스럽게 반쯤은 조롱하듯이 바라보는 이유는 우리가 언제나 그들의 단순함을 꿰뚫어 보고 있기 때문이 아니다. 또 그들이 얼마나 자주 잘못을 저지르고 그릇된 길로 가는가, 즉 그들의 유치함과 순진함을 알아차리기 때문도 아니다. 오히려 그들이 충분히 정직하지 못하기 때문이다. 그들은 진실성이란 문제가 간접적으로라도 다루어지기만 하면, 당장 도덕적인 논쟁을 벌이느라 야단법석을 떤다. 그들은 모두 자기가 지닌 의견을 냉정하고 순수하게, 심지어 신성하게 초연한 변증법의 자기 전개를 통해 획득한 것처럼 내세운다(모든 계급의 신비주의자들은 그 반대이며, 이들은 보다 정직하고 보다 우둔해서 '영감'을 입에 올린다). 그러나 그들은 실제로는 사실을 추구한다면서 가정, 예감, 또는 마음속 욕망이 추상화되고 다듬어진 '영감'을 옹호한다. 그러면서도 영감의 옹호자로 불리는 것을 아주 싫어한다. 그리고 이 사실을 스스로 인정할 만한 양심의 용기도 없으며, 또한 적이나 친구에게 경고할 용기도 없고, 자신의 오만이나 자조(自嘲)를 다른 사람에게 이해시킬 만한 용기도 없다.

칸트는 경직되고 점잖은 위선으로 우리를 논리의 샛길로 유인하고, 드디어는 그의 '정언명령'으로까지 인도하고 있다. 더 정확하게 말해서 잘못된 길로 이끌고 타락으로 유혹하고 있다. 그러나 이런 연극은 우리같이 멋대로인 사람들에게는 비웃음을 자아내게 한다. 우리는 늙은 도덕주의자나 도덕 설교가들의 술책을 간파하는 데서 적지 않은 기쁨을 발견하기 때문이다. 수학적 형식에 의한 스피노자의 기술(奇術)도 이 예에서 벗어나지 않는다. 스피노자는 그의 철학—이것을 올바로 번역하면 '그 자신의 지혜에 대한 사랑'이 된다—으로 위장하고 가면을 씌웠던 것이다. 그렇게 함으로써 정복하기 어려운 처녀 신 팔라스 아테나에게 맞설 수 있는 공격자의 용기를 처음부터 꺾으려 했던 것이다. 이 병든 은둔자의 가면은 얼마나 많은 특유의 수줍음과 허약성을 드러내 보이고 있는가!

6

이제까지의 모든 위대한 철학은 조금씩 그 정체를 드러냈다. 다시 말해 그것은 그 창시자의 자기 고백이며, 자기도 모르는 사이에 바라지도 않았는데 이루어진 자서전이다. 그러므로 한 가지 철학 속에 숨은 도덕적인 (또는 비도덕적인) 의도는 그 철학 특유의 생명의 싹을 이루며, 그 싹에서부터 그 식물 전체가 성장하는 것이다. 사실 어떤 철학이 어떻게 해서 난해한 형이상학적 주장을 내세우게 되었는가를 밝히기 위해서는 먼저 다음의 것을 묻는 게 좋다. (그리고 현명하다.) 즉 그 철학은 (아니면 그 철학자는) 어떤 도덕을 지향하고 있는가? 따라서 나는 '인식에 대한 충동'이 철학의 아버지라고는 믿지 않고, 오히려 다른 경우와 마찬가지로 다른 충동이 인식을 (그리고 잘못된 인식까지도!) 다만 도구로 사용하고 있다고 믿는다. 인간의 근본 충동이 어느 정도로 영감을 불어넣는 천재로서 (또는 악령과 장난꾸러기 요정으로서) 그 역할을 담당해 왔는가를 생각해 볼 때, 그런 충동은 언젠가 한 번은 이미 철학을 행하고 있었다는 것을 알게 된다. 또 그 근본적인 충동 속의 하나하나가 그 자체를 존재의 최종 목표로 삼고, 다른 모든 충동의 정당한 지배자로 만들려는 것을 알게 된다. 즉 모든 충동은 저마다 지배권을 얻고자 하며, 지배자로서 자기 철학을 세우고자 한다.

물론 학자들, 진정으로 학문적인 인간의 경우에 문제는 다르다. 그 경우에는 '좀더 낫다'고 할 수도 있을 것이다. 여기에는 인식 충동이라는 것도 있을 수 있다. 제대로 태엽만 감아주면 착실하게 움직이기 시작하고, 그 밖의 충동은 아무런 중요한 역할도 하지 않아도 되는 자그마한 독립적인 시계 장치일 수 있다. 흔히 학자의 '관심'은 전혀 다른 곳, 예컨대 가족이라든가, 돈벌이라든가, 정치 따위에 있다. 사실 그의 자그마한 기계가 학문 가운데 어느 곳에 놓이게 되건, 또는 유망한 젊은 노동자가 좋은 문헌작가가 되건, 버섯 연구가가 되건, 아니면 화학자가 되건 그런 것은 아무래도 좋다. 그 사람이 이런 것이 되고 저런 것이 되건 그런 것이 그의 특성을 나타내지는 않는다. 이와는 반대로 진정한 철학자에게는 개인적이지 않은 것은 하나도 없다. 특히 그의 도덕이야말로 결정적인 증거가 되어 그가 어떤 사람인가를 보여준다. 즉 그의 본성의 가장 내적인 모든 충동이 어떠한 서열로 배열되어 있는지를 보여준다.

7

철학자들이란 얼마나 음흉한가! 내가 알고 있는 가장 독설적인 풍자는 에피쿠로스가 플라톤과 플라톤학파에 퍼부은 것이다. 그는 그들을 디오니시오콜라케스(Dionysiokolakes)라 불렀다. 이 말은 글자 그대로 풀면 표면적으로는 '디오니소스의 아첨꾼', 즉 참주(僭主)의 추종자란 뜻이다. 그러나 그 위에 "그들은 모두 배우이다. 그들이 하는 것은 하나같이 진실하지 못하다"는 뜻이 내포되어 있다 [디오니시오콜락스(Dionysiokolax)란 배우의 속칭이기도 했으니까]. 이 후자의 의미가 바로 에피쿠로스가 플라톤을 향해 퍼부은 독설의 진정한 의미였다. 플라톤과 그의 제자들의 장중한 태도와 연출이 에피쿠로스를 불쾌하게 만들었던 것이다. 그는 사모스 학교의 늙은 교사로서 자기의 작은 정원에 은거하며 300권의 책을 썼지만 어쩌면 플라톤에 대한 분노와 야심에서 쓴 것일지도 모른다. 그리스가 이 작은 정원의 신 에피쿠로스가 누군지를 알게 된 것은 100년이 지나서였다. 그런데 과연 제대로 알았을까?

8

모든 철학에는 철학자의 '신념'이 무대 위에 등장하는 시점이 있다. 고대 신비극(神秘劇)의 말을 빌리면 이렇다.

아름답고 힘 있는
당나귀가 다가오도다.

9

그대들은 '자연을 좇아서' 살기를 바라는가? 오, 그대들 품위 있는 스토아 철학자들이여. 그것은 지독한 기만이다! 자연이란 것을 생각해 보라. 그것은 끝없이 낭비하고, 말할 수 없이 냉정하며, 의도도 고려도 없고, 연민도 정의도 없고,

처참하고 황폐하며 불안정한 존재가 아닌가! 무관심이 힘이 되고 있음을 생각해 보라. 어찌 그대들은 그런 무관심을 좇아서 살아갈 수가 있단 말인가? 산다는 것, 그것이야말로 이 자연이 존재하는 것과는 다르게 존재하고 싶다는 의욕이 아니겠는가? 산다는 것은 판단하고 선택하고 부정하고 인정을 받고 관심을 가져주기를 바라는 것이 아닌가? 만일 '자연을 좇아서 산다'는 명제가 근본적으로 '생명을 좇아서 산다'는 의미라면, 그대들은 삶에 맞추어 살 도리밖에 없지 않은가? 그대들은 이미 그렇게 살고 있으면서, 무엇 때문에 이 당연한 것을 원칙으로 삼고자 한단 말인가? 그런데 사실 사정은 다르다.

그대들은 신이 나서 그대들 법칙의 규범을 자연 속에서 판단할 수 있다고 하지만, 사실은 그 반대의 것을 꾀하고 있다. 그대들 기이한 배우들이여, 자기를 기만하는 자들이여! 그대들의 긍지는 자연에게까지 도덕과 이상을 내세우고 구체화시키려고 한다. 그대들은 '자연이 스토아에 따르기'를 바라고 있다. 그리하여 모든 존재가 다만 그대들이 그리는 모습에 맞춰서 존재하기를, 즉 그대들은 모든 존재를 스토아주의의 거대한 찬양으로, 그 보편화로 만들고자 한다! 그렇게 진리를 사랑하면서도 자연을 허망한 모습으로, 곧 스토아적으로 보려 하고, 오랫동안 집요하게, 최면술같이 강하게 자신에게 강요한 나머지 결국 그대들은 자연을 다른 관점에서는 볼 수 없게 된 것이다. 그리고 바닥을 모를 오만이 그대들에게 광신적인 희망을 품게 하여 자신을 제압할 수 있으니—스토아주의란 자기에게 가하는 폭정이다—자연도 제압당할 수 있다고 생각하게 된 것이다. 그렇지만 스토아주의자도 결국은 자연의 한 부분이 아닌가?…… 그러나 이것은 이미 끝도 없고 오래된 이야기이다.

"그 옛날에 스토아 철학자들에게 일어났던 것은, 오늘날에도 하나의 철학이 스스로를 믿기 시작하면 바로 일어나는 것이다." 철학은 늘 자기가 그리는 모습에 따라서 세계를 창조한다. 달리 도리가 없다. 철학이란 이런 폭군적인 충동 자체이며 힘, 즉 '세계를 창조'하는 제1원인(causa prima)을 지향하는 정신적인 의지이다.

오늘날 유럽 곳곳에서는 '실재 세계와 가상 세계'의 문제가 논의되고 있다. 그 열의와 정교함, 다시 말해서 교활함은 관심을 기울일 만하다. 하지만 그 무대 위에서 오로지 '진리를 향한 의지'만을 느끼는 자는 확실히 그다지 민감한 인간은 못 된다. 몇몇의 경우에는 진리를 향한 의지, 자유분방한 모험적 용기, 또 형이상학자 스스로 참여하고 있는 헛된 희망에 대한 공명심이 작용하고 있으리라. 그러나 이런 사람들도 결국은 수레 한 대분의 아름다운 가능성보다 한 움큼의 '확실성'을 선택한다. 불확실한 무언가보다는 차라리 확실한 허무를 위해서 죽음을 택하는 양심을 지닌 광신적 청교도들도 있다. 그렇지만 그러한 덕이 아무리 용감한 행위로 사람의 눈을 끌어도 그것은 허무주의이며, 절망해서 죽음을 바랄 만큼 지친 영혼의 징후이다. 그러나 보다 강하고 보다 생명에 넘치며, 보다 삶을 갈망하는 사상가들의 경우에는 견해가 다르다.

그들은 가상을 적대시하며, 긍지를 가지고 '관점'에 대해 이야기한다. 그들은 '지구는 돌지 않는다'는 외관을 믿지 않을 정도로 자신의 육체도 믿지 않는다. 그리하여 보기에도 기분 좋게 확실한 소유물까지도 포기해 버린다. (오늘날 우리가 육체보다 더 확실하게 믿고 있는 것이 무엇이겠는가?) 그들이 그처럼 행동을 하고 있지만, 사실은 무언가를 다시 빼앗아 오려고 시도하는 것은 아닐까? 즉 그들이 일찍이 더 확실하게 소유하고 있던 것, 이를테면 그 옛날 신앙의 영토이던 것으로 '불멸의 영혼'이라든가 어쩌면 '옛 신' 같은 것 말이다. 다시 말하면 '근대 사상'에 의한 것보다는 좀더 힘차게, 좀더 쾌활하게 살 수 있게 해주는 사상 말이다. 그러한 사상에는 근대 사상에 대한 의심이 있다. 어제와 오늘에 쌓아올린 모든 것에 대한 불신이 있다. 어쩌면 오늘날 이른바 실증주의가 시장에 나와 있는 모습처럼, 여러 가지 기원을 갖는 개념들의 장식품들에 이미 참을 수 없는 가벼운 혐오와 멸시를 섞고 있으리라. 또한 이런 모든 현실주의나 사이비 철학자의 시골 장터풍의 잡다함과 남루함을 즐기는 사치스러운 취미가 주는 역겨움도 있다. 그들에게는 이러한 잡다함 말고는 새롭거나 참된 것은 없다. 나는 이 점에서 우리가 그러한 회의적인 반현실주의자나 인식의 현미경주의자를 인정해야 한다고 생각한다. 그들의 본능은 그들에게 현대의 현실을 등지게 하지만,

이 본능을 반박할 수는 없다. 그들이 여기서 몰래 물러나고 싶어한다 해도 좋다. 문제는 그들이 '후퇴하려는' 것이 아니라 사라지려는 데 있다. 만약 어느 정도의 힘과 변화, 용기, 예술성을 가지고 있다면 그들은 전진하려 할 것이다. 후퇴는 하지 않을 것이다.

11

오늘날 사람들은 어디서나 칸트가 독일 철학에 미친 진정한 영향에서 벗어나고자 하며, 또 그가 자신에게 부여했던 가치를 교묘하게 묵살하려고 애를 쓰고 있는 것처럼 보인다. 칸트는 무엇보다도 자기 범주를 자랑스러워했다. 그는 그 목록을 손에 들고 이렇게 말했다. "이것이야말로 지난날 형이상학을 위해 시도할 수 있었던 노력 가운데서 가장 어려운 일이었다." 바로 이 '할 수 있었던'을 이해하는 것이 중요하다! 칸트는 인간 속에서 새로운 한 가지 능력, 선험적인 종합판단의 능력을 발견한 것에 자부심을 갖고 있었다. 설사 칸트가 그 점에서 잘못 생각하고 있었다 가정해도, 독일 철학의 발전과 그 개화를 불러일으킨 것은 바로 그 긍지였으며, 나아가 더욱더 자랑할 만한 것은 '새로운 능력'을 발견하고자 했던 후진 학도들의 경쟁심이었던 것이다!

하지만 잘 생각해 보자. 그럴 때가 온 것이다. 칸트는 스스로 "어떻게 하면 선험적 종합판단이 가능한가" 물었다. 그 문제에 대한 그의 대답은 무엇이었던가? "한 가지 수단(능력)에 의해서" 가능하다고 했다. 그러나 유감스럽게도 그의 대답은 그런 몇 마디 말로 할 수 있는 간결한 것은 아니었다. 오히려 까다롭고 어마어마하며 독일식의 심오하고 애매모호한 표현이었기 때문에, 사람들은 그 대답 속에 숨어 있는 익살스러운 독일적 어리석음을 눈치채지 못하고 만 것이다. 그뿐 아니라 사람들은 그 새로운 능력에 대한 기쁨 때문에 흥분했으며, 더욱이 칸트가 인간 속에서 도덕적인 능력을 발견했을 때 환호성은 절정에 달했다. 그것은 그 무렵 독일인은 아직 도덕적이고, 조금도 '현실적인 정치'에 물들지 않았기 때문이었다.

그렇게 해서 독일 철학의 밀월(蜜月) 시기가 닥쳐왔고, 튀빙겐 신학교의 젊은 신학자들은 '능력'을 찾겠다고 수풀 속으로 들어갔다. 그리고 온갖 것을 찾아냈다. 어쨌든 그때는 독일 정신이 천진난만하며 풍성하고 아직도 싱싱하게 꽃피던 시대였으며, 낭만주의라는 악의적인 요정이 피리와 노래를 불러주고, '발견'과 '발명'의 구별조차도 제대로 할 줄 몰랐던 시대였으니 말할 것도 없다! 특히 발견된 것은 '초감각적'인 것에 대한 능력이었다. 셸링은 그것을 지적 직관이라 이름 붙였고, 근본적으로 경건함을 갈망하는 독일인의 열렬한 욕망을 만족시켜 주었다. 이런 아주 도취적이고 몽상적인 운동은(그것이 회색빛 노인 냄새가 나는 개념으로 가장을 하고 있어도 여전히 젊고 싱싱한 것이었다), 그것을 진정으로 받아들이거나 도덕적인 분개심을 가지고 다룬다는 것은 다시없는 잘못을 저지르는 것이다. 어쨌든 사람은 나이를 먹고 꿈은 사라졌다. 이윽고 때가 와서 사람들은 머리를 쥐어뜯기 시작했다. 오늘날까지도 그러고 있다. 사람들은 꿈을 꾸고 있었던 것이다. 맨 앞장을 서서 늙은 칸트가 꿈을 꾸었다. "한 가지 수단(능력)에 의해서"라고 그는 말했다. 적어도 그렇게 생각하고 있었다. 그러나 도대체 이것이 대답이라고 할 수 있을까? 설명이라고 할 수 있을까? 오히려 그것은 단순한 물음의 반복에 지나지 않는 것은 아닌가? 어떻게 해서 아편이 사람을 잠자게 하는 것일까? "한 가지 수단(능력)에 의해서", 즉 "사람을 잠자게 하는 힘에 의해서"라고 몰리에르의 작품 속 의사는 대답한다.

　　왜냐하면 그것은 사람을 잠들게 하는 힘을 가졌나니,
　　그것은 감각을 잠재우는 성질이 있다.

　그러나 이런 대답은 희극에 속한다. 이제 칸트의 "어떻게 하면 선험적 종합판단이 가능한가?"라는 물음을 "왜 그런 판단에 대한 신앙이 필요한가?"라는 말로 바꿔 놓을 수 있는 때가 온 것이다. 이제 우리 생존을 보존하기 위해, 그러한 판단이 진리라는 신앙을 받아들여야 한다. 그 이유를 이해할 때가 왔다! 다시 말해서 그 판단 자체는 틀린 것이어도 상관이 없다. 또는 더욱 분명하고 노골적으로 근본을 따져서 말하면, 선험적 종합판단 따위는 '가능한 것'이 될 수 없다. 우리는 그러한 판단에 대해 말할 권리가 없으며, 우리 입으로 말한다면 그것은 전혀 그릇된 판단이다. 물론 그 판단의 진리성에 대한 믿음이 표면적인 믿음이

나 외관이며, 인생에 대한 주관적 관점에서 나온 것이라면 '가능한 것'이 허용될 수 있다. 마지막으로 그런 '독일 철학'—여기다 인용부호를 한 이유를 이해해 주기 바란다—이 전 유럽에 끼친 폭넓은 영향을 생각해 보면, 그곳에는 어떤 잠들게 하는 힘이 포함되어 있음을 의심할 수 없다. 그래서 모든 나라의 상류층 귀족들, 도덕주의자, 신비주의자, 예술가, 4분의 3가량의 그리스도교도 혹은 정치적 반(反)계몽주의자들 사이에서는 독일 철학 덕분으로 지난 세기에서 이번 세기에 걸쳐 흐르는 강력한 감각주의에 대한 해독제, 즉 '감각을 잠재우는 성질'을 손아귀에 넣고서 뛸 듯이 기뻐했던 것이다.

12

유물론적 원자론은 가장 많이 반박을 받은 이론 가운데 하나이다. 아마 오늘날 유럽에서는 여기에 일상용어(표현 수단의 한 준말)를 제외하고 진지한 의미를 부여할 만큼 무식한 학자 따위는 한 사람도 없을 것이다. 이것은 달마티아인 보스코비치(Boscowich) 덕택이며, 이 사람은 폴란드인 코페르니쿠스와 더불어 시각적인 증거에 대해 승리를 거둔 위대한 사람이다. 코페르니쿠스는 우리의 온갖 감각과는 반대로 지구는 정지하고 있지 않다는 것을 믿게 했지만, 보스코비치는 이 지구에 '움직이지 않고' 있는 최후의 것, 즉 '질량', '물질', 지구의 한 조각 부스러기인 원자에 대한 믿음을 버릴 것을 우리에게 가르쳤다. 이것은 지금까지 이 지구상에서 얻은 감각에 대한 가장 위대한 승리였다.

그러나 우리는 한 걸음 나아가서 '원자론적 요구'에 대해서 선전포고를 하고, 가차 없는 결투를 해야 할 것이다. 이것은 유명한 '형이상학적 요구'와 똑같이 아무도 눈치채지 않는 영역에서 여전히 살아남아 있는 위험물인 것이다. 그다음에는 더욱 숙명적인 원자론에 최후의 일격을 가해야 한다. 그것은 바로 그리스도교가 가장 교묘하게 오랫동안 가르친 영혼 원자론이다. 이 말로 내가 지적하려고 하는 것은 영혼을 불멸하는 것, 영원하고 분할될 수 없는 하나의 단자 내지는 원자로 생각하는 믿음이다. 그런 믿음이야말로 학문에서 추방되어야 한다! 우리끼리 하는 얘기지만 '영혼'이란 것은 내던져 버리고, 가장 오래되고 고귀한 그 가설은 버릴 필요가 없다. 어설픈 자연주의자들은 영혼의 문제를 건드리기만 하면 영혼을 잃는 것이 상례이지만, 영혼 가설을 새롭게 해석해서 세련되게 만드는 길은 열려 있다. '죽어 마땅한 넋'이라든가 '주체 복합체로서의 영혼', '충동과 열정의 사회적 구조로서의 영혼' 등과 같은 개념은 앞으로도 학문 속에서 시민권을 가져야 할 것이다. 이제까지 영혼이라는 관념을 둘러싸고 마치 열대지방의 무성한 숲처럼 미신이 번성했지만, 새로운 심리가는 그것을 없애고, 그렇게 함으로써 스스로 새로운 황야와 새로운 회의 속으로 들어갔다. 옛 심리가들은 훨씬 즐겁고 편하기는 했을 것이다. 하지만 그는 새로운 심리를 발명해야 할 운명을 지니고 있음을 알고 있다. 그리고 그 누가 알겠는가? 혹시 발견까지 할 수 있는 운명을 지녔는지 말이다.

13

심리학자는 자기 보존의 충동을 생물의 근본 충동이라고 생각한다. 생물이란 무엇보다도 자기 힘을 발휘하고 싶어한다. 생명 자체가 힘에 대한 의지이다. 자기 보존은 자주 나타나는 간접적 결과 가운데 하나일 뿐이다. 늘 일어나는 일이기는 하지만, 이 경우에도 불필요한 목적론적 원리의 개입을 경계하지 않으면 안 된다! 자기 보존의 충동이란 바로 그것이다(자기 보존 충동의 원리란 스피노자가 논리적으로 철저하지 못한 데서 생겨났다). 다시 말해 이것을 요구하는 것은 본질적으로 원리가 부족한 방법이다.

14

이미 대여섯 명의 머릿속에는 어렴풋이나마(미안한 이야기지만 우리의 견해에 의하면!) 물리학은 단지 세계의 분석이나 정리에 지나지 않으며, 세계에 대한 설명은 아니라는 사실이 떠오를 것이다. 그러나 물리학이 감각에 대한 믿음에 기초를 두고 있는 한, 물리학은 그 이상의 것으로 생각되고, 시간이 지나면서 언젠가는 설명으로 통용되기에 이를 것이 틀림없다. 물리학은 자기 특유의 눈과 손가락을 가졌으며, 자기 자신에 대한 증거와 이해 가능성을 갖고 있다. 이것은 근본적으로 천민의 취미를 갖고 있는 시대를 매력적이고 설득력 있으며 확신을 갖게 하는 시대처럼 느끼게 한다. 그것은 영원히 통속적인 감각주의가 지닌 진리 규준에 본능적으로 따라가고 있다. 무엇이 분명하게 '설명'되는가? 그것은 보고 느낄 수 있는 것에 지나지 않는다. 그리고 이 한계까지는 모든 문제가 탐구되어도 좋다.

이와는 반대로 감각을 즐겁게 해주는 것에 반대되는 일 속에 플라톤적인 생각의 매력이 있었다. 그것은 귀족적인 사고방식이며, 우리 동시대인이 가진 것보다도 더욱 강하고 높은 감각을 누리고, 더구나 그것을 제어하는 일을 좀더 높은 승리로 간주하는 인간들 사이에서 행해지던 것이었다. 그리고 그들의 그 제어라는 것은 플라톤이 감각의 군중이라고 불렀던 다채로운 감각의 소용돌이 위에 음침한 개념의 그물을 던지는 것으로 이루어졌다. 이러한 플라톤의 수법을 통한 세계 극복과 세계 분석 속에 깃든 즐거움은 현대의 물리학자가 우리에게 제공하는 것과는 종류가 다르다. '가장 작은 노력'과 가장 큰 실수라는 원칙을 가진 생리학적 노동자들에 둘러싸인 반(反)목적론자와 다윈파(派)가 주는 즐거움과도 다르다. "인간이 볼 수 없고 파악할 수 없는 곳에는 인간이 할 일이란 하나도 없다." 이런 명제가 플라톤의 명제와 다르다는 것은 말할 필요도 없다. 하지만 이런 명제라 할지라도 단지 거친 노동에만 종사해야 하는 미래 세계의 기계기사나 토목기사와 같은 우람하고 근면한 종족에게는 꼭 알맞고 정당한 것인지도 모르겠다.

15

생리학을 양심적으로 연구하려면 감각기관이 관념론적 철학이 의미하는 현상이 아니라는 사실을 명심해야 한다. 생리학적인 의미에서 감각기관은 어떠한 것의 원인도 될 수 없다! 감각론은 발견의 원리라고까지는 할 수 없으나, 적어도 규제의 가설이기는 하다. 왜 그런가? 어떤 이는 외부 세계란 우리 감각기관이 만든 소산이라고까지 말한다. 만약 그렇다면 우리 육체는 외부 세계의 일부인 까닭에 우리 감관의 소산이라는 뜻이 된다! 그러면 우리 감관까지도 우리 감관의 소산이 되는 것이다! 이것은 자기 원인이라는 개념이 근본적으로 모순이라고 한다면, 근본적인 모순으로 환원하는 것이다. 그러므로 외부 세계는 우리 감관이 만들어 낸 소산이 아니다—?

지금까지도 '직접적인 확실성' 같은 것이 존재한다고 믿는 천진난만한 자기 관찰자가 있다. 이를테면 "나는 생각한다"든가 쇼펜하우어의 "나는 의지한다"와 같은 미신 따위가 그렇다. 이 경우에는 인식이 순순히 적나라하게 '물자체'로서 그 대상을 파악할 수 있으며, 주체나 개체에 어떤 왜곡도 없는 것처럼 보인다. 그러나 나는 백 번이라도 말하겠는데, '직접적인 확실성'이나 '절대적 인식'이나 '물자체'는 형용모순을 내포하고 있다. 우리는 언젠가는 언어의 유혹에서 해방되지 않으면 안 된다!

비록 대중이 인식은 사물들에 대해 모든 것을 다 안다고 믿고 있더라도 철학자는 자신을 향해 말해야 한다. "나는 생각한다"는 명제가 나타난 과정을 분석해 볼 때, 결국 증명하기 어렵고, 어쩌면 불가능한 일련의 대담한 주장에 부딪친다고 말이다. 그것은 다음과 같다. "생각하는 자는 바로 나이다." 혹은 "생각한다는 것은 그 원인이 되는 존재의 활동이며 작용이다." "하나의 '나'라는 것이 존재한다." 또는 최후로 "생각한다는 것의 의미가 확정되어 있다─우리는 생각한다는 것이 무엇인지를 알고 있다. 이미 거기에 대해 결정되어 있지 않다면 우리는 무엇으로 지금 일어나고 있는 일이 '의욕'이나 '감정'이 아니란 것을 알 수 있겠는가?" 어쨌든 "나는 생각한다"는 말은 나의 상태를 확정하기 위해 자기 현재 상태를 자신에 대해 알고 있는 다른 상태와 비교하는 것을 전제로 한다. 자기의 현재 상태는 이처럼 다른 '지식'과 관련되어 있으므로 나에게는 직접적인 확실성을 주지 못한다. 이상과 같이 철학자는 말해야 한다. 즉 철학자는 어떤 일정한 경우에 대중이 믿는 '직접적인 확실성' 대신에 다음과 같은 몇 가지 형이상학적 의문을 가져야 한다. "나는 '생각'의 개념을 어디서 얻는가? 어째서 나는 인과를 믿는가? 나에 대해서, 더욱이 원인으로서의 나에 대해서 말할 권리를 나에게 주는 것은 무엇인가?" "나는 생각한다. 적어도 이것만은 진실이며 현실이고 확실하다는 것을 안다"고 말하는 사람은 어떤 직관적 인식에 호소해서 형이상학적 의문에 바로 답을 하려는 것인데, 이런 사람은 오늘날 철학자들 속에서는 하나의 웃음과 두 개의 의문부호를 만나게 될 것이다. 철학자는 이렇게 말할 것이다. "당신이 옳다고는 확신하지 않아요. 도대체 왜 언제나 진리만을 고집하죠?”

17

나는 논리학자들의 미신에 관해서는 이 미신가들이 인정하고 싶어하지 않는 간단한 사실을 거듭 강조하게 된다. 즉 하나의 사상이 나오는 것은 ‘그것’이 원했을 때 나오는 것이며, ‘내가’ 원했을 때 나오는 것은 아니다. 그렇다면 ‘내가’라는 주어는 ‘생각한다’는 서술어의 조건이 된다고 말하는 것은 사실을 왜곡한 것이다. 어떤 것이 생각한다. 그러나 그 ‘어떤 것’이 곧 ‘나’라고 말한다면, 부드러운 말투를 쓴다고 해도 그것은 단지 하나의 가정, 하나의 주장에 지나지 않으며 어떠한 ‘직접적인 확실성’도 주지 못한다. 결국 그 ‘어떤 것이’ 생각한다는 것으로 충분하다. ‘어떤 것’이라고 할 때는 이미 그 속에서 ‘한 가지 생각’에 대한 해석이 포함되어 있음을 나타내고 있지만, ‘어떤 것’이 그 작용 자체에 속하는 것은 아니다. 이 경우 사람들은 문법상의 관습에 따라서 “생각하는 것은 하나의 활동이다. 모든 활동에는 활동의 주체가 있다. 따라서……”라고 추론하는 것이다. 이와 거의 같은 방식으로 옛날 원자론은 작용하는 ‘힘’ 말고도 그 속에 힘이 활동하며 나오는 물질의 작은 조각, 즉 원자를 찾았던 것이다. 하지만 냉철한 두뇌를 가진 사람들은 결국 그런 ‘지상의 찌꺼기’ 없이도 해결하는 법을 알게 되었다. 아마도 사람은 언젠가는 그것에 익숙해질 것이다. 논리가도 그 보잘것없는 ‘어떤 것’ 없이도 해결할 때가 올 것이다. (사실은 그 옛날부터 거룩한 ‘내가’ 도망을 쳐서 그 ‘어떤 것이’ 된 것이다.)

18

어떤 하나의 이론을 반박할 수 있다고 해서 그 이론의 매력이 줄어드는 것은 아니다. 오히려 반박이 있음으로 해서 이 이론에 똑똑한 사람을 끌어들인다. ‘자유의지’ 이론은 수백 번이나 반박되었지만, 그래도 의연히 존속하고 있는 것은 이 매력 덕분으로 보인다. 새로운 사람들이 끊임없이 나타나서 이것을 반박함으로써 자기 힘을 느끼는 것이다.

철학자들은 마치 의지가 세계에서 가장 잘 알려진 것같이 말하는 버릇이 있다. 쇼펜하우어조차 의지는 우리가 정말로 잘 아는 것, 완전히 아는 것, 진짜 절대적으로 잘 아는 것이라고 설명했다.

내가 늘 생각하는 것이지만, 쇼펜하우어일지라도 이 경우에는 철학자들이 늘 하고 있는 일을 한 것에 지나지 않는다. 즉 그라고 할지라도 통속적인 선입관을 빌려와 이것을 과장했을 뿐이다. 생각하건대 의지 작용이란 무엇보다도 어떤 복합적인 것, 말로만 단일체로 간주되는 그 무엇이다. 그리고 이러한 한 낱말 속에 철학자들의 조잡한 생각을 지배해 왔던 통속적인 선입관이 잠재하고 있는 것이다. 그 때문에 우리는 좀더 조심해야 하고, '철학적으로 되지 않도록' 해야 한다.

모든 의지 작용 가운데는 첫째, 다양한 감정이 포함되어 있다. '떨어지는 상태'의 감정과 '지향하는 상태'의 감정처럼 '나가고' '들어오는' 감정 자체가 있고, '팔이나 다리'를 움직이지 않더라도 '생각'하자마자 습관적으로 일어나는 부수적인 근육의 느낌도 포함되어 있다. 따라서 느낀다는 것, 더욱이 다양하게 느낀다는 것을 의지의 구성 요소로 인정해야만 한다. 둘째, 감정을 의지의 한 요소로 인정해야 하는 것처럼 생각 또한 의지의 구성 요소여야 한다. 즉 모든 의지 작용 속에는 어떤 지배적인 사상이 포함되어 있다. 이 사상을 '의지 작용'에서 분리할지라도 아직 의지가 남아 있을 수 있다고 생각해서는 안 된다. 셋째, 의지는 감정과 생각의 복합체일 뿐만 아니라 하나의 정서이다. 더구나 그 명령을 내리는 정서이다. '의지의 자유'라고 불리는 것은 본질적으로 복종해야 할 것에 대한 우월한 정서이다. "나는 자유이다. 그는 복종해야 한다"는 이런 의식이 모든 의지 속에 잠재되어 있다. 이와 마찬가지로 긴장된 주의, 외곬으로 어떤 하나에게만 집중하는 시선, "지금은 이것만이 중요하고 다른 것은 필요 없다"는 식으로 무조건 평가하는 가치, 틀림없이 복종할 거라는 내적인 확신, 또한 명령하는 자의 상태에 속하는 모든 것, 이런 것들이 의지 속에 있다. 무릇 의지를 가진 인간은 자기 안에 있는 복종하거나 복종하리라고 믿어지는 것에 명령을 내린다.

그러나 이제 우리는 사람들이 한 마디로 표현하는 매우 복합적인 것, 즉 기이하기 짝이 없는 점을 살펴보기로 하자. 우리는 어떠한 경우에도 명령자인 동시에 복종자이다. 우리는 복종자로서 의지의 활동과 아울러 제한, 충동, 압력, 저항, 운동 등의 감정이 일어나는 것을 알고 있다. 다른 면에서 우리가 이 이중성을 '나'라는 종합 개념으로 해석해 버리고 얼버무리려는 버릇을 갖고 있는 한, 의지 작용에는 오류 추론과 그 결과에서 비롯되는 의지 자체의 그릇된 평가가 엉겨 붙는다. 여기서부터 의욕이 많은 자는 행동할 때 의욕만으로도 충분하다고 굳게 믿게 된다. 대부분의 경우 명령의 결과가, 즉 복종이 행위를 기대할 수 있을 때만 의지 작용이 일어나기 때문에 이 겉모습만을 보고는 마치 명령 결과의 필연성이 거기에 존재하는 것같이 느껴진다.

어쨌든 의지 작용을 가진 자는 상당한 확신을 가지고 의지와 행위가 어떠한 의미에서 하나라고 믿는다. 그는 성공을, 의욕의 실현을 의지 자체의 공으로 돌리고, 거기에서 모든 성공이 가져다주는 힘의 감정이 커지는 것을 즐긴다.

'의지의 자유'—이것은 명령을 내리고 동시에 스스로를 그 실현자와 동일시하는 의욕자의 복합적인 기쁨의 상태를 표현하는 말이다. 의욕자는 이러한 실현자로서 온갖 장애를 극복하는 승리를 누리지만, 본디 저항을 이겨낸 것은 자신의 의지라고 스스로 인정한다. 이와 같이 하여 의지하는 자는 자신에 대한 명령자로서의 기쁨이라는 감정에 성공적인 집행 도구, 즉 쓸모 있는 '하위에 있는 의지' 또는 '하위에 있는 영혼'—우리 육체는 사실 많은 영혼의 사회적 구조에 지나지 않는다—의 기쁨을 덧붙인다. 그 결과 그것이 바로 나 자신이다. 여기에서 일어나는 모든 일이 잘 조직된 행복한 사회에서 일어난다. 즉 지배계급은 그 사회의 모든 성과와 자신을 동일시한다.

모든 의지 작용에서 결정적으로 중요한 것은 이미 말한 바와 같이 많은 '영혼'의 사회적 구조를 기초로 한 명령과 복종이다. 그러므로 철학자는 모름지기 의지 자체조차도 도덕의 시야 속에 몰아넣는 권리를 갖는다고 해야 할 것이다. 여기서 도덕이라는 것은 '삶'의 현상을 좌우하는 지배 관계의 교리라고 해석해야 하리라.

　개개의 철학적 개념은 결코 아무렇게나 스스로 성장하는 것이 아니라 서로의 관계 속에서 성장한다. 그것이 언뜻 보기에는 아무리 제멋대로 사상의 역사 속에 나타나 있는 것 같아도 사실 하나의 체제에 속해 있는 것이다. 마치 어떤 대지에 살고 있는 모든 생물이 하나의 계통에 속하는 것과 같다. 이상의 사실은 전혀 다른 부류의 철학자들도 결국은 어떤 생각의 근본 방식을 언제나 되풀이해서 확실히 충족시켜 온 사실을 보아도 알 수 있다. 그들은 눈에 안 보이는 힘에 사로잡혀 늘 똑같은 궤도로 다시 돌아간다. 그들은 비판적 또는 체계적 의지로서 서로 독립되어 있는 것처럼 느끼기는 해도, 그들 내부의 무엇인가가 언제나 그들을 이끌고 있는 것이다. 무엇인가, 즉 타고난 개념의 체계와 관련성이 일정한 순서에 따라 자꾸만 돌아간다. 사실 그들의 생각은 발견이 아니라 오히려 재인식이고 회상이며, 일찍이 거기서 생겨난 태곳적 영혼의 총체적인 세대로 돌아가는 것이며 귀향하는 것이다. 그렇다면 철학이란 가장 높은 단계의 격세유전(隔世遺傳)인 셈이다.

　인도·그리스·독일의 모든 철학적 사고에 통하는 놀랄 만한 혈연적 유사성은 간단히 설명될 수 있다. 여기에는 언어의 유사성이 있다. 문법의 공통된 철학에 의해, 즉 같은 문법적 기능에 의해 처음부터 무의식적 지배와 지도로 철학 체계가 비슷한 전개와 연속을 이루도록 정해져 있는 것은 어쩔 수 없는 일이다. 동시에 세계를 해석하는 데 다른 가능성을 제시하는 길이 막혀 있는 것도 어쩔 수 없는 일이다. 우랄알타이어(여기에는 주어의 개념이 발달되어 있지 않다) 언어권 내의 철학자들이 인도 게르만족이나 이슬람교도와는 다른 눈으로 '세계를' 들여다보고 다른 길을 걸어가고 있음은 있을 법한 일이다. 어떤 문법적 기능에 얽매이는 것은 궁극적으로는 생리적 가치 판단과 인종 조건의 속박이기도 하다. 이상은 관념의 기원에 대한 존 로크의 피상성(皮相性)을 지적하기 위해 말한 것이다.

　자기원인(causa sui)은 지금까지 고안된 것 중에서 가장 큰 모순이며 하나의 논리적 폭행이고 부자연스러움이다. 그런데 인간의 자만심은 길을 잘못 들어 결국 그런 어리석은 일에 무서울 정도로 깊이 휘말려들게 되었다. 유감이지만 여전히 얼치기 교양인의 머리를 지배하고 있는, 최고의 형이상학적 의미를 지닌 '의지의 자유'에 대한 욕구, 그리고 자기 행위에 대해서 완전하게 책임을 지고 신·세계·조상·우연·사회에 그 책임을 벗어나게 하려는 욕구, 그런 욕구야말로 바로 자기원인이 되려는 것뿐이며, 마치 이야기에 나오는 뮌하우젠[1] 이상의 무모함으로 허무의 수렁에 빠진 자신의 머리채를 휘어잡고 몸을 끌어올리려는 것이다. 만일 누구든 그 이름 높은 '자유의지'의 개념이 농사꾼다운 어리석은 것임을 꿰뚫어 보고 그것을 없앨 수 있다면, 자신의 '깨우침'을 한 걸음 더 앞세워서 '자유의지'라는 나쁜 개념과 반대되는 것도 없애주면 좋겠다. 그러니까 '부자유의 의지'를 말하는 것인데, 그것은 원인과 결과의 남용에서 생겨난 문제이다. 자연과학자가 그렇듯이 (또 그들과 똑같이 자연과학화된 현대의 인간이 그렇듯이) '원인'과 '결과'를 그릇되게 사물화해서는 안 될 것이다. 그들은 오늘날 지배하고 있는 기계주의라는 어리석은 관점에서 결과가 나타나지 않으면 '원인'을 아예 없애버린다. '원인'과 '결과' 따위는 다만 순수한 개념으로, 즉 기술(記述)과 이해를 돕기 위한 인습적인 허구의 제도로 사용해야지 설명을 위해 사용해서는 안 된다. '물자체' 속에는 '인과의 결합'은 없고, '필연성'도 '심리적 부자유'도 없다. 여기에는 원인이 결과를 낳는 일도 없으며 어떤 '법칙'도 지배하고 있지 않다. 다만 우리 인간이 원인, 계기, 상호성, 상대성, 강제, 수(數), 법칙, 자유, 동기, 목적 등을 만들어 낸 것이다. 우리가 이러한 기호 세계를 '물자체'로서 사물 속에 짜 넣고 섞는다면, 우리가 늘 해왔듯이 여기서도 기호 세계를 신화적으로 만드는 셈이 된다. '부자유 의지'란 신화이다. 현실에 존재하는 것은 오직 강한 의지와 약한 의지가 있을 뿐이다.

한 사상가가 '인과의 결합'이나 '심리적 필연' 속에서 무엇인지 강제, 곤혹, 피할 수 없는 귀결, 압박, 부자유 등을 느끼게 된다면, 그것은 이미 그의 내부 어딘가에 병이 있다는 징후이다. 그런 느낌을 갖는다는 것 자체가 이미 결함을 나

---

1) Munchausen. 18세기 독일의 모험가로, 환상적인 이야기를 잘하기로 알려진 인물이다.

타내고 있다. 그 인간이 자신을 드러내고 있는 것이다. 대체로 나의 관찰이 옳다면 '의지의 부자유'가 문제되는 것은 두 개의 완전히 정반대되는 관점에서, 그것도 아주 개인적인 방법에서 나온다는 점이다. 어떤 사람들은 그들의 '책임'을 자기에 대한 신념, 자기 업적에 대한 개인적인 권리를 무슨 일이 있어도 버리지 않으려고 한다(허영심이 강한 족속이 여기에 속한다). 그와는 다른 부류의 사람들은 어떤 책임도 지지 않으려 하고, 어떤 죄도 저지르지 않으려 하며, 자기 마음속에 있는 자기모멸로 인해 자기 자신의 잘못을 다른 어떤 것에 떠넘기려고 한다. 현대에서는 이런 후자에 속하는 인간이 책을 쓰게 되면 필연적으로 범죄자를 변호하게 된다. 하나의 사회주의적인 동정, 바로 그것이 그들이 즐기는 가면인 것이다. 사실 의지박약자의 숙명론은 그럴듯하게 꾸며져 '인류 고뇌의 종교'로서 등장한다. 이 종교는 그의 '좋은 취미'이다.

22

그릇된 해석 방식을 지적하는 심술을 버리지 못하는 오래된 문헌학자인 나를 너그럽게 용서해 주기 바란다. 그러나 당신네 물리학자들이 마치 무엇이나 되는 것처럼 신이 나서 입에 담는 '자연의 합법칙성'은 단지 여러분의 억지스런 해석과 조잡한 '문헌학' 덕택에 성립할 뿐이다. 그것은 사실도 아니며 '원전(原典)'도 아니다. 오히려 소박한 인도주의 냄새를 풍기는 배열과 의미의 왜곡일 뿐이다. 그것으로 그대들은 현대 정신의 민주주의적 본능에 영합하고 있는 데 지나지 않는다! "법칙 앞에서는 모든 것이 평등하다. 여기에 대해서는 자연이라 할지라도 우리와 다르지 않고 우리보다 우월하지 않다." 이 이야기는 약삭빠른 속셈이 있는 것이며, 그 배후에는 특권이 있고 탁월한 자에 대한 천민으로서의 적대감과 세련된 무신론의 후계자가 숨어 있다. "신(神)도 싫고 지배자도 싫다." 여러분도 이렇게 말하고 싶을 것이다. 그렇기 때문에 "자연법칙 만세!"라는 것이다―안 그런가? 하지만 앞서 말한 대로 그런 자연법칙은 해석이지 원전이 아니다. 그러니까 반대되는 의도와 해석법을 가진 어떤 사람이 나타나서 같은 '자연', 또 같은 현상을 관찰해서 권력에 대한 욕구의 가차 없는 관찰을 판독할 수도 있을 것이다.

그런 해석가는 '권력에 대한 의지'의 예외 없고 인정사정없는 성질을 그대들 앞에 펼쳐 보이며, 거기에 대해서는 어떠한 말도, '사납다'라는 말조차 쓸 수 없거나, 너무나도 약하고 부드러운 비유로—너무나 인간적인 것으로—보여줄 수 있을 것이다. 더구나 그자는 이 세계에 대해서 그대들이 주장하는 바와 똑같은 것을 주장하게 되리라. 즉 이 세계는 '필연적'이고 '계산될 수 있는' 경로를 밟을 것이라고 주장하리라. 더구나 그것도 이 세계 안에서 법칙이 지배하고 있기 때문이 아니라, 법칙이 절대적으로 결여되어 있기 때문이라고. 이렇게 해서 모든 힘은 매 순간 마지막 결론을 끄집어 낸다. 이것 또한 하나의 해석이라고 가정한다면 말이다. 그렇지만 그대들은 이것을 기를 쓰고 반대할 열의가 있는가? 그렇다면 더욱 좋다.

23

이제까지 심리학은 도덕적인 선입견과 두려움에 제지를 당하고 있었다. 심리학은 감히 깊은 곳으로 들어가지 못하고 있었다. 이것을 내가 알아챈 것처럼 권력에 대한 의지의 형태학 또는 진화론으로 생각해 본 사람은 아무도 없다. 이제까지 쓰여진 책 속에서 도덕적인 편견이 가하는 폭력은, 가장 정신적이고도 얼핏 보기에 몹시 냉정하며 어떠한 전제도 있을 수 없는 영역까지 깊이 스며들어 손해를 끼치고 방해하며, 눈앞을 가리고 도착을 일으킨다. 진정한 생리심리학 연구자는 마음속 무의식적인 저항과 싸워야만 한다. 이른바 '심정(心情)'을 적으로 삼아야 한다. '선'과 '악'의 본능이 서로 연관되어 있다는 학설조차 [세련된 배덕주의(背德主義)로서] 아직도 건전하고 심정이 풍성한 양심에 곤혹과 당황의 씨를 뿌리는 형편이다. 더군다나 모든 선의 충동을 악의 충동에서 끄집어 낼 수 있다는 주장을 생각해 보면 더 말할 나위도 없다. 만일 누가 증오, 질투, 탐욕, 지배욕 등을 생명의 필수적인 감정이라 보고, 그것이 생명의 모든 영역에서 근본적으로 없어서는 안 될 것이라고 생각한다면 (따라서 생명이 상승되어야 할 경우에는 이것 또한 상승되어야 마땅하다고 주장한다면) 그 사람은 그런 식의 비판을 하는 것 때문에 마치 뱃멀미를 앓듯 괴로움을 맛볼 것이다. 하지만 이러한 가설조차도 위험한 인식의 거대한 신대륙에서는 그다지 낯선 것도 고통스러운 것도 되지 못한다. 그리고 어떤 사람이든지 여기에 접근하지 않는 데는 사실 그럴 만한 여러 이유가 있다.

하지만 한번 그 배가 이쪽으로 밀려 내려오면, 이제 그때가 왔다! 자 단단히 이를 악물어야 한다! 눈을 부릅떠라! 단단히 키를 잡아라! 우리는 바로 도덕을 뛰어넘어야 한다. 그쪽으로 뱃머리를 돌려 모험을 감행한다면 우리는 어쩌면 우리 도덕의 잔재를 부수고 없앨지도 모른다. 하지만 그것이 우리에게 무슨 중대한 일이란 말인가! 아직 한 번도 아무리 대담한 여행가와 모험가에게도 더 깊은 통찰의 세계가 열렸던 일이 없다. 그러한 '희생을 바치는' 것은 심리가이다. 그것은 결코 지성의 희생이 아니다. 오히려 그 반대이다! 그런 희생을 바치는 심리가는 그 대가로 적어도 다음과 같은 것을 요구해도 되리라. 즉 지금까지의 학문은 심리학에 봉사하고 심리학을 준비하기 위한 존재로 인식되므로 심리학을 다시 여러 학문의 여왕으로 인정받게 해달라고. 심리학은 이제 다시 근본 문제로 통하는 길이 되었기 때문이다.

제2장 자유로운 정신

24

오, 성스러운 단순함이여! 인간은 얼마나 기괴한 단순함과 허위 속에 살고 있는가! 한번 이 경이로움에 눈을 돌린 자는 그 놀라움이 그칠 줄을 모르리라! 우리는 주위의 모든 것을 얼마나 밝고 자유롭고 쉽게, 그리고 단순하게 만들어 버렸는가! 우리는 우리의 감각을 피상적인 것에 탐닉하게 하고, 우리의 생각에는 무모한 장난과 궤변스런 신과 같은 탐욕을 부여했다. 우리는 태초부터 우리의 무지를 보존할 줄 알고 있었다. 그것도 거의 이해할 수 없는 자유, 경솔함, 무분별, 왕성함, 그리고 삶 그 자체를 즐기기 위한 유쾌함을! 이 무지라는 확고부동한 기반 위에 지금까지 학문이 세워지고, 다시 또 훨씬 힘찬 의지, 무지와 몽매와 허위에 대한 의지라는 기반 위에서 지식에 대한 의지가 세워져 왔다. 그것도 대립으로서가 아니라 오히려 세련된 것으로서 말이다!

언어로는 언제나 그 졸렬성을 벗어날 수 없으며, 그저 가지가지의 세밀한 정도의 차이가 있는 앎과 무지의 개념을 여전히 상반되는 개념으로 다루게 될 것이다. 또 어쩔 수 없이 이미 인간의 '혈육'으로 변한 도덕의 타르튀프[1] 같은 사람들이 지식인들의 입에서 나오는 말까지 왜곡하고 있다. 하지만 우리는 수시로 그것을 알아채고 웃지 않을 수 없다. 바로 최고 학문이야말로 이렇게 단순화되어 철저하게 기교적인 허구·허망의 세계에 우리를 매어두려고 한다. 최고의 학문은 잘못을 싫어하면서도 사랑하고 있다! 왜냐하면 학문도 생명이 있는 것이며, 삶을 사랑하기 때문이다!

---

1) Tartuffe. 프랑스의 극작가 몰리에르 희곡 〈타르튀포〉의 주인공. 사생활이 문란한 위선적 성직자이다.

이와 같이 유쾌하게 말을 꺼냈으니 진지한 말에 귀를 기울여 주기 바란다. 이 것은 진지한 사람들에게 드리는 말이다. 그대들 철학자여, 인식의 친구들이여! 경계하라! 순교자들을 경계하라! 진리를 위해서 수난을 겪지 마라! 자기 방어 라도 조심해야 될 것이다!

그것은 그대들 양심의 순수함과 아름다운 중립성을 망칠 것이며, 그대들은 공격과 붉은 천에 대항하는 미친 황소처럼 될 것이다. 그대들이 위험이나 모략, 혐의나 추방 및 그 밖의 적의의 결과와 싸울 때, 그리고 이 지상에서 진리의 옹 호자로서 역할을 할 때 그러한 태도가 그대들을 망연자실하게 만들고, 짐승처 럼 만들고, 황소로 만든다. 마치 '진리'가 변호인을 필요로 할 만큼 온순하고 서 툴기 때문에 옹호자가 필요한 것처럼 보인다. 그대들 방관자, 그리고 정신의 거 미줄을 늘어뜨리는 사람들이여! 알다시피 여러분이 옳으냐 그르냐는 대수로운 것이 못 된다. 그리고 그대들은 이제까지의 어떤 철학자도 옳지 않았다는 것을 알고 있다. 진정으로 찬양을 받아야 할 진실은 고발자가 법정에 나서서 엄숙한 몸짓을 하거나 유리한 카드를 내놓는 데 있는 것이 아니라, 여러분의 좌우명이 나 지론의 (때로는 여러분 자신의) 배후에 그대들이 표시한 자그마한 의문부호에 있다는 것을 알고 있으리라. 차라리 비켜서라! 은신처로 도망쳐라! 가면을 쓰고 다른 사람이 깨닫지 못할 정도의 기교를 가져라! 그렇지 않으면 겁을 내는 편이 나을 것이다. 제발 정원을 잊지 마라. 황금 울타리를 친 자신의 정원을 잊어서 는 안 될 것이다! 그대들 주위에 정원과 같은 인간들, 아니면 하루가 이미 추억 이 되어버리는 저녁 무렵 물 위의 음악과 같은 인간들을 갖도록 하라! 훌륭한 고독, 자유롭고 대담하며 경쾌한 고독을 택하라! 그리하여 그것으로 어떤 의미 에서 스스로 성장할 수 있는 권리를 얻게 될 것이다! 확고한 실력으로 싸울 수 없는 긴 싸움은 얼마나 사람을 독살스럽고 간사하며 바보스럽게 만드는지 모 른다! 긴 세월에 걸친 공포심, 가능한 한 적에 대한 끊임없는 경계심은 얼마나 인간을 사심 있는 자로 만드는지 모른다! 이들 사회에서 추방된 자들, 오랫동안 쫓긴 자들, 심하게 박해를 받은 자들—그리고 혼자 살기를 강요당한 자들, 스 피노자나 조르다노 브루노와 같은 자들—은 결국에 가서는 자기도 모르는 사이에 더없이 정신적인 가면을 쓰고 교묘하기 그지없는 독살자가 되는 것이다. (스피노자의 윤리학과 신학의 토대를 파헤쳐 보라!) 더구나 어리석은 도덕적 분노에 대해서는 말할 나위도 없다. 철학자가 그런 것을 갖는다는 것은 그가 철학적인 유머를 잃어버렸다는 확실한 증거이다.

철학자의 순교와 '진리를 위한 희생'은 그의 마음속에 숨은 선동자와 배우를 백일하에 드러내는 것이다. 이제까지 사람들은 그것을 다만 예술적인 호기심을 갖고 보았다면, 결국 많은 철학자를 변질된 형태로 ('순교자'로, 무대와 강단에서 외치는 자로, 변질된 형태로서) 보고자 하는 위험한 욕구도 쉽게 이해할 수 있을 것이다. 하지만 그런 위험한 욕구를 품었으니 무엇을 보게 될지는 각오하고 있으리라. 아마 익살극이 아니면 여흥으로서의 희극이거나, 어쨌든 본디의 긴 비극은 이미 막을 내렸다는 끊임없는 증거를 볼 것이다. 단, 모든 철학이 긴 비극에서 유래되었다는 것을 전제로 해서 말이다.

26

선택된 인간은 모두 본능적으로 자기의 성(城)과 비밀 장소를 찾는다. 여기서 그는 대중, 다수, 군중으로부터 해방되고, 또 예외자로서 '인간의 규칙'을 잊게 된다. 다만 그가 예외적인 의미에서의 인식자로서 강한 본능에 이끌려 이 규범을 향해 정면으로 충돌할 때는 예외로 한다. 인간과 교류하면서 때로는 구토, 포만, 동정, 음울, 고독으로 인해 온갖 고통을 겪으며 녹색으로, 회색으로 변했던 적이 없는 자는 분명히 고상한 취향을 가진 인간이 못 된다. 만일 그가 이러한 번뇌와 불쾌를 걸머지지 않으려 하고 이를 피할 만큼 피하다가 앞서 서술한 바와 같이 조용히 스스로 성에 들어앉아 버린다면, 한 가지 사실은 분명해진다. 그는 인식하기에 부적합하며 그런 능력도 타고나지 못했다. 만일 그가 인식하는 자라면 반드시 그 스스로 이렇게 말할 때가 있을 것이다. "내 좋은 취미는 악마나 가져가라! '규칙'은 예외보다, 이 예외자인 나보다도 흥미가 있다!" 그러고서 그는 아래로, 먼저 '안으로' 들어갈 것이다.

평범한 인간을 오랫동안 진지하게 연구하려면 많은 속임수와 자기 억제가 필요하고, 친밀해야 하며, 저속한 교제를 해야 한다(동격자 이외의 모든 교제는 저

속한 교제이다). 이런 것이 모든 철학자의 전기에서 빼놓을 수 없는 장을 이룬다. 어쩌면 불쾌하고 악취 나는 환멸에 가득 찬 장을 이룰지도 모른다. 만일 이 사람이 인식의 행운아에 어울리는 사람이라면, 그는 자신의 과제를 훨씬 줄여주고 덜어주는 사람을 만나게 될 것이다. 이 사람이 바로 냉소주의자들이다. 그들은 야수성, 비속함, '규칙'을 그대로 인정하고, 게다가 청중 앞에서 자신이나 동료들에 대해 논할 정도로 정신성과 욕망을 가진 사람들이다. 뿐만 아니라 마치 자기 분뇨 위에서 돌아다니는 듯 정신없이 책 속에 빠져 헤어나오지 못한다.

　냉소주의는 비열한 영혼이 진실을 전할 수 있는 유일한 형식이다. 고귀한 인간이라면 무례하고 섬세한 냉소주의에 귀를 기울여라. 그리고 파렴치한 어릿광대나 학문적인 호색한이 난잡하게 벌이고 있는 것을 볼 때마다 스스로 축복하라. 더구나 구역질 나는 것에 매력이 섞여드는 경우도 있다. 즉 자연의 변덕으로 분별없는 숫염소와 원숭이의 천재성이 결부되는 수도 있다. 이를테면 갈리아니 신부처럼. 이 사람은 그의 세기에서 가장 심오하고 가장 명민하며, 어쩌면 가장 추악한 인간이었을 것이다. 그는 볼테르보다 훨씬 심오했기 때문에 결과적으로 대부분의 경우 침묵을 지켰다. 앞에서도 말했듯이 학문적인 두뇌가 원숭이의 몸에 오르고, 비범한 오성이 비열한 영혼 위에 있는 수도 더러 있다. 의사나 도덕 생리학자들 중에는 특히 그렇다. 어떤 사람이 격분하지 않고 담담히 인간이란 두 개의 욕망을 가진 배(腹)와 한 개의 욕망을 가진 머리로 되어 있다고 말한다면, 또 인간 행위의 참되고 유일한 원동력으로서 곳곳에 굶주림과 성욕과 허영심을 발견하려 찾아 헤맨다면, 즉 인간에 대해 '나쁘게'—'사악'하다고 하지는 않지만—이야기한다면 이때 인식을 사랑하는 자는 열심히 경청해야 한다. 분노가 섞이지 않는 말이라면 귀를 기울여라. 왜냐하면 분노한 인간은 자기 이(齒)로 자기를 (또는 그 대신에 세계를, 신을, 또는 사회를) 물어뜯고, 찢어발기는 인간은 웃어서 자기에게 만족하는 호색한보다는 도덕적으로 높은 위치에 있을지 모르나, 그 밖의 모든 의미에서는 훨씬 보잘것없고 냉담하며 완고한 인간이기 때문이다. 게다가 분노하기 잘하는 인간만큼 거짓말을 잘하는 사람은 없다.

남들의 이해를 얻기란 어렵다. 특히 생각과 생활 방식이 다른 사람들, 즉 거북이나 개구리 같은 걸음으로 걷는 사람들 사이에서, 갠지스강의 흐름처럼 유유히 생각하며 살 때 특히 그렇다. (나는 모든 일을 일부러 '이해하기 어렵게' 한다!) 우리는 재기가 엿보이는 해석을 내리는 호의에 마음으로부터 감사한다. 그러나 '좋은 친구'들이란 언제나 너무나 편안하고, 게다가 친구로서 편안할 수 있는 권리가 있다고 믿기 때문에, 그들에게 처음부터 오해의 놀이 공간과 운동장을 마련해 두는 것이 좋다. 그러면 웃게도 되고, 이것으로 친구들을 쫓아버릴 수도 있다. 그리고 다시 한 번 웃을 수도 있다!

한 언어를 다른 언어로 옮기는 데 가장 어려운 것은 그 문체의 속도이다. 이것이야말로 그 민족의 성격에, 생리학적으로 말하면 신진대사의 평균속도에 근거한다. 충실한 번역도 본의 아니게 원문의 품격을 떨어뜨려 거의 위작이 될 수도 있다. (표현이나 말 속에 담긴 모든 위험성을 극복하도록 도와주는) 원전의 과감하고도 경쾌한 속도가 함께 번역되지 못하기 때문이다. 독일어의 성격상 프레스토[2]를 사용할 수가 없다. 그러므로 거침없는 자유 정신적 사상의 유쾌하고도 과감한 뉘앙스를 낼 수가 없다는 것도 당연한 말이다. 독일인에게는 육체적으로나 정신적으로나 어릿광대와 사티로스가 낯선 것처럼, 아리스토파네스도 페트로니우스도 번역할 수가 없다. 독일인은 모든 장중하고 완고하며 둔중한 것, 모든 따분하고 느린 종류의 문체를 남들이 추종할 수 없을 정도로 다채롭게 발전시켰다. 딱딱함과 우아함이 섞여 있는 괴테의 산문까지도 예외는 아니다. 이는 그의 산문이 속해 있는 '좋았던 옛 시절'의 반영이며, 아직 '독일적인 취미'가 존재하고 있던 시대의 독일 취미의 표현이었다. 양식이나 기교 면에서는 하나의 로코코 경향이었다.

레싱은 예외인데, 이는 많은 것을 이해했고 많은 것에 숙달했던 그의 배우적

---

2) presto. 악보에서, 매우 빠르게 연주하라는 말.

성격 덕분이었다. 그가 피에르 베일을 번역한 것도 헛된 일은 아니었고, 가능했다면 디드로나 볼테르 가까이, 더 기꺼이 로마의 희극작가 속으로 달아나고 싶었을 것이다. 문체의 속도에서도 레싱은 자유사상가의 정신을 좋아했으며, 독일로부터 도망치고 싶어했다. 그러나 레싱의 산문에서도 독일어가 마키아벨리의 속도를 모방할 수 있었을까? 그는 《군주론》에서 피렌체의 건조한 공기를 호흡하며 가장 심각한 사건도 활기 넘치는 알레그리시오[3]로 서술해 간다. 어쩌면 어떤 대립을 붙잡을 것인가 하는 예술가의 심술궂은 감정이야 없지 않겠지만, 그 사상은 길고도 무거우며 어렵고도 위험하고, 그 속도는 몹시 빠르다.

게다가 누가 감히 페트로니우스를 독일어로 번역하려 하겠는가? 그는 창의나 착상이나 언어 면에서 지금까지의 그 어느 음악가보다도 프레스토의 거장이었다. 만일 사람들이 그처럼 모든 것을 내닫게 함으로써, 모든 것을 치유하는 바람의 힘과 입김과 휘날려 버리는 비웃음을 가지고 있었더라면, 저 병들고 숨막히는 세상, '고대 세계'의 늪지인들 무슨 문제란 말인가! 아리스토파네스로 말하면 정화를 보증하는 사람으로서, 그의 존재 때문에 전 그리스 세계의 존재까지도 용서된다. 그러기 위해서는 저 그리스 세계에서는 용서와 정화가 필요했다는 사실을 마음속 깊이 이해했다는 것을 전제한다면 말이다. 그래서 나는 다행히도 보존된 그의 소품만큼 플라톤의 비밀스러움과 스핑크스의 성격에 대해서 꿈꾸게 된다. 그래서 임종의 베개 밑에는 '성경', 이집트 책, 피타고라스의 책도 플라톤의 책도 아닌, 아리스토파네스의 책을 놓고 싶다. 플라톤 또한 아리스토파네스가 없었더라면 어떻게 부정한 그리스적 생활을 견딜 수 있었겠는가!

29

독립이란 소수 인간들의 일이며 강자의 특권이다. 그러나 그것을 필요도 없이 시도하는 자가 있다면, 비록 그 사람에게 그럴 만한 충분한 자격이 있다 하더라도, 그것은 아마 그가 강하다는 것뿐만 아니라 오히려 과감한 방종에 가깝

---

3) allegrissimo. 악보에서, 가장 빠르게 연주하라는 말.

다는 것을 증명하는 일이리라. 그는 미로에라도 들어갈 것이다. 그로 인해 인생 자체가 이미 달고 다니는 위험을 천배나 불릴 것이다. 그가 어떻게 그리고 어디에서 길을 잃고, 고독해져서, 양심이라는 동굴의 괴물 미노타우루스에게 갈기갈기 찢기는지를 보는 사람이 없다는 것은 결코 사소한 위험이 아니다. 그와 같은 인간이 파멸한다면, 그것은 사람들의 이해 범위에서 너무도 멀리 떨어져서 일어나는 까닭에 아무도 느끼고 동정할 수가 없다. 그리고 그는 이제 돌아올 수 없다! 그는 다시 돌아올 수도 없고 사람들의 동정을 받을 수도 없다!

30

가장 깊은 통찰력이라 할지라도 그것을 들을 만한 자질이 없거나, 예정되지 않은 사람의 귀에 허용되지 않는 방식으로 들어갈 때는 바보처럼, 사정에 따라서는 범죄처럼 들릴 수도 있다. 옛날부터 인도인, 그리스인, 페르시아인, 이슬람교도들처럼 위계질서를 믿고 평등과 동등권을 믿지 않는 곳에서는 어디서나 철학자 속에 통속적인 것과 비교적(秘敎的)인 것의 구별이 있었다.

둘의 차이는 통속적인 사람이 외부에 서서, 안에서가 아니라 밖에서 보고 평가하며, 측정하고 판단했기 때문에 생긴 것은 아니다. 오히려 더욱 본질적인 차이점은, 통속적인 사람은 사물을 아래에서 쳐다보고 비교적인 사람은 위에서 내려다보았다는 데 있다! 그곳에서 보면 비극도 비극적으로 보이지 않는 영혼의 높이가 있다. 이 세계의 모든 비애를 하나로 생각할 때 누가 감히 이 비애의 양상을 동정까지 이끌고, 그렇게 해서 비애의 고통을 배가시키도록 유혹하고 강요하게 되리라 단정 내릴 수 있겠는가?

고차원적인 인간에게는 즐거움이 되고 자양분이 되는 것도, 성질을 달리하는 비속한 인간에게는 거의 독이 된다. 보잘것없는 인간의 미덕은 어떤 철학자에게는 어쩌면 악덕과 약점을 의미할 것이다. 또 고귀한 인간이 타락하고 파멸해서 결국은 어떤 성격을 얻게 되고, 그것으로 인해 그가 떨어진 저속한 사회에서 마치 성자처럼 숭배를 받는 경우도 있으리라. 그리고 영혼과 건강에 따라서 반대의 가치를 갖고 있는 책도 있을 수 있다. 높은 영혼과 생명력을 지닌 이가 그 책을 읽는 것과 낮은 영혼과 생명력을 지닌 이가 그 책을 읽는 것은 다르다. 전자의 경우에는 파괴하고 분해하는 위험을 갖는 책이 되지만, 후자의 경우에는 용감한 자에게 용기를 북돋는 외침이 된다. 모든 사람이 좋아하는 책은 언제나 악취를 풍기며 소인배의 냄새가 배어 있다. 대중이 먹고 마시고 숭배하는 곳에서는 늘 악취가 난다. 깨끗한 공기를 들이마시고 싶다면 교회에는 안 가는 것이 좋다.

31

사람들은 젊었을 때 인생의 수확인 미묘한 차이의 기술도 모르고 무조건 존경하고 무조건 경멸한다. 그러므로 인간과 사물을 긍정이나 부정으로 기습한 것에 대해 당연히 나중에 보상하지 않으면 안 된다. 모든 것이 언젠가는 그렇게 되도록 정해져 있다. 즉 모든 취미 가운데 가장 악취미, 무조건적인 것에 대한 취미는 비참하게도 우롱받고 학대받아, 마침내 사람은 자기 감정에 어느 정도 기교를 보낼 줄 알게 되고, 오히려 기교로 인생을 시험해 볼 줄도 알게 된다. 진정한 인생의 예술가는 누구나 이런 일을 한다. 젊은이 특유의 분노와 숭배는 인간과 사물을 위조하고, 자신의 격정을 남김없이 쏟고 난 뒤에야 비로소 안정되는 것처럼 보인다. 청춘이란 그 자체가 허위이며 사기이다. 나중에야 환멸에 시달리고 자기 자신을 향해 의심의 눈을 돌리게 되면, 이 의심과 양심의 가책에 대해서도 열렬하고 난폭해진다. 이때 그는 얼마나 자신에게 분노할 것인가! 얼마나 자신을 갈기갈기 찢어놓을 것인가! 얼마나 오랫동안 자기 현혹에 복수할 것인가! 그것이 마치 제멋대로의 맹목이었던 것처럼. 이렇게 변해 가면서 사람이란 자기 감정에 대한 불신 때문에 자기를 벌하고, 의혹으로 자신의 열정을 고문한다. 사람들은 그것이 마치 자기기만이고, 깨끗한 성실성의 피로인 것처럼 양심을 위험이라고 느낀다. 무엇보다도 진심으로 '청춘'을 증오하며 그런 태도를 지지한다. 그리고 다시 10년이 지난 뒤 사람은 깨닫는다. 이것도 모두가 청춘이었구나 하고!

32

인간 역사 가운데 가장 긴 시기에는—그것을 선사시대라고 부르지만—어떤 행위의 가치와 무가치는 그 결과로 판단이 되었다. 행위 자체와 그 발단은 중요하지 않았다. 오늘날 중국에서 자식의 명예나 치욕이 그 부모에게까지 소급되듯이, 어떤 행위의 선악을 생각하도록 인간을 이끈 것은 결과의 성공과 실패에 있으며, 이런 결과가 소급해서 영향을 주는 것이다. 그 시대를 인류의 도덕 이전의 시대라고 부르기로 하자. "너 자신을 알라!"는 금언은 아직 알려지지 않았다. 그런데 마지막 1만 년에 지구상의 어떤 한두 곳의 대평원에서 인류는 한 단계 더 발전했고, 행위의 결과가 아니라 행위의 유래로 가치를 결정하게 되었다. 커다란 사건을 하나의 전체로 보게 되었으며, 관점과 기준이 눈에 띄게 개선되었고, 귀족적 가치와 '유래'에 대한 신앙심의 지배가 무의식 상태에서 영향을 미쳤으며, 좁은 의미로서 도덕적이라고 불러도 좋은 시대의 징후가 보였다. 이렇게 해서 자기 인식에 대한 첫 번째 시도가 이루어졌다. 결과 대신 그 유래로 얼마나 관점이 달라졌는가! 그것은 의심할 여지없이 긴 투쟁과 동요가 있은 뒤에 이르게 된 전환이었다! 바로 그것으로 근대의 숙명적인 미신과 독특하고 편협한 해석이 왕좌에 오르게 된 것이다. 즉 인간은 어떤 행위의 유래를, 어떤 의도에서 분명한 의미를 갖고 생겨난 것이라고 해석했다.

어떤 행위의 가치는 그 의도의 가치 속에 있다는 점에서 사람들은 일치를 보았다. 의도는 어떤 행위의 발단과 그 전의 역사 모두를 말한다. 그런 선입견 밑에서 아주 근세에 이르기까지, 세계 안에서 도덕적인 찬양과 비난과 재판이 행해지고 사색이 이루어졌다. 그러나 현재 우리는 인간의 자기 성찰과 심화로 다시 한 번 가치의 전환과 근본적인 변혁을 결심해야 할 필연성에 다다른 것이 아닐까? 적어도 도덕 외적인 시대라고 할 수 있는 시대의 어귀에 서 있는 게 아닐까? 오늘날 적어도 우리 비도덕주의자들 사이에서는 의도적이지 않은 것에 의혹이 생기고 있다.

즉 어떤 행위에서 의도적이지 않은 것에 그 결정적인 가치가 있는 것이 아닌가? 모든 행위의 의도처럼 보이는 것, 그것으로 관찰되고 알려지고 '의식되는' 모든 것은 오히려 표면적인 것에 지나지 않는 것이 아닌가? 그것은 모든 피부와 똑같이 무엇을 보여주고 있기는 하지만, 사실은 보다 많은 것을 그 속에 감추고 있는 것은 아닐까? 한마디로 말해서 의도란 다만 기호이며 징후일 뿐이라고 우리는 믿는다. 그것은 해석을 필요로 하지만 너무나 많은 것을 의미하고, 따라서 그것만으로는 거의 아무것도 의미하지 않는다고 믿는다.

또 도덕은, 이제까지의 의미에서 의도적 도덕은 선입견이며 지레짐작이고 일시적인 것이며, 이미 점성술이나 연금술의 단계에 있는 것이며, 극복되어야 할 그 무엇이다. 도덕의 극복, 어떻게 보면 도덕의 자기 극복이 오늘날 가장 섬세하고 성실하며, 그러면서도 악의가 있는 양심가들에게 살아 있는 영혼의 시금석으로 보존된 길고 비밀스런 과제를 나타내는 이름일 것이다.

33

별수 없는 노릇이다. 이웃에 대한 희생과 헌신의 감정, 이러한 모든 자기 환멸의 도덕은 가차없이 심문해서 법정으로 끌어내야 한다. 또 '사심 없는 직관'의 미학도 마찬가지이다. 오늘날 그러한 미학 아래 예술을 거세하는 일이 이루어지고 있다. '나를 위해서가 아니라'라든가 '다른 사람을 위해서'라는 감정에는 너무나도 달콤한 매력이 있어서, 그만큼 더 의심도 일고 물어보고 싶어진다. "이것은 어쩌면 속임수가 아닐까?" 질문하게 된다. 그것을 가진 자에게도, 그 열매를 즐기는 자에게도, 또 제삼자에게도 이 감정은 마음에 든다. 이 마음에 든다는 사실은 지금까지 반드시 증명된 것은 아니다. 오히려 경계하라고 요구하는 것이다. 그러면 경계하자!

34

오늘날 어떤 철학이 어떤 위치에서 보든, 또 어느 관점에서 세계를 보든지 우리가 살고 있는 이 세계가 잘못되어 있다는 것은 확실하다. 여기에는 조금도 의심할 바가 없다. 이에 대해 우리는 이유에 이유를 찾아내지만 결국은 '사물의 본질'이라는 기만적인 원리를 추측하도록 유혹받는다. 이 세계가 잘못된 것은 우리의 생각, 즉 '정신'에 죄가 있다고 보는 사람들이 있는데, 이것은 모든 의식적인 또는 무의식적인 '신의 변호자'가 걸어가는 영광스러운 탈출로이다. 공간, 시간, 형태, 운동, 이 모든 것을 포함해서 이 세계가 허망한 것이라고 느끼는 사람은 결국 모든 생각 자체에 대해 의심하는 태도를 배울 좋은 기회를 얻게 되는 셈이다. 이 의심이 지금까지 우리에게 심한 장난을 해온 것은 아닐까? 그것이 여태껏 해온 일을 앞으로는 하지 않으리라는 보장이 있을까? 진지하게 말해서 사색가의 순결성은 사람을 감동시키고 경건한 마음을 불러일으킨다. 이것이 있기 때문에 그들은 오늘날에도 의식 앞에 나타나서 "의식이여, 아무쪼록 우리에게 정직한 해답을 해달라" 간청한다. 이를테면 의식은 '실재'하는 것인가 아닌가, 어째서 의식은 외부 세계를 이렇게까지 단호히 떨쳐버리는가 하는 질문에 대답해 줄 것을 간청한다. '직접적인 확실'을 믿는 것은 도덕적 소박이며, 이것은 우리 철학자의 영광이다.

그러나 우리는 '단지 도덕적인' 인간이어야만 하는 것은 아니다! 일단 도덕을 떠나서 생각해 볼 때 이 신앙은 어리석을 뿐이며 우리에게 그 어떤 영광도 안겨주지 않는다! 시민사회에서 늘 의심을 품고 있다면 그것은 '나쁜 성격'이라 할 테고, 어리석은 짓 가운데 하나이기도 할 것이다. 하지만 우리 사이에서는 일단 시민 세계와 그 긍정과 부정을 떠났을 때 어리석음을 방해할 무엇이 있겠는가? 또한 "철학자는 지금까지 지상에서 언제나 우롱받은 자로서, 나쁜 성격을 가질 권리가 있다" 말한다고 해서 누가 방해할 것인가? 지금이야말로 철학자는 의심해야 할 의무가 있다. 의심의 심연에서 좀더 악의 있는 곁눈질을 해야 할 의무가 있다. 이 같이 어둡게 찌푸린 얼굴과 표현 방식, 또 농담을 용서하길 바란다. 왜냐하면 나는 기만하고 기만당하는 일에 대해서 사람들과는 다르게 생각하고, 다르게 평가하는 법을 배워왔으며, 속는 것에 대해 철학자가 저항하는 맹목적인 분노에 옆구리를 몇 번 찔러줄 준비가 되어 있기 때문이다. 그래서는 안 되는 법이 있는가? 진리가 가상보다 가치가 있다는 것은 도덕적 편견에 지나지 않는다. 이것은 이 세상에 있는 무엇보다도 졸렬하게 증명된 가설이다. 그러나 다음 사실만은 받아들여야 한다. 관점에 의한 평가와 가상성의 기초 위에 서는 것이 아니면 생명이라는 것은 존립할 수 없다는 점이다. 만약 사람들이 여러 철학자의 도덕적 감동과 어리석음으로 '가상 세계'를 버리고 만다면—그것이 가능하다고 믿고 하는 말인데—그때에는 그대들의 '진리' 또한 남지 않게 되리라!

그러면 무엇이 우리에게 '참'과 '거짓'의 본질적 대립이 있다고 가정하도록 강요하는가? 가상성에 단계가 있다고 생각해서, 이를테면 가상 가운데 밝고 어두운 그림자와 전체의 색조를—화가의 말을 빌린다면 여러 가지 가치를—생각한다면 그것으로 충분하지 않은가? 우리에게 관계되는 이 세계가 어째서 허구여서는 안 되는가? "하지만 허구에는 만든 사람이 있을 텐데?" 하고 반문하는 사람이 있다면 다음과 같이 대답해 주면 된다. "왜냐고? '이 있을 텐데'라는 것도 허구가 아닌가?" 주어가 반어적이면 술어나 목적어 또한 반어적이어도 괜찮을 것이다. 철학자는 문법에 대한 믿음에서 벗어나야 하지 않을까? 마땅히 여자 가정교사에게 존경을 표해야 한다. 하지만 지금은 철학이 여교사의 믿음을 떠날 때가 되지 않았는가?

35

오, 볼테르여! 오, 인류여! 오, 어리석음이여! '진리'나 진리의 탐구에는 아직도 무언가가 있다. 그러나 인간이 그것을 너무나도 인간적으로 행하면—"선을 행하기 위해서만 진리를 추구한다"—확실하건대 아무것도 찾지 못한다.

36

우리에게 현실로 '주어진' 것에는 우리의 욕망과 정열의 세계 말고는 아무것도 없다고 가정한다면, 우리는 온갖 충동이라는 현실 이외에는 어떤 다른 '현실'로 내려갈 수도 올라갈 수도 없다. 왜냐하면 생각이란 단지 그런 충동의 상호 간의 제약에 지나지 않기 때문이다. 이와 같은 전제를 내세웠을 때 시험적으로 다음과 같은 질문을 하게 된다. 즉 이 '주어진' 것은 그런 종류들 가운데에서 기계적인 (또는 '물질적인') 세계를 이해할 수 없는 것이 아닐까? 그 이해는 결코 착각, '가상', (버클리나 쇼펜하우어식의) '표상'이 아니다. 오히려 세계를 우리의 정념 자체가 갖고 있는 것과 같은 현실성의 단계에 있는 것으로 이해한다. 다시 말해 그 속에서는 아직도 모든 것이 힘찬 통일체로서 정념의 세계에서 더 원초적 형태로서, 그리고 유기적 과정 속에서 나누어지고 성장하는 것이다(물론 다듬어지기도 하고 쇠약해지기도 한다). 이것은 하나의 충동적 생명이며 그 속에는 아직도 온갖 유기적인 기능이 자기 제어, 동화, 배설, 신진대사와 더불어 서로 종합적으로 결합되어 있다. 이것을 생명의 초기 형태로 이해할 수 있지 않을까?

요컨대 이러한 시도를 해보는 것은 허용되고 있을 뿐만 아니라 오히려 방법론의 양심에서 명령을 받은 것이나 같다. 다만 한 가지 인과관계로서 해결하겠다는 시도가 그 마지막까지(감히 말한다면 무의미에 이르기까지) 추구되기도 전에 여러 종류의 인과관계를 끌어들여서는 안 된다. 이것이 방법의 윤리이며, 이것을 무시해서는 안 된다. 이는 수학자들이 말하는 '정의(定義)로부터' 나온 것이다. 문제는 우리가 의지를 작용력이 있는 것으로 인정하는가, 의지의 인과관계를 믿는가이다. 만일 우리가 이것을 인정한다면—근본적으로 의지를 믿는다는 것은 인과관계 자체를 믿는 것이다—우리는 의지의 인과관계를 단 하나의 인과관계라고 가정하지 않으면 안 된다. 물론 '의지'는 다만 '의지'에만 작용할 수 있을 뿐 '물질'에는 작용할 수 없다(예를 들어 '신경'에는 작용할 수 없다). 그러므로 과감하게 이런 가설을 내세워야 할 것이다. '작용'이 인정을 받는 한 의지가 의지에 작용을 하고 있다고. 모든 기계적 현상은 그 속에 힘이 작용하고 있는 한 바로 의지의 힘이며 의지의 작용이다. 그리하여 결국 우리의 모든 충동적 생활을 의지라는 유일한 근본 형태—즉 나의 명제에 따르면 힘을 향한 의지의 형태—에서 분화되고 성장한 것으로 설명할 수 있다면, 그리고 모든 유기적 기능을 이 힘을 향한 의지로 환원하고 그 속에서 생식과 영양 섭취의 문제—이것도 하나의 문제이다—를 해결하는 방법도 발견할 수 있다면 그것으로 모든 작용하는 힘을 분명하게 힘을 향한 의지로 정의할 수 있다. 내부에서 관찰된 세계, 그 '예지적 성격'에 의해 규정되고 추상된 세계, 이것은 바로 '힘을 향한 의지'일 뿐 그 밖에는 아무것도 아니다.

37

"뭐라고? 아니, 그러면 쉽게 말해서 '신은 부정되었지만 악마는 부정되지 않았다'는 뜻입니까?" 천만에! 그 반대라네. 친구여! 자네에게 그런 속된 말을 하도록 시키는 자는 악마란 말인가!

38

근대의 밝은 빛 아래 프랑스 혁명은 얼마나 변모했는가! (저 전율할 만한, 가까이에서 판단하면 쓸데없는 익살극! 하지만 전 유럽의 품위 있고 열광적인 관중은 옛날부터 오래도록 격정을 안고 자신의 분노와 감격을 그 속에 비추어서 해석했다. 그래서 원전은 완전히 해석 밑에 깔려버렸다.) 품위 있는 후세는 그처럼 과거를 오해하고, 그것으로 어쩌면 그 광경을 보고 간신히 견딜 수 있는지도 모른다. 아니면 오히려 벌써 그렇게 되어버린 게 아닐까? 우리도 이 '품위 있는 후세'가 아닐까? 그리고 우리가 이해하는 한, 이 일은 이미 끝난 게 아닌가?

39

어떤 학설이 사람을 행복하게 하거나 덕스럽게 만든다는 이유로 그 학설을 진리라고 주장할 사람은 없다. 그러나 사랑스런 '이상주의자'는 예외이다. 그들은 선한 것과 참된 것, 그리고 아름다운 것에 열광하며, 자기 연못 속에 있는 온갖 잡다하고 거칠며 바람직하지 못한 욕구를 이리저리 헤엄치게 내버려 둔다. 행복이나 도덕은 논의의 여지가 없다. 그런데 사려 깊은 사람들까지도, 불행하게 하고 사악하게 하는 것이 반대 논거가 된다고 생각하려 한다. 비록 가장 해롭고 위험한 것이라 할지라도 진실이 될 수도 있다. 오히려 완전한 의식에 의해 파멸한다는 것이 생존의 근본 성격에 속할지도 모른다. 그렇다면 어떤 정신의 강도는 그가 '진리'를 어느 정도까지 보존할 수 있느냐에 따라 측정된다. 좀더 확실히 말하면 어느 정도까지 진리를 희석시키고, 감추며, 감미롭게 하고, 축축하게 하며, 위조하지 않고는 못 견디느냐에 따라 측정되는 것이다.

진리의 한 부분을 발견하기 위해서는 악한 사람이나 불행한 사람이 유리하며, 이들이 좀더 크게 성공할 가능성이 높다는 것은 틀림없는 사실이다. 행복한 악인에 대해서 말하는 것은 아니다. 이것은 도덕주의자들이 묵살하는 것이다. 강하고 독립적인 정신과 철학자들이 나오기 위해서는, 사람들이 당연히 존경하게 되는 부드럽고 섬세하며 양보하는 온순한 성격이나 쉽게 받아들이는 기술보다는 잔혹하고 교활한 성격이 요구된다. 그러나 여기서 말하는 '철학자'라는 관념은 책을 쓰거나, 자기 철학을 책 속으로 옮겨 넣는 철학자만을 한정하지 않는다는 것을 전제로 한다.

자유정신을 가진 철학자들 가운데 마지막 대열에 스탕달이 있다는 것을 강조하려 한다. 그 이유는 독일의 경향에서 볼 때, 그는 독일적 경향과 반대되기 때문이다. 이 마지막의 위대한 심리학자는 말한다. "좋은 철학자이기 위해서는 냉정하고 명석하라. 환상을 갖지 마라. 재산을 모은 은행가는 철학을 발견하기 위해 필요한 무언가를 가지고 있는데, 그것은 있는 그대로를 정확하게 보는 것이다."

40

모든 심오한 것은 가면을 좋아한다. 가장 깊은 것은 형체나 비유를 증오한다. 대립이야말로 신의 수치심이 드러나기에 알맞은 가장(假裝)이 아니겠는가? 만약 어떤 신비주의자가 직접 이 가장을 해본 적이 없다면 의심스럽고도 놀라운 일이다. 부드러운 행위라도 그것을 일부러 난폭함에 싸서 그렇게 보이지 않도록 하는 것이 좋을 때도 있다. 또 사랑과 끝없는 관용의 행위이면서도, 그 뒤에서 곤봉을 손에 들고 그것을 본 사람을 때리는 것이 좋은 경우도 있다. 이렇게 해서 사람은 그 기억을 지워버린다. 대부분의 사람은 자기 기억을 흐리게 하고 학대해서 이 유일한 목격자에게 복수한다. 수치심에는 독창성이 있다. 사람이 가장 수치스러워하는 것이 그가 행한 가장 나쁜 일은 아니다.

가면 뒤에 숨은 것은 교활함만은 아니다. 간계에는 좋은 것도 많이 있다. 귀중하고 상하기 쉬운 것을 가슴에 안고 있는 사람이, 퍼렇게 이끼 낀 낡은 술통처럼 거칠게 둥글둥글 인생을 굴러다닌다는 것도 생각해 볼 수 있는 일이다. 섬세한 수치심이 그렇게 시키는 것이다. 수치심 속에서 깊이를 가진 사람은 오가는 이들이 적은 길에서 그의 운명에 있어 어려운 결단과 만나게 된다. 그와 가까운 사람도, 친한 사람도 그런 일이 있는 줄은 꿈에도 모른다. 그의 생명이 위험했을 때나, 다시 또 삶의 안정이 회복되었을 때에도 사람의 눈에는 띄지 않는다. 이처럼 숨겨진 인간, 본능적으로 언어를 침묵하기 위해서만 사용하고 전달하는 데서 달아나고야 마는 인간은, 자기 대신에 그의 가면이 친구의 마음과 머릿속을 오가기를 바란다. 바라지 않았다 하더라도 언젠가는 깨달을 것이다.

자신에게도 가면이 있었음을, 그리고 그것이 좋았음을 말이다. 모든 심오한 정신의 주위에는 끊임없이 가면이 생겨나고 있다. 그의 한마디 한마디, 그의 걸음걸음, 삶의 징후 하나하나가 언제나 잘못되고, 즉 천박하게 해석되기 때문이다.

41

사람은 독립적이고 명령할 수 있는 운명을 지니기 위해서는 자신을 스스로 시험하지 않으면 안 된다. 그것도 꼭 적당한 때에. 자기 시험을 회피해서는 안 된다. 어쩌면 그것이 놀이 가운데 가장 위험한 놀이일지는 몰라도. 게다가 그것은 우리 자신만이 증인인 시험이며, 다른 어떤 심판관 앞에도 제출되지 않는 것이다. 결코 다른 사람에게 매달려서는 안 된다. 그것이 가장 사랑하는 사람일지라도. 모든 인간은 감옥이며 구석의 모퉁이이다. 조국에 집착해서는 안 된다. 비록 제아무리 고난에 처해 구원을 바라더라도. 빛나는 승리를 거둔 조국에서 마음을 떼어놓기란 그리 어려운 일이 아니다. 동정에 얽매어서는 안 된다. 우연히도 고귀한 인간의 보기 드문 순교와 절망을 보았을 때에도. 한 가지 학문에 얽매여 있어서도 안 된다. 비록 그것이 우리를 위해 저장된 귀중한 발굴품을 가지고 유혹할지라도 말이다. 자기 자신의 해방에 집착해서도 안 된다. 새는 더 많은 것을 내려다보려고 점점 높이 오르지만, 그 멀고 낯선 탐욕은 비상하는 자에게 있는 위험이다. 우리 자신의 미덕에도 사로잡혀서는 안 된다. 전체로서, 이를테면 손님을 '환대'하는 덕처럼, 부분의 미덕 때문에 희생이 되어서는 안 된다. 기품이 높고 풍부한 정신을 가진 사람은 소모적이고, 자신을 거의 돌보지 않으며, 덕성을 악덕에까지 남용하지만, 이것이야말로 그 사람에게 있어 위험 중의 위험이다. 인간은 스스로를 보전할 줄 알아야 한다. 이것이 독립성의 가장 어려운 시험이다.

42

새로운 부류의 철학자가 생겨나고 있다. 나는 감히 위험일지도 모를 이름으로 이들을 부른다. 내가 그들을 이해하는 한, 그들이 이해시키는 한—어딘가 수수께끼를 남기려는 것이 그들의 특성이므로—미래의 철학자는 유혹자라 불릴 권리, 어쩌면 부당한 권리를 갖게 될지도 모른다. 이 이름 자체가 하나의 시도이다. 또는 그렇게 하고자 한다면 '유혹'이다.

43

이 미래의 철학자들이 '진리'의 새로운 친구들일까? 어쩌면 그럴지도 모른다. 지금까지 모든 철학자는 진리를 사랑해 왔기 때문이다. 그러나 확실한 점은, 그들은 어떠한 독단주의적 학자도 아니라는 것이다. 만약 진리가 모든 사람을 위한 것이어야 한다면, 그것은 그들의 긍지를 상하게 하고 취미에도 맞지 않을 것이다. 지금까지 모든 독단론에 열중해 온 사람은 남모르는 소원과 궁극적인 목적을 지니고 있었던 것이다. 어쩌면 미래의 철학자는 말할 것이다. "나의 의견은 어디까지나 나의 의견이다. 다른 사람이 거기에 권리를 갖는다는 건 쉽지 않다." 많은 사람들과 의견이 일치하고 싶다는 악취미를 버려라. '선'은 이웃이 그것을 입에 올리면 이미 선이 아니다. 어떻게 '공공선(공동선)'이라는 것이 있을 수 있는가! 언어 모순이다. 공동일 수 있는 것은 언제나 가치가 적은 것이다. 결국 지금 있고 지금까지 있어온 것처럼, 지금부터도 있지 않으면 안 된다.

즉 위대한 사물은 위대한 인간을 위해서, 심연은 깊은 자를 위해서, 섬세함과 전율은 우아하고 아름다운 자를 위해서 있다. 요컨대 귀한 것은 귀한 인간을 위해 있는 것이다.

44

다시 한 번 강조한다면 결국 미래의 철학자들은 매우 자유로운 정신의 소유자들이다. 그들은 단순히 자유로운 정신일 뿐만 아니라 좀더 많이, 좀더 높이, 좀더 크게, 근본적으로 다른 자들이며, 오해를 받고 혼동되는 것을 바라지 않는다. 그러나 이런 말을 하면서도 나는 그들에 대한 책임과 동시에 우리에 대한 책임을 느낀다. 그들의 전령(傳令)이며 선구자인 우리 자신에 대해서, 즉 자유로운 정신에 대해서 책임을 느낀다! 우리는 옛날대로의 어리석은 편견과 오해를 모조리 우리한테서 털어버려야 한다. 그것은 너무나도 오랫동안 안개와 같이 '자유로운 정신'이란 개념을 흐리게 했다. 유럽의 모든 나라, 그리고 미국에도 현대에 와서 이 이름을 함부로 쓰는 그 무엇이 존재하고 있다. 그것은 아주 편협하고, 사슬에 묶여 사로잡혀 있는 정신이다. 그들은 의도와 본능 속에 있는 것과는 정반대의 것을 원하고 있다. 말할 것도 없지만 그들은 이제 나타날 기미를 보이고 있는 철학자에 대해서는 닫혀진 창문이며 빗장 걸린 대문이다. 그들, 즉 잘못된 '자유로운 정신'이라고 불리는 자들은 간단히 말해서 '평등하게 하는 자'들이다. 민주주의의 취미와 그 '근대사상'의 말주변 있고 글 잘 쓰는 노예이고, 모두가 고독을 모르는 인간, 자기 고독이 없는 무디고 얌전한 풋내기인 것이다. 그들은 용기도 있고 예의도 알고 있다. 그저 그들은 자유를 모르며 웃을 수밖에 없는 천박한 무리일 뿐이다. 특히 거의 모든 인간적인 비참함과 타락의 원인을 이제까지의 낡은 사회상 속에서 찾으려고 하는 근본적인 경향을 갖고 있다. 이 경우 진리는 바로 거꾸로 되고 만다! 그들이 모든 힘을 다해 얻고자 하는 것은 안전, 평온, 쾌적, 모든 사람의 생활이 안락하게 될 수 있는 푸른 목장의 행복이다. 그들이 끊임없이 부르는 노래와 교리는 두 가지, 즉 '권리의 평등'과 '모든 괴로운 자들에 대한 동정'이다. 그들은 고뇌를 없앨 수 있는 것으로 생각한다.

그와는 반대의 관점에 있는 우리는 지금까지 '인간'이란 식물이 어디서, 또 어떻게 해서 가장 힘차게 자랐는가 하는 문제에 눈과 양심을 열어놓고 있기 때문에, 그 성장은 언제나 그와는 정반대의 조건에서 실현되었고, 그것을 위해서 인간 환경의 위험성은 무섭도록 커지고, 그의 창의력과 위장하는 힘(그의 '정신')은 오랜 압박과 강제 속에서 겨우 정교하고 과감하게 발달했다고 생각한다. 그의 삶에 대한 의지는 무조건적인 권력의 의지로까지 높아졌다고 생각할 수 있다. 냉혹, 폭력, 노예화, 뒷골목이나 가슴속의 위험, 은둔, 금욕주의, 온갖 유혹술과 악마주의, 더 나아가 인간의 온갖 악과 끔찍한 일, 포악한 짓, 맹수와 뱀 같은 것이 그 반대되는 것으로서 '인간'이란 종의 향상을 위해 기여했다. 이런 말은 아무리 늘어놓아도 충분하지 않다.

어쨌든 지금 여기서 말을 하건 안 하건, 우리는 모든 근대의 이데올로기나 군중의 소망과는 반대의 극에 존재한다. 어쩌면 그 대척자(對蹠者)일지도 모르는 게 아닌가? 우리 '자유로운 정신'이 반드시 설명을 즐기는 인간이 아니라고 해서 이상할 것은 없다. 그리고 정신이 무엇에서 자기를 해방할 수 있는지, 어디로 밀려가는지 좀처럼 말하지 않는다고 해서 이상할 것도 없다. 그리고 위험한 방식인 '선악을 넘어서'란 어떤 것인지, 그것이 조금도 혼동되지 않기 위해서 우리는 이른바 '자유사상가'와는 다르다. 그들 '근대사상'의 대변인이라고 자처하는 인간과는 다른 것이다. 그 많은 정신의 나라에서 살았고, 적어도 손님으로 간 일이 있으며, 김이 서린 쾌적한 구석에서는 언제나 탈출한 사람들이다. 그런 구석은 편애와 증오·청춘·혈통·인간과 책, 심지어 방랑의 피곤 따위로 우리를 가두는 곳이다. 그리고 우리는 명예·금전·관직·관능의 도취 속에 숨어 있는 의존성이라는 유혹을 진심으로 증오한다. 궁핍과 계속적으로 덮쳐오는 병에 대해서는 감사하는 마음까지 갖는다. 그것은 늘 규격이나 편견에서 우리를 해방시켜주기 때문이다. 우리 마음속에 깃든 신·악마·양(羊)·구더기에 대해서 감사한다. 악덕에 대해서까지도 호기심으로 가득 찼으며 잔인까지도 탐구하는 자이고, 걷잡을 수 없는 것을 찾는 손가락도 주저함을 모른다. 소화할 수 없는 것에 도전하는 치아와 위장을 가졌으며, 예리하고 날카로운 감각을 필요로 하는 수공(手工)을 좋아하고, '자유로운 의지'의 지나침에서 어떠한 모험에도 몸을 바친다. 그 누구도 최후의 의도를 알아차리기 어려운 표면에 나타난 영혼과 배후에 숨겨진 마음을 갖고 있으며, 그 누구의 발도 그 끝을 밟아보지 못한 전경(前景)과 후경(後景)을 갖고 있다. 빛의 외투를 걸친 은둔자이며 유산 상속자 또는 낭비자처럼 보이지만 사실은 정복자인 것이다. 아침부터 저녁까지 수집하고 정리하여 부(富)가 넘쳐흐르는 서랍을 지키는 인색가, 배우고 잊어버리는 데 있어 경제적이고 계획을 세우는 데 있어 창조적이며, 때로는 범주표를 자랑하고, 때로는 현학자가 되며, 때로는 일을 위해서 대낮에도 일하는 부엉이가 된다. 때로는 사실 허수아비가 되기도 한다―현대에는 이런 자가 없어서는 안 된다. 우리가 타고난, 신의를 맹세한 질투심에 불타는 친구인 한, 자신의 가장 깊은 밤의, 정오의 고독한 친구인 한 그렇다. 우리는 그런 종류의 인간들이다. 우리 자유로운 정신의 소유자여! 그리하여 그대들도 그 가운데 일부분일 것이다. 닥쳐올 존재들이여! 그대들 새로운 철학자들이여!

제3장 종교적 본질

45

　인간의 영혼과 그 한계, 지금까지 도달된 인간의 내적 경험의 높이, 깊이, 넓이, 영혼에 대한 정신의 역사 전체와 아직도 흡수되지 않은 그 가능성, 이런 것들이야말로 타고난 심리가와 '위대한 사냥'의 애호자에게 약속되어 있는 사냥터이다. 그러나 그는 얼마나 자주 절망해서 부르짖지 않을 수 없었던가! "나는 외톨이다! 아아, 나만이 외톨이구나! 그런데 이 숲, 이 원시림은 얼마나 큰가 말이다!" 그래서 그는 인간 영혼의 역사 속을 몰아대고 그곳에서 사냥감을 쫓을 수백의 몰이꾼과 훈련된 개가 필요하다고 생각하는 것이다. 그런 소원이 헛된 것이며, 그의 호기심을 자아내는 모든 것 속에서 몰이꾼과 개를 찾아내기가 얼마나 어려운가를 되풀이해서 철저하게 가혹한 시험을 통해 알게 된다. 모든 점에서 용기와 지혜와 민첩함을 필요로 하는 이 새롭고 위험한 사냥터에 학자를 내보내기는 어렵다. 그들이 이미 소용이 없는 곳에서 '대대적인 사냥'이 시작되고 커다란 위험이 시작되기 때문이다. 여기에 이르러서 그들은 추적하는 눈과 코를 잃어버린다.

　예컨대 지식과 양심의 문제가 지금까지 종교적 인간의 영혼 속에서 어떠한 역사를 형성하게 되었는가를 짐작하고 전하기 위해서는 파스칼의 지적 양심을 필요로 하며, 탐구자는 그만큼 깊은 상처를 입고 거대해지지 않을 수 없다. 더욱이 밝고 악의 있는 정신성의 넓은 하늘이 있어야만 한다. 그것으로 비로소 위험하고도 고통스러운 체험의 무더기를 위에서 내려다보고 정리하고 도식에 맞춰 놓을 수가 있다―하지만 누가 그것을 해낼 수 있을까! 또 그런 하인을 기다릴 시간이 어디 있는가! 그들은 분명 드물게 태어나고 어느 시대에나 나타나는 것이 아닌 것 같다! 결국 무엇인가를 알기 위해 모든 것을 스스로 행하지 않을 수 없다. 즉 많은 일을 해야만 한다!—다만 나와 같은 자들의 호기심은 모든 악덕 중에서 가장 가련한 것일 게다—용서하라! 나는 진리에 대한 사랑은 그 보답을 천국 속에서 얻고, 이미 이 지상에서도 얻으리라는 것을 말하고 싶었다.

46

원시 그리스도교가 요구하고 거기에 이른 적도 더러 있던 그 신앙은, 회의적이고 남국적인 자유사상의 세계 한가운데에 등장했지만, 그 세계는 여러 유파의 철학이 수백 년에 걸쳐 해온 오랜 투쟁을 과거에는 물론 당시에도 경험하고 있었으며, 게다가 로마 제국의 관용이 베푼 교육도 받고 있었다. 그 신앙은 루터나 크롬웰이나 그 밖의 북방적인 정신을 가진 야만인이 자기들의 신(神)과 그리스도교에 덧붙인 바 있는 독실하고 거친 하급 신앙과는 다른 것이었다. 오히려 파스칼의 신앙에 가까운 점이 있었다. 그의 이성은 강인하고 집요한 구더기와 같았고, 단 한 번의 공격으로는 도저히 죽일 수 없는 것이었기에, 그 신앙은 오히려 무서운 이성의 계속적인 자살과도 유사했던 것이다. 그리스도교의 신앙은 처음부터 희생이었다. 모든 자유와 긍지와 정신의 자기 신뢰 등등의 희생이었다. 그리고 노예가 되는 것, 자기 조롱, 자기 파괴였고, 그 신앙은 연약하고 복잡하고 교만스러운 양심에 방향을 돌린 것이었으며, 그 속에는 잔인함과 정신적인 페니키아주의가 깃들어 있다. 정신적인 굴복은 이루 말할 수 없는 고통을 주는 것이며, 그 정신에게 '신앙'이란 가장 큰 부조리로 나타나기 때문에 정신의 과거와 습관은 신앙에 대해 반항을 한다. 이것이 그 신앙의 전제가 되어 있는 것이다.

현대인은 그리스도교의 모든 호칭에 대해 무감각하게 되었기 때문에 '십자가에 못 박힌 신'이란 모순된 표현 속에서 고대인의 취미가 얼마나 소름끼치는 숭고함을 느꼈는지 모르게 되었다. 그런 표현만큼 대담스러운 역행, 회의, 의혹은 이제까지는 아무 데도 없었다. 그것은 모든 고대 가치의 전환을 명령했다— 그것은 동양, 깊이를 가진 동양이었다. 동양의 노예가 이런 방식으로 로마에 대해서, 그 고귀하고 경솔한 관용에 대해서, 그리고 로마적 가톨릭주의에 대해서 복수를 한 것이었다. 그리고 그렇게 노예가 자기 주인에게 반역을 한 것은 신앙 때문이 아니었다. 오히려 신앙의 자유가 있었기 때문에, 그 신앙의 엄숙함에 대한 반쯤 스토아적이고 반쯤 미소짓는 무관심이 있었기 때문이었다. '계몽주의'는 반역을 불러일으킨다.

본디 노예란 절대적인 것을 사랑하고 압제만을 이해한다. 도덕에 있어서도 마찬가지이며, 노예는 미워하는 것과 똑같이 사랑도 한다. 즉 미묘한 차이 없이 마음속 깊이에 이르기까지, 고통스러울 정도로, 병이 들 정도까지 그는 숨어 있는 커다란 고뇌를 품고 있기 때문에, 그것이 고뇌를 부정하는 듯 보이는 고귀한 취미에 대해서 반역을 하는 것이다. 고뇌에 대한 회의는 본질적으로 귀족적인 도덕의 한 가지 태도인데, 그것이 프랑스 혁명으로 시작되는 근대 노예의 대반란이라는 것에 적지 않게 공헌을 했다.

47

지금까지 지상에 종교적 신경증이 출현했던 경우, 반드시 거기에는 세 가지 위험한 식이요법이 연결되어 있었다. 그 세 가지는 고독·단식·성적 금욕이다. 여기에서 무엇이 그 원인이고, 무엇이 그 결과이며, 대체 어떤 인과관계가 있는가를 확실하게 결정할 수는 없다. 이상하게 생각이 되는 것은 미개한 사람들에게나 문명화된 사람들에게나 마찬가지로 무질서한 음탕이 갑자기 일어난다는 점인데, 그것은 참회의 경련이나 속세와 인간 의지의 부정으로 변형된다. 이것이 규칙적으로 되풀이되는 증상이다. 둘 다 어쩌면 가면을 뒤집어쓴 간질병으로 해석할 수 있을는지 모른다. 그러나 아무튼 다음과 같은 해석은 피할 길이 없다. 즉 쇼펜하우어의 주위에는 지금까지 어느 누구에게도 없었을 만큼 불합리함과 미신이 가득 차 있었으며, 그만큼 인간을—철학자까지도—매혹한 사람은 없었다. 지금은 이미 어느 정도 냉혹하고 신중해져서 여기서 외면하고 떠나야 할 때라고 생각된다. 쇼펜하우어 철학이라는 최근의 철학 배후에도 이 종교적 위기와 깨달음이라는 물음표가 거의 자체의 문제로 존재하고 있다. 의지의 부정이 어떻게 해서 가능한가? 신앙이 어떻게 가능한가?—바로 이것이 쇼펜하우어가 철학자로서 한 걸음 내딛고 마침내 커다란 성과를 이루어 낸 문제였다. 그래서 가장 열렬한 그의 추종자—독일에 관한 한 마지막의—리하르트 바그너가 생애의 대작을 바로 이 신앙의 문제로서 완성하고, 마침내는 무섭고도 영원한 인간형인 쿤드리를 무대에 올려놓은 것은 참으로 쇼펜하우어다운 결말이었다. 그 무렵 거의 모든 유럽 제국의 정신병 의사들은 그를 가까이서 연구할 기회를 가졌으며, 또 종교적 정신병—내가 부르기는 '종교적 본질'—이 '구세군'이 되어 그 마지막 전염병적인 폭발과 전진을 하고 있었다.

이 성자라는 현상의 무엇이 모든 부류와 모든 시대의 인간, 철학자까지도 이처럼 무한히 매혹하는가를 생각해 보면, 그것은 틀림없이 그를 따라다니는 기적이라는 겉모습 때문이다. 즉 모순—도덕적인 것의 반대로 평가되는 정신적 상태—의 노골적인 연속이다. 사람들은 여기서 '악인'이 단번에 '성자'가 되고 선인이 되는 것이 분명하다고 믿었다. 이 점에서 이제까지의 심리학은 파괴되었다. 그도 그럴 것이 심리학은 도덕의 지배 아래 있었기 때문이며, 또 도덕적 가치의 대립을 굳게 믿고 있었기 때문이다. 게다가 이 대립을 원본과 사실에 비추어 보고, 읽고, 해석하고 있었기 때문이다. 그러면 어떻게 되는가? '기적'이란 해석의 오류가 아니겠는가? 문헌학의 결함은 아니겠는가?

48

라틴 민족에게 가톨릭교는 우리 북방인에게 전체 그리스도교가 했던 것보다 훨씬 내면적으로 결속되어 있는 것 같다. 따라서 가톨릭교 나라에서 신앙을 갖지 않는 것은 프로테스탄트 국가에서와는 전혀 다른 의미를 갖고 있다. 그것은 민족정신에 대한 하나의 반역을 의미하고 있지만, 우리 고장에서는 오히려 민족정신(또는 영혼 부정)으로의 복귀이다. 우리 북방인은 야만 민족의 후예이며, 종교에 대한 타고난 소질을 보아도 그러하고 우리의 종교에 대한 소질은 가난하다. 단, 켈트인은 예외로서 그 때문에 북쪽 지방에서 그리스도교 전파에 가장 좋은 기반을 제공했다. 프랑스에서 그리스도교의 이상은 북방의 창백한 태양이 허용하는 최대한도로 꽃피웠다. 우리 취향에서 볼 때 근대 프랑스 회의주의자들은 그들의 계보 속에 얼마간 켈트족의 피가 섞여 있어 그렇겠지만, 얼마나 이상한 경건성을 갖고 있는지 모른다! 오귀스트 콩트의 사회학은 본능적인 로마의 논리를 지니고 있으면서도 얼마나 가톨릭적이고 비독일적 향기를 풍기고 있는가! 저 포르 루아얄의 사랑스럽고 영리한 안내인인 생트 뵈브는 그렇게도 예수회 교도에 대한 적의를 품고 있으면서도 얼마나 예수회적이었던가! 더욱이 에르네스트 르낭은 말할 것도 없다. 우리 북방인의 귀에는 그런 르낭의 말이 얼마나 받아들이기 어려운가! 여기서는 어떤 종교적 긴장이 낳은 허무가 섬세한 의미에서 관능적인 쾌락에 취해 편안하게 침대에 누우려는 영혼에게서 균형을 빼앗고 있다! 다음과 같은 그의 아름다운 문장을 낭송해 보라.—훨씬 아름답지도 못하고 딱딱하며, 보다 독일적인 우리 마음속에 얼마나 악의와 오만스러움으로 메아리치는지 모른다!

"솔직하게 말해서, 종교는 보잘것없는 인간이 만들어 낸 것이다. 인간은 종교적일수록, 그리고 무한한 운명을 확신하면 할수록 진실하다. 덕성이 영원한 질서와 일치되기를 바라는 것은 그가 선량한 때이며, 죽음이 흉측하고 부조리한 것으로 생각될 때는 그가 자기를 버리고 생각할 때이다. 인간이 보다 올바르게 볼 수 있는 것은 그런 순간이라고 생각하지 않을 수 있겠는가?"

이 문장은 내 귀와 사고방식에는 완전히 반대되는 것이었기에 이것을 읽었을 때 나는 그 가장자리에 나의 첫 분노의 말을 적어 넣었다. '당치 않는 종교적 어리석음!'이라고. 그러나 그 분노가 마지막에 이르자, 이 역설적 진리를 쓴 문장이 좋아졌다. 자기와 대척적인 것이 있다는 사실은 나쁘지 않은 일이다.

49

고대 그리스의 종교성에 대해서 내가 경탄하는 것은, 거기에 감사하는 마음이 주체할 수 없을 만큼 풍부히 넘치고 있다는 사실이다. 그처럼 자연과 생명 앞에 설 수 있는 자는 고귀한 부류의 인간이다. 나중에 그리스를 어리석은 이가 다스리게 되었을 때는 종교에도 공포가 퍼졌다. 그리고 그리스도교의 출현이 준비되었다.

50

신에 대한 정열. 루터의 것처럼 무례하고 정직하며 끈질긴 방법도 있다—프로테스탄티즘에는 섬세한 정취가 없다. 동양적인 망아(忘我), 즉 자신을 잊는 경지는 있다. 그것은 자격이 없으면서 은총을 입어 승격된 노예의 경우와도 같은 것으로서, 그 보기로 아우구스티누스가 있다. 이 사람은 무례할 정도로 행동이나 욕망에 품위가 없었으나, 거기에는 여성적인 순정과 음욕이 깃들어 수줍어하면서도 저도 모르게 신비적이고 육체적인 합일을 갈망하고 있다. 마치 귀용 부인의 경우와도 같다. 이러한 것은 흔히 소년 소녀의 사춘기로 가장해 매우 기묘한 형상으로 나타나는 것이다. 때로는 노처녀의 히스테리로도 나타나고, 마지막 허영심으로도 나타난다. 이러한 여자를 교회가 성녀라고 부른 경우도 적지 않다.

51

지금까지 강력한 사람들이 자기 극복과 자진해서 행하는 금욕의 이해할 수 없는 존재인 성자 앞에 숭배의 머리를 숙여왔다. 어째서 그들은 꿇어 엎드렸던 것일까? 그들이 성자에게서—연약하고 가련한 외모의 의심스러움 뒤에—그러한 극복으로 자기를 시험하려는 뛰어난 역량을 느꼈기 때문이다. 이것으로 강자들은 자신의 힘과 지배자가 된 쾌감을 다시 맛보고 존중했던 것이다. 그들은 성자를 존중할 때에 자신에게 있는 무엇인가를 존중했던 것이다. 또 이런 경우도 있었다. 그들은 성자를 보면서 어떤 의혹을 느꼈다. 그들은 스스로 말하고 스스로 물었다. 이처럼 부정과 반(反)자연을 원하는 데는 무엇인가가 있을 거라고. 반드시 이유가 있을 것이다. 어쩌면 아주 커다란 위험이. 거기에 대해 금욕주의자는 비밀스런 조언자나 방문자 덕분에 더 자세히 알고 있는 게 아닐까? 요컨대 속세의 권력자들은 새로운 공포를 알았다. 그들은 새로운 힘, 제어할 수 없는 낯선 적을 예감했다. 그들이 성자 앞에 발을 멈춘 것은 '권력에 대한 의지'였다. 그들이 묻고 싶었던 것은 이것이었다.

52

신의 정의(正義)를 이야기하고 있는 유대의 《구약성경》 속에는 그리스나 인도의 문헌으로는 견줄 만한 것이 없을 정도로 규모가 큰 인간, 사물, 말들이 존재한다. 한때 인간이 그런 방식으로 존재했던 거대한 유물 앞에 서서 우리는 공포와 외경을 느끼게 된다. 그리고 고대 아시아와 그 튀어나온 반도인 유럽을 생각하고, 더구나 유럽이 고대 아시아에 대해서 '인류의 진보'를 자칭하고 있는 것을 보고는 비통한 생각을 하게 될 것이다. 물론 단지 유약하고 온순한 가축에 지나지 않고 가축의 욕망밖에 모르는 자는(오늘날의 '교양 있는' 그리스도교도와 같은) 이러한 폐허에 서서 자신의 모습을 돌아보고도 의심치 않으며 슬퍼하지도 않을 것이다. 《구약성경》을 이해하느냐 못 하느냐 하는 것이야말로 '위대한 것'과 '왜소한 것'에 대한 시금석이다. 그런 사람은 아마도 은총의 책인 《신약성경》이 훨씬 더 자기 마음에 어울린다고 생각할 것이다(그 속에는 그야말로 진짜 감미로움과 거짓 신자와 같은 소심한 자의 냄새가 배어 있다). 무엇으로 보든지 어떤 로코코 취미에 지나지 않는 《신약성경》을 《구약성경》과 한데 엮어 하나의 책으로 만들었다는 것, '성경', '성경 그 자체'로 만들어 버렸다는 것, 이것이야말로 유럽의 문학 정신이 양심상 걸머져야 할 가장 큰 파렴치이며 '정신에 대한 죄'가 아니겠는가.

53

왜 오늘날 무신론이 존재하는가? '아버지로서의 신'은 근본적으로 부정되었다. '심판관'으로서나 '보상자'로서도, 또 그 '자유의지'도. 신은 인간의 호소를 들어주지 않고, 들어도 도와줄 수가 없다. 더욱 최악인 것은, 신은 자기 의지를 확실히 전해 줄 수도 없는 모양이다. 신은 애매한 것인가? 나는 (많이 말하고, 묻고, 귀 기울여서) 이것이 유럽 유신론의 몰락 원인임을 알아냈다. 물론 종교적 본능은 왕성하게 일어나고 있지만, 그것이 바로 깊은 불신을 안고 유신론적 해결을 거부하고 있는 것 같다.

54

모든 근대 철학은 근본적으로 무엇을 하려고 하는 것일까? 데카르트 이래 —그것도 그의 선례를 기초로 해서라기보다 오히려 그에 대한 반항에서— 모든 철학자는 주어와 술어의 개념에 대한 비판이란 관점에서 예전부터의 영혼이라는 개념을 암살하려 하고 있다. 이것은 그리스도교 교의의 근본 전제를 말살하는 것이다. 근대 철학은 인식론적 회의로서, 숨겨져 있건 드러나 있건 반그리스도교적인 것이다. 다만 신경과민인 사람을 위해 말하자면, 결코 반종교적인 것은 아니다. 옛날에는 사람들이 문법과 문법적 주어를 믿듯이 '영혼'을 믿고 있었다. 그리고 말했다. '나'는 수식하는 자이고, '생각한다'는 술어로서 수식된 자라고. 생각한다는 것은 하나의 활동으로서, 여기에는 그 원인으로서의 주어가 있어야 된다고. 이제 사람들은 놀랄 만한 끈기와 책략을 가지고 그 그물을 벗어나려 하고 있다.

어쩌면 그 반대가 참은 아닐까? '생각한다'가 수식자이고, '나'가 수식된 자는 아닐까? '나'는 '생각하는 것'에 의해 만들어지는 종합체가 아닐까? 칸트가 기본적으로 입증하려 한 것은, 주체는 주체로부터 증명될 수 없다―객체 또한 증명이 안 된다는 것이었다. 개별적 주체, 즉 '영혼'이라는 가상적 존재의 가능성은 칸트로서는 인연이 먼 것은 아니었는지 모른다. 그리고 이 사상은 일찍이 베단타 철학으로서 대단한 힘을 가지고 이 지상에 존재하고 있었던 것이다.

55

종교적 잔인함이라는 커다란 단계가 있고, 거기에 여러 갈래가 있다. 그중에서도 세 단계가 가장 중요하다. 일찍이 인간은 신에게 인간을 제물로, 그것도 가장 사랑하는 자를 바쳤다. 모든 원시시대의 종교가 맏아들을 제물로 바치는 것도 그 하나이며, 황제 티베리우스가 카프리섬의 미트라 동굴에 바친 제물, 저 로마의 시대착오 중에서도 가장 처참한 것 역시 그것이다. 다음에 인간의 도덕적 시대에는 인간은 그의 신에게 자기가 가진 것 가운데 가장 강한 본능―자신의 '자연'을 바쳤다. 금욕자나 열광적 반자연주의자의 가혹한 눈초리에 이 의식의 기쁨이 빛났다. 결국 제물로 바칠 무엇이 아직 남았더란 말인가? 마침내 인간은 알지 못하는 조화나 행복과 정의를 위해 모든 위안, 성스러운 것, 치유, 희망, 신앙을 희생하게 되었다. 신 자체도 희생시켜 버리고, 자기에 대한 잔인한 마음에서 돌멩이, 어리석음, 중력, 운명, 허무를 숭배하게 되지는 않았던가? 허무를 향해 신을 제물로 삼는―이 최후의 잔인한 역설적인 신비는 이제 다가올 세대를 위해 마련되었다. 우리는 모두 이미 그것을 조금은 알고 있다.

누구든 나처럼 수수께끼 같은 욕심을 갖고서 염세주의를 그 밑바닥까지 생각해 보고, 그것이 쇼펜하우어의 철학 형식으로서 금세기에 모습을 나타낸 바와 같은, 반쯤 기독교적이고 반쯤 독일적인 편협과 단순성에서 벗어나려고 오랫동안 노력한 사람, 그리고 한 번이라도 아시아적인, 초아시아적인 눈을 가지고 있을 수 있는 온갖 사고방식 중에서도 가장 세계 부정적인 것을 꿰뚫어 내려다보고─더구나 부처나 쇼펜하우어처럼 도덕의 망상이란 속박 속에서가 아니라 선악을 넘어선 사람, 그런 사람은 자기 스스로 그것을 바란 게 아니었다고 해도 그것 때문에 그와 반대되는 이상에 눈을 떴을 것이다. 즉 세계를 긍정하는 가장 대담하고 가장 활력 있는 인간의 이상에 대해 눈을 떴을 것이다. 그런 사람은 과거에 존재했고, 지금도 존재하는 것과 타협하는 법을 배울 뿐만 아니라, 오히려 그것을 과거에 존재하고 현재에도 존재하는 그대로 다시 갖고자 원한다. 그는 영원을 넘어 지치지 않고 '다시 한 번 처음부터'라고 계속 외치지만, 그것은 자기에 대해서만 외치는 것은 아니며, 따지고 보면 바로 그런 연극을 필요로 하고─필요하게 만드는 자를 향해서 외치는 것이다. 그는 늘 자기를 필요로 하며, 필요하게 만들기 때문이다─어떤 방법으로? 이것이야말로 바로 악순환의 신이 아닐까?

인간을 둘러싼 거리와 공간은 그 사람의 정신적인 시선과 통찰력에 비례해서 늘어난다. 그의 세계는 점점 깊어지며, 점점 많아지고, 과거에는 보이지 않았던 새로운 별과 수수께끼와 형상이 그의 눈에 들어오게 된다. 그러므로 우리 정신의 눈에 예리함과 심각성을 단련시켜 준 것은 모두가 다만 수련을 위한 계기에 지나지 않았는지도 모른다. 어린아이나 그와 비슷한 자를 위한 장난감과 같은 것이었는지도 모른다. '신'이라든가 '죄'라는 것을 둘러싸고 가장 많이 싸우고 고통받은 엄숙한 개념도, 언젠가는 우리에게 하찮은 것으로 보일지도 모른다. 그리고 그때는 어쩌면 '늙은 인간'은 또 다른 장난감과 고통을 필요로 할지도 모른다─언제까지고 그저 어린아이, 영원한 어린아이인 것이다!

아마 누구나 진정한 종교 생활을 위해서는 (그리고 자기 검토라는 세밀한 작업을 위해서나 '신의 강림'에 대한 끊임없는 준비를 위한 조용하고 상냥한 기도를 위해서도) 생활의 한가함 혹은 반쯤의 한가함이 필요하다는 것, 즉 양심의 거리낌 없는 한가함이 필요하다는 것을 깨달았으리라. 예부터 전승된 혈통에 의한, 노동은 불명예─정신과 육체를 천하게 만든다─라는 귀족적 감정과 인연이 있는 한가함이 필요하다는 사실을 깨달았을 것이다. 그렇다면 현대의 시끄럽고, 시간을 독점하며, 혼자 잘난 체하는 비겁하고 오만한 근면이란, 다른 어느 것보다도 '불신앙'의 인간을 만들어 내는 것이 아닌가? 현재 독일에서 종교와 인연 없이 살고 있는 사람들 사이에는 '자유사상'을 지닌 갖가지 부류의 인간들이 있다. 그리고 대대로 전해 내려온 근면 때문에 그 종교적 본능이 녹아 없어진 많은 인간이 있다. 그들은 이제 종교가 어디에 필요한지도 모르고, 다만 둔한 놀라움으로 그것이 아직도 존재하고 있음을 인정한다. 이런 어리석은 인간들은 자기네 일이나 향락으로 머릿속이 가득 차 있다. '조국'이라든지 신문, '가정에 대한 의무' 등에 대해서는 말할 나위도 없다. 종교를 위한 시간 따위는 없는 것이다. 그것이 과연 새로운 일인지, 새로운 향락인지 잘 분간이 가지 않기 때문이다. '하필이면 이런 좋은 기분을 깨뜨리기 위해서 교회에 갈 필요는 없지 않은가' 그들은 생각한다. 그들은 종교적인 관습을 배척하는 것은 아니다. 예컨대 국가가 그런 관습에 참여할 것을 요구할 경우에는 다른 일들과 똑같이 해낸다. 참을성 있고, 겸손하고 진지하게, 호기심도 불쾌감도 없이. 즉 그들은 그런 것과는 먼 바깥에 살고 있기 때문에 그런 것에 대해서 자기 자신이 찬성이나 반대를 결정할 필요가 없는 것이다. 오늘날 독일의 중산층 신교도들 대부분은 이렇게 냉담한 부류이다. 특히 근면한 대상업 중심지나 교통 중심지는 더욱 그렇다. 부지런한 대부분의 학자, 대학 관계자도(신학자는 예외이다. 이런 사람들의 대학 내에서의 존재와 가능성은 심리학자에겐 점점 풀 수 없는 수수께끼가 되어가고 있다) 그렇다.

지금 독일의 학자가 종교 문제를 진지하게 생각하기 위해서는 굉장히 선량한 의지, 거의 자의적인 의지라고 할 수 있는 것이 필요하다. 이것은 신앙인이나 교회측으로선 상상도 할 수 없는 일이다. 그들의 수공업적인 정신으로(혹은 앞서 말한 바와 같이 수공업적인 근면성에서 현대적 양심이 그것을 평하고 있다) 학자는 종교에 대해 아무튼 우월감이 뒤섞여 호의적인 명랑한 기분을 가지려고 한다. 때로는 가끔 거기에 한 가닥 모멸의 감정도 섞인다. 누군지 교회에 대해서 신앙을 맹세하면, 학자는 반드시 그곳에 정신의 '불결성'이 있다 전제하고 덤빈다. 역사적으로(개인적인 경험에서가 아니다) 생각하는 학자만이 종교에 대해서 외경심이 있고 신중한 숭배를 할 수 있다. 그러나 그는 자기 감정을 종교에 대한 감사의 단계까지 높인다 해도 교회라든가 경건 등으로서 아직 존립하고 있는 것에 한 발짝도 다가가고 있지 않은 것이다. 오히려 그와는 반대다. 그는 종교적인 일에 대한 냉담 속에서 교육을 받았기 때문에, 그것은 신중이라든가 결벽성 따위로 승화되는 것이 보통이며, 그 때문에 종교적인 인간이나 사물과는 접촉을 피한다. 그는 깊은 관용과 인간성을 갖고 있기 때문에 바로 관용 그 자체에 들러붙어 있는 미묘한 어려움을 회피한다. 어떠한 시대에도 다른 시대가 부러워하는 그 나름의 특유하고 단순한 성격을 지니고 있는 법이다. 하지만 얼마나 지독한 단순성이, 존경할 만하고 어린아이처럼 한없이 어리석은 소박성이 그런 학자들의 우월감이나 관용의 착한 양심 속에 있는 것일까? 이것으로 그의 본능은 종교적 인간을 자신보다 열등한 유형으로 여기는 것이다. 그 자신은 그 위를 지나서 훨씬 저쪽으로, 위로 성장하고 있는 것이다―이런 작고 오만한 난쟁이이자 천민인 학자가 '이념'이나 '근대사상'의 근면하고도 민첩한 두뇌 노동자, 수공업의 노동자가 아닌가?

59

인간이 얄팍하다는 사실 속에는 깊은 지혜가 숨어 있다는 것을, 세상을 깊이 통찰한 사람은 깨닫고 있을 것이다. 자기 보존의 본능이 인간에게 일시적이고 경솔하며 거짓된 것을 가르치는 것이다. 여기저기서, 철학자한테서나 예술가한테서도 '순수 형식'의 격렬하고 과장된 예찬을 듣는다. 이와 같은 표면적인 예배를 필요로 하는 자가 그 속에 있는 것을 파악하는 데 실패한다고 해서 이상하게 여길 것은 하나도 없다. 인생의 형체를 위조하는 (마치 인생에 대한 집요한 복수처럼) 노력에서만 인생의 기쁨을 찾는 화상 입은 어린아이, 즉 타고난 예술가들 사이에도 여러 서열이 있는 것 같다. 그들이 인생의 모습을 위조하고 희석하고 현실 너머의 세계로 만들고 신격화된 것으로 보고자 하는가에 따라서, 그들이 인생에 대해 얼마나 고민하고 있는지 그 정도를 헤아릴 수 있다. 종교적인 인간도 예술가 속에 최고의 위치를 차지하는 인간으로 넣을 수가 있을 것이다. 그들 사이에서는 염세주의를 깊이 불신하는 공포심이 번져 있다.

염세주의는 수천 년 동안, 인간 존재의 종교적 해석을 이로 물어뜯도록 강요해 왔지만, 거기에 대한 본능적인 공포심은 인간이 충분히 강력하고 견고하게 예술가가 되기 전에 진리를 손아귀에 넣게 되지 않을까 지레짐작을 하고 있다. 경건성, 즉 '신 안에서의 삶'은 이 점에서 본 것이며, 이것은 진리에 대한 공포심이 낳은 가장 미묘한 궁극적인 산물이고, 온갖 위조품 속에서 가장 극단적인 것에 대한 예술가의 경배와 도취이며, 진리의 전환에 대한 의지이고, 무슨 대가를 지불해도 비진리를 찾자는 의지이다. 이제까지 인간을 미화하기 위한 수단으로 이 경건성보다 더 강력한 것은 없었다. 이것으로 인간은 예술, 표면, 색채의 유희, 선의(善意)가 될 수 있었으며, 더 이상 인생의 전망으로 괴로워하지 않게 되었다.

60

신을 위해서 인간을 사랑하는 일—이것은 지금까지 인간이 다다른 가장 고귀하고 머나먼 감정이었다. 신성시하려는 숨은 의도가 없는 인간에 대한 사랑은 어리석은 것이며 야수적인 것이다. 인간애에 대한 성향은 보다 높은 것에 대한 성향에서 비로소 그 기준, 우아함, 적은 양의 소금과 용연향(龍涎香)을 얻을 수 있다. 이것을 처음으로 느끼고 체험한 사람이 누구였던 간에, 그처럼 상냥한 말을 하기 위해서 얼마나 혀가 더듬거렸을까? 그는 지금까지 가장 높이 날아 올라가고, 가장 아름답게 매혹된 인간으로서 어느 시대에도 존경받을 성자로 남아 있을 것이다!

　우리 자유로운 정신이 이해하고 있는 철학자란, 인간의 모든 발전에 대해서 양심을 갖고 있는 가장 광범위한 책임을 지닌 사람이다. 그는 인간의 육성과 교육 사업을 위해 그때그때의 정치적 경제적 사정을 이용하는 것과 꼭 같이 종교도 이용할 것이다. 종교의 도움으로 행해질 수 있는 선택하고 훈육하는 영향, 즉 파괴적이고 창조적이면서도 형성하는 영향은 그 종교의 속박과 보호 아래 있는 인간 유형에 따라 저마다 다르고 다양하다. 강하고 독립적이며, 명령을 하도록 정해지고 단련된 자—이런 지배적 부류의 판단력과 기술이 구현되는 자들에게 종교는 지배하기 위해 저항을 극복하는 수단이다. 이것은 지배자와 피비재자를 한데 묶는 사슬이며, 피지배자의 양심이고, 자칫 복종에서 벗어나려는 그들의 속마음을 지배자에게 고해바쳐서 책임지게 만드는 것이다. 이런 고귀한 계통의 한 개인이 드높은 정신성으로 은둔과 체념의 생활을 즐기고, 가장 고상한 지배(선택받은 제자들이나 수도승에 대한 지배)를 선택하는 경우라 할지라도 종교는 수단으로서 이용될 수가 있지만, 그것은 사나운 지배의 소음과 노고로부터 벗어나서 평안을 얻고, 온갖 정치적 술책의 피치 못할 추잡함에서 떠나 순수함을 지키는 수단이라고 할 수 있다. 예컨대 브라만 승려들은 그렇게 했다. 그들은 교단의 힘을 빌려서 민중에게 그들의 왕을 임명하는 권력을 장악하고, 자기는 그 권력 밖에 서서 왕을 뛰어넘는 좀더 높은 인간으로서 자신을 느끼고 있었다.

　그리고 종교는 피지배자의 일부에, 언젠가는 지배하고 명령하는 지위에 설 준비를 하도록 가르침과 기회를 마련해 주고 있었다. 그것은 서서히 올라가는 강력한 계급을 위한 것이었는데, 그들 사이에서는 훌륭한 결혼 풍습을 통해 의지력과 자제력의 기쁨이 점점 증가하고 있다. 종교는 그들에게 보다 높은 정신의 길을 가도록, 그리고 위대한 자기 극복과 침묵과 고독의 감정이라는 시련을 견딜 수 있도록 자극하고 유혹했다. 금욕주의와 청교도주의는 어떤 종족이 천민 출신이라는 혈통을 극복하고, 언젠가는 지배하려고 노력하는 경우에 반드시 필요한 교양과 귀족화를 위한 수단이었다. 마지막으로 평범한 인간, 대부분의 사람들은 봉사와 일반적인 유용성을 위해 존재하고, 그저 존재하는 것이 허락된 사람들은 종교가 그들의 처지와 천성에 유용한 만족을 주는 것이다. 바로 여러 가지 마음의 평화를 주고 복종을 고귀화시키며, 덧붙여 사회적 행복과 고뇌를 나누고, 그들의 일상생활이나 영혼의 천박함, 반동물적인 빈곤에 대해서 얼마간의 미화 작용과 변명을 해주는 것이다. 종교적 인생의 종교적 의미는 늘 괴로움 속에 사는 인간에게 햇빛을 비춰주며, 자기 모습을 견딜 수 있게 해주고, 마치 에피쿠로스 철학이 높은 지위에서 고통받는 이들에게 끼친 힘과 같이 신선하고 세련되게 하며, 그 고뇌를 이용하면서 결국은 그것을 정화하고 정당화했던 것이다. 경건함을 통하여 어떤 높은 질서 속으로 들어가는 기술, 그래서 인간이 그 속에서 괴롭게 사는 현실(그런 괴로움은 필요한 것이다)의 질서에 만족하는 기분을 단단히 잡아두는 기술, 이것이야말로 아마 그리스도교에서도 불교에서도 가장 존중해야 할 것이 아닐까?

62

마지막으로 이런 종교를 다시 조사해서 그 무서운 위험을 폭로해야 할 것이다. 만일 종교가 철학자의 손안에 들어가서 육성되고, 교육의 수단이 되기를 거부하며, 독자적으로 지상권을 갖고 군림하고, 여러 가지 다른 수단과 공존하는 것이 아니라 스스로 궁극적인 목적이 되었을 때, 사태는 끔찍한 결과를 낳는다. 다른 모든 동물과 같이 인간 속에는 실패한 것, 병든 것, 퇴폐한 것, 허약한 것, 고뇌를 벗어나지 못하는 것이 많이 있다. 성공한 예는 인간의 경우에도 늘 예외이며, 인간이 아직 확인된 생물이 아님을 고려할 때 매우 드문 예외이다. 더욱 좋지 못한 것은 어떤 인간에 의해 표시되는 인간형의 단계가 높으면 높을수록, 그것이 자기를 완성하는 확률은 적다. 우연—이런 인류 생활의 진정제를 지배하는 어리석은 법칙은, 높은 부류의 인간을 파괴하는 데 있어 무서운 작용을 한다. 그런 인간에게 생명의 조건은 미묘하고 복잡하며 산출하기가 어렵다. 그런데 앞서 말한 두 종교는 실격한 인간의 과잉에 대해서 어떤 태도를 취하고 있는 것일까? 어쨌든 유지할 수 있는 한의 것을 유지해서 생명을 이어가려고 한다. 사실, 원칙으로서 그들 편을 드는 괴로운 자의 종교로서, 병으로 괴로워하듯 생명으로 괴로워하는 자를 옳다 하고, 다른 모든 감정의 방향은 거짓이며 불가능이라고 고집한다. 이러한 너그럽고 도와주려는 배려는 모든 사람을 향한 것이었고, 동시에 지금까지 언제나 고뇌하고 있던 최고의 인간 유형에 알맞은 것이었지만, 이것을 아무리 높이 평가해도 총결산을 해보면 '인간'이라는 유형을 하급 단계에 매어두었던 중요한 원인은 사실 기존 종교에 있었다.

종교는 없어져야 할 것을 너무나 많이 보존하고 있었다. 이들 종교는 무한히 감사를 받아 마땅하다. 그러나 아무리 감사하는 마음이 크다 해도, 예를 들어 그리스도교의 '성직자'들이 지금까지 유럽에서 행한 것과 비교할 때는, 그 감사에 대한 생각도 빈약한 것이 아닐 수 없다! 더구나 그들은 고뇌하는 자에게는 위로를, 압박받고 절망한 자에게는 용기를, 혼자 설 수 없는 자에게는 지팡이와 버팀목을 주어서 내적으로 무너진 자나 착란을 일으킨 자를 사회로부터 꾀어내 수도원이나 정신병원에 들어가도록 했던 것이다. 그렇게 원칙적으로 모든 병들고 고뇌하는 자들의 보존을 위해서 양심적으로 일하고, 즉 행위로써 유럽 인종의 열악화(劣惡化)를 위해서 그들이 행한 것은 무엇이었던가? 그것은 모든 가치 평가를 뒤집어엎은 것이었다! 강자를 좌절시키고, 위대한 희망을 모독하고, 아름다움 속에 깃든 행복을 부수고, 모든 자기 영광, 남성미, 정복, 지배욕, 본능 등 '인간' 유형 가운데 최고로 성공한 사람의 특유한 본능을 불안정하고 양심의 가책을 받는 것, 자기 파괴로 왜곡시킨 것이다. 지성적인 것과 대지의 지배에 대한 사랑을 대지와 지상적인 것에 대한 증오로 뒤바꿔 놓은 것이다. 그것을 교회는 자기 임무로 삼지 않을 수 없었기 때문에, 결국 그들의 평가로 보면 '세속 이탈'과 '탈관능화(脫官能化)'는 '보다 높은 인간'과 합쳐져 하나의 감정이 되어버렸다.

만일 에피쿠로스의 신을 비웃고 구속받지 않는 공정한 눈을 갖고서, 유럽 그리스도교의 기이하고도 딱하고 거칠고 교묘한 희극을 바라볼 수 있으면 놀라서 웃지 않을 수 없을 것이다. 18세기 동안이나 단 하나의 의지가 유럽을 지배하고 인간을 숭고한 불구자로 만들려고 한 것같이 생각되지 않는가? 만일 에피쿠로스와 정반대의 욕구를 갖고, 다시 말해 신의 망치를 손에 들고 이런 유럽의 그리스도교도(예컨대 파스칼)같이 거의 자발적인 퇴폐와 위축된 인간의 곁으로 가까이 가는 자가 있다면, 그는 분노와 동정과 공포에 사로잡혀 소리치지 않을 수 없을 것이다. "오오, 그대들 어리석은 사람이여, 오만하고 불쌍한 어리석은 인간들이여, 그대들은 무슨 짓을 했는가! 이것이 그대들의 손이 해낸 일이란 말이냐? 그대들이 나의 가장 아름다운 돌을 잘못 다듬어 망쳐버렸구나! 그대들은 지독한 것을 만들어 냈구나!"

나는 다음과 같이 말하고 싶다. 그리스도교는 과거에 존재했던 자만심 가운데 가장 최악의 것이다. 위대하지도 않고 부지런하지도 않은 인간이 예술가로서 인간을 형성할 수 있다 생각하고, 강하지도 않고 시야도 좁은 인간이 자기 극복을 해서 천태만상의 파멸이라는 법칙을 인정하려 들지도 않는다. 고귀하지도 않은 인간이 인간과 인간 사이의 깊은 간격을 둔 계층과 순위와 심연을 보지 못하고 있는 것이다. 그런 인간이 자기들의 '신 앞에서의 평등'을 내세워 이제까지 유럽의 운명을 지배해 왔던 것이다. 그리하여 결국 왜소하고 우스꽝스러운 종족, 가축의 무리, 선량하고 병들고 평범한 것이 육성되었다. 현대의 유럽인이 그들이다.

제4장 잠언과 간주곡

63

마음으로부터 우러나서 교사가 된 사람은 모든 것을 오직 학생과의 관계에서만 진지하게 생각한다—자기 자신까지도.

64

'인식을 위한 인식'. 그것은 도덕이 파놓은 마지막 함정이다. 이것으로 인간은 또 한 번 완전히 도덕에 빠져든다.

65

인식에 이르는 길에 있어 극복해야 할 부끄러움이 많지 않다면, 인식의 매력도 적을 것이다.

65A

죄를 범하지 마라! 이렇게 말할 때, 인간은 신에게 가장 큰 거짓말을 하는 것이다.

65B

죄를 범하지 마라! 이렇게 말할 때, 인간은 신에 대한 믿음이 가장 없다.

66

스스로를 경멸하고, 속이고, 기만하고, 학대하기 좋아하는 성향은 인간 사이에 있는 신의 수줍음일지 모른다.

67

오직 한 사람만을 사랑한다는 것은 어떤 야만 행위이다. 왜냐하면 그것은 다른 모든 사람을 희생시키며 행해지는 것이기 때문이다. 신에 대한 사랑도 마찬가지다.

68

"내가 그것을 했다"고 내 기억은 말한다. "내가 그것을 했을 리 없다"고 내 긍지는 말하며, 고집한다. 그때 결국 양보하는 것은 기억이다.

69

위하는 척하면서 죽이는 손을 본 적이 없는 자는 인간을 제대로 본 사람이 아니다.

70

성격을 가진 인간은 언제나 되풀이되는 자신의 독특한 체험을 갖는다.

71

천문학자로서의 현자(賢者)—그대가 별을 '그대 위에 있는 것'으로 느끼는 한, 그대에게는 아직 인식자로서의 안목이 부족하다.

72

고상한 감각의 강도(强度)가 아니라 지속이 보다 높은 인간을 만든다.

73A

이상에 다다르는 자는 그로써 그 이상마저 뛰어넘는다.

73B

많은 공작이 사람 앞에서 꼬리를 감춘다—그것을 공작의 긍지라고 한다.

74

천재성을 지닌 인간은 적어도 두 가지 소질, 즉 감사와 순수성을 더 지니고 있지 않는 한 견디기 어렵다.

75

한 인간이 지닌 성욕의 정도와 성질은 그의 정신의 가장 높은 곳에까지 미친다.

76

평화 상태에 있을 때에 호전적인 인간은 자신에게 덤벼든다.

77

사람은 자기 신념에 따라 자신의 습관을 억압하거나 인정하고, 또 존중하거나 비방하며, 숨기려 한다—그리하여 같은 신념을 가진 두 인간도 때로는 근본적으로 다른 것을 바란다.

78

자기 자신을 멸시하는 자라 할지라도, 멸시자로서 자신을 존중한다.

79

자신이 사랑받는 줄 알면서도 자기를 사랑하지 않는 사람은, 마음의 앙금을 드러내 보인다. 그러면 맨 밑바닥에 가라앉아 있던 찌꺼기까지 떠오른다.

80

설명된 문제에 대해서 우리는 흥미를 잃는다. "너 자신을 알라!"고 가르친 신은 무엇을 말하려 했을까? 어쩌면 "흥미를 잃어라! 객관적으로 되라!"고 한 것일까? 그래서 소크라테스는 어떤 마음이었을까? 이른바 '학문적인 인간'은 어떤가?

81

바다 한복판에서 목이 말라 죽는다는 것은 무서운 일이다. 이제 그대들도 타는 목을 축이지 못할 정도로 진리를 소금에 절일 작정인가?

82

'모든 것에 대한 동정'—이웃들이여, 이것이야말로 자신에 대한 냉혹함과 포학함이거늘!

83

본능—집이 불탈 때 사람들은 먹는 일조차 잊어버린다. 그렇다. 하지만 불이 꺼진 뒤에는 잿더미 위에 앉아 다시 먹는다.

84

여성은 매혹하는 법을 잊어버림에 비례해서 미워하는 법을 배운다.

85

같은 정욕에서도 남녀는 속도가 다르다. 그러므로 남성과 여성 사이에서는 오해가 그치지 않는다.

86

여성은 개인적인 허영 뒤에 개인적이지 않은 멸시를 가지고 있다—'여성'에 대해서.

87

속박을 받는 감정과 자유로운 정신—감정을 엄격하게 옭아매면 정신에 많은 자유를 줄 수가 있다. 나는 이 말의 뜻을 벌써 한 번 설명했다. 그러나 사람들은 이 말을 모르든가, 아니면 내 말을 믿지 않는다.

88

아주 현명한 사람들마저도 당황하게 되면 사람들은 불신하기 시작한다.

89

무서운 체험은 그 체험을 한 사람이 무서운 사람이 아닐까 하는 의심을 낳게 한다.

90

괴롭고 우울한 인간은 다른 사람을 괴롭히는 것, 즉 증오나 사랑을 통해 경쾌해지고 일시적으로 자기 표면에 떠오른다.

91

얼음같이 차고 싸늘해서 그에게 손을 대면 손가락이 탄다! 그를 붙잡으면 손이 떨린다! 바로 그 때문에 사람들은 그가 불타고 있다고 생각한다.

92

좋은 평판을 얻기 위해 자기를 희생하지 않은 사람이 어디 있단 말인가?

93

상냥함 속에는 인간에 대한 증오가 없다. 바로 그렇기 때문에 너무나도 많은 인간 경멸이 거기에 숨겨져 있다.

94

인간의 성숙이란—어려서 놀던 때의 그 진지함을 다시 발견하는 것이다.

95

자신의 부도덕을 부끄러워하는 것은 결국 자신의 도덕을 부끄러워하게 되는 첫 번째 단계이다.

96

삶에서 떠날 때에는 오디세우스가 나우시카와 헤어질 때처럼 하라—삶에 연연해하기보다는 축복하면서.

97

뭐? 위대한 사람이라고? 내가 보기에는 언제나 그저 자기 이상을 보여주는 배우일 뿐이다.

98

양심을 훈련시키면, 그것은 우리를 깨물면서 입 맞춘다.

99

실망한 사람의 말—"나는 반향(反響)을 듣고 싶었다. 그러나 그저 칭찬을 들었을 뿐이다."

100

우리는 모두 스스로를 본디 자신보다 단순하다고 생각한다. 그리하여 주위의 인간들로부터 벗어나 느긋이 쉰다.

101

오늘날 인식하는 사람은 자기를 동물의 모습으로 나타난 신(神)이라 느끼고 싶어한다.

102

사랑의 보답을 받았을 때, 사랑하는 자는 그 애인에 대한 환상에서 깨어나지 않을까? "뭐? 너 따위를 사랑할 만큼 그렇게도 시시한 건가? 아니면 어리석은 건가? 아니면—아니면—."

103

행복이 품고 있는 위험—"지금 나에게는 모든 것이 최선에 이르렀다. 이제 나는 어떤 운명도 사랑한다. 누가 나의 운명이 되어주려는가?"

104

오늘날 그리스도교인이 우리를 화형시키지 못하는 것은, 그들의 인간애가 아니라 인간애의 무력함이다.

105

자유정신, 즉 '경건한 인식자'에게는 '경건한 기만'보다 '불경건한 기만'이 더 좋고, 그의 '경건'에 더 가깝다. 그런고로 그는 '자유정신'에 속하기 때문에 교회에 대해 깊은 몰이해를 나타낸다—이것이 그의 부자유이다.

106

음악의 힘으로 정열은 그 자체를 즐긴다.

107

최선의 반대 이유에 대해서까지 귀를 막으려는 결심—이것은 강한 성격의 특징이며, 때로는 어리석음에 대한 의지이기도 하다.

108

도덕적 현상이라는 것은 존재하지 않는다. 존재하는 것은 다만 현상에 대한 도덕적 해석뿐이다.

109

범죄자는 흔히 자기 행위만큼 성장해 있지 못하다. 그는 행위를 얕보고 비방한다.

범죄인의 변호사 가운데 그 범행의 아름답고도 무서운 점을 유리하게 이용할 수 있을 만큼 기교를 가진 이는 드물다.

111

우리의 허영심이 가장 심하게 상처를 받는 경우는 긍지가 상처를 입을 때이다.

112

신앙이 아니라 명상이 자기의 사명이라고 느끼는 사람, 그에게는 신앙을 가진 모든 자가 시끄럽고 주제넘게 생각된다. 그는 그들을 경계한다.

113

"그를 끌어들이고 싶은가? 그러면 그의 앞에서 당황하는 태도를 보여라."

114

성적인 사랑에 대한 엄청난 기대와 그 기대에 대한 수줍음, 그 모든 것이 처음부터 여성의 관점을 망쳐버린다.

115

사랑이나 증오가 함께 어우러지지 않으면, 여성은 평범한 연기자가 된다.

116

우리 인생의 위대한 시기는, 우리가 우리의 악(惡)을 선(善)이라고 부를 만한 용기를 얻을 때이다.

117

하나의 열정을 극복하려는 의지는 결국 다른 하나, 아니면 몇몇 열정의 의지일 뿐이다.

118

순수하게 존경할 수 있는 자는 언젠가 자기가 존경을 받으리라고는 생각지도 않는다.

119

더러운 것에 대한 혐오가 지나치면 스스로를 깨끗하게 하고 '정당화'하는 데 방해가 될 수도 있다.

120

때로는 육욕이 사랑의 성장보다 앞선다. 그래서 그 뿌리는 약하고 쉽사리 뽑히고 만다.

121

의미심장한 일이로다. 신은 작가가 되고자 했을 때 그리스어를 배웠다—그런데 보통 사람보다 더 잘 배우지는 못했다.

122

대부분의 경우 칭찬을 받고 기뻐하는 것은 단순히 마음의 예의이며, 정신적 허영에 반대되는 것이다.

123

첩을 두는 것도 부패해 버렸다—결혼으로 인해서.

124

화형의 불꽃 속에서도 기뻐하는 자는 고통을 이겨내는 것이 아니라, 예상했던 고통을 느끼지 않기 때문이다. 하나의 비유.

125

어떤 사람에 대해 생각을 달리 해야 할 때, 거기서 생겨나는 불쾌감을 우리는 그 사람의 탓으로 돌린다.

126

민족이란 예닐곱 명의 위대한 인간을 낳기 위해 자연이 선택한 우회로이다—그렇다. 그러고 나서 그들도 우회해서 가기 위한.

127

진정한 여성에게는 학문이 수치심을 일으킨다. 그들은 학문을 통해 자신의 피부 밑이—심지어는! 옷이나 화장 밑이—들여다보이는 듯한 느낌을 갖는다.

128

그대가 가르치려는 진리가 추상적일수록 그대는 감각을 그 진리를 향해 유혹하지 않으면 안 된다.

129

악마는 신에 대해 아주 넓은 관점을 가지고 있다. 그런 까닭에 그는 신에게서 멀리 떨어져 있다. 즉 악마는 인식의 가장 오랜 친구이다.

130

그가 어떤 사람인지는 재능이 시들어 그가 할 수 있는 일을 멈출 때 드러난다. 재능도 하나의 화장(化粧)이며, 화장이란 하나의 은폐이다.

131

남녀는 서로 상대를 속이고 있다. 그들은 근본적으로 오직 자기만을 (또는 좀 더 부드럽게 말해서 자기의 이상을) 존중하고 사랑하기 때문이다. 그래서 남성은 여성이 온화하기를 바란다. 그러나 여성이란 제아무리 겉으로 온화함을 습득하고 있다 해도 온화하지 못하며, 본질적으로 고양이와 같다.

132

자신의 덕 때문에 벌을 받는다는 것은 가장 좋은 일이다.

133

자신의 이상을 향한 길을 찾지 못한 사람은 이상이 없는 사람보다 경박하고 뻔뻔스럽게 된다.

134

모든 신뢰, 양심, 진실이라는 것은 감성에서 생겨난다.

135

바리새주의(Pharisäismus)는 선량한 인간이 타락한 것이 아니다. 그런 성격을 많이 지니고 있다는 것은 오히려 모든 선함의 조건이다.

136

어떤 자는 자기 사상의 산파를 찾고, 또 어떤 자는 자신이 도움을 줄 수 있는 자를 찾는다. 그래서 좋은 대화가 생긴다.

137

학자나 예술가와의 교제에서는 평가를 반대 방향으로 하기 쉽다. 주목할 만한 학자의 배후에서 평범한 인간을, 평범한 예술가의 배후에서 때때로 매우 주목할 만한 인간을 발견하는 수가 많다.

138

우리는 깨어 있을 때에도 꿈속에서와 똑같은 일을 한다. 우리는 우리와 교제할 인간을 만들어 내고, 생각해 내며―마침내는 곧 잊어버린다.

139

복수와 사랑에 있어서 여자는 남자보다 야만적이다.

140

수수께끼 같은 충고—"끈이 끊어지지 않게 하려면 먼저 그것을 깨물어야 한다."

141

인간이 자기를 쉽사리 신이라고 생각하지 않는 이유는 하복부 때문이다.

142

내가 들은 가장 기품 있는 말은 이것이다. "진실한 사랑에서는 영혼이 육체를 감싼다."

143

우리의 허영심은, 우리가 가장 잘한 일이 우리에게 가장 어려웠던 일로 여겨지기를 바란다. 이것은 여러 도덕의 기원에 대해 말할 수 있는 것이다.

144

한 여성이 학문적인 성향을 가질 때, 그것은 보통 그녀에게 성적 결함이 숨겨져 있음을 말해 준다. 불임(不姙)이란 사실이 벌써 어느 정도 남성적 취미로 향하는 원인이 된다. 남성은 이른바 '불임 동물'인 것이다.

145

남자와 여자를 전체적으로 비교할 때, 이렇게 말할 수 있을 것이다. 만일 여성에게 2차 역할을 할 수 있는 본능이 없었다면, 화장의 천재성은 없었을 것이다.

146

괴물과 싸우는 자는 스스로 괴물이 되지 않도록 주의하라. 그대가 오래도록 심연을 들여다볼 때, 심연 또한 그대를 들여다볼 것이다.

147

옛날 피렌체 소설에서—또한 인생에서—선한 여자나 악한 여자나 채찍을 바란다. 사케티(Sacchetti) 제86화.

148

이웃이 좋은 생각을 가지도록 이끈 다음, 마음으로부터 그 생각을 믿는 것. 누가 이런 기교를 여자보다 잘할 수 있겠는가?

149

한 시대가 악이라고 느끼는 것은, 대부분 전에는 선이라고 느꼈던 것의 반시대적인 반향이다—낡은 이상의 격세유전이라고 해야 할 것이다.

150

영웅을 둘러싼 모든 것은 비극이 되며, 반신(半神)을 둘러싼 모든 것은 희극이 된다. 그러면 신을 둘러싼 모든 것은—어떻게 되겠는가? 아마도 '세계'가 될 것인가?

151

하나의 재능이 있는 것만으로는 부족하다. 그 재능에 대하여 그대들의 허락을 받지 않으면 안 된다—그렇지 않은가? 나의 친구여.

152

"지혜의 나무가 있는 곳에 낙원이 있다." 아주 먼 옛날의 뱀도, 가장 최근의 뱀도 그렇게 말한다.

153

사랑에서 행해진 것은 언제나 선악 너머에서 일어난다.

154

반박, 일탈, 즐거운 불신, 또 조롱하는 습관은 건강하다는 표시이다. 모든 것을 무조건 받아들이는 일은 병적인 것이다.

155

비극에 대한 감각은 관능과 함께 늘어나기도 하고 줄어들기도 한다.

156

광기는 개인에게는 드문 일이다―하지만 단체, 당파, 민족, 시대에 있어서는 일반적인 일이다.

157

자살을 생각하는 것은 가장 강력한 위로이다. 이것으로 사람들은 많은 괴로운 밤을 참고 보낼 수 있다.

158

우리의 가장 강한 충동―우리 내부의 이 폭군에게는 우리 이성뿐만 아니라 양심도 굴복한다.

159

선에 대해서나 악에 대해서도 반드시 보답은 해야 한다. 그런데 어째서 우리에게 선을 행하거나 악을 행한 그 사람에게 보답하는 것일까?

160

사람이 자기 인식을 남에게 전하면, 이미 그 인식을 전보다 덜 사랑하게 된다.

161

시인은 자신의 체험에 대해 부끄러움을 모른다. 그는 그것을 있는대로 모두 착취한다.

162

'우리의 동포는 우리 이웃이 아니다. 우리 이웃의 이웃이다'—모든 사람은 이렇게 생각한다.

163

사랑은 사랑하는 사람의 고귀한 성질을—그의 드물고도 예외적인 부분을 밖으로 끌어낸다. 그러한 사랑은 그의 일반적인 상태를 쉽게 감출 수 있다.

164

예수가 유대인에게 말했다. "율법은 노예를 위한 것이었다—내가 하느님의 아들로서 사랑한 것처럼 하느님을 사랑하라! 하느님의 자손들인 우리에게 도덕이 무슨 상관이 있는가!"

165

당파에 대해서—양치기는 모든 무리를 이끌고 갈 한 마리의 우두머리 양이 필요하다. 그렇지 않으면 그 스스로 양이 되지 않으면 안 된다.

166

사람은 입으로 거짓말을 하지만, 그 거짓말을 하는 입술로 진실을 고백하기도 한다.

167

엄격한 사람에게는 친밀함이란 수치이고—그러면서도 귀중한 무엇이다.

168

그리스도교는 에로스에게 독을 먹였다. 에로스는 그것으로 죽지는 않았지만 타락하여 부도덕해졌다.

169

자신에 대해 많이 말하는 것은 자기를 감추는 수단도 된다.

170

칭찬 속에는 비난보다 더 많은 주제넘음이 있다.

171

동정은 인식하는 인간에게 거의 웃음을 자아낸다. 마치 가냘픈 손이 키클롭스를 부드럽게 쓰다듬는 것처럼.

172

사람은 때때로 인류애로 인해 아무나 껴안는다(모든 사람을 다 껴안을 수는 없으므로). 그러나 이것이야말로 그 상대방이 알게 해서는 안 되는 일이다.

173

얕보는 동안에는 증오하지 않는다. 증오하는 것은 평등 또는 우월을 인정한 상대에 한한다.

174

그대 공리주의자들이여—그대들이 공리를 사랑하는 것은 그것이 그저 그대들의 취향을 운반해 줄 수레이기 때문이다—그대들도 그 수레바퀴의 소음은 시끄럽다고 느끼지 않는가?

175

결국 인간은 자신의 욕망을 사랑하는 것이지 욕망의 대상을 사랑하는 것은
아니다.

176

다른 사람의 허영심이 우리 취향에 거슬리는 것은, 그것이 우리의 허영심을
건드리는 경우뿐이다.

177

무엇이 '진실'인가에 대해서는 아직까지 아무도 충분히 진실하지 못했다.

178

사람들은 현명한 인간에게도 어리석은 면이 있다는 것을 믿지 않는다. 그 얼
마나 지독한 인권침해인가!

179

우리가 행동한 결과는 우리의 머리카락을 움켜쥔다. 우리가 그동안에 '개선'
되었다는 사실에는 매우 무관심한 채.

180

거짓말을 하면서도 천진한 것, 그것은 어떤 일에 대한 굳은 신념의 표시다.

181

어떤 사람이 저주를 받을 때 축복하는 것은 비인간적이다.

182

우월한 사람에게서 대접받는 것은 화나는 일이다. 왜냐하면 거기에 대해 보답할 길이 없기 때문이다.

183

"내가 서글퍼지는 것은 그대가 나를 속였기 때문이 아니라, 내가 그대를 더이상 믿을 수 없기 때문이다."

184

겉으로는 악의처럼 보이는 오만한 친절도 있다.

185

"나는 그가 싫다"—왜냐고?—"나는 아직 그의 상대가 될 수 없으니까." 일찍이 이렇게 대답한 사람이 있을까?

제5장 도덕의 자연사

186

지금 유럽에서의 도덕적 감정은 섬세하고 뒤늦었으며 다양하고 민감하며 세련되어 있는 데 비해 여기에 속하는 '도덕학'은 아직 젊고 초보적이며 거칠고 서투르다—이것은 재미있는 대조이며, 같은 일이 때로는 어떤 도덕주의자의 인격에서도 나타나고 뚜렷해진다. 이미 '도덕학'이라는 말 자체가 그 뜻하는 바에 비해 너무 주제넘으며 좋은 취미에 거슬린다. 좋은 취미란 언제나 겸손한 말을 택하기 때문이다. 지금의 경우는 될수록 엄격하게 생각해서 먼 장래에 필요한 것과 지금 당장 긴급한 것이 무엇인가를 결정하지 않으면 안 된다. 그것은 첫째, 자료의 수집이다. 다시 말해 살고, 성장하고, 낳고, 소멸해 가는 미묘한 가치 감정과 가치 차이의 거대한 영역을 개념적으로 살피고 정리하는 일이다. 둘째는 이 살아 있는 결정체가 가끔 되풀이하는 형태를 관찰하는 것으로서, 이것은 도덕 유형학(類型學)에 대한 준비이다.

그러나 사람들은 지금까지 그처럼 겸손한 태도로 있지 않았다. 철학자들은 누구나 도덕을 학문으로 다루자, 웃음이 날 만큼 심각하게 무언가 까다롭고도 장엄한 것을 요구했다. 그들은 도덕의 기초를 세우려 했던 것이다. 그리고 철학자들은 도덕의 기초를 세웠다고 자신했다. 그런데 도덕 자체는 '주어진 것'이라고 생각했다. 그들의 어리석은 자부심은 이미 말한 먼지에 쌓여 있던 도덕을 기술하는 일을 얼마나 대수롭지 않게 여겼던가. 게다가 이 일을 하기 위해서는 상당히 정교한 손재주와 두뇌를 가지고도 부족했을 것이다! 도덕철학자들은 도덕적 사실을 거칠게, 되는 대로 발췌하거나 엉터리 같은 요약으로 알았을 뿐—이른바 그들의 환경, 계급, 교회, 시대정신, 국토, 풍토의 도덕관념으로 해석했을 뿐—이고, 민족과 시대와 과거에 대해서는 나쁘게 가르치고 스스로 연구해 볼 의욕도 없었다. 그래서 그들은 진정한 도덕 문제가 무언지를 알 수 없었다. 진정한 도덕 문제는 모든 도덕을 비교해 봄으로써 비로소 떠오르는 것이다. 지금까지의 모든 '도덕학'에는 이상하게도 도덕 문제 자체가 빠져 있었다. 바로 거기에야말로 어떤 문제가 있지 않을까 하는 의문이 없었던 것이다. 철학자들이 '도덕의 기초공사'라 일컫고 깨닫고자 노력한 것은, 올바른 빛에 비춰볼 때 단순히 현재 유행하는 도덕에 대한 경건한 신앙의 현학적인 한 형식일 뿐이며, 그 표현에 대한 새로운 방법에 지나지 않는다. 따라서 일정한 도덕관념의 범위 안에 있는 사실일 뿐이며, 궁극적 이유로서 이 도덕 자체를 문제로 삼아서는 안 된다는 어떤 부정임에 틀림없다.

어쨌든 이 신앙 자체에 대한 검토, 분석, 회의, 해부와는 반대되는 것이었다. 예를 들면 쇼펜하우어까지도 거의 존경할 만한 천진성을 가지고 그의 문제를 제시하고 있는 것을 보라. 이 철학의 마지막 거장은 거의 어린아이나 노파와 같은 투로 말하고 있는데, 그러한 철학의 철학성에 대해 독자는 스스로 그 귀결을 생각해 보라. "모든 사상가들이 그 내용에 대해 일치하고 있는 원칙과 근본 명제는 바로 다음과 같다"고 쇼펜하우어는 말하고 있다《윤리학의 근본 문제》 137쪽). "가능한 한 아무도 해치지 말고, 모든 사람을 도와라. 도덕학자는 이 근거를 세우려고 노력하는 것이며, 이것이 바로 그들이 수천 년 동안 마치 '현자의 돌'인 양 찾아 헤매고 있는 윤리의 본디 주춧돌이다." 이러한 명제를 근거지으려는 어려움은 물론 클 것이다. 이미 아는 바와 같이 쇼펜하우어는 그 점에서는 성공하지 못했다. 이 세계의 본질은 권력에 대한 의지이다. 거기에 그러한 명제를 올린다는 것이 얼마나 악취미이고 허위이며, 또 감상적인 것인가를 절실히 느낀 사람은 다음 장면을 상상하게 될 것이다. 쇼펜하우어는 염세주의자이면서도 날마다 식후에 플루트를 불었다. 의심하는 사람은 그의 전기를 보라. 또 묻고 싶은 것은 염세사상가이며 신과 세계의 부정자가 도덕 앞에 서서, 도덕을—'아무도 해치지 않는' 식의 도덕을—긍정하고, 게다가 피리를 불었다? 어떻게? 이런 사람이 과연 염세주의자란 말인가?

"우리 안에 정언명령이 있다." 이 주장의 가치에 대해서는 잠깐 언급을 피한다. 지금은 묻고 싶다. 그러한 주장이 그것을 주장하는 사람에 대해서 무엇을 말해 주고 있는가? 도덕에는 그 창시자를 다른 사람 앞에서 정당화하기 위한 것이 있다. 또 창시자를 안심시키고 자기만족을 느끼게 하기 위한 것이 있다. 또는 그것으로 창시자 자신이 십자가에 매달리고, 복수를 하고, 다른 사람과 더불어 도피하고, 자기를 정화하고, 높은 곳에 앉으려는 것이 있다. 어떤 도덕은 그 창시자가 다른 사람을 잊어버리는 데 필요하며, 또 어떤 도덕은 자기 또는 자기의 일부를 세상에서 잊히게 하는 데 쓸모가 있다. 인류에게 권력과 창조적 독단을 행사하려는 도덕도 적지 않지만, 그 밖의 많은 도덕가, 그리고 칸트 역시 그 가운데 하나다—그 도덕론을 가지고 다음과 같은 사실을 말하려 한다. "나에게 있어 존경할 만한 일은 내가 복종할 수 있다는 데 있다. 그대들의 경우도 나와 달라서는 안 된다!" 간단히 말해서 도덕론도 정념을 나타내는 기호에 지나지 않는다.

모든 도덕은 방임과는 반대되는 것이다. 그리고 '자연'에 대한, '이성'에 대한 포학함이다. 그러나 도덕은 아직 도덕에 항의하는 것은 아니다. 항의하기 위해서는 또다시 어떤 도덕에 기초해서 포학함과 반(反)이성을 불법이라고 선고해야 된다. 대체로 도덕에 있어 본질적이며 귀중한 것은 그것이 오랜 기간에 걸친 구속이라는 점이다. 스토아주의, 포르 루아얄, 청교도주의를 이해하려면 모든 언어에 힘과 자유를 부여해 온 구속—즉 운율의 제한, 각운과 리듬의 억압을 떠올릴 필요가 있다. 모든 민족의 시인과 웅변가는 얼마나 많은 괴로움을 겪었던가! 자신의 귀 속에 가차 없는 양심이 깃들어 있는 현대의 몇몇 산문작가들도 마찬가지다! 어리석은 공리주의자들은 그들을 가리켜 '어리석은 것을 위해'라고 평하며 스스로 현명하다 생각하고, 무정부주의자들은 '엉터리 법칙에 굴복해서'라고 평하면서 자신을 '자유'와 자유정신을 가진 인간이라 자만하고 있다. 더구나 놀랄 일은 적어도 자유롭고 섬세하고 과감하며 춤을 추듯 수완 있는 예능인으로서 존재하고, 존재했던 자는 모두 사상, 정치, 언론, 예술, 도덕에 있어서도 이러한 제멋대로인 법칙의 독재에 힘입어 발전했던 것이다. 진실하게 말해서 바로 도덕만이 '자연'이며 '자연적'인 것으로서, 앞서 말한 '방임'은 아니다—라는 것이 오히려 진실에 가깝다! 모든 예술가들이 알고 있는 일이지만, 그들의 '자연 그대로'의 상태—즉 '영감'의 순간적이고 자유로운 순서·배치·정리·형성은 제멋대로의 감정과는 거리가 먼 것이다. 그리고 바로 그 순간이야말로 그는 엄격하게 생각하고, 미묘하게 수천 가지 법칙을 지켜가고 있는 것이다. 이러한 법칙이야말로 준엄하고도 명확하기 짝이 없고, 여기에 비하면 개념에 의한 형성은 우스꽝스러운 것이며, 가장 정확한 개념조차도 막연하고 애매한 것에 지나지 않는다. (되풀이해서 말하면) '하늘에서나 땅에서나' 가장 소중한 것은, 다만 하나의 방향에 오랫동안 복종을 강요당하는 것이다. 도덕만 지속되면 이 세상에 살고 있는 보람을 느끼게 되는 그 무엇이 반드시 생겨나는 것이며, 또한 생겼던 것이다. 이를테면 덕성, 예술, 음악, 무용, 이성, 정신성 등과 같은 변화되고 세련되고 분방하고 신성한 것이다.

본디 유럽에는 오랫동안 정신의 부자유 시대가 있었다. 사상의 전달에는 불신하는 강제력이 가해졌다. 사상가는 교회나 궁정 규준 내에서, 또는 아리스토텔레스적인 전제 밑에서 생각하는 수련을 스스로에게 부과하고 있었다. 그리고 유럽 정신의 의지는 모든 현상을 그리스도교의 방식에 따라서 설명하고, 어떠한 우연 속에서도 그리스도교의 신을 재발견하고 정당화하기 위해 끈질긴 노력을 하고 있었다—이 모든 것은 폭력적이며 자의적이고 혹독하며 끔찍하고 부조리한 것이긴 했지만, 도덕이 단련의 도구가 되어서 유럽 정신은 그 힘과 서슴없는 호기심과 유동성(流動性)을 길러냈던 것이다. 물론 그 경우에 힘과 정신에 있어 회복할 수 없는 많은 것이 압박을 받고, 질식을 당하고, 부패하게 되었다는 것도 말할 필요가 없다(왜냐하면 '자연'은 엄청나게 낭비를 하고, 굉장히 냉정한 태도를 보이는 것으로서, 그런 것을 볼 때마다 우리는 마음에 전율을 금치 못하지만 여전히 그 양상은 숭고하기 때문이다. 유럽 정신의 역사에서도 다른 곳에서와 마찬가지로 자연은 그런 내막을 분명히 보여주었던 것이다).

수천 년 동안 유럽의 사상가는 어떤 한 가지 것만을 증명하는 일을 생각하고 있었다. 오늘날 '무엇인가를 증명하려고 하는' 사상가는 모두 의심스러운 존재이다. 그리하여 그들의 지극히 엄밀한 사색의 결론으로 나올 수 있는 것은 미리부터 확정되어 있었다. 그것은 마치 옛날 아시아의 점성술 경우와 비슷하고, 현대에서도 여전히 비슷한 개인적 사건을 '신의 영광을 위해서'라든가, '영혼의 구제를 위해서'라고 말하면서 천진난만한 그리스도교적, 도덕적 해석을 하려는 자들의 경우와 유사하다. 그러나 이러한 포학함과 자의적이며 준엄하고 장대한 어리석음이 정신을 길러냈던 것이다. 노예 상태에 놓인다는 것은 거칠게 이해되든 섬세하게 이해되든, 정신의 육성과 훈련에 있어서 없어서는 안 될 수단으로 생각된다. 모든 도덕은 다음과 같은 관점에서 보아야 한다. 그 속에 깃든 '자연'은 '방임'을, 즉 너무나도 큰 자유를 증오하는 것을 가르치고, 제한된 수평선에 대한 욕망을, 가장 절실한 과제를 해결하려는 욕망을 가르쳐 준다. 도덕은 시야를 좁힐 것을 가르치며, 어떤 의미에서는 어리석음을 가르치고, 그 어리석음을 생활과 성장의 조건으로 삼는다. "그대들은 무엇인가에 오랫동안 복종하라. 그렇지 않으면 파멸하고, 자신에 대한 마지막 존경까지도 잃게 될 것이다"—이것이 나에게는 자연의 도덕 명령처럼 보인다. 물론 도덕은 늙은 칸트가 찾았던 것과 같은 '정언적(定言的)'인 것은 아니다. (그렇기에 '그렇지 않으면'이란 단서가 붙어 있다.) 그리고 개인에게 말한 것도 아니다. (자연에게 개체가 무슨 중요성이 있겠는가!) 오히려 민족, 인종, 시대, 계급에 대해서, 무엇보다도 '인간'이란 생물 전체에 대해서, 인류에 대해서 말한 것이다.

189

부지런한 종족에게는 한가하다는 것이 견디기 어려운 일이다. 영국인은 일요일을 거룩하고 무료하게 만들어 버렸는데, 도덕은 저도 모르는 사이에 평일의 노동을 갈망하기 위한 수단으로서 생긴, 참으로 영국적인 본능의 걸작이다. 다시 말해 교묘하게 연구되고 교묘하게 삽입된 하나의 단식이다. 이런 일은 고대에서 흔히 찾아볼 수 있다(남방 민족에게는 당연한 일이지만, 반드시 노동과 관계가 있는 것도 아니다). 단식에는 여러 종류가 있다. 강한 영향력과 관습이 지배하고 있는 곳에서 입법자는 유의해서 윤일(閏日)을 끼워넣고, 그것으로 강한 충동에 사로잡혀 또다시 배고픔을 느끼도록 정했다. 높은 관점에서 보면 어떤 도덕적 열광에 사로잡힌 세대나 시대는 위에서 말한 그런 의미에서 끼워넣어진 강제적인 단식기인 것처럼 생각이 된다. 이 시기에 하나의 충동이 굴복하면서 마침내 정화되고 첨예화되는 것이다. 몇몇 철학파에 대해서도 이러한 해석을 내릴 수 있다(예를 들면 음탕한 냄새에 침식되었던 헬레니즘 문화의 분위기 속에 스토아파가 나타난 것이 그렇다). 유럽의 그리스도교 시대의 한복판에, 또 일반적으로 그리스도교의 가치 판단이라는 압박 아래 있으면서 성적 충동은 연애로까지 승화했지만, 이 역설의 설명을 위해서도 여기에 하나의 암시가 있다.

190

플라톤의 도덕설 속에는 본디 플라톤에 속하지 않고(말하자면 플라톤과는 반대되는) 오로지 그 철학 속에만 존재하는 것이 있다. 소크라테스주의가 그것으로, 플라톤은 그런 것을 지니기에는 너무나도 고귀한 인간이었다. "어느 누구도 자신을 해치기를 바라지는 않는다. 그런 까닭에 모든 악은 생각과는 반대로 행해지는 것이다. 왜냐하면 악인이란 자신을 해치는 인간이기 때문이다. 그는 악인이 악이란 것을 알면 그것을 행하지 않을 것이다. 그러므로 악인은 오로지 실수에 의해서만 악인 것이다. 그로부터 실수를 없애면 그는 반드시 선인이 될 것이다"—이러한 추론 방법은 천민의 냄새가 난다. 천민은 악한 행위를 할 때 그저 불쾌한 결과만을 생각하고, '악하게 행동하는 것은 어리석다'고 판단한다. 또 '선'과 '유용하고도 쾌적하다'는 것을 처음부터 동일시한다. 모든 도덕에 대한 공리주의에 관해서는 이러한 기원이 있음을 추정할 수 있으며, 이런 경우는 우리의 후각만 의지해도 별로 틀리지 않는다—플라톤은 그의 스승의 학설 속에 세련되고 고귀한 어떤 것을 끌어들여 해석하고, 특히 그 자신을 넣어서 해석하려고 온갖 수단을 다했다. 그는 모든 해석자들 중에서 가장 대담했다. 마치 민요나 속요를 모으듯 소크라테스라는 주제를 거리에 내보내 그 인격을 무한하게, 그리고 불가능할 때까지 변주해 들려주고, 그렇게 함으로써 자기의 가면과 복잡다단한 정신을 보여주었다. 만일 해학을 가지고 호메로스식으로 말한다면, 플라톤이 그린 소크라테스는 다음과 같은 것이 아니고 무엇이었겠는가.

앞에도 플라톤, 뒤에도 플라톤, 가운데는 키마이라(Chimaera).

191

'신앙'과 '지식'—좀더 분명히 말하면 본능과 이성은 예부터 신학의 문제였다. 합리성은 근거에 따라, '왜'라는 이유에 따라, 합목적성과 효용에 따라서 평가하고 다루려는 것이지만, 대체로 사물의 가치 평가에 있어서는 그런 합리성보다 본능에 대해서 더욱 커다란 권위가 주어져야 할 것이 아닌가—이것이야말로 소크라테스에게서 나타나고, 이미 그리스도교 이전에 사람의 정신을 분열시킨 오래된 도덕 문제이다. 소크라테스는 뛰어난 웅변가였기 때문에 타고난 취미에 따라서 먼저 이성 쪽에 서 있었다. 그러나 그의 시대 아테네인들은 본능적인 인간이어서, 고귀한 인간이 모두 그렇듯이 자신의 행위에 대한 동기를 속속들이 설명할 수는 없었는데, 소크라테스가 일생을 걸쳐 해낸 일도 사실 이런 고귀한 아테네인들의 서투른 무능력을 비웃은 데 지나지 않는 것이 아닐까? 결국 그는 침묵 속에서 남몰래 자신을 비웃기 시작했다. 그는 자신의 보다 엄격한 양심에 비추어서 자기 검토를 한 뒤에 시민과 마찬가지로 자기도 자기 행위의 동기를 완전히 설명하기가 곤란하고 불가능하다는 것을 깨달았다.

'어떻게 본능에서 자신을 떼어놓을 수가 있겠는가? 우리는 본능에 대해서도, 이성에 대해서도 정당한 대우를 받도록 도와주어야 한다. 본능에 따라도 좋다. 그러나 그 경우에는 적절한 근거를 바탕으로 해서 그것을 지원하도록 이성에게 명령해야 한다.'

이렇게 생각한 것이 이 위대하고 신비적인 역설가가 본디 행한 속임수였다. 그는 자신의 양심을 움직여서 어떤 자기기만으로 안심을 했던 것이다. 그리고 도덕적 판단 속에는 비합리적인 것이 있음을 꿰뚫어 보고 있었다—그런데 플라톤은 그런 일에 대해서는 훨씬 순결하고 천민다운 교활성이 없었기 때문에 전력을 다해서(과거 어떠한 철학자가 사용한 것보다도 큰 힘을!) 증명해 보려고 시도했다. 즉 이성과 본능은 자연히 한 가지 목표인 선(善)에, 그리고 신에 이르게 된다는 것을 증명하려고 했다. 플라톤 이후 모든 신학자와 철학자는 같은 길을 밟고 있다—그런데 도덕에 대해서는 지금까지 언제나 본능이 승리를 올리고 있었다. (도덕을 그리스도교도는 '신앙'이라 불렀고, 나는 '가축의 무리'라 부르고 있다.) 데카르트만은 예외이다. 합리주의의 아버지(따라서 혁명의 할아버지)인 그는 이성에게만 권위를 인정했다. 그러나 이성은 한 가지 도구에 지나지 않는다. 따라서 데카르트는 천박했다.

192

어떤 종류이든 학문의 역사를 연구한 일이 있는 사람은, 그 발전 속에서 '지혜의 인식'이라는 가장 오래되고 보편적인 과정을 이해하는 데 필요한 단서를 찾아볼 수 있다. 어떤 학문의 경우에도 처음으로 발달하는 것은 경솔하게 세워진 가설과 허구와 '신앙'에 대한 좋으면서도 어리석은 의지이며, 회의와 인내의 결핍이 두드러진다. 우리 감각이 인식을 위한 섬세하고 충실하며 신중한 기관이 되는 것은 훨씬 나중의 일이고, 또 완전히 그렇게 되지도 않는다. 우리 눈으로는 주어진 기회에 가끔 만들어진 일이 있는 형상을 다시 만드는 편이, 어떤 인상의 특이함과 새로움을 알아채기보다 쉬운 일이다. 후자의 상태가 좀더 큰 힘을, 좀더 많은 '도덕성'을 필요로 한다. 귀는 새로운 것을 듣는 것이 괴롭고 어려운 일이다. 처음 듣는 음악은 재미가 없다. 또 우리는 외국어를 들을 때, 그 발음을 자기도 모르게 우리에게 친근한 울림으로 바꾸어 버린다. 예를 들면 독일인은 '아르쿠발리스타'를 듣고 '아름브루스트(石弓)'라고 해버렸다. 우리의 감각은 새로운 것을 적대시하고 혐오한다. 그래서 일반적으로 감성의 '가장 단순한' 과정에 있어서까지 공포·사랑·증오와 같은 정적 요소—게으름이라는 소극적인 것까지도—가 지배한다.

현대인은 책을 읽을 때, 한 페이지의 하나하나의 말을 (더욱이 음절을) 다 읽는 적은 거의 없고, 오히려 스무 자 중에서 적당히 다섯 정도를 골라서 이 다섯 자에 속해 있음직한 의미를 '추측'한다—마찬가지로 우리가 나무를 볼 때에도 잎과 가지와 색과 모양을 정확히 관찰하지는 않는다. 우리에게는 나무라는 막연한 형태를 공상으로 그려보는 편이 쉽다. 우리는 체험의 대부분을 가상한다. 그리고 '발견자'가 되겠다는 생각이 없을 때에는 어떤 사실도 일부러 관찰하려고 애쓰지 않는다. 이런 것으로 봐서 우리는 근본적으로 옛날부터—속임에 익숙해져 있었다. 좀더 고상하게 위선적으로, 요컨대 듣기 좋게 표현한다면 우리는 본디 우리가 알기보다도 훨씬 더 예술가인 것이다. 이를테면 활발한 대화를 하면서 우리는 상대방의 얼굴을 눈에 보이는 것보다 확실하고 자세히 보는 경우가 있는데, 그것은 상대방이 말하는 사상이나 자기가 불러일으켰다고 믿는 사상이 그렇게 생각하게끔 시키는 것이다. 그때 상대방 얼굴 근육의 움직임이나 눈의 표정에서 보이는 섬세함은 우리가 상상으로 그려낸 것이다. 상대방은 전혀 다른 표정을 하고 있었거나, 아니면 아무 표정도 짓지 않았던 것이다.

193

"사람은 낮에 있었던 일을 밤에 행한다." 그러나 그 반대일 수도 있다. 우리가 꿈속에서 겪은 일은 그것을 자주 되풀이하면 결국은 '현실'의 체험과 마찬가지로 우리 영혼이 지니는 재산의 일부분인 것이다. 우리는 꿈에서 부자도 되거나 가난해지기도 하고 욕망이 늘었다 줄었다 하며, 결국 한낮에 우리의 정신이 깨어 환할 때에도 얼마쯤은 꿈의 습관에 따라 이끌린다. 여기 하늘을 나는 꿈을 곧잘 꾸는 사람이 있다고 하자. 그리고 꿈에 빠지자마자 나는 힘과 기술을 자기 특권으로서, 자기만의 부러워할 만한 행복이라고 의식한다고 하자. 이 사람은 모든 종류의 곡선이나 각도를 미묘한 자극으로 그릴 수 있다 생각하며, 신성한 경쾌감을 알고 있고, 긴장도 강제도 없이 '올라가며', 교만이나 굴욕도 없이 ─편하게!─'내려올' 수가 있다. 그러한 꿈의 경험과 습관을 가지고 있는 사람은 결국은 깨어 있는 낮을 위해서도 '행복'이라는 말이 보통과는 다른 색조를 띠고 있을 것이 틀림없다! 행복도 다른 방법으로 바라고 있음에 틀림없다! 시인이 그리는 이른바 '비약'도 이 '비행'에 비한다면 너무나 땅에 가깝고, 근육적이고, 폭력적이며, 너무나도 '골칫거리'가 될 것이다.

194

인간의 차이는 그들의 재산 목록에 나타나 있는 차이만은 아니다. 그들이 저마다 다른 보물을 추구하고, 또 서로 인정하는 보물의 가치나 등급에 대해 의견을 달리한다는 데 있는 것만도 아니다. 인간의 차이는 그들이 진정한 소유와 점유를 어떤 것이라고 생각하는가 하는 태도에 나타난다. 이를테면 여자에 대해 말한다면, 평범한 남자는 여성의 몸과 성적 만족감을 갖는 것만으로도 여자를 소유하고 점유하고 있다는 충분한 증거라고 생각한다. 또 그 점유의 갈망에 얼마쯤 의심과 요구를 곁들여 가지고 있는 남자는 그러한 소유만으로는 아직 믿을 수 없는 표면적인 것이라고 생각하며, 좀더 들어서서 시험해 보고 싶어한다. 무엇보다도 여자가 그에게 자기를 내줄 뿐만 아니라 그녀가 갖고 있고, 갖고 싶어하는 것을 그 때문에 버릴 수 있는가 없는가를 알아보려고 한다. 이 시험을 거치고 나서 비로소 그는 여자를 차지했다고 느끼는 것이다. 또 그것으로도 소유욕을 만족시키지 못하는 남자가 있다. 그는 자문한다―여자가 그를 위해 모든 것을 버린다 해도, 혹시 그것은 그를 잘못 보았기 때문은 아닌가 하는 의심을 품는다. 그는 사랑을 받기 위해서는 먼저 자기 마음속을 그 깊은 곳까지 알아주기를 바라고 있다. 그는 과감히 자기를 알게 한다. 여자가 그에게 조금이라도 환영을 그리고 있지 않을 때, 또 그의 선량함·인내심·정신성과 똑같이 그의 사악함과 보이지 않는 탐욕도 사랑할 때 비로소 그는 여자를 소유했다고 생각한다.

어떤 사람은 어떤 국민을 소유하고 싶어하며 그 목적을 위해서 칼리오스트로[1]적인 술책이나 카틸리나[2]의 고등수법도 마다하지 않는다. 그런데 어떤 자는 보다 섬세한 소유욕을 가지고 있기 때문에 "소유하려 할 때에는 속이지 말라"고 스스로 맹세한다. 그는 자기 가면이 민중의 가슴을 지배하고 있다고 생각하기만 해도 펄펄 뛴다. "나라는 사람을 알려줘야겠다. 그러려면 먼저 나 자신을 알아야겠다"고 생각한다. 남을 도와주기 좋아하고 친절한 사람은 거의 예외 없이 도움받을 사람을 마련해 놓고 덤비는 어리석은 책략을 쓴다. 이를테면 상대방은 도와줄 '가치'가 있고 이쪽의 도움을 바라고 있으며, 모든 도움에 대해 깊이 감사하고, 앞으로는 하인이 되어 복종할 것이라고 생각한다. 그래서 그들은 자기 소유물을 지배하듯 곤궁한 자들을 지배한다. 본디부터 그들은 소유물에 대한 욕구 때문에 도와주기 좋아하고 친절한 것이다. 그런 까닭에 그들은

1) Cagliostro. 이탈리아의 여행가이자 사기꾼이며 연금술사인 주세페 발사모의 별명.
2) Catilina. 로마 공화정 말기의 정치가(BC 108?~BC 62). 무뢰한이자 음모가.

도움을 주지 못하거나 다른 사람이 먼저 도움을 주면 질투를 한다. 부모는 자신도 알지 못하는 사이에 자식을 자기와 닮은꼴로 만들어 간다. 도덕을 가리켜 그들은 '교육'이라 부른다. 자식을 낳고 하나의 소유물을 낳았다고 마음속으로 느끼지 않는 어머니는 한 사람도 없다. 제 자식을 자기 관념과 가치 평가에 복종시킬 권리가 자기에게 있는가의 여부를 묻는 아버지는 한 사람도 없다(고대의 독일인도 그러했지만). 옛날에는 아버지가 새로 태어난 자식의 삶과 죽음에 관한 권리를 갖는 것이 당연하다고 생각되었다. 아버지를 대신하는 것이 현대에 와서는 교사이며, 계급이며, 성직자이며, 영주이고, 그들은 새 인간들을 보면 새로운 소유의 기회가 왔다고 믿는다. 그 결과로서……

195

유대인―그것은 타키투스나 고대 세계가 말했듯이 '노예로 태어난' 자들이며, 또 그들 스스로가 말하고 믿고 있듯이 '모든 민족 가운데 선택된 민족'이다. 유대인은 가치 전도라는 기적을 이뤘다. 그리하여 지상의 생활은 2천 년 동안 하나의 새롭고도 위험한 매력이 더해졌다. 그들이 예언하는 '부(富)'와 '무신(無神)'과 '폭력'과 '육감'을 한데 섞어서 '세상'이라는 말을 처음으로 욕된 말로 각인시켰다. 이러한 가치 전도('가난함'을 '거룩함' 및 '친구'라는 동의어로 사용한 것이 그 예이다)에 유대 민족의 의의가 있다. 그들과 더불어 도덕에서 노예의 반란이 시작된다.

196

현재 눈에 보이지 않고 앞으로도 안 보일 무수한 천체가 태양 가까이에 존재하리라는 것은 추론할 수 있는 일이다. 도덕은 우리에게 하나의 비유이다. 도덕 심리학자는 모든 천체가 나타내는 문자를 단지 비유나 상징의 말로 읽고, 거기에 또 많은 별들이 숨어 있다고 한다.

197

맹수와 맹수 같은 인간(이를테면 체사레 보르자)은 근본적으로 오해를 받고 있다. 모든 열대의 생물 중에서도 가장 건강한 것들인데도 사람들은 그 바탕에서 병적인 것을 보기도 하고, 심하게는 그들이 본디부터 '지옥'을 타고 났다고도 하는데, 그것은 '자연'이 무언지를 모르기 때문이다. 지금까지 거의 모든 도덕주의 자가 그렇게 생각해 왔다. 도덕주의자는 원시림과 열대에 증오를 품고 있는 것이 아닐까? 또 '열대성 인간'이란 것을 인류의 질병이나 변질로, 또는 다가올 지옥으로서나 자기 학대로, 아무튼 배척하지 않으면 안 된다고 생각하는 것일까? 어째서 그럴까? '온대 지방'에 알맞도록? 저 '도덕적인 사람들'을 위해서? 평범한 사람들을 위해서? 그렇다면 그것은 '두려움으로서의 도덕'이라는 주제에 속한다.

198

이러한 모든 도덕은 '행복'이란 것을 목적으로 하고, 인간 저마다에게 작용하는 것이다. 개개인이 간직하고 있는 위험도에 따라서 이러이러한 태도를 취하라고 제시하는 것이다. 즉 그 사람이 권력에 대한 의지를 갖고 지배자가 되려는 자라면, 그의 정열이나 그의 선하거나 나쁜 기호를 치료하기 위한 처방을 내주는 것이며, 예부터의 가정상비약이나 노파심 등 곰팡내 나는 것을 갖고 어느 정도 처세의 지혜와 기술을 가르쳐 주는 것이다. 이런 도덕은 '모든 사람'을 대상으로 하며, 일반화할 수 없는 것을 일반화하기 때문에 모든 기괴한 부조리의 형상을 갖추고 있다. 모든 경우에 무조건 말을 하고, 무조건 적용되기를 바라고, 오로지 한 줌의 소금으로 양념이 되어 있다. 그래도 그것이 상당한 효과가 있어서 '저세상'의 위험한 냄새가 나기 시작하자 겨우 참을 수 있는 것이 되고, 때로는 사람의 마음을 매혹하는 것이 되기도 한다. 지적으로는 거의 가치가 없으며 '예지'는커녕 '학문'으로조차 되어 있지 않다. 오히려 다시 이야기를 하자면 어리석음, 어리석음, 어리석음과 혼합된 꾀, 꾀, 꾀에 지나지 않는다. 도덕은 갖가지 형태로 나타난다. 스토아학파는 정념의 어리석은 흥분에 대해서 무관심하고, 대리석 같은 냉정을 유지하라고 권하면서 이를 치료법으로 삼았다. 스피노자는 "웃지 말고 울지 마라" 하고, 분석과 해부에 의해 감정을 파괴하라고 소박하게도 딱 잘라 말했다. 그리고 도덕상의 아리스토텔레스주의는 만족할 만한 정도의 해롭지 않은 중용에까지 감정을 끌어내리라고 가르쳤다. 때로 도덕은 예술이라는 상징적인 수법에 의해서 일부러 희석되고 정신화된 감정의 향락, 예컨대 음악 따위가 되어 나타난다. 종교에서는 갖가지 조건을 붙여서 정열이 다시 시민권을 얻고 있기 때문에 신과 인간에 대한 사랑으로서 나타난다. 마지막으로 하피즈나 괴테가 가르친 것처럼, 감정의 쾌적한 구속 없는 헌신이 되는 일도 있다. 그런 분방한 생활에 몸을 내맡기는 것도 사실은 '이미 별로 위험하지 않은' 늙고 현명한 기인이나 술에 취한 사람의 예외적인 경우로서 정신적, 육체적인 습성의 자유 등을 갖게 된 데 지나지 않는다. 설령 그것이 어떤 형태를 갖추고 있더라도 이것은 '두려움으로서의 도덕'이라는 것에 속한다.

199

어느 시대를 막론하고 인간이 존재하는 한, 집단을 이룬 인간의 무리들(가족, 공동체, 종족, 민족, 국가, 교회)이 있었고 또한 소수의 명령자에 대해 다수의 복종자가 있었다. 그리하여 인간들 사이에 지금까지는 복종이 가장 잘, 그리고 긴 세월 동안 이루어지고 훈련되어 왔다. 도덕으로 우리는 이런 가정을 할 수 있다. 모든 평범한 인간은 어떤 형식적 양심으로 '그대 무엇을 무조건 행하라. 무조건 행하지 말라'—즉 '그대는 해야 한다'고 하는 데 대한 타고난 욕구를 갖고 있다. 이런 욕구는 만족을 찾고, 그 형식을 어떤 내용으로써 충족시키려 한다. 그리고 그 억세고 기다릴 수 없는 긴장 때문에 마치 게걸스러운 식욕처럼 분별 없이 손을 내밀어서, 명령하는 것이면 무엇이든—부모건, 교사건, 법률이건, 계급적 편견이건 간에 그 말하는 바를 받아들인다. 인류의 발견은 이상하리만큼 제한되어 있고, 주저하고 완만한 것이며, 자주 역행하고 회전하는데, 그 이유는 복종이라는 무리의 본능이 가장 잘 유전되어, 그 때문에 명령의 기능을 희생한 데 있는 것이다. 이러한 본능이 그 극한에까지 진행되었을 때를 생각해 보면, 결국에는 명령하는 자나 독립한 자는 그 흔적도 없어지게 되거나, 자신에 대해 마음속 깊은 곳으로부터 양심의 가책을 느끼고, 명령을 하기 위하여 어떤 자기 기만을 행하지 않을 수 없게 될 것이다. 즉 다른 사람에게 명령하기 위해서 마치 자신이 누군가에게 봉사하고 있는 듯이 생각해 버린다. 이런 현상은 오늘날 유럽에서는 사실이다.

나는 도덕을 명령자의 도덕적 위선이라고 부른다. 명령자들은 자기 양심의 가책을 얼버무리기 위하여 자기는 예부터 전해 내려오는 높은 명령의 (선조·헌법·정의·법률, 때로는 신의) 수행자인 듯 행동한다. 또는 무리의 사고방식에서 무리적인 격언을 빌려서 '국민을 위한 첫 번째 공복'이라든가 '전체의 복지를 위한 기관'이라고 자칭한다. 한편으로 현대 유럽에서는 무리적인 인간이 자기가 유일하게 받아들여질 수 있는 부류의 인간인 척을 하고 있다. 그리고 온순하고 타협적인 무리에 대해서 유용한 존재로까지 그들을 변화시킨 성질을, 도덕이야말로 인간적인 미덕이라고 찬미하는 것이다. 즉 공공심·선의·존중·근면·절제·겸손·관용·동정 따위가 그것이다. 그리고 지도자와 선도하는 양(羊)이 없어서는 곤란하다고 생각될 때, 현대인은 온갖 계획을 짜서 그 가운데 꾀 많은 무리의 인간을 긁어모아 명령자의 대용품으로 삼고 있다. 이렇게 무리로 만든 유럽인을 위해서 이제 거의 견딜 수 없게 된 압박에서 그들을 구출할 수 있는 가장 큰 은혜와 구원은 한 사람의 절대적 명령자의 출현이다. 여기에 대해서 나폴레옹의 출현이 미친 영향은 최후의 증거를 제시한 것이었다. 나폴레옹의 영향은 매우 가치 있는 인간과 순간에 있어서 19세기가 얻은 가장 행복한 사건이었다.

200

민족이 뒤섞임으로써 생기는 해체기의 인간은 수많은 유대 관계에 의한 유산을 자기 안에 간직하고 있다. 즉 그의 내부에는 서로 싸우면서 안정을 얻을 수 없는 모순된 충돌과 가치 표준이 적지 않게 숨어 있다. 이러한 말기적 문화의 인간, 쇠약한 빛을 가지고 있는 인간은 대부분 허약한 인간이다. 그의 근본적인 소원은 그의 안에서 벌어지고 있는 이 여러 경향의 싸움이 끝나는 데 있다. 그에게 행복이란 '예컨대 에피쿠로스적인 또는 그리스도교적인' 진정제와 같은 사고방식과 유사하다. 그것은 무엇보다도 휴식, 안정, 충족, 궁극적인 통일과 같은 행복이다. 훌륭한 수사가였던 아우구스티누스의 말을 빌리자면—자신이 그런 인간이었지만—'안식일 중의 안식일'인 것이다. 그러한 인간 안에는 모순과 투쟁이 있고, 그것이 생명의 자극으로서 작용하는 경우가 있다. 이런 화합할 수 없는 강력한 충동에 곁들여서 자기 지배라든가 자기 기만과 같은 자기 투쟁에 있어서의 정교하고 탁월한 성분이 유전되고 육성되는 경우가 있다. 이렇게 두 가지가 함께 존재하는 경우에는 알아채기 어렵고 이해하기 어려운 이상한 마력을 지닌 인간, 승리와 매혹의 운명을 걸머진 인물이 태어난다. 그 가장 아름다운 예가 알키비아데스와 카이사르이며(더 나아가 나의 취미로 볼 때는 최초의 유럽인인 호엔슈타우펜 왕가의 프리드리히 2세를 덧붙이고 싶다), 예술가 중에는 레오나르도 다 빈치를 들 수 있을 것이다. 이런 인물들은 안식에 대한 욕구를 가진 허약한 유형의 인간이 앞에 나서는 것과 때를 같이 해서 나타난다. 이 두 가지 유형은 서로를 보완하며, 같은 원인에서 발생하고 있다.

201

도덕적 가치 판단을 지배하는 공리성이 단순한 무리의 공리성에 지나지 않는 한, 또는 목표가 오로지 집단의 보존에만 있는 한, 그리고 부도덕이 집단의 존립에 위험한 것이라고 생각되는 한 '이웃에 대한 사랑의 도덕'이란 있을 수 없다. 설사 그러한 사회 상태 속에서 심사숙고·동정·공평·온유, 상호 원조 등의 일이 계속 실행되고 있다 하더라도, 그리고 결국 '덕성(德性)'이라는 영광스러운 이름으로 불리고 '도덕'이라는 개념과 하나가 되는 충동이 작용하고 있다 하더라도 이 단계에서는 그런 것들이 아직 도덕적 가치 평가의 범위에 속하지 않는다. 이런 것들은 도덕 이외의 것이다. 로마의 전성기에는 동정적 행위는 선이라고도, 악이라고도, 도덕적이라고도, 부도덕적이라고도 간주되지 않았다. 그런 것이 찬양을 받는 경우라 할지라도 일단 '공적인 일'의 향상에 필요한 어떤 행위와 비교가 될 때는, 이런 찬양 속에는 가장 훌륭한 때에도 어떤 경멸이 깃들어 있었다.

결국 '이웃에 대한 사랑'은 '이웃에 대한 공포'에 비하면 늘 어떤 제2의 적, 부분적으로는 인습적인, 그리고 아무런 필연성도 없는 표면적인 것이다. 사회 전체의 구조가 안정되고 외적 위험에 안전하다고 생각된 뒤에 도덕적 가치 평가의 새로운 시야를 열어주는 것은, 이 '이웃에 대한 공포'이다. 그 전에는 모험심·과감함·복수심·간계·탐욕·지배욕 따위의 억세고 위험한 충동은 물론, 이런 이름을 붙인 것은 아니었지만 어쨌든 그때까지는 공적으로 유익한 것으로 존중되었을 뿐만 아니라 전체 적에 대한 위험이 있어서 필요로 했기 때문에 육성되어야 할 것들이었다. 그런데 이제 사회가 안정되고 이러한 충동의 돌파구가 없어지자, 오히려 그것이 위험한 것으로 느껴지게 되었다. 그리고 점차 부도덕적인 것으로 낙인이 찍혀 비방의 대상이 되고 말았다. 따라서 이것과 반대의 충동과 경향이 도덕인 영예를 얻기에 이르렀다. 이제 무리적 본능이 한 걸음 한 걸음 그 결과를 나타낸다. 어떤 의견 속에, 어떤 상태, 어떤 감정, 어떤 의지 속에, 또는 어떤 타고난 자질 속에 사회에 대해서 위험한 것이 많으냐 적으냐, 평등을 위협하는 것이 있느냐 없느냐 하는 것이 이제 도덕적인 규준이 되고 있다. 여기서도 공포가 도덕의 어머니이다.

어떤 개인이 간직한 가장 강한 충동이 격정을 지닌 채 폭발하고, 그가 수준 이상으로 무리적 양심의 저지를 훨씬 넘어서 높이 걸어 나가면, 그것으로 인해 집단의 자존심은 땅에 떨어지고, 척추라고 할 수 있는 자신감이 무너진다. 그래서 이렇게 높고 강한 충동은 악이라는 낙인이 찍히고 비난을 받는다. 독립된 고고한 정신성, 독립하려는 의지, 위대한 이성조차도 위험으로 느껴진다. 그리하여 개인을 무리보다 더 높이 끌어올려 이웃 사람에게 공포를 주는 것이 악이라 불리고, 반대로 겸손하고 비굴하게 복종해서 자기를 다른 사람과 같은 위치에 놓는 성향, 즉 욕구의 중용적 태도가 도덕의 이름과 명예를 독차지한다. 마지막으로, 지극히 평화로운 환경에서는 감정을 다듬어서 억세고 준엄하게 만들 기회도 없고, 강제성도 없으며, 대체로 엄격이라는 것이 설령 정당한 엄격이라 할지라도 사람의 마음을 뒤흔드는 것이 되어버린다. 고매하고 강인한 성격이나 책임감을 갖고 있는 인간은 거의 그 존재만으로도 남을 모욕하는 자로서 느껴지며 의혹을 자아낸다. 이와는 반대로 '새끼 양'보다는 '양'이 존경을 받는다.

사회의 흐름 속에는 병적인 연약화의 시기가 있어서, 사회 자체가 자신을 손상시키는 범죄에 가담하고, 그뿐 아니라 진지하고 정정당당하게 편을 드는 때가 있다. 다시 말해 사회가 형벌을 어떤 의미에서 부당한 것으로 생각하게 되고, '형벌을 가한다'든가 '형벌을 가해야 한다'든가 하는 것을 애처롭고 무서운 것이라고 생각한다. "위험성을 없애면 되지 않는가? 그 이상 형벌을 가할 필요

가 없지 않는가? 형벌이란 무서운 일이 아닌가!" 이러한 의문과 더불어 공포의
도덕인 무리의 도덕은 마지막 결론을 끌어낸다. 즉 공포의 원인인 위험만 제거
되면 그 도덕조차 사라질 것이다. 그런 도덕은 이미 필요치 않게 될 것이다. 스
스로 자기의 불필요함을 알게 될 것이다! 현대 유럽인의 양심을 검토해 볼 때,
수많은 도덕 사상의 우여곡절은 결국 다음의 한 점으로 결론지을 수 있다. 바
로 "우리는 언젠가는 두려워할 것이 아무것도 없기를 바란다!"라는 무리의 도
덕 명령이다. 그곳에 이르려는 의지와 과정을 오늘날 유럽의 곳곳에서 '진보'라
부르고 있다.

202

이미 백번도 더 말한 것을 다시 한 번 되풀이한다. 그와 같은 진리—우리의
진리—를 귀담아 들어주는 사람이 오늘날 그리 많지 않기 때문이다. 우리는 이
미 잘 알고 있다. 도대체 인간을 노골적으로, 비유도 하지 않고 짐승이라고 생
각할 때, 그 말이 얼마나 모욕적으로 들릴지 우리는 잘 알고 있다. 바로 '현대
사상'을 간직한 사람들에 대해 이야기를 하는데, 줄곧 '무리'라든가 '무리 본능'
아니면 그와 유사한 표현을 사용하는 것은 아마 우리의 죄악으로 간주될 것이
다. 그러나 그렇다고 해도 무슨 소용인가! 바로 그 점에 우리의 새로운 견해가
있는 것이므로 어쩔 수 없는 노릇이다. 우리는 유럽이—유럽의 영향이 미치고
있는 나라들도 포함해서—모든 도덕상의 중요한 판단에 있어서는 하나의 결론
에 다다르고 있음을 발견했다. 유럽은 소크라테스가 알 수 없다 했고, 그 옛날
의 유명한 뱀이 그것을 가르쳐 주겠다고 약속한 것을 알고 있다—즉 현대 유럽
인은 무엇이 선이며 무엇이 악인지를 '알고' 있다. 설사 이렇게 말하는 것이 달
갑지 않게 들린다 해도 우리는 다시 한 번 주장하지만—여기서 그것을 알고 있
다고 믿는 사람, 그런 칭찬과 비난에도 스스로를 찬양하는 사람, 스스로를 선
이라고 일컫는 사람은 인간의 무리적인 본능을 가지고 있는 것이며, 그 본능은
나타나자마자 다른 여러 본능을 압도할 만큼 우세해졌다. 더구나 현대 유럽에
서는 이 본능의 징후인 생리적 친근성이나 유사성이 늘어나고 있어서 그 때문
에 본능은 더욱더 우세하게 되었다.

오늘날 유럽의 도덕은 무리 동물의 도덕이다. 요컨대 우리가 그 참모습을 이해하는 바로는 도덕은 인간적인 도덕일 뿐이며, 그와 아울러 그 앞과 뒤에 다른 많은 고차적인 도덕이 가능하고 또 가능해야 한다. 그런데 이 도덕은 그런 '가능성'에 대해서, '가능해야 되겠다'는 데 대해서 거칠게 저항한다. 그리고 완강하고 집요하게 말한다―"우리야말로 도덕 그 자체이며, 우리 외에 도덕은 없다!"고. 여기서 한 가지 종교는 무리의 가장 숭고한 욕망에 따르고 아첨한 것이 결국 현대의 정치적 사회제도 속에도 이러한 도덕의 분명한 표현으로 나타나게 되었다. 다시 말해 민주주의 운동은 그리스도교 운동의 유산이다. 이 하나의 본능 때문에 병든 조급한 사람들에게는, 그래도 그 속도가 늦어서 현재 유럽 문화의 거리를 헤매는 무정부주의의 개들이 점점 더 미쳐서 짖어대고, 점점 더 이를 드러내는 것은 도덕을 의미한다. 그들은 겉으로는 평화롭고 부지런한 민주주의자나 혁명 사상가와는 반대로 보이고, 우둔한 엉터리 철학자나 사회주의자로 자칭하며 '자유 사회'를 희망하는 동포주의―몽상가와는 반대되는 듯 보이지만, 실은 그런 자들과 다를 바가 없고 다 같이 무리가 자치권을 쥔 사회 형식을 제외한 어떤 사회 형식에 대해서도 근본적이고 본능적인 적대감을 품고 있다. (그들은 결국 '주인'과 '하인'이란 관념조차도 물리치게끔 되어 있다―사회주의의 한 방식은 '신도 없고 주인도 없다'는 것이다.) 이들 모든 사람은 형벌의 정의를 믿지 못한다(마치 그것이 약자에게 가해지는 폭력이며 이제까지 사회에서 필연적으로 생긴 것에 대한 부정인 듯이). 이 모든 인간들은 모든 특권과 우선권에 대한 집요한 투쟁에 있어 일치한다. (즉 결국은 모든 권리에 대해서 말이다. 왜냐하면 모든 사람이 평등하면 이미 누구도 '권리'가 필요하지 않을 테니까.) 이 인간들은 모두 동정의 종교를 받들고 있으며, 느끼고, 살고, 고뇌하는 모든 것에 공감하고 있다. (그 공감은 아래는 짐승으로부터 위로는 '신'에 이른다. '신에 대한 동정'이라는 탈선은 민주주의 시대의 특색이다.) 이런 사람들은 모두 동정의 외침과 조바심을 지니고 있다. 어떠한 고통에 대해서도 죽음 같은 증오를 갖고 있다. 고통을 방관하고 괴로워할 때, 괴로워하게 내버려 두는 데 거의 여성적인 무능력을 갖고 있다. 이러한 사람들은 모두 우울증에 걸리고 유약해져 가고 있으며, 이런 기분에 사로잡혀 유럽은 새로이 불교에 의해 위협을 받고 있는 듯이 보인다. 이러한 인간들은 모두 상호 간의 동정이라는 도덕을 신앙으로 삼고, 도덕을 도덕 그 자체와 동일시하며, 마치 도덕을 인간의, 인간에 의해서 다다른 절정인 듯 생각하고, 미래의 유일한 희망, 현재의 위로, 과거의 모든 죄로부터의 해방이라 보고 있다. 이러한 사람들은 모두 집단이야말로 구원이라 믿고, 즉 무리를 믿고 '자기'를 믿고 있다.

203

우리는 이질적인 신앙을 가지고 있다. 우리가 보기에는 민주주의 운동이란 단지 정치체제 퇴폐의 한 형식일 뿐만 아니라 인류의 퇴폐 형식—왜소화 형식인 동시에 그것의 일반화이고 가치가 하락된 것이다. 우리는 어디를 향해 희망을 가져야 할까?—새로운 철학을 향해서이다. 또한 반대의 가치 평가를 제안하고, 이른바 '영원한 가치'를 재평가하고 뒤집을 수 있을 만큼 강렬하고 근원적인 정신을 가진 사람들을 향해서이다. 또한 수천 년의 의지를 새로운 궤도에 올려놓을 연결 매듭을 현대에서 맺을 만한 미래의 인간, 선구자를 향해서이다. 인류의 장래를 자기 의지로 가르치고, 인류의 육성과 교육이라는 대단하고 모험적인 시도를 준비하며, 그것으로 이제까지 '역사'라 불리던 저 무의미함과 우연의 몸서리나는 지배를 끝내는 것—'최대 다수'라는 무의미는 그 마지막 한 형식에 불과하다—이런 목적을 위해서 언젠가는 새로운 철학자와 지도자가 필요할 것이다. 이러한 새로운 철학자를 상상해 볼 때, 지금까지 이 지상에 있는 그 어떤 놀랄 만큼 고귀한 정신을 가진 사람이라도 그 빛을 잃고 빈약해 보일 것이다. 우리 눈앞에 맴도는 것은 그러한 지도자의 모습이다. 그대 자유정신을 지닌 인간들이여, 내가 이 말을 소리 높여 외쳐도 좋겠는가? 그러한 철학자와 지도자가 나타나기 위해서는 우리는 여러 환경을 창조하고 이용하지 않으면 안 된다—하나의 정신에 그러한 임무에 헌신할 내적 긴박감을 느끼게 하는 것, 그만한 높이와 힘을 키우기 위해서는 과감한 도전과 시련을 거치지 않으면 안 된다. 모든 가치에 전환이 있을, 그 새로운 압력과 쇠망치로 양심이 단련되고, 마음이 쇠뭉치로 바뀌고, 이로써 그런 책임의 무게를 참아내야만 한다. 다른 면으로는 그러한 지도자들에게는 없어서는 안 될 것이지만 그것이 부족하든가, 실패하든가, 타락해 버릴 위험성도 있다—그대들은 그것을 알고 있는가?

자유정신의 인간들이여, 이러한 모든 점이 우리가 마음에서 걱정하고 울적해하는 것이다. 그것이야말로 우리 삶의 하늘 위에 떠 있는 폭풍우와도 같은 무겁고도 까마득한 사상이다. 한 평범한 인간이 자기 길에서 벗어나 타락하는 모습을 보고 공감하는 것처럼 쓰라린 고통은 없다. 그러나 우리는 '인간' 자체가 타락한다는 인류 전체에 미치는 위험에 대해서는 통찰한 일이 드물다. 또 아직까지 인류의 미래는, 그 놀이에는 누구의 손도—'신의 손가락'조차도 참여할 수 없었으며, 우연에 의해 희롱되고 있었음을 알고 있다. 또 '현대 사상'이라고 하는 어리석은 천진성이 내포하고 있는 악의 숙명과 유럽의 모든 그리스도교적 도덕에 잠겨 있는 악의 숙명을 미루어 본다. 그리고 우리는 무엇에도 비할 수 없을 만한 우려에 고민하는 것이다. 우리는 또 순간적으로 깨닫는다. 역량과 임무를 집중하고 북돋워서 앞으로는 인간을 어떻게 키워낼 것인가를, 양심의 모든 지혜를 동원해서 인간이 아직도 가장 위대한 가능성에 이르기까지 무진장하다는 것을, 또 인간형이 이미 얼마나 자주 신비로운 결단과 새로운 갈림길에 서왔던가를. 또한 우리는 쓰라린 기억으로 잘 알고 있다. 최고로 생성되고 있던 것이 얼마나 가련한 사물로 돌변하여 부서지고 침몰되고 경멸받아 비참한 최후를 맞았는가를. 오늘날 어리석고 천박한 사회주의자들이 '미래의 인간'이라 일컫고 그들의 이상으로 삼고 있는 데까지 모든 인류가 타락한다는 것은 있을 수 있는 일이다. 인간이 완전한 가축의 무리로까지 (그들의 말을 빌리면 '자유 사회'의 인간으로까지) 변질되고 왜소화한다는 것은 있을 수 있는 일이다. 평등한 권리와 요구를 가진 작은 짐승으로 인간이 변한다는 것은 있을 수 있는 일이다. 여기에는 의심할 여지가 없다! 이러한 가능성을 최후까지 생각해 본 사람은 남들보다 더한 구토를 느낄 것이다. 그리고 결국 또 하나의 새로운 임무를 깨닫게 될 것이다!

제6장 우리 학자들

204

발자크에 의하면, 도덕론을 말하는 것은 자기 상처를 스스로 드러내는 것이지만, 분명 언제나 그랬고, 지금 내가 말하는 것도 그것과 비슷한 일이 될지 모르겠다. 그러나 나는 그런 위험을 무릅쓰고라도 오늘날 과학과 철학 사이에 알지 못하게, 또 거의 공공연하게 생겨나고 있는 순위의 혼돈이라는 부당하고 유해한 일에 반대하고자 한다. 인간은 경험으로부터—그 경험이란 것은 언제나 나쁜 경험을 의미하는 듯한데—이러한 순위라는 고차적 문제에 대해 논할 수 있는 권리가 있다고 생각한다. 하지만 그것도 장님이 색채에 대해서 이야기하고, 여자나 예술가가 학문에 반대하는 그런 의미에서는 아니다(이런 사람들의 반대는 그들의 본능이나 수치심이 탄식을 하면서 "아, 학문이란 얼마나 좋지 않은 것인가! 언제나 진실을 뒤지거든!" 하는 따위의 것이다). 학문적인 인간은 자기를 철학에서 해방시켜 독립을 선언했지만, 그것이야말로 기괴한 민주주의 정신이 미친 미묘한 영향 가운데 하나이다. 오늘날 학자의 자기 예찬과 자부심은 참으로 화려하기 짝이 없다.

이 경우에도 천민적인 본능이 "주인을 모조리 몰아내자!" 말하고 있다. 그리고 학문은 오랫동안 신학의 '하녀' 노릇을 했지만 이제는 그 신학을 거부하고, 오만하고 무분별하게도 철학에 법칙을 부여하며, 이번에는 자기가 무슨 짓을 할지 모르겠다! '주인'인 철학자의 역할을 연출하려 하고 있다. 내 기억에는—용서하라. 나라는 인간도 학자이긴 하지만!—젊은 자연과학자나 늙은 의사들이 철학이나 철학자에 대해서 말한 소박하고 오만스러운 말이 많이 남아 있다(모든 학자들 중에서 가장 박식하고 잘난 체하는 문헌학자 겸 교사에 대해서는 말을 그만두자. 그들은 직업상 둘 모두를 겸하고 있으니까). 이런 사람들 가운데 어느 때는 전문가라는 한쪽 구석을 후벼 파던 인간이, 온갖 종합적인 과제나 능력에 대해서 본능적으로 반대를 하고 있었다. 어느 때는 부지런한 학문적인 노동자가 있어서 철학의 영혼 속에 한가함과 사치의 냄새를 맡고, 그 때문에 자기가 모욕을 당하고 왜소진 듯 느끼고 있었다. 때로는 색맹과 같은 공리주의자가 있어서, 철학을 두고 이미 극복되어 버린 몇몇 체계라고 생각하거나, '누구'에게도 소용이 닿지 않는 낭비라고 보기도 했다. 어느 때는 가장한 신비주의를 겁내고, 인식의 한계 확정을 겁내는 기분이 앞으로 튀어나와 있었다. 또 어느 때는 모든 철학자를 경멸한 나머지 자신도 알지 못하는 사이에 그것을 일반화해서 철학 자체를 경멸하곤 했다. 그것도 내가 가장 자주 부딪친 것, 특히 젊은 학자의 경우 알게 된 것은, 어떤 철학자에게 완전히 복종한 나머지 그 사람의 다른 철학자에 대한 배격적인 가치 평가의 마술에 사로잡혀 있는 것이다―그 결과 모든 철학에 대한 불만을 토하게 되어버린 것이다. (예컨대 요즈음 독일에 끼친 쇼펜하우어의 영향이 그런 종류의 것이었다. 그는 헤겔에 대한 몰이해에서 오는 분노심으로, 지금 세대의 독일인들을 독일 문화와의 연관에서 떼어놓는 데 성공했다. 모든 면에서 볼 때 이 문화 또한 역사적 의미의 예언자적인 세련과 높이를 지닌 것이었다. 그런데 쇼펜하우어 자신은 바로 이 점에서 타고난 자질이 빈약하고 둔감했으며 비독일적이었다.) 결국 종합해서 말하면 철학에 대한 외경심을 가장 근본적으로 손상시키고, 천민적인 본능에 문호를 개방한 것은 무엇보다도 근대 철학자들의 빈곤―그들의 인간적인, 너무나도 인간적인 점이었다.

우리는 현대 세계가 얼마나 헤라클레이토스, 플라톤, 엠페도클레스 등과 유사한 왕자와도 같이 냉엄하고 고고한 정신의 사람들과는 전혀 다른 길을 택하고 있는지를 알아야 한다. 그리고 오늘날 유행의 덕으로 세상 구석구석에 스며들고 있는 철학의 대표자들―예컨대 독일에서는 베를린의 무정부주의자 오이겐 뒤링이나 융합론자인 에두아르트 폰 하르트만에 비하면, 오히려 착실한 학자가 자기의 방법과 계보가 보다 훌륭하다고 느껴도 될 것이다. 특히 저 '사실주의자'라든가 '실증론자'라고 자칭하는 뒤범벅된 철학자를 보면, 젊고 야심 있는 학구적 영혼에 위험한 불신의 씨앗을 심어주게 된다. 그들은 최상의 경우라 할지라도 학자이며 전문가이다. 그것은 분명하다! 그들은 모두 실패한 인간들이며 전문적 학문의 지배 아래 되돌아온 자들이다. 그들도 한때는 좀더 큰 것을 바라고 있었다. 하지만 그들은 그런 '좀더 큰 것'이 될 수 있는 권리가 없었고, 그에 대한 책임도 몰랐다. 그래서 이제는 말로도 행동으로도 철학의 지배적인 임무와 주권에 대해서 일그러지고 분해하며, 복수심에 불타서 불신을 나타내고 있는 것이다. 과연 그렇게 되는 것도 당연했다! 오늘날 전문적인 학문은 번창하고 있어 스스로 행하고 있는 것에 대해서 아무런 양심의 가책도 느끼지 않고 있는 듯하다. 그런데 오늘날 철학이 점점 빠져든 현상은 말하자면 철학의 잔재라고 할 수 있는 것이다. 도덕이 멸시와 연민까지는 안 갈지 모르지만 불신과 불만을 불러일으키기에는 충분하다. 철학은 '인식론'으로까지 끌어내려졌다. 사실 오늘날의 철학은 겁 많은 시대론과 금욕설 이상의 아무것도 아니며, 그 한계를 넘어 한 걸음도 나아가지 못하고 있다. 그런 것은 임종의 숨을 헐떡이는 철학이며, 종말이고, 고민이며, 연민의 정을 갖게 하는 그 무엇이 있다. 어떻게 이러한 철학이 지배를 하겠는가!

205

오늘날에는 철학자의 발전을 방해하는 것들이 참으로 많다. 그래서 그 열매가 과연 무르익을 수 있을 것인가 의문이다. 전문적인 학문의 범위는 넓어지고 구조는 엄청나게 커졌다. 따라서 철학자는 수업 도중에 지쳐버리고, 어디엔가 안주해서 '전문화'하여 그 절정에 달해 전체적으로 내다보고 둘러보며 굽어보는 일이 불가능해졌다. 절정에 이르렀다 해도 그때는 이미 그의 가장 좋은 시기와 역량은 지나간 뒤이다. 상처 입고, 조잡해지고, 변질되고, 그의 관찰력과 전반적 가치 판단이 이미 의미의 대부분을 잃었을 때이다. 그는 섬세한 지적 양심을 가졌기 때문에 도중에 머뭇거리고, 그 때문에 도착이 점점 늦어진다. 그는 애호가나 잡화상이 되기를 꺼려한다. 그는 자기에 대한 존경을 잃은 인간은 인식자로서 명령할 수도 없고, 지도할 수도 없다는 것을 잘 알고 있다. 자기에 대한 존경을 잃고서도 그런 일을 하기 위해서는 대단한 배우가 되든가, 철학계의 칼리오스트로가 되든가, 정신의 쥐잡이꾼, 즉 유혹하는 자가 되지 않으면 안 된다. 도덕이 비록 양심의 문제는 아니라 해도 취향의 문제이다. 게다가 철학자의 어려움을 곱절로 늘리는 것이 있다. 철학자는 학문에 대해서가 아니라 인생 및 인생의 가치에 대해 판단하는 것을—긍정하거나 부정하는 것에 대해 결정하는 일을 자기 문제로 삼지 않으면 안 된다. 이러한 판단에 대해 하나의 권리, 하나의 의무까지 가지고 있음을 깨닫지 않으면 안 된다. 그리고 보다 광범위한—어쩌면 보다 혼란을 일으키고 파괴적인—체험에서 주저하며 의심하고 침묵하면서 권리와 신앙을 향한 자기 길을 찾지 않으면 안 된다.

대중은 오랫동안 철학자를 오해해 왔다. 그를 앞에 놓고, 학구적이거나 이상적인 학자, 또는 신이 내린 퇴폐적이고 '현실을 잊은' 몽상가, 혹은 신에 취한 사람으로 간주했다. 예컨대 오늘날 누군가가 '현명하게' '철학자로서' 살고 있다고 칭찬을 받는다 해도, 그것은 '영리하게 세상을 외면하고' 살고 있다는 정도의 의미에 지나지 않는다. 예지—어리석은 대중은 그것을 도피나, 질 것 같은 승부에서 교묘하게 빠져 달아나는 수단이라고 생각한다. 그러나 진정한 철학자는—우리에게는 그렇게 보이지 않는가, 친구여?—'철학자 같지도 않게', '현자 같지도 않게', 무엇보다도 영리하지 않게 살아간다. 그리고 인생의 수많은 시련과 유혹에 대한 무거운 짐과 의무감을 느낀다—그는 언제나 자신을 걸고 위험한 도박을 한다.

206

천재—가장 넓은 의미에서—아버지처럼 낳게 하거나 낳는 본질에 비교하면, 학자나 학문을 하는 평범한 인간은 늘 어딘가 노처녀 같은 데가 있다. 즉 천재는 노처녀와 마찬가지로 인간의 가장 가치 있는 두 개의 기능을 이해하지 못했다. 본디 학자나 노처녀에게는, 이른바 보상의 의미에서 경의를 표하는 것이다. 그러나 이 억지로 보이는 경의에는 그만한 양의 불쾌감도 섞여 있다. 좀더 자세히 살펴보자. 학자란 도대체 무엇인가? 학자는 먼저 인간 가운데 비천한 유형이며 비천한 덕(德), 즉 지배적이지 않고 자주적이지 않으며 자족하지 못하는 부류의 인간이 갖는 덕을 갖추고 있다. 그는 활동성이 있고, 일반 구성원으로서 규율에 복종하며, 능력과 요구에 있어 균일과 절제를 가졌다. 자기와 같은 자와 그 요구에 대한 본능도 가졌다. 그 요구란 이를테면 한 조각의 독립성, 푸른 초원이며, 도덕 없이는 노동을 쉴 수가 없다. 또한 남에게 인정받는 것을 전제로 하는 명예이며, 자기가 가치 있고 유용한 존재라는 끊임없는 증명이다.

모든 종속적인 인간과 무리들은 도덕으로 그들의 마음속에 잠겨 있는 내적 불안을 극복하지 않으면 안 된다. 또한 학자는 좋지 못한 병이나 어떤 비열한 오류를 지니고 있다 해도 별수 없는 일이다. 그는 질투심이 많으며, 자기가 따라갈 수 없는 인간의 결점을 꿰뚫어 보는 날카로운 눈을 하고 찾는다. 그와 친해질 수 있는 때는 그가 멍청하게 있을 때뿐이고, 그것도 콸콸 흐를 정도로는 기대할 수도 없다. 만약에 그렇게 위대하게 흘러가는 사람이 앞에 있다면 그는 냉정하게 마음을 닫고 대할 것이며, 그 눈은 바람 한 점 없는 호수와도 같이 표면에는 기쁨의 물결도 공감의 물결도 일지 않는다. 학자란 자들이 저지를 수 있는 가장 위험한 일은 그 종속에 특유한 평범함의 본능에서 비롯한다. 도덕은 비범한 인간을 없애기 위해 본능적으로 작용하며, 팽팽히 당겨진 활을 꺾어버리고, 아니 차라리 느슨하게 하려고 기를 쓴다. 그처럼 느슨하게 하는 것도 신중히 배려해 가면서, 물론 아껴가면서, 친절히 동정하면서 하는 것이다. 도덕이야말로 예수회 교의의 독특한 수법이며, 동정의 종교로서 자신을 넓혀가는 방법을 잘 알고 있다.

207

우리가 비록 객관적인 정신을 감사하는 마음으로 환영한다 해도—그 누가 주관주의와 그 저주받을 자기 지상주의에 대해서 혐오감을 느끼지 않을 수 있을까!—결국 우리는 그 객관적인 정신에 대한 감사를 조심스럽게 배워 나아가야만 한다. 또 요즘에는 정신의 자기부정과 비개성화만이 목적이라고 인정을 받고, 그것이 구원이며 정화라고 찬미되고 있지만, 그러한 과정도 제시되어야 한다. 이런 과정은 염세주의학파 속에서는 통례로 되어 있으며, 그들은 그들대로의 논거를 갖고 무이해(無利害)의 인식에 대해서 매우 높은 경의를 표하고 있다. 염세주의자처럼 저주하고 비방하지 않는 객관적 정신의 인간—갖가지 전면적이고 부분적인 실패를 겪고, 이윽고 학문적인 본능이 그 사람의 마음속에서 꽃피는 듯한 이상적인 학자—은 분명 이 세상에 있을 수 있는 가장 고귀한 도구이다. 그러나 그런 인간은 좀더 강력한 자에게 부정을 받는다. 그는 그저 하나의 도구에 지나지 않는다고 우리는 말한다. 그는 거울이다—그는 아무런 '자기 목적'도 없다. 객관 정신의 인간은 완전히 하나의 거울로서 인식될 대상 앞에 뒹굴다가 인식, 즉 반영하는 것 말고는 다른 욕망이 없고 굴종에 익숙해져 있다. 그는 무엇인가 닥쳐올 때를 기다리고 있다. 그리고 그 피부로 영혼이 숨어드는 아련한 발소리를 잡으려고 자기를 열어놓고 있다. 만일 그에게 조금이라도 '개성'이 남았다면, 그는 그것을 우연하고 제멋대로의 것, 그리고 가끔은 방해되는 것이라고 생각한다. 그는 그렇게까지 자기를 외부의 형체나 사건의 통로나 반영으로 바꿔버린 것이다. 그는 때로 '자기'를 잊지 않으려고 애쓰지만 거의 실패한다. 그는 자신과 다른 사람을 쉽사리 뒤바꾼다. 자신에게 필요한 게 무엇인지 제대로 알아채지 못하며, 다른 점에서는 용의주도하고 교묘한 그가 그 점에서는 소홀하고 게으르다. 그도 물론 건강이라든가 아내나 친구들과의 사소한 불화라든가, 동료들 사이에서나 사회에서 부족한 사교에 대해서 괴로워한다— 정말로 자기 아내나 친구들과의 고뇌를 성찰해 보려 노력도 한다. 하지만 소용이 없다! 그의 사고는 이미 미궁에 빠지고, 그것이 작용할 수 있는 것은 일반적인 경우에 한정되어 있다. 그는 어떻게 자립할 수 있는지를 모르며, 내일이 온다 해도 모른다. 그는 자기에 대한 진지성을 잃었고 때를 놓친 것이다. 그는 쾌활하지만, 그것도 어려움이 없기 때문이 아니라 자신의 어려움에 대처하는 법을 생각지 않기 때문이다. 그는 온갖 사물이나 체험을 기꺼이 받아들이는 습성을 가졌다. 가다가 만나는 사람을 밝은 낯으로 거리낌 없이 대하는 습성을 가졌다. 아무런 이해타산도 없는 호의를 가진 성격이다. 옳다고 하는 것도 그르다고 하는 것도 위험할 정도로 무관심하다.

아아, 그 밖에 이처럼 그가 타고난 덕성을 잃어야만 되는 때는 얼마든지 있다! 그리고 인간으로서 그는 너무나도 쉽게 이러한 덕성을 걸러낸 찌꺼기가 되어버린다. 그는 사랑이나 증오—신이나 여자나 짐승이 나타내는 사랑이나 증오—를 나타내는 일이 있을까? 만일 그가 도덕을 찾는다면 그는 할 수 있는 일을 하고 줄 수 있는 것을 줄 것이다. 그 행하고 줄 수 있는 것이 큰 것이 못 되고, 거짓되고 허술하며 의심스럽고 부패한 모습을 나타내더라도 전혀 놀라운 일은 아니다. 그의 사랑은 부자연스럽고, 그의 증오는 인공적이고 기교적이며, 자그마한 허영이고 과장이다. 그가 순수한 것은 객관적일 수 있는 한에서 그렇고, 그가 '자연'이며 '자연적'일 수 있는 것은 그의 다행스러운 전체성 속에 있을 때만이다. 그의 영혼은 줄곧 스스로를 갈고닦아서 외부 세계의 사물을 비우고 있지만, 이미 긍정할 줄을 모르고 부정할 줄도 모른다. 그는 명령도 하지 않고 파괴도 하지 않는다. 그는 라이프니츠를 좇아서 "나는 거의 아무것도 경멸하지 않는다"고 말한다. 이 '거의'란 말을 못 본 체하거나 과소평가하지 마라. 그는 선과 악, 그 어느 편을 들기에는 근거를 갖지 못하고 있다. 오랫동안 철학자와 혼동되고, 문화의 제왕적인 육성자이며 권력자라고 인정을 받았지만 그로서는 지나치게 높은 명예이며, 그의 본질적인 점이 간과되었기 때문이다. 그는 그저 하나의 도구일 뿐이다. 본디 가장 높은 부류의 것이지만 역시 노예이다. 그 자신은 아무것도 아니다—거의 아무것도 아니다.

객관적인 정신의 인간은 값지며 부서지기 쉽고 흐려지기 쉬운 계량기요, 반사경으로서 소중히 여겨야 될 것이긴 하다. 하지만 그것은 목표가 아니며, 출구도 아니고, 올라갈 길도 아니다. 다른 존재가 자기 속에서 존재 이유를 갖게 되는 그런 부분적인 인간도 아니다. 결론도 아니다—따라서 발단일 수도 없고 생식도 아니며 제일원인도 아니고 스스로 지배자가 되려는 거칠고 강력한 자기 의존도 아니다. 오히려 부드럽게 부풀어 있다가 섬세하게 움직일 수 있는 용기에 지나지 않고, 먼저 무엇인가 내용이 외부로부터 주어져서 그것에 따라 자신을 만들어 내지 않으면 안 된다—왜냐하면 보통은 틀과 내용 없는 인간이며 '자기가 없는' 인간이기 때문이다. 따라서 덧붙여 말한다면 여자에게도 흥미가 없는 존재이다.

208

오늘날 철학자가 "나는 회의주의자가 아니다" 단언한다면—도덕은 앞서 말한 객관 정신을 서술한 데서도 알 수 있던 일이지만—그 말을 들은 사람들은 모두 안절부절못한다. 사람들은 얼마간 꺼림칙하게 생각하며 그를 지켜보고 그에게 묻고, 정말 많은 것을 묻고자 한다. 그리고 오늘날 겁먹은 채 귀를 기울이는 자들의 수가 많은데, 그런 사람들 사이에서는 이런 철학자는 위험하다고 이야기된다. 그가 회의를 물리친 것이 많은 사람들에게는 마치 멀리서부터 무슨 좋지 않은 위험의 소리를 듣는 듯 생각되는 것이다. 마치 어디선가 새로운 폭약 시험이라도 있었던 듯이, 정신의 다이너마이트, 또는 어쩌면 새로 발견된 러시아적 허무주의의 부정만 하고 부정을 바랄 뿐 아니라—더욱이 생각하기에도 겁이 나는!—부정을 실천하는 선의의 염세주의. 이런 선의의 실제 활동으로 생명을 부정하려는 의지에 대해선 오늘날 인정되고 있는 회의, 다시 말해 부드럽고 쾌적하게 잠을 재우는 회의라는 아편은 가장 좋은 마취제이며 진정제이다. 오늘날 의사들은 '정신'과 그 밑바닥의 동요에 대한 처방으로서 햄릿을 쓰고 있다. 회의가 휴식을 사랑하고 거의 치안경찰의 역할을 담당하고 있다. 그들은 이렇게 말한다. "우리의 귀는 이미 듣기 싫은 소음으로 터질 듯하지 않은가? 이런 지하에서 울리고 있는 부정의 소리는 무섭다! 염세주의자여, 두더지여, 제발 이젠 조용히 해다오!"

이러한 회의주의자는 허약한 인간이기 때문에 너무나도 쉽게 놀라 자빠지는 것이다. 그의 성질은 한마디 부정의 소리를 들으면, 게다가 한마디 결연하고 단호한 긍정의 말만 들어도 벌써 겁을 내고 물어뜯긴 듯한 생각이 들도록 훈련되어 있다. 그렇다!—이것은 그의 도덕과는 반대된다. 그 반대로 그가 좋아하는 것은 덕성을 억눌러서 잔치를 벌이고 즐거워하는 것이다. 예컨대 그는 몽테뉴와 더불어 "내가 무엇을 아는가?" 묻고, 소크라테스와 더불어 "나는 내가 아무것도 모른다는 것을 알고 있다" 답하며, "나는 여기서는 자신이 없다. 여기서는 나에게 문이 닫혀 있다." 혹은 "설사 문이 열려 있어도 지금 당장 들어가야 할 이유는 없다"고 말하는 것이다. 또는 다음과 같이 이야기한다. "너무 성급하게 어떤 가설을 세울 필요가 있겠는가? 아무런 가설을 세우지 않는 것도 좋은 취미에 속할 것이다. 구부러진 것을 당장에 똑바로 고쳐놔야 속이 시원하단 말인가? 모든 구멍은 넝마로 틀어막아야 된다는 것인가? 그렇게 해야 할 때가 따로 있을 게 아닌가? 이 난폭자들이여, 그대들은 기다릴 수 없단 말인가? 확실치 않은 것도 나름의 매력이 있다. 스핑크스도 하나의 마녀 키르케였고, 마녀 키르케 또한 여자 철학자였던 것이다."

이렇게 회의론자는 자기를 위로한다. 분명히 그는 그런 위로를 필요로 한다. 즉 회의란 보통 신경쇠약이나 병약함과 같은 복잡한 생리 상태의 정신적인 표현이며, 오랫동안 분리되어 있던 인종이나 계급이 갑자기 그리고 결정적으로 뒤섞일 경우에 생기는 것이다. 서로 다른 표준이나 가치를 피 속에 유전한 새로운 세대에서는 모든 것이 불안·착란·의혹·유혹이 되어버린다. 그들이 전해 받은 가장 좋은 힘은 서로를 방해하고, 덕성까지도 서로 성장시키지 않고 강하게 만들지 않는다. 육체에도 정신에도 평균·중점·수직의 안정이 결여되어 있다. 반면에 같은 인간에게 있어 가장 병적으로 퇴화하는 것은 의지이다. 이런 인간은 독립된 결의를 갖지 못하고, 의욕이 용감한 쾌감을 느끼지 못한다. 그들은 꿈속에서조차 '의지의 자유'를 의심한다.

현대 유럽은 계급과 종족 혼합의 시도가 무의미하고, 동시에 갑자기 이루어지는 무대로 변했기 때문에 위아래로 회의적이다. 도덕은 때로는 심술궂은 회의가 되어 조바심을 내면서, 신기한 것을 좇아서 이 가지에서 저 가지로 날아다니며, 때로는 마치 물음표를 가득 실은 구름처럼 음침하고 의지에 대해 굉장한 권태를 느끼고 있다! 의지의 마비―오늘날 이런 불구자가 앉아 있지 않은 곳이 어디겠는가! 그리고 얼마나 모양을 내고 있는 것인가! 얼마나 유혹적으로 몸치장을 하고 있는가! 이런 병이 지닌 가장 멋스럽고 화려한 의상과 속임수의 의상이 있다. 예컨대 오늘날 '객관성'이라든가 '과학 정신'이라든가 '예술을 위한 예술' 또는 '순수한 자발적 인식' 등 진열장에 나와 있는 것의 대부분은 이러한 회의와 의지의 마비를 장식한 것에 지나지 않는다. 유럽의 병을 이렇게 진단하는 것에 대해서 나는 책임을 질 것이다. 의지의 질환은 유럽 전체에 널리 퍼져 있지만, 그 상태는 천차만별이다. 이런 병은 문화가 가장 오랫동안 존재하고 있던 곳에 가장 크고 복잡하게 나타나며, '야만인'이 아직도―아니면 다시―서구적 교양의 헐렁한 의상 밑에서 힘을 차지해 가는 정도와 비례해서 줄어들고 있다.

거기에 따라서 의지가 가장 심하게 병들어 있는 곳은 유럽 전역, 그 가운데서도 특히 현대의 프랑스이다. 프랑스는 장인다운 솜씨로 그런 정신의 숙명적인 변질을 매력적인 유혹으로 바꿔서, 오늘날 온갖 회의의 마술적인 학교나 진열장으로 만들었고, 전 유럽에 있어서 그 문화적 우월성을 과시하고 있다. 의욕하는 힘—한 가지 의지를 오랫동안 지니는 힘은 독일에서 좀더 강하다. 그리고 북독일이 중부 독일보다 강하다. 영국·스페인·코르시카에서는 눈에 띄게 더 강한데, 전자는 점액질(粘液質)과 결부되고 후자는 두개골과 결부되어 훨씬 더 강하다. 이탈리아에 대해서는 말할 필요가 없다. 이 나라는 자기가 의욕하는 바를 알기에 너무도 젊고, 또 자기가 의욕을 가질 수 있을지 어떨지를 지금부터 증명해야 한다. 그러나 이런 힘이 가장 놀라울 정도로 강한 곳은 러시아이다. 유럽은 훨씬 전부터 의욕하는 힘이 축적되어 있다. 여기서는 의지가—부정의 의지인지 긍정의 의지인지 확실하지도 않은 채—위협적으로, (오늘날 물리학자의 상투어를 빌리면) 방출될 날을 기다리고 있다. 유럽이 이 커다란 위험에서 벗어나기 위해서는 인도에 전쟁이 일어나든지 아시아에 분쟁이 생기든지 해야 할 뿐만 아니라 러시아가 내부적으로 무너지고 작은 나라로 나누어지며, 무엇보다도 의회 제도라는 어리석은 제도나, 더욱이 누구나가 아침을 먹을 때면 신문을 읽어야 한다는 의무 따위가 러시아에 도입될 필요가 있다. 나는 그러한 일이 일어나기를 바란다는 뜻에서 말하고 있는 게 아니다. 내게는 그 반대가 바람직하다. 즉 러시아의 위협이 점점 커지는 것이 바람직하다. 그렇게 되면 유럽은 그와 똑같이 위협적이 되도록 결심해야 한다. 하나의 의지를 획득하도록 결심해야 된다. 전 유럽을 지배하는 새로운 계급이라는 방법으로 오랜 세월에 걸친—수천 년을 넘어서는 목표를 정할 수 있다—무서운 고유의 의지를 얻고자 마음먹어야 된다. 그리하여 유럽의 소국 분열의 희극이나 왕정(王政)과 민주주의적인 의지 분열이 마지막 결말을 보아야 한다. 작은 정치의 시대는 이미 지나갔다. 닥쳐올 세기는 이 땅의 지배를 위한 투쟁을—어쩔 수 없이 위대한 정치를 하게 될 것이다.

209

우리 유럽인은 분명히 새로운 전투적 시대로 접어들고 있는데, 이러한 시대가 어느 정도까지 새롭고 강한 종류의 회의론을 발달시키게 될까? 여기에 대해서 나는 먼저 독일사에 정통한 사람들이 이해할 수 있을 만한 한 가지 비유로 이야기를 하고 싶다. 프리드리히 대왕의 아버지는 잘생기고 키가 큰 보병을 열광적으로 좋아한 사람이었지만, 그는 프로이센 왕으로서 독일인의 무력을 강제로 행하거나 타고난 회의적인 정신을 확립하고, 이것으로 실제로 위풍당당하게 나타나기 시작한 독일인의 형태를 만들어 냈다. 그 사람은 어두운 그림자가 있는 광적인 성격의 소유자였다. 어떤 점에 있어서는 천재가 갖는 수완과 요령을 갖고 있었다. 그는 그 무렵 독일에 무엇이 결여되어 있는지를 알고 있었고, 또 교양이나 사교 형식의 결핍보다도 백배나 우려할 만한 절실한 결함이 있던 것을 알고 있었다. 젊은 날의 프리드리히에 대한 그의 불만은 깊은 본능의 불안에서 나온 것이었다. 그때 독일에는 남자다운 남자가 부족했다. 그리고 그는 자기 아들이 충분히 남자답지 못한 게 아닐까 의심했고 안타까워했다. 그러나 그는 잘못 본 것이다. 본디 그런 지위에 있으면 잘못 보지 않을 사람이 없겠지만. 그는 자기 아들이 무신론, 재치, 프랑스인의 놀고 즐기는 경박한 경향으로 떨어져 가는 것을 보았다. 또 그 배후에 회의의 거미라는 커다란 흡혈귀가 있는 것을 보았다. 프리드리히의 심정이 구원할 수 없이 비참하게 되어 선을 행할 만큼 강하지도 않고, 악을 행할 만큼 가혹하지도 않으며, 이미 명령도 못 하고 명령할 수도 없을 정도로 의지력이 꺾인 것이 아닌가 의심했다. 그런데 그의 아들의 마음에는 사실 새로운 종류의 위험하고 강인한 회의가 자라고 있었다―누가 알았겠는가. 이 회의는 바로 아버지의 그런 증오와 고독하게 살지 않을 수 없었던 의지의 얼음장 같은 우수에 의해 단련된 것이었다. 그 회의는 대담한 남성미를 갖고 있었다. 그리고 위대한 프리드리히의 모습이 되어 처음으로 독일에 나타났다.

이러한 회의는 다른 사람을 경멸하면서도 사로잡아 자기의 것으로 만든다. 다른 사람의 지위를 약화시키고 자기 소유로 만든다. 믿지 않지만 그러면서도 자신을 잃지 않는다. 정신에게 위험한 자유를 주지만 마음을 엄격하게 유지한다. 이것이야말로 회의의 독일적인 형식이었고, 그것이 결국에는 정신적인 속성까지 드높여 프리드리히주의가 되었으며, 유럽을 오랫동안 독일 정신과 그 비판적 역사적 불신의 지배 아래 두었던 것이다. 독일의 위대한 문헌학자나 역사 비평가는 불굴의 강인한 남성적 성격을 가졌고, 그 사람들은 올바르게 보면 모두가 파괴와 해체의 명수였지만, 그들의 힘으로 음악과 철학에는 낭만주의가 일어났음에도 점차 독일 정신의 새로운 개념이 확립되었다. 그 속에는 남성적인 회의에 대한 경향이 확실하게 나타나 있었다. 이러한 독일 정신은 보는 눈에 겁이 없고, 해부하는 손에 과감함과 견고함이 깃들어 있다. 위험이 많은 발굴 여행을 하려 들며, 황량하고 위태로운 하늘 밑에서 정신적인 북극 정복을 시도하려는 집요한 의지를 갖고 있다. 미적지근한 피를 지닌 천박한 인도주의자들이 이런 정신을 보고 성호를 그으며, 악마를 쫓으려고 드는 것도 무리가 아니었다. 예컨대 미슐레는 두려워 몸을 떨면서 그것은 '숙명적이며 풍자적인 메피스토펠레스적 정신'이라고 불렀다. 이런 독일적 정신은 유럽을 '독단론의 잠'에서 깨워 놓은 것이지만, 그 속에 깃든 남성미에 대해서 '세상 사람들'이 얼마나 겁을 냈는지 상상해 보자. 그러기 위해서는 이런 새로운 관념에 의해 극복된 그 이전의 관념을 떠올려 보는 것이 좋다. 남성화된 한 여자[1]가 무례하게도 독일인을 온화하고 착하며 의지가 약하고 어리석은 시민으로서 유럽인의 동정을 받게 해 보려고 한 것도 그리 옛일이 아니지 않은가? 그리고 마지막으로 우리는 괴테를 보았을 때 나폴레옹의 놀라움을 잘 이해해야 될 것이다. 나폴레옹은 여러 세기 동안 '독일 정신'이 어떻게 생각되고 있었던가를 폭로한 것이다. "여기에 한 사나이가 있다!"—바꿔 말하면 이런 뜻이다. "나는 한 사람의 독일인이 나타날 것으로 생각하고 있었는데, 그는 단지 독일인일 뿐 아니라 제대로 된 사나이가 아닌가!"

210

지금까지는 미래의 철학자 모습 가운데 한 가지 특징을 들어, 철학자란 그런 의미에서 회의론자여야 한다는 것을 말했다. 그러나 그것만으로는 아직 미래의 철학자가 지녀야 할 속성의 일부를 나타낸 것일 뿐이며, 그들 자체를 논하지는 못했다. 그들은 회의론자인 동시에 비평가로 불릴 수도 있다. 그리고 확실히 실험의 인간일 수도 있다. 그들을 그렇게 부르는 것은 내가 시험 및 시련의 흥미를 아주 강조하기 때문이다. 즉 그들은 육체와 영혼에 대한 비평가이며, 이제

---

1) 〈독일론〉(1810)을 쓴 스탈 부인(Mme de Staël, 1766~1817)을 말한다.

까지보다는 광범위하고 보다 위험한 새로운 의미의 실험을 해보기를 좋아하기 때문이다. 또 그들은 인식에 대한 정열을 가지고 있으므로, 과감하게 고통에 찬 시련을 거쳐 민주주의적 세기의 유약한 취미가 인정하는 것보다는 앞으로 더 나가지 않으면 안 되기 때문이다. 어쨌든 이들 미래의 철학자에게서는 적어도 비평가를 회의론자와 구별하는 진지하고도 저주를 모르는 성질을 빼놓을 수가 없다. 바로 가치 표준의 확실, 통일적 방법의 의식적 행사, 신중한 용기, 독립성, 책임감 등이다.

실제로 그들은 부정하고 해부하기를 좋아한다고 공언한다. 그것으로 심장이 피를 쏟아내는 일이 있다 해도 메스를 확실하고도 교묘하게 다룬다. 그들은 인정 있는 인간이 바라는 것보다 더(어쩌면 자신에 대해서뿐만 아니라) 가혹하다. 그들은 자신을 '기쁘게' 또는 '고상하게' 하고 '북돋우기' 위해 진리를 다루는 것은 아니다. 그러나 한편 바로 진리가 그러한 감정적인 쾌감을 가져다주리라고는 믿지 않는다. 이러한 준엄한 정신의 소유자로서 "사상은 나를 교만하게 한다. 그렇다면 어째서 그것이 진리가 아니겠는가?"라든가, "이 작품은 나를 매혹한다. 어째서 그것이 아름답지 않을 리 있는가?"라든가, 나아가서는 "저 예술가는 나를 위대하게 한다. 어째서 그가 위대하지 않을 수 있는가?" 등 이런 말을 하는 자가 있으면 미소를 짓는다. 그들은 단지 미소를 지을 뿐만 아니라 이러한 모든 몽상적이고 여성적인, 남녀 동체적(同體的)인 것에 대해 진정한 구토를 느끼고 있다. 그들의 마음 깊은 데까지 찾아 들어갈 수 있는 자가 있다 하더라도, 거기서 '그리스도교적 감정'을 '고대의 취미'와 조화시키고, 나아가서 '현대의 의회 제도'에까지 타협시키려는 듯한 의도를 찾아볼 수는 없다(현대와 같은 불안정한, 그러므로 매우 타협적인 세기에서는 이러한 타협은 철학자들 사이에도 나타나고 있다).

이들 미래의 철학자는 비판적 훈련과 지적인 문제에 대해, 순결과 엄격에 이르게 하는 습관을 그저 자기 자신에게만 요구하는 것이 아니라 다른 사람들에게서도 기대한다. 설령 그들이 겉으로 드러나는 일이 있더라도 그것은 하나의 장식에 불과하며, 그렇다고 해서 비평가라 불리기를 바라지는 않는다. "철학 자체가 비판이며, 비판적 학문이다―그 밖에 아무것도 아니다!" 이런 선언이 오늘날 있곤 하는데, 미래의 철학자는 이 말을 철학에 가해진 적지 않은 모욕이라고 생각한다. 철학을 그렇게 평가하는 것은 프랑스나 독일의 모든 실증주의자의 갈채를 받을 것이다. (그리고 그것이 칸트에게는 마음에 들기도 할 것이다. 그의 주요 저서의 제목을 생각해 보라.) 그러나 우리의 새로운 철학자들은 말한다. 비평가는 철학자의 도구이며, 그런 까닭에 도구로서 철학자 자체는 결코 될 수가 없다고! 쾨니히스베르크의 위대한 중국인도 결국은 그저 한 사람의 위대한 비평가였을 뿐이다.

211

나는 철학적 노동자를, 일반적으로 말해서 학구적인 인간을 철학자와 혼동하지 말아주기를 고집한다―여기서야말로 엄격하게 '각자에게 제자리'를 갖게 하도록 했으면 싶다. 즉 학구적 인간한테 너무 많은 것을, 철학자한테 너무 적은 것을 주지 말기를 바란다. 진정한 철학자라 할지라도 거기까지 교육되기 위해서는 반드시 그의 하인인 철학 전문의 노동자가 머무르고, 또 머무르지 않을 수 없던 온갖 단계에 한 번은 머물고 있어야 한다. 그 자신도 아마 비평가이고 회의론자이며, 독단주의자이고 역사가이며, 나아가서는 시인이자 수집가이고, 여행자, 수수께끼를 푸는 자, 도덕주의자, 앞날을 내다보는 자이고 '자유 정신'이며, 그 밖에도 모든 부류의 인간이어야 했을 것이다. 그리하여 비로소 그는 온갖 인간적인 가치와 가치 감정의 영역을 가로지르고, 온갖 눈초리와 양심을 갖고서 높고 멀리, 밑에서 위로, 구석에서 밖으로 바라다볼 수 있을 것이다. 그러나 이 모든 것은 그의 임무에 대한 준비일 뿐이다. 임무 자체는 어떤 일―즉 가치의 창조를 요구한다.

칸트나 헤겔의 고귀한 본보기를 따르는 철학적 노동자의 소임은, 이미 결정돼 버린 가치 평가를 더욱 확정하고 공식화하는 일이며, 그런 가치 평가는 과거의 가치 결정, 가치 창조이며, 그것이 지배적이 되고 잠시 동안은 '진리'라고 불리는 것이다. 그런 공식화는 논리 영역에서도, 정치(도덕) 영역에서도, 예술 영역에서도 행해진다. 이러한 학자들의 임무는 지금까지 생각되고 평가된 것을 개관할 수 있도록, 비교할 수 있도록, 알기 쉽도록, 처리하기 쉽도록 정리하는 것이다. 이것은 확실히 엄청나고 아주 멋진 일이며, 이런 일에 몸담아서 강인한 의지와 긍지를 갖는 인간이 만족을 얻을 수도 있다. 그러나 진정한 철학자는 명령자이며 입법자이다. 그들은 "이래야 될 것이다!" 말한다. 그들이 먼저 인간의 '어디로?'와 '무엇 때문에?'를 결정한다. 그러기 위해서 그들은 철학적 노동자나 과거의 정치가가 해놓은 준비 공작을 이용한다—그들은 창조적인 손을 갖고 미래를 움켜쥔다. 존재하는 것, 존재했던 모든 것은 그들의 수단이 되고 도구가 되며 망치가 된다. 그들의 '인식'은 창조이고, 그들의 창조는 입법이며, 그들의 진리에 대한 의지는—권력에 대한 의지이다. 오늘날 이러한 철학자가 있을까? 이미 과거에 그런 철학자가 있어서는 안 되는 것일까?

212

나는 자꾸 이런 생각이 든다. 철학자는 필연적으로 내일과 모레의 인간으로서, 언제나 오늘에는 반발하지 않을 수 없다. 오늘의 이상이 늘 그의 적이었다. 이제까지 그런 모든 평범함을 뛰어넘은 인류의 육성자는 철학자로 불리었지만, 스스로는 지혜의 친구라고 생각하지 않았다. 오히려 불쾌한 바보, 그리고 위험한 물음표를 가지고 있다고 느꼈다. 그들은 그런 가혹한 사명을 스스로 바라지 않았지만 어쩔 수 없이 부여받았고, 그 사명의 위대성을 그와 동시대 양심의 가책자여야 하는 일에서 찾아냈다. 그들은 같은 시대의 인간이 미덕이라고 본 것의 가슴에 칼을 댔지만, 그렇게 함으로써 자신의 비밀이 무엇인지를 보여주었던 것이다. 즉 그것은 인간의 새로운 위대함을 아는 일이며, 인간을 위대하게 만들 수 있는 미지의 길을 탐구하는 일이었다. 그때마다 그들은 발전을 했다. 동시대 도덕의 찬미를 받고 있는 유형 아래서 얼마나 많은 위선, 안이함, 자기 타락의 기만이 숨어 있는가를 발견했다. 얼마나 많은 도덕이 이미 시대에서 낙오된 채 살아 있는가를 발견했다.

그들은 언제나 "우리는 오늘날 그대들이 가장 살기 어려운 곳으로 가야 한다"고 말했다. '근대 이념'은 모든 인간을 한구석으로—전문적인 것에만 가두어두려 하지만, 만일 오늘날 진정한 철학자가 있다면 그 사람은 이런 관념에 지배된 세계에 맞닥뜨렸을 때 인간의 위대함과 '위대'라는 관념을 아무리 해도 광범성과 다양성—인간의 많은 점에서의 통일—속에서 보지 않을 수 없다. 이런 사람은 인간의 가치와 순위를 정하는 데 있어 한 인간이 얼마나 많고 다양한 것을 간직하고 자기 것으로서 받아들일 수 있을지, 어느 범위까지 자기 책임을 확장할 수 있을지를 표준으로 삼을 것이다. 오늘날에는 시대의 취미와 도덕이 인간의 의지를 약화시키고 희박하게 한다. 오늘날 의지박약처럼 시대적인 것은 없다.

그러므로 철학자의 이상으로서는 의지의 강함과 준엄함, 오랫동안에 걸쳐 자기 결의를 행할 수 있는 능력이 '위대함'이라는 개념 속에 포함되어야 한다. 현대에 있어 이런 이상이 이야기되는 것은 다른 시대에 다른 이상이 이야기되는 것과 마찬가지로 정당하다. 예컨대 16세기에는 인간의 의지를 막아놓았기 때문에 이기주의의 홍수와 거친 급류에 고민했던 것이지만, 이러한 현대와 반대되는 시대에는 현대와는 반대의 교리—즉 온화한 체념과 겸손과 이타적인 인간성이 강조되었던 것이다. 소크라테스의 시대에는 모두가 피로한 본능을 가진 인간들뿐이어서 보수적인 옛 아테네인들은 아무렇게나 타락 속에서 살았다. 그들은 '행복을 위해서'라고 말을 하고는 있었지만, 사실 그것은 쾌락을 위한 것이었다. 그리고 생활에서 완전히 그 권리를 잃어버린 옛날의 찬연한 말들을 입에 담고 있었다. 이러한 인간들 사이에서는 아마도 아이러니가 영혼의 위대한 속성이었을 것이다. 예컨대 소크라테스는 늙은 의사 또는 천민이 가진 것과 같이 목표를 벗어나지 않는 악의를 가지고 자기 살을 베어서 '귀족들'의 살과 마음속으로 파고들었지만, 그런 때에도 그의 눈초리는 분명히 "내 앞에서는 허식을 버려라! 여기에서는—우리는 평등하다!" 말하고 있었던 것이다.

이와는 반대로 현대 유럽에서는 짐승의 무리만이 명예를 얻고 도덕을 분배하며 '권리의 평등'이 너무나도 쉽사리 변해서 '권리 없는 평등'이 될 수 있는 까닭에—모든 희귀한 것, 비범한 것, 특권적인 것, 보다 높은 것, 보다 높은 영혼과 의무와 책임, 창조적인 힘의 충일과 주권을 획득하기 위해서 나는 이렇게 말하고 싶다—오늘날 고귀하다는 것, 자기를 위해 존재하려는 일, 다른 방식으로 살 수 있다는 것, 고립, 자기 주먹으로 살아가는 것 등이 '위대'하다는 개념에 속한다. 철학자는 다음과 같이 내세운다. 그리고 우리는 그의 이상의 일부분을 그 속에서 엿볼 수가 있다. "가장 위대한 인간은 가장 고독하고 가장 깊이 숨은 자, 가장 깊이 격리된 자이다. 선악을 넘어서 자신의 여러 가지 덕성을 지배하는 자이며, 넘쳐흐르는 의지를 주재하는 자이다. 다양하면서 모든 것이고, 넓고 그득한 것이야말로 진정으로 위대한 것이다." 그리고 다시 한 번 묻겠다—오늘날, 위대함은 존재 가능한 것일까?

213

철학자가 무엇이냐 하는 것은 가르칠 수 없는 것이기 때문에 배워서 알기는 곤란하다. 사람은 철학자가 무엇인가를 경험으로 알 수밖에 없다—모른다 해도 부끄러워할 필요는 없다. 그런데 오늘날 세상 사람들이 어떠한 경험을 통해서도 알 수 없는 사실에 대해 이야기를 하는 것은, 철학적 문제에 대해서 가장 심하고 유감스러운 일이다. 그러한 사물에 대해서는 몇몇 사람만이 알고, 또 아는 것이 허용된다. 그리고 그러한 사물에 대한 모든 통속적 의견은 그릇된 것이다. 예컨대 매우 빠른 속도로 달려가는 대담무쌍한 정신성과 한 번의 잘못도 소홀히 하지 않는 변증법의 엄격성과 필연성은, 진정한 철학적 의미에서는 공존할 수 있는 것이지만, 대부분의 사상가나 학자로서는 그들의 경험으로 보아 알 수 없는 것이다. 만일 누가 이 둘이 병립할 수 있다고 말해도 그들은 믿지 않는다. 그들은 모든 필연성을 어렵고 고통스러운 강제적인 복종이라 생각하고 있다. 이에 반해서 그들은 생각 자체가 느리고 망설이는 것, 거의 귀찮은 일, '고귀한 인간이 땀을 흘릴 만한 가치에 해당하는 것'으로서, 결코 경쾌하고 거룩하며 춤이나 활기와 유사한 것이라고는 여기지 않는다. 그들은 '생각한다'는 것을 '진지하게 받아들인다', '어렵게 받아들인다'는 것과 같은 일이라 생각하고 있다. 그것으로 비로소 '체험'했다는 기분이 되는 것이다—이런 경우 예술가는 분명히 보다 예민한 후각을 갖고 있다. 그들은 모든 것을 자기 의지가 아니라 필연적으로 행할 때, 바로 그런 때야말로 그들의 자유, 섬세함, 힘, 창조적 배치나 정리, 형성의 감정이 절정에 달한다는 점을 잘 알고 있다. 즉 예술가는 필연성과 '의지의 자유'가 그 경우에 하나라는 것을 잘 알고 있다.

결국 영혼의 상태에는 차례가 있으며, 그 하나하나에 들어맞는 문제의 순서가 있다. 최고의 문제는 그것에 다가가려는 자가 자기 정신의 높이와 힘으로 그것을 해결할 만한 준비가 되어 있지 않을 때는 그 사람을 사정없이 밀어 던지고 배척한다. 오늘날 자주 보듯이, 약기만 하고 보잘것없는 두뇌나 재치 없는 기계론자(機械論者)나 경험주의자가 그들 천민의 공명심을 내걸고 그런 최고의 문제에 접근해서—그런 금지 구역으로 밀고 들어가려 한다 해도 그것이 무슨 소용이겠는가! 그런 양탄자를 흙발로 밟는 행위는 용서되지 않는다. 사물의 근본 법칙이 그렇게 되어 있는 것이다. 설령 그런 침입자가 출입문에 머리를 부딪치고 머리를 깬다고 해도, 문은 여전히 닫힌 채 있는 것이다! 인간은 높은 세상을 위해서는 타고난 기품이 있어야 한다. 인간은 높은 세계를 위해서 길러져야 한다. 철학에 대한 권리—그 말의 넓은 의미에 있어서—를 갖는 것은 유전의 혜택을 받은 사람뿐이다. 여기서도 조상과 '혈통'이 결정한다. 여러 세대가 철학자의 출생을 위해서 준비를 하고 있어야 한다. 그의 덕성 가운데 하나하나가 획득되고 양육되며, 유전되고 구체화되어야 한다. 그의 사상은 대담하고 경쾌하며 섬세한 흐름을 갖는다. 군중과 그 의무와 도덕에서 자기가 격퇴되어 있는 것을 느끼고 있다. 신이건, 악마이건 오해받고 비난받는 자를 마음속으로 보호하고 변호한다. 크나큰 정의를 기뻐하고 그것을 행한다. 명령의 기술을 안다. 의지는 넓고 눈은 천천히 드물게만 찬미하며, 우러러보고 사랑을 한다.

제7장 우리의 미덕

214

우리의 미덕?—우리 또한 미덕을 가지고 있다는 것은 있을 수 있는 일이다. 그러나 우리가 그것으로 해서 선조를 존경하고, 동시에 약간은 거리를 두게 되는, 그 성실하고도 묵직한 덕을 말하는 것은 아니다. 우리는 모레의 유럽인이며 20세기의 첫아이이다. 우리는 위험한 호기심을 가지고 복잡성과 변장술을 익히며, 이것이 무르익어 겉보기에 달콤한 잔인성을 정신에도 감각에도 깃들이고 있다—만약 이러한 미덕을 우리가 갖는다면, 그것은 결국 우리의 가장 깊고도 절실한 경향과 열망에 가장 일치하는 것들뿐이리라. 좋다. 우리는 미로에서 그 미덕을 찾아보자! 이 미로에서는 수많은 사람들이 길을 잃고, 그 발자취를 감추는 사람도 적지 않다는 것을 우리는 알고 있다. 하지만 자기의 미덕을 탐구하는 것보다 더 좋은 일이 있을까? 그리고 그것이야말로 자기 미덕을 믿는다는 말과 거의 같은 말이 아니겠는가? 또 이 '자기 미덕을 믿는다'는 바탕에 있어서 일찍이 사람들은 좋은 양심이라 일컫지 않았던가? 바로 그것은 우리 할아버지들의 머리 뒤에, 때로는 그들의 오성 뒤에 매달려 있던 저 위엄 있는 긴 개념의 땋은 머리인 것이다. 그리고 우리는 아무리 다른 점에서는 할아버지들처럼 존경받을 가치가 없고 고풍스럽지 못하다고 스스로 인정한다 하더라도, 한 가지 점에서는 그래도 자격 있는 할아버지들의 자손이다. 우리는 선량한 양심을 가진 마지막 유럽인이다. 우리도 그들의 땋은 머리를 달고 있다—아아! 그대들이 머지않아 곧 이것도 변해 가리라는 점을 알아준다면.

215

별의 세계에는 가끔 두 개의 태양이 있어, 그것이 한 유성의 궤도를 규정한다. 또 어떤 경우에는 색이 다른 몇 개의 태양이 때로는 빨간빛으로, 때로는 초록빛으로 한 유성을 비추고, 또 때로는 동시에 비춰서 다채로운 색채를 띠게 한다—이처럼 우리 현대인은 우리 별의 복잡한 구조에 의해, 여러 도덕에 규정되어 있다. 우리 행위는 차례차례 여러 색채를 받고 빛난다. 그 의미가 오직 하나인 경우는 드물며, 우리가 다채로운 행위를 하는 경우는 얼마든지 있다.

216

적을 사랑한다? 이것은 잘 가르쳐지고 있다. 이것은 오늘날 크든 작든 수천 가지 양상을 띠고 이루어지고 있다. 이보다 오히려 더 숭고한 일까지도 행해지는 수가 있다. 우리는 사랑을 할 때, 심지어 가장 사랑할 때 경멸하는 법을 배운다. 그러나 이것은 의식하지 못한 채, 시끄럽지도 않게, 허식도 없이 행해진다. 또 착한 마음의 부끄러움과 감춤으로 행해진다. 그런 까닭에 거창한 말이나 도덕의 형식은 금지되어 있다. 태도로서의 도덕은 오늘날 우리의 취미에 거슬린다. 이것도 하나의 진보인 것이다. 우리 선조가 태도로서의 종교에 반발한 것이 하나의 진보였듯이, 종교에 대한 볼테르풍의 적의와 신랄함, 또 그 옛날 자유사상가의 과장 많은 요설(饒舌)도 진보이기는 했다. 우리의 양심 속에는 음악이 있고 우리의 정신 속에는 춤이 있다. 그리고 모든 청교도의 통성기도나 도덕의 설교, 속물근성도 거기에 박자를 맞출 수가 없는 것이다.

217

도덕적인 분별심에 대해 섬세한 소질을 타고났다고 여겨지기를 바라는 사람이 있다. 그런 사람들을 경계하자. 그들은 우리 앞에서(또는 우리에 대해서) 한 번이라도 자기가 잘못을 하면 우리를 용서하지 않는다. 그런 사람들은 그 뒤로도 '친구'이긴 하지만 본능적으로 우리를 비방하고 방해하기를 그치지 않는다—잘 잊어버리는 자는 복이 있나니, 그들은 우리의 어리석은 행동도 잊어버리기 때문이다.

프랑스의 심리학자들은—오늘날 프랑스 말고 또 어디에 심리학자가 있을까
마는—부르주아의 어리석음을 여러 각도에서 신랄하게 쑤셔놓았지만 이 쾌락
을 아직 다 맛본 건 아니다. 그건 그런 대로—아직 모자란다는 건 벌써 무언가
가 숨겨진 게 있음을 암시한다.

이를테면 루앙의 선량한 시민 플로베르가 보고 듣고 맛본 것도 결과에 있어
서는 이 숨겨진 무언가였다. 요컨대 이 탐구는 어떤 자기 학대이며, 세련된 잔
인함이라고도 할 만한 것이었다. 이제 심심풀이로 나는 색다른 심리 해부를 소
개해 보려고 한다. 선량하고 무뚝뚝한 평범한 사람들은 보다 높은 차원의 정신
을 지닌 사람들과 사명에 대해서 무의식중에 어떤 간사한 태도를 취한다. 그것
은 교묘하게 그물을 씌우는 예수회적인 간계로서, 정교한 점에서는 부르주아
계급의 인간 따위는 아무리 머리를 써도 미치지 못한다. 참으로 그 희생이 되는
사람의 지혜까지도 훨씬 넘어설 정도이다. 이것도 '본능'이 지금까지 발견된 모
든 종류의 지성 가운데 가장 지적이라는 또 하나의 증거가 되는 것이다. 간단
히 말하자. 그대 심리학자들이여, '예외'와 싸우는 '규칙적' 인간의 철학을 연구
하라. 그래서 거기에 심리의 연극을 벌이고, 무대를 신들과 신들의 악의에 어울
리게 꾸며라. 좀더 분명하게 말해서 '선량한 사람들', '선의의 사람들'을 해부해서
그것으로 자신을 해부해 보라!

도덕적으로 판단하고 판결하는 일은 옹졸한 정신의 사람이 옹졸하지 않은
정신의 사람에게 즐겨 하는 복수이다. 또한 자기가 옹졸하게 태어났다는 데 대
한 어떤 손해배상이다. 또한 그것으로 기지를 얻어 민감해져 보려는 하나의 기
회이기도 하다—악의란 그것을 가진 사람을 지적으로 만들기 때문에, 정신적
인 재산이나 특권을 타고난 사람에 대해서도 자기들과 마찬가지의 척도가 있다
는 것을 그들은 기쁘게 생각한다. 그들은 "신 앞에서는 모든 사람이 평등하다"
는 원칙을 위해 싸우며, 오직 이 목적을 위해서만 신에 대한 믿음을 필요로 할
정도이다. 그들에게는 무신론에 대한 최강의 적이 있다. 만약 그들이 "숭고한 정

신성은 단지 도덕적이기만 한 인간의 정직함과 존경할 만한 성품과는 비교가 안 된다"는 말을 들었다면 화를 낼 것이다. 나도 조심해서 그런 말은 안 하겠다. 차라리 다음과 같은 명제를 내놓고 그들의 환심이나 사보자. 즉 숭고한 정신성은 도덕적 성질의 마지막 산물로서만 성립된다고. 이 숭고한 정신성은 '단지 도덕적이기만 한' 인간에게 해당되는 여러 조건의 종합이며, 이러한 조건은 오랜 육성과 훈련 끝에야, 어쩌면 몇 대가 지나서야 얻어질 수 있는 것이다. 또한 숭고한 정신성이란 바로 자애로운 엄격함이 정신화된 것이며, 그것으로 인해 세계에서의 순위라는 질서를 유지할 임무가 있음을 깨닫고 있는 것이다. 이 순위는 단지 인간들 사이에서만 있는 게 아니라 사물에도 해당된다.

220

오늘날에는 '사심 없는 사람'이 세상에서 칭찬을 받게 되었는데, 우리는—얼마쯤 위험이 뒤따르더라도—민중이 참으로 관심을 갖는 것은 무엇인지, 또 일반인이 깊이 고려하고 있는 것은 무엇인지를 밝혀내지 않으면 안 되겠다. 다만 여기에서 일반인이란 교양인, 학자, 또 우리의 오해가 아니라면 철학자까지도 포함된 말이다. 그러면 다음과 같은 사실이 나온다. 섬세하고 풍부한 감각을 가진 사람들이나, 고차원적 성격의 사람들에게 흥미로운 대부분의 것은, 일반인에게는 전혀 흥미가 없는 것이라고 생각한다. 그리고 만일 일반인이 그런 일에 몰두하고 있는 사람을 보면, 그는 그 몰두를 '이해관계를 떠나 있다' 부르며, 그러한 '사심 없는' 행동을 어쩌면 잘도 한다고 이상하게 여긴다. 이러한 민중의 찬양심을 유혹적이고 신비로운 이름으로 부른 철학자도 있었다—아마도 그것이 고차적 성격의 사람들을 경험으로 알고 있지 못했기 때문일까? 하지만 그들은 다음과 같은 적나라한 진리를 내보일 줄 몰랐다. '사심 없는' 행위는 조건에 따라서는 매우 흥미 있고 관심 있는 행위라는 사실을 말이다.

"그러면 사랑은 어떤가?"라는 반문이 있을지 모른다—무슨 소리! 도대체 사랑에서 나온 행위가 '비이기적'이기라도 하단 말인가? 그대 바보들이여! "자기를 희생시키는 자가 찬양을 받는 것은 당연하지 않느냐?" 되묻는 사람도 있을지 모른다. 그러나 진실로 희생한 자는 알고 있다—그가 그것에 대해 무엇을

(어쩌면 자기 자신의 무언가에 대해 자기 자신의 무언가를) 바라고 얻었는가를. 또 알고 있다—그가 여기서 버린 것은 저기서 그 이상을 갖기 위해서이고, 보통은 그 이상이기 위해서이며, 또는 자기를 '그 이상'으로 느끼기 위해서라는 것을. 그렇지만 이러한 문답은 풍부한 정신이 머무르기를 꺼리는 영역에 속한다. 여기서는 진리가 대답을 하려면 하품을 참지 않으면 안 된다. 말하자면 진리는 여자와도 같다. 힘으로 좌우할 수는 없는 것이다.

221

도덕주의자나 사소한 것에 집착하는 자들은 이렇게 말한다. "나는 사심 없는 사람을 존경한다." 그러나 그것은 그런 말을 하는 사람이 사심이 없어서가 아니다. 오히려 그가 자신을 버리고 남을 위해서 어떤 역할을 하는 권리를 갖고 있는 듯 보이기 때문이다. 요컨대 중요한 문제는 자기는 어떤 사람이며 다른 사람은 어떤 사람인가 하는 것이다. 내 생각이지만, 명령을 하도록 정해지고 만들어진 인간에게는 자기 부정이나 소심한 겸손은 덕이 아니고 오히려 덕을 낭비하는 것이다. 자신을 무조건 드러내서 누구에게나 주려는 비이기적인 도덕은 단지 취미에 죄를 짓고 있을 뿐만 아니라 게으름이란 죄를 부추기는 것이며, 박애란 가면을 뒤집어쓴 또 다른 형태의 유혹이다. 그것이 바로 더 높고 비범하며 선택받은 인간을 유혹하고 손상시키는 일이다. 사람은 무엇보다 먼저 도덕을 강요해서 새로운 인간의 위계질서 아래 굴복시켜야만 한다. 도덕의 독선적 행위를 바로잡아서 본심으로 돌아가게 해야만 한다. 그리하여 "한 사람에게 올바른 것은 다른 사람에게도 올바르다"는 것이 부도덕이라는 사실을 인식시키지 않으면 안 된다. 이 말을 한 것은 어떤 도덕주의자이며 좋은 인간이지만, 그가 그런 말을 해서 도덕적 교훈을 윤리로 변화시키려고 했을 때 사람들은 그를 비웃었다. 그러나 그가 이런 비웃음을 받는 것이 과연 당연할까? 그러나 비웃은 자를 자기편으로 만들려고 할 때 사람은 지나치게 유약해서는 안 된다. 한 줌의 부정이 있는 것은 고상한 취미가 있는 것이다.

오늘날 동정을 설교하고 있는 곳에서—제대로만 들으면, 동정 이외에 다른 어떤 종교도 설교되고 있지 않음을 알지만—심리학자는 귀를 잘 기울이지 않으면 안 된다. 이러한 설교자에게서는 (또 모든 설교자에게서도) 그들 특유의 허식과 수다의 최면에 목쉬고 신음하는 듯한 자기 모욕의 소리가 들린다. 이것은 바야흐로 한 세기 동안 고조되어 온 유럽의 음울함과 추악함의—원인은 아니라 해도!—한 징조이다(그 최초의 징후는 이미 데피네 부인에게 보낸 갈리아니의 명상적인 편지 속에 기록되어 있다). '근대사상'의 인간, 이 거만한 원숭이는 무한히 자기에게 불만을 품는다. 여기에는 의심할 여지가 없다. 그는 고민하고 괴로워한다. 그래서 그의 허영심은 '함께 괴로워하기—동정하기'만 바라고 있다.

유럽의 잡종 인간에게는—상당히 추악한 천민들이다—오로지 옷 한 벌이 필요할 뿐이다. 그들에게 필요한 의상 보관실은 역사적인 것이다. 물론 어느 옷을 몸에 걸쳐봐도 맞지 않으므로 자꾸만 바꾸어 본다. 19세기가 별별 양식의 가장무도회를 얼마나 애호했으며 그것이 얼마나 변해 왔는가를 생각해 보라. 때로는 낭만적으로, 때로는 고전적으로, 기독교적으로, 피렌체식으로, 바로크식으로, '국가적'으로 아무리 분장을 해도 다 틀렸고, 여전히 양식에서나 기교에서나 "맵시가 안 난다!" 그러나 '정신'은, 특히 '역사적 정신'은 이런 절망 중에서도 자기에게 유리한 것을 취하고 있다. 언제나 되풀이해서 과거나 외국으로부터 새로운 본보기가 시도되고, 입어보고, 벗어보고, 꾸려두고, 그리고 연구되는 것이다. 우리의 현대만큼 그런 의미의 '의상'의 세세한 부분을 연구한 시대는 없었다. 도덕, 신앙 교리, 예술 취미, 종교에 대해서는 세밀한 연구가 진행되고 있다. 바야흐로 어느 시대에도 없었을 만한 대대적인 카니발이 열리려고 한다. 그렇지만 이것은 정신적인 헛소동이자 어리석음이며, 오만이고, 아리스토파네스의 세계 조롱이라는 어리석음의 절정이라 할 수밖에 없다. 어쩌면 우리는 여기에서야말로 창조의 영역을, 세계사의 풍자가로서 또는 어릿광대로서 독창적이 될 수 있는 영역을 발견할 수 있을지도 모른다—어쩌면 현대에는 따로 미래를 가질 만한 것이 하나도 없다고들 하지만, 우리의 웃음만은 아직도 미래를 가지고 있다.

224

역사적 감각(그것은 한 국민, 한 사회, 한 개인이 그것을 따라 살아온 가치 평가의 순위를 재빨리 꿰뚫어 보는 능력을 말한다. 그리고 이런 여러 가치 평가의 상호 관계에 대해서, 그리고 가치의 권위와 현실적으로 작용하는 힘의 권위 사이의 관계에 대해서 '예언자적인 본능'을 갖는 것이다)—이 역사적 감각은 유럽인이 특기로 자랑하는 것이지만, 그것은 계급과 민족이 민주주의적으로 섞였기 때문에 유럽이 빠진 현상, 이 매력 있는 광란의 반(半)야만성에 수반되어 태어난 것이다—19세기만이 그런 감각을 알고 그것을 제 육감이라고 했다. 그런 혼합의 덕으로 갖가지 형식이나 생활법이, 그리고 옛날에는 서로 가까이 있고 겹쳐 있던 여러 문화가 우리 '근대인의 영혼' 속으로 흘러든다. 이제 우리 본능은 온갖 반향의 과거로 거슬러 올라간다. 그리하여 우리 자신이 어떤 혼돈 상태이다. 결국 앞서도 말한 바와 같이 "정신이 자기가 유리함을 알아차린다."

우리 육체와 욕망의 반(半)야만성을 통해 우리는 고귀한 시대에는 갖지 못했던 것 같은, 어느 방향으로도 나갈 수 있는 비밀 통로를 갖고 있다. 특히 미완성 문화의 미로와 과거에만 지상에 존재했던 온갖 반야만성으로 갈 수 있는 길을 갖고 있다. 더구나 이제까지 인류 문화의 대부분은 반야만이었기 때문에 '역사적 감각'이란 거의 모든 것에 대한 감각과 본능과 거의 모든 것에 대한 미각을 의미한다. 이 한 가지만으로도 이 '역사적 감각'은 열등 감각이라는 것이 입증된다. 이를테면 우리는 호메로스를 다시 받아들이고 있다. 호메로스를 맛볼 수 있다는 것은 아마도 현대인의 가장 복된 특권일 것이다. 그런데 고귀한 문화의 인간은 (예컨대 호메로스 정신의 공허를 비난한 생 테브르몽과 같은 17세기의 프랑스인이나 그 후예인 볼테르조차도) 호메로스를 쉽사리 자기 것으로 만들지 못했고, 하물며 즐길 수도 없었는데, 우리가 그를 음미하며 즐긴다는 것은 가장 행복한 특권이리라. 그들은 식욕에 있어 분명한 긍정과 부정을 갖고 있었다. 게워낼 것은 당장에 구토를 일으켰다. 모든 이질적인 것에 대해서는 주저하고 신중했다. 취미가 천한 것에 대해서는 그것이 가장 심한 호기심의 대상이라 할지라도 혐오했다. 일반적으로 스스로 만족하고 있는 문화는 새로운 욕심을 드러내지 않고 자기가 가진 것에 대해 불만을 드러내는 일 없이 다른 것을 찬미하지 않는다―이 모든 이유로써 그들은 자기 소유도 아니고 자기 소득이 될 수 없는 것에 대해서는 지상의 가장 아름다운 것이라 할지라도 좋아하는 기분을 일으키지 않는다. 이러한 고귀한 문화 시대의 인간에게는 역사적 감각과 그 비굴한 천민적 호기심만큼 이해할 수 없는 것은 없다.

셰익스피어에 대해서도 같은 말을 할 수 있다. 그런 경탄할 만한 스페인식과 무어식, 색슨적인 취미의 종합을 보면, 에피쿠로스의 영향 안에 있던 고대 아테네인 같으면 반쯤 죽도록 웃거나 화를 냈을 것이다. 그런데 우리는―바로 그런 거칠고도 다채로운 것이야말로, 그리고 그 비할 데 없는 섬세함과 거칠고 인위적인 것의 혼합이야말로 어떤 남모르는 신뢰심과 정다움을 갖고 받아들인다. 우리는 셰익스피어를 우리를 위해 보존해 둔 예술의 정수라 찬미하고, 그의 예술과 취미가 그 속에서 살고 있던 영국 하층민의 악취를 풍기는 분위기로부터도 거의 괴로움을 느끼지 않는다. 마치 나폴리의 키아자에 가서 그 빈민굴의 오물이 온갖 악취를 풍겨도 우리는 여전히 모든 감각을 총동원해서 기분 좋게 매혹되어 길을 걷는 것과 흡사하다. '역사적 감각'을 지닌 인간, 거기에 우리의 미덕이 있다는 점은 의심할 여지가 없다―우리는 요구하는 바는 적고, 사심도 없으며, 겸손하고, 용감하며, 극기심과 헌신적인 기분으로 가득 차고, 감사에 대한 생각이 깊으며, 인내심이 강하고, 지극히 상냥하다. 그러나 그 모든 미덕이 있음에도 아마 '취미'는 좋지가 않은 것 같다. 우리 '역사적 감각'의 인간에게 가장 이해할 수 없고, 느끼기 어렵고, 맛보기 어렵고, 사랑하기 어려운 것은 우리가 근원적으로 편견을 갖고 거의 적대시하는 것은 바로 모든 문화와 예술 속에 완성되고 최후의 원숙을 이룬 것들이다. 즉 작품과 인간에 있어 진정으로 고귀한 것들이다. 그 잔잔한 바다와도 같이 스스로에게 만족할 수 있는 순간이다. 완성된 모든 물건이 보여주는 황금과 냉정이다. 역사적 감각이라는 현대인의 커다란 덕과 좋은 취미와는, 적어도 가장 높은 취미와는 필연적으로 대척되는 지위에 있는 것이리라. 그리고 우리 현대인은 여기저기서 가끔 번쩍이며 나오는 인간 생활의 적고 짧은 최고의 행복과 정화(淨化)를 주저하면서 마음속 억압을 느끼면서 그저 상상할 수 있을 뿐이다. 대체로 최고의 행복과 정화는—즉 커다란 힘이 무제한과 끝없는 것 앞에 자진해서 걸음을 멈추고, 정교한 쾌락의 지나침이 갑작스러운 구속을 받고 경직하면서—아직도 떨고 있는 땅 위에 확고히 서는 때에 누리는 순간과 기적을 말하는 것이다. 우리는 스스로 인정해야 된다. 우리는 그와 같은 절도를 모르는 것이다. 우리 욕망은 무한정의 것, 헤아릴 수 없는 것을 향한 욕망이다. 우리는 마치 사나운 말을 달리는 기수와 같이 무한을 향해서 솟아나는 그대로 맡긴다. 우리 현대인, 우리 반야만인이란 그와 같은 것이다. 그리하여 우리는 가장 위험한 상태 속에 있을 때 비로소 우리의 행복을 갖는다.

225

쾌락주의건 염세주의건, 공리주의건 행복주의건 간에 대체로 쾌감과 고뇌에 의해서, 이런 이차적인 수반 조건에 따라서 사물의 가치를 재는 사고방식은 모두 소박한 초보적 사고방식이다. 적어도 창조력과 예술가적 양심을 깨닫는 자는 그러한 사고방식을 비웃음과 동정심을 갖고 경멸하지 않을 수 없다. 그대들에 대한 동정! 물론 이것은 그대들이 생각하는 바와 같은 그런 동정은 아니다. 그것은 사회의 '비참'에 대한 동정도 아니다. '사회'나 병약자나, 불행한 인간이나 또는 우리 주위의 타고난 악랄한 불구자에 대한 동정도 아니다. 우리의 동정은 보다 높이, 보다 멀리 내다보는 동정이다. 지금 우리는 얼마나 인간이 자기를 왜소하게 만들어 가고 있는가를 본다! 우리는 그대들의 동정을 보고 말할 수 없이 한심스러운 생각이 들 때가 있다. 그래서 우리는 그러한 동정을 거부하기도 한다. 그대들의 진지한 태도를 어떠한 경박함보다도 위험스럽다고 생각하는 때도 있다. 그대들은 온 힘을 다해서—그보다 어리석게 힘을 쓸 수가 없을 정도로—고뇌를 없애고 싶어한다. 그대들이 생각하는 의미의 안락함이란 것은 우리의 목표가 아니다—우리에게 그것은 종말이다! 안락함이란 인간을 당장에 비웃고 경멸할 물건으로 바꿔 놓은 상태이다. 그렇게 함으로써 인간은 자기 몰락을 바라게 된다! 고난, 위대한 고난의 단련—그대들은 모르지만 지금까지 오로지 이런 단련만이 인간 향상의 원인이 되었던 것이다.

영혼을 위해서 힘을 기르는 불행 속의 긴장, 크나큰 파멸을 눈앞에 둘 때의 전율, 불행을 걸머지고 견디며, 그 이치를 이해하고 그것을 이용하는 창의력과 대담성, 그리고 영혼의 깊이와 비밀, 가면, 정신, 교활성, 위대함, 이 모든 것이 오로지 고난—크나큰 고난이라는 교육에 의해 영혼에 선물로 주어진 것이 아니겠는가? 인간 속에는 피조물과 창조자가 하나가 되어 있다. 인간 속에는 소재, 조각, 과잉, 점토, 진흙, 어리석음, 혼돈이 있다. 그러나 인간 속에는 또 창조자, 조각가, 망치와 같은 단단함, 방관자로서 신과 같은 우월성과 제7일이 있다. 그대들은 이런 대립을 이해하는가? 그리고 그대들의 동정은 그저 인간 속의 피조물에 대해서만 표시되는 것이며, 이것이야말로 오히려 형성되고, 깨지고, 단련되고, 늘어나고, 구워지고, 담금질되고, 정제되어야 할 것임을 이해하겠는가? 이것이야말로 고뇌를 필연적으로 겪어야 하며, 고뇌를 겪어야만 된다는 것을 이해하겠는가? 그러나 우리는 그대들이 말하는 동정을 모든 허약함 속의 가장 나쁜 것이라 물리치고, 우리의 동정은 그대들의 동정과는 정반대되는 것이다. 그런 동정은 도대체 누구에게 표시되는 것인가?—그것은 다시 말하면 동정에 반대하는 동정이다! 하지만 다시 한 번 말하겠다. 모든 쾌락과 고뇌와 동정의 문제보다 더욱 고차원적인 문제가 있다. 오로지 동정의 문제만을 다루는 모든 철학은 유치하다.

226

우리는 부도덕자이다! 우리가 관계하는 이 세계, 그 속에서 우리가 무서워하고 사랑해야만 하는 이 세계, 거의 볼 수도 들을 수도 없는 가운데 명령과 복종이 행해지는 이 세계, 어느 점에서나 '거의'라는 조건이 붙지 않고는 알 수 없는 이 세계, 존중할 만하고 트집 잡기 좋아하며 교활하고 예민하며 섬세한 이 세계, 그래서 이 세계는 우둔한 관찰자나 은밀하게 호기심 가득한 인간에게는 다가가기 어려운 것이다! 우리는 의무라는 엄격한 그물의 셔츠를 입고 있어, 그것을 벗어버릴 수가 없다—그 속에 있는 것은 이른바 '의무의 인간들', 바로 우리이다! 우리는 때로 우리를 얽어맨 '사슬'에 묶여 우리를 둘러싼 '칼' 사이에서

춤춘다. 그리고 똑같이 모두가 눈에 보이지 않는 냉혹한 운명 아래 이를 갈며, 인내를 잃어가고 있다. 하지만 우리가 원하는 일을 하자. 어리석고 피상적인 인간들은 우리에게 말하리라. "저건 의무를 모르는 인간이다."—우리는 늘 어리석은 자와 겉모습만 보는 자를 적으로 삼는다!

227

성실. 만일 이것이 우리, 자유정신의 인간이 벗어날 수 없는 미덕이라고 한다면 좋다—우리는 이것을 위해 모든 악의와 사랑을 바쳐 일을 하자. 그래서 우리에게 아직 남아 있는 유일한 미덕을 '완성'하도록 애를 쓰자. 설령 그 빛이 이 늙어가는 문화와 둔탁하고 어두운 진지성 위에 마치 도금한 시퍼렇고 비웃는 듯한 저녁 빛처럼 머문다 해도 말이다. 더욱 나아가 우리의 성실성이 언젠가는 지쳐서 한숨을 짓고, 팔다리를 늘어뜨리고 우리를 가혹하다 하며, 마치 기분 좋은 악덕처럼, 보다 즐겁고 안락하고 부드럽게 살고 싶어하는 날이 오더라도, 우리는 여전히 가혹하게 굴기로 하자. 우리 마지막 스토아주의자들이여! 우리 마음속에 간직한 모든 악마성을 다 끄집어내서 그 가혹함을 도와주기 위해서 보내자꾸나! 우둔과 애매에 대한 우리의 구토를 보내자꾸나. 우리에게 '금지된 것에 대한 노력'을, 우리 모험에 대한 용기를, 우리의 날카롭고 까다로운 호기심을, 탐욕스럽게 미래의 땅을 찾아서 헤매는 지극히 교묘하게 복면을 쓴 정신적인 권력과 세계 정복의 의지를, 우리의 '악마'를 모조리 거느리고 우리의 '신'을 도우러 보내자꾸나! 그 때문에 우리가 오해를 받고 혼동이 되는 일이 있다 할지라도 그것이 무엇이겠는가! 어떤 자는 말할 것이다. "그들의 '성실성'—그것은 그들의 악마적인 성질이다. 그 밖의 아무것도 아니다"라고. 그것인들 무엇이겠는가! 설사 그렇게 말하는 자가 옳다고 해도 말이다!

이제까지의 모든 신은 악마가 이런 식으로 거룩하게 되고 다시 이름 붙은 것이 아닌가? 궁극에 있어서, 우리는 자신에 대해서 무엇을 알고 있는가? 우리는 우리를 이끄는 영혼의 이름이 무엇인지 알고 있는가? (그것은 명칭의 문제에 불과하다.) 그리고 우리가 그러한 영혼을 몇이나 간직하고 있는지 알고 있는가? 우리 자유정신의 인간은 숙고하자—우리의 성실이 변해서 허영, 허식, 가식, 우리의 한계, 우리의 어리석음이 되지 않도록 말이다! 모든 미덕은 어리석음으로, 모든 어리석음은 미덕으로 바뀌는 경향이 있다. 러시아에서는 속담에 '거룩하도록 어리석다'는 말까지 있다. 우리는 성실한 나머지 결국에는 지루할 정도로 변하지 않도록 하자! 인생은 그런 속에서 지루하게 지내기엔 너무나도 짧지 않는가? 아니면 영원한 삶을 믿지 않을 수 없을 것이다.

228

내가 이제까지의 모든 도덕철학이 지루한 것이며, 하나의 최면술임을 발견한 것을 용서해 주기 바란다. 그리고 내가 보기에는 '덕' 자체를 가장 손상시킨 것은 이런 덕성(德性)의 변호자가 지루하다는 것을 발견한 데 있다. 그러나 이렇게 말했다고 해서 내가 덕성의 일반적인 유용성을 간과하고 있는 것은 아니다. 도덕에 대해서 이야기하는 사람이 적으면 적을수록 좋다. 도덕이 결국에 가서는 일반인의 흥미의 대상이 될 수 없다는 것은 그지없이 좋은 일이다! 하지만 걱정할 것은 없다! 과거에 그랬듯이 지금도 여전히 그렇다. 도덕에 대한 고찰은 위험하고 신랄하고 유혹적인 것이 될 수 있으며, 여기에 가공할 숙명이 존재한다!—는 것에 대해서 어떤 관념을 갖고(또는 가르칠 수) 있는 자는 유럽에는 없다. 예컨대 저 피하기 힘들고 줄기찬 영국의 공리주의자를 보라. 그들은 둔하지만 얼마나 당당하게 벤담의 발자국을 쫓고 있는가 말이다! 마치 (호메로스의 비유를 빌리면 더욱 분명하지만) 벤담 자신이 존경할 만한 엘베시우스의 발자국을 쫓았듯이(아니, 그 엘베시우스는—갈리아니의 말을 빌리면 그 한가한 노인은 위험한 인물은 아니었다) 영국의 공리주의는 새로운 사상이 아니다. 그리고 낡은 사상의 교묘한 전개도 아니다. 과거 사상의 진정한 역사도 아니다. 그것은 전체로서 본다면, 만일 누가 여기다 약간의 악의를 가지고 효모라도 넣어서 반죽하지 않으면 단순하고 절망적인 문헌에 지나지 않는다.

이러한 도덕주의자들 가운데에도(만일 읽어야만 될 때는 정신 차려 읽어라) 옛날 그대로 영국적인 악덕—칸트라고 불리는 도덕적인 위선이 숨어 있다. 그것도 이 경우, 학문이라는 새로운 형식을 취하고 숨어들어 있는 것이다. 옛 청교도들이 도덕을 학문적 대상으로 삼는 경우 당연히 양심의 가책을 느꼈던 것인데, 오늘날에는 이런 양심의 가책도 받지 않을 수 있는 방법이 강구되어 있다. (도덕주의자란 청교도와는 반대되는 것이 아닌가? 도덕주의자란 도덕을 미심쩍은 것으로, 의심을 품을 만한 것으로, 즉 문제로 다루는 사색가가 아닌가? 도덕에 대해서 생각하는 것이 부도덕이 아닐 수 있단 말인가?) 그리고 그들이 원하는 것은 결국 영국의 도덕을 정당하게 승인하는 일이다. 그것이 인류에게 또는 '일반적 복리'에, 또는 '최대 다수의 행복'에—아니 영국의 행복에 가장 이로운 상태에서 영국적인 행복에 대한 추구가 바로 도덕의 올바른 길이란 사실을 그들은 온 힘을 기울여 증명하고자 한다. 이런 영국적인 행복이란 평안함과 유행이며, 그의 궁극 목적은 의회 안에 의석을 하나 차지하는 것이다. 실제 그들은 이 세상에 미덕이 있을 수 있는 한, 행복이 이러한 노력 속에만 있는 것이라고 증명을 하려 든다. 그들은 모두 자기 양심에 가책을 느끼고 있는 덩치 큰 무리 동물로서, 이기주의자로서 일반적 복지에 이르는 과정이라 귀결지으려고 한다. 그렇다면 그들 가운데 한 사람은 알고자 하지도 않고 냄새도 맡지 않으려 한다—'일반적 복지'라는 것이 이상도 아니고 목표도 아니고 도대체 무슨 파악될 수 있는 개념이 아니라 오직 한 가지 구토제에 불과하다는 것을 알고자 하지 않는다. 그리고 어떤 사람한테 유리한 것이 다른 사람에겐 별로 유리하지 않다는 것, 모든 사람에게 오로지 하나의 도덕을 부과하는 일이 보다 높은 인간에 대한 침해라는 것, 그렇다면 결국 인간과 인간 사이에는 서열이 있으며 따라서 도덕과 도덕 사이에도 서열이 있다는 것을 알지 못하고 냄새도 맡지 못하고 있다. 이런 공리주의적 영국인은 어디까지나 평범하며 겸손한 인간 종족이다. 이미 말한 바와 같이 그들은 지루하며 그 지루한 것 때문에 우리는 그들의 공리성을 높이 평가할 수가 없다. 다음과 같은 시로 시도해 보았지만 우리는 그들을 더욱 격려할 필요가 있다.

만세로다, 그대들 착실한 수레꾼이여
언제나 '느리면 느릴수록 좋다'로구나.
머리와 무릎은 굳어버려
감격도 모르고 농담도 모르고

그 평범함에는 손도 댈 수 없구나.

천품도 없고 재주도 없구나!

229

'사납고 잔인한 짐승'을 겁내는 것—이것은 미신이며, 이런 미신을 억누르는 일이 인간성을 발휘하고 있는 시대의 긍지가 된다. 그런데 풍성한 인간성을 과시하는 근대에도 이 '사납고 잔인한 짐승'에 대한 공포라는 미신이 남아 있다. 그래서 어떤 진리가 이미 없어진 야수성을 다시 살아오게 하지 않을까 하는 두려움에서, 명백한 진리가 마치 어떤 묵계에 의한 듯 수세기 동안 입에도 오르내리지 않는 일이 있다. 어떤 사람은 설사 그런 진리를 포착하는 일이 있어도 그것에 '경건한 사고방식'이란 젖을 먹여서 끝내는 진정시키고, 다시 본디 있는 한쪽 구석에 잊힌 채 놓여 있게 만들지만, 나는 감히 이런 진리를 포착하려고 생각한다—우리는 잔인하다는 것이 무엇인지를 새로 배우고 눈뜨지 않으면 안 된다. 우리는 이제 참고 견디는 일을 집어치우고—예컨대 비극에 대해서 옛날이나 지금의 철학자가 품고 있었던 것 같은 심한 착오가 더 이상 활개 치고 다니는 일이 없도록 해야 될 것이다. 우리가 '고급 문화'라고 부르는 것은 거의 잔인성을 정화하고 심화하는 일에 기초를 두고 있다—이것이 나의 결론이다. '야만스러운 짐승'은 아직도 다 도살되지 않았다. 그것은 살아서 번성하고 있다—다만 성스러운 것으로서 받들어 올려놓았을 뿐이다.

비극의 고통스러운 쾌락을 만들어 내는 것은 잔인성이다. 이른바 비극적 동정심뿐만이 아니라 근본에 있어서는 모든 숭고함, 형이상학의 가장 높고 섬세한 전율—이 모든 것은 그것이 쾌감을 줄 수 있을 때는 감미로운 맛을 그 속에 뒤섞여 있는 잔인성이란 성분에서 얻고 있는 것이다. 투기장의 로마인, 십자가의 환희에 취한 기독교도, 화형이나 투우를 즐겨 보는 스페인 사람, 자신을 비극 속으로 몰고 들어가는 오늘날의 일본인, 피비린내 나는 혁명에 향수를 느끼는 파리 교외의 노동자들, 다만 허영심에서 〈트리스탄과 이졸데〉에 귀를 기울이면서 빨리 끝나기를 바라고 있는 바그너에 열광하는 여인들—이런 인간들이 즐기며, 남모르는 열정으로 빨아들이려 애쓰는 것은 '잔인성'이라는 커다란 마녀의 독주이다. 그때 우리는 과거의 어리석은 심리학을 추방해야 된다. 과거의 심리학이 가르치는 바에 의하면, 잔인성은 다른 사람의 고뇌를 목격하는 데에서 생기는 것이었다. 그러나 자기 고뇌, 자기를 고뇌시키는 일에도 지나칠 정도로 풍부한 즐거움이 있다. 페니키아인이나 금욕주의자들은 종교적인 기분에서 자기 자신을 부정하고 훼손했으며, 그 밖에도 관능 부정, 육체 초탈, 청교도적 참회의 경련, 양심의 해부, 그리고 파스칼적인 '지성의 희생' 등 갖가지 현상이 있다. 인간이 그런 짓을 하고자 마음이 움직인다는 것은 그가 은밀하게 자신의 잔인성에 의해 유혹되고 있는 것이며, 자기에게 방향을 돌린 잔인의 위험한 전율에 의해 앞으로 밀려가고 있는 것이다. 마지막으로 이런 것도 생각해 보라. 인식하는 인간조차도 자기 정신의 경향에 맞서서—자주 자신의 심정이 소원하는 바에까지 거역하면서 인식하려고 정신을 기울일 때가 있다. 즉 긍정하고 사랑하고 숭배하고 싶으면서도 부정하는 일이 있다. 그런 경우 그 인식하는 사람은 잔인함의 예술가로서, 정화자로서 움직이고 있는 것이다. 이미 정신이란 것이 계속 의견으로만 달려가려고 하니, 깊이 파고들어 탐구한다는 것은 정신의 근본 의지를 압박하고 괴롭게 하려는 욕망이다. 모든 인식욕 속에는 이미 한 방울의 잔인성이 있다.

230

　내가 '정신의 근본 의지'에 대해 말한 것은 아마 당장에는 이해되지 않을지 모르겠다. 여기서 그 설명을 하련다—'정신'이라고 불리는 명령적인 그 어떤 것은 자기와 주위를 지배하고, 자기를 지배자로서 느끼려고 한다. 그것은 다양에서 단일을 향한 의지, 구속하고 길들이고 억누르려 하는, 그리고 본질적으로 지배적인 의지를 갖고 있다. 그 요구와 능력은 생리학자가 살고, 성장하고, 증식하는 모든 것에 대해서 인정하고 있는 요구와 능력과 같다. 다른 것을 얻으려는 정신의 힘은 억센 애착심을 가지고 새로운 것을 낡은 것으로 동화시키고, 다양한 것을 단일화하며, 완벽하게 모순되는 것을 모른 체하거나 부인하려고 한다. 그리고 다른 것—'외부 세계'의 어떤 특질을 기호에 따라서 강조하고 추출하며 자기가 편리한 대로 얼버무린다. 그 경우 목적이 되는 것은 새로운 '경험'을 자기 소유로 하고, 새로운 사물을 낡은 순서 속에 배치하는 데 있다—즉 성장하는 데 있다. 더 분명하게 말하면 성장의 감정, 힘의 증대 감정에 있다.

이와 같은 의지에 정신의 반대되는 듯한 충동이 봉사를 한다. 바로 무지에 대한, 자의적인 폐쇄에 대한 결심이 갑자기 나타나서 그 창문을 닫아걸고 이것저것에 대해서 내적인 부정을 선언하고 접근을 거부한다. 알 만한 많은 사물에 대해서 어떤 방위 태세를 취하고, 암흑과 폐쇄된 지평선으로서 만족하며 무지를 긍정하고 시인한다. 이런 일은 모두 그 동화력의 정도에 따라, 비유적으로 말하면 '소화력'의 정도와 비례해서 필요한 한도에서 행해진다(사실 '정신'은 위장과 가장 닮아 있으며, 같은 것으로 때로는 스스로 속아 넘어가려는 의지가 있다). 이러이러한 일은 그런 것은 아닐 것이다, 또는 사람들이 그렇다고 보고 있는 데 지나지 않을 것이다는 식으로 제멋대로 결정해 버리는 경우가 적지 않다. 그래서 애매한 것을 좋아하고, 사람이 모르는 비좁고 편리한 구석에 숨어서 자기 위안에 파묻혀 근시안적으로 손쉽게, 대상을 제멋대로 크게도 하고 작게도 하며, 위치를 바꾸거나 미화해서 만족하는 것이다. 이러한 것은 모두 힘의 감정에 대한 발현이며, 이것을 남용해서 자기만족에 빠지는 것이다. 마찬가지로 이것과 동일한 것으로서 정신 속에는 의심할 요소가 있어 다른 정신을 속이고, 그 앞에서 자기를 꾸미려고 한다. 이것은 창조하고 조성하며 변형하는 힘의 끊임없는 압박과 충동이 행동하는 것이다. 정신은 그 속에서 가면을 쓴 다양성과 교활함을 누린다. 그렇게 함으로써 자신이 안전하다는 느낌을 누리는 것이다. 이 프로메테우스적인 기술로 그는 자신을 가장 잘 방위하고 있는 것이다! 이러한 의견으로 향한, 단순으로 향한 가면으로의, 외투에 대한, 즉 표면으로의—모든 표면은 외투이다—의지와 맞서서 심각하고 복잡하고 근본적으로 생각하고 생각하고자 하는 인식자의 숭고한 경향은 반항하는 것이다. 이것이야말로 지적인 양심, 지적인 취미의 잔인한 행동이며, 모든 용감한 사상가는 자신 속에서 그것을 인지하지 않을 수 없으리라. 단, 그런 인간은 으레 자기에 대해서 눈초리를 날카롭게 하고 엄격한 훈련과 엄격한 말에 익숙해져 있어야 한다. 그는 말할 것이다. "나의 정신 속에는 잔인성이 있다"고. 도의적이고 사교적인 사람들은 그것이 좋지 않다고 설명할 것이다.

사실 이 잔인성이란 말 대신에 '지나친 성실성'이라 이야기되고 속삭여지고 소문이 나게 된다면—우리 자유로운, 지극히 자유로운 정신의—인간에게는 그쪽이 그래도 기분이 좋을 것이다. 우리에 대한 후세의 평가도 아마 이런 것이 되지 않을까? 그러나 지금으로서는—그럴 것이 그때까지는 시간 여유가 있으니까—그런 도덕적인 미사여구로 자신을 꾸미는 일을 바라지는 않는다. 우리의 이제까지의 모든 일은 이런 취미와 그 화려한 장식을 성립시키지 않는다. 이런 것은 번쩍번쩍 빛나고 떠들썩한 잔치 같은 말일 뿐이다. 성실, 진리에 대한 사랑, 예지에 대한 사랑, 인식을 위한 희생, 성실한 인간의 영웅주의—이런 것들에는 사람의 마음을 부풀게 하는 그 무엇이 있다. 하지만 우리와 두더지는 오래전부터 홀로 사는 인간의 양심 깊숙한 곳에서 다음과 같이 스스로에게 말하고 있었다—이러한 말들의 휘황함도 옛날부터의 허영심에 지나지 않는다. 무의식적으로 나타나는 인간적인 허영과 허위의 넝마나 금가루에 지나지 않는다. 이런 아부하는 듯한 채색이나 덧칠 밑에도 '자연스러운 인간'이란 무서운 원문(原文) 텍스트가 투명하게 보이는 것이다. 요컨대 인간을 자연으로 환원하는 일, 이제까지의 영원한 원문 텍스트인 '자연스러운 인간'에 대해서 끄적거리고 그렸던 많은 공허한 공상적인 해석이나 부차적인 의미를 극복하는 일, 오늘날의 인간은 전문적인 학문의 훈련에 의해 가혹하게 되어 다른 자연 앞에 서 있지만 이후로는 그 인간을 인간들의 앞에 세우는 일, 그리고 겁을 모르는 오이디푸스의 눈과 막혀버린 오디세우스의 귀로서, 지금까지 너무나도 오랫동안 "그대는 (자연보다) 더욱 위에 존재한다! 보다 높은 것이다! 그대들은 다른 계보의 것이다!" 속삭이던 예부터의 형이상학의 유혹자에게 귀를 기울이지 말고 인간보다 앞세우는 일—이것은 이상한 미치광이 같은 임무라고도 할 것이다. 그러나 그것이야말로 진정한 임무이다—누가 이것을 부정하겠는가? 우리는 도대체 어째서 이 미치광이 같은 임무를 선택했던가? 혹은 "도대체 무엇 때문에 인식이 존재하는가?"—누구나 우리에게 그런 질문을 할 것이다. 그런데 우리는 그런 질문 공세를 받아도, 그리고 이미 백번이고 자신에게 물어보아도 더 좋은 대답을 찾지 못했으며, 또 찾지 못할 것이다.

배우는 것은 우리를 변화시킨다. 모든 영양물은 단지 우리를 '보존'하는 데 그치지 않는다는 사실을 생리학자는 알고 있지만, 배우는 것의 작용도 마찬가지이다. 우리 영혼의 밑바탕에는—'하부 구조'에는 어떤 가르칠 수 없는 것이 있으며, 정신적 숙명의 화강암이 있고, 예정되고 선택된 질문에 대한 준비된 결정과 대답이 있다. 모든 중대한 문제가 나타날 때마다, 여기서 발언하는 것은 움직일 수 없는 '나는 이렇다'인 것이다. 이를테면 남녀 문제에 대해서는 어떤 사상가도 배워서 고칠 수 없다. 다만 끝까지 배울 수밖에 없는 이 문제에 대해, 그가 이미 확정적으로 가지고 있는 것을 궁극에까지 발견해 낼 뿐이다. 사람은 가끔 어떤 문제의 해답을 찾을 때에, 그것을 확신하기에 이르는 수도 있다. 그 사람은 그 뒤에는 이 해답을 자기 '확신'이라 일컬을지도 모른다. 그러나 나중이 되어보면 역시 아는 것이다. 그러한 확신은 자기 인식을 향한 발자취이며, 우리가 바로 그 문제—좀더 정확하게 말해서 우리가 바로 그것인 어리석음—에 대한, 우리의 정신적 숙명에 대한, 또한 우리 '하부 구조'인 가르칠 수 없는 것에 대한 도표였다는 것을 말이다. 이렇게 말하면서 나는 자신에 대해서는 상당히 점잖은 태도를 취했던 셈인데, 여기서 내가 '여성의 본질'에 관해 약간의 진리를 털어놓는 것을 용서해 주기 바란다—말하자면 그것이 내가 지닌 진리임을 독자들은 벌써 알고 있을 것이다.

여성은 독립하기를 원한다. 그래서 '여성의 본질'에 대해서 남성들을 계몽시키려 하고 있다—이것이야말로 유럽의 전체적인 추악화 가운데 가장 나쁜 진보 중의 하나라고 하겠다. 여성의 학문과 자기 폭로의 어리석은 시도가 무엇을 밖으로 끌어낼 수 있는가! 여자는 수줍어야 할 충분한 이유가 있다. 여자에게는 허다한 현학, 천박함, 교사, 건방진 태도, 오만, 무분별함이 숨겨져 있다—어린아이를 가르칠 때의 여자를 보라!—이런 것들은 사실 남자에 대한 공포 때문에 틀어박혀 억제되고 있던 것이다. 슬프다. 만약에 '여성에게 있어서의 영원한 따분함'—하기야 얼마든지 있는 것이지만!—이 주저 없이 몰려올 때면! 또 여자가 우아하며 장난스럽고, 기분 전환이나 매사 유쾌한 총명함과 기교를 잊고, 유쾌한 욕망에 대한 재치를 근본적이고 원칙적으로 잊어버리기 시작할 때면! 성스러운 아리스토파네스에 대고 맹세하건대, 이제 여성들의 소리는 드높다! 여자가 남자에게 최초 또는 최후에 무엇을 요구하는가는 의학적인 징후로 확실히 나타나 우리를 놀라게 한다. 여성이 오늘날처럼 학문에 종사하려는 것은 참으로 가장 나쁜 취미가 아닐까?

지금까지는 다행히도 지능 계발은 남자의 일이었고, 남자의 천분이었다. 그래서 남자들은 '자기들끼리'만 있었다. 그리고 우리는 여성들이 '여성'에 관해서 쓴 것을 읽고, 여성이 자신에 대한 계발을 원하고 있는가, 또 원할 수 있는가 하는 데 대해 상당한 의문을 품지 않을 수 없다. 글을 쓴다는 것으로 여성은 자기를 위한 새로운 화장을 찾고 있는 것은 아닐까? 생각건대 자기를 꾸미는 것은 영원한 여성의 속성이 아닐까? 만약 꾸미고 있는 것이 아니라면, 여자는 그것으로 자기를 두렵게 하려는 것이다. 그렇게 함으로써 지배하려는 것이다. 여자는 진리를 찾으려 하지 않는다. 여자에게 진리가 무슨 상관이 있는가? 여자에게 진리처럼 인연이 멀고, 싫고, 꺼릴 만한 것은 애당초 없다. 여자에게 가장 큰 기교는 거짓말이며, 주된 관심사는 겉모습과 아름다움이다. 남자들은 고백하자. 우리는 여자의 바로 그러한 기술과 본능을 존중하고 사랑한다. 우리는 어려운 일을 하고 있기 때문에 이러한 생물에 붙어서 육체를 쉬고 싶은 것이다. 그녀들의 손, 시선, 부드러운 어리석음 아래 있을 때 우리의 엄숙함과 무게와 깊이도 하찮은 어리석음처럼 생각되기 때문이다.

마지막으로 한 가지 물어보자. 일찍이 여자 스스로 여자의 머릿속에 깊이가 있고, 여자의 가슴에 정의가 있다고 인정해 본 적이 있는가? 또 지금까지 '여자'를 가장 경멸한 것은 여자이며, 남자들이 아니라는 것도 사실이 아닌가? 우리는 여자가 계몽으로 인해 더 이상 수치를 드러내는 일이 계속되지 않기를 바란다. 일찍이 교회가 "여자는 교회에서 침묵하라"고 선언한 것은 여자에 대한 남자들의 배려요 아낌이었다. 또 나폴레옹이 말 많은 스탈 부인에게, "여자는 정치에 관해서는 침묵하라"고 일러준 것도 여자의 이익을 위해서였다—나는 오늘날 여자에게 다음과 같이 말해 주는 것이야말로 진정한 여자 편이라고 생각한다. "여자는 여자에 대해 침묵하라!"

233

여자가 '여자 자체'에 관해 무언가 유리한 증거라도 될까 해서 롤랑 부인이나 스탈 부인이나 조르주 상드를 끌어낸다면—그것은 본능의 부패를 나타내는 것이다. 악취미를 드러낸 것이라는 데 대해서는 말하지 않겠다. 남자들이 보기에는 위에서 말한 사람들은 우스운 '여자 자체'이며—그 이상 아무것도 아니다!—바로 그것이 여성 해방과 여성의 자치권에 대한 최고의 반대 논증이다.

234

부엌에서의 어리석음, 가정부로서의 여자! 그들은 가족이나 주인의 식사를 마련함에 있어서 얼마나 생각이 없었던가! 여자는 식사가 무엇을 의미하는지를 이해하지 못하고 있다. 그러면서도 가정부가 되고자 한다! 만일 여자가 생각을 하는 생물이라면, 이미 수천 년 동안 가정부 노릇을 했으니 가장 위대한 생리학적 사실도 발견하고 또 의료 기술도 획득했을 것이다! 서투른 가정부에 의해서—부엌에서의 완전한 이성 결핍으로써, 인류의 진화는 보다 오랫동안 늦어졌고 방해받았다. 오늘날에도 상황은 좋아지지 않았다. 이상 나이 지긋한 딸들한테 한마디 한다.

235

그 안에 문화 전체가, 사회 전체가 갑자기 결정된 것 같은 문장, 한 줌의 말, 표현, 정신의 구상이 있다. 드 랑베르 부인이 어떤 기회에 아들에게 한 말도 그중 하나이다. "얘야, 바보 같은 짓을 하더라도 실컷 즐길 수 있는 일이 아니면 해서는 안 된다!"—이것이야말로 일찍이 아들에게 준 가장 어머니답고 현명한 말이다.

236

단테와 괴테가 여성에 대해 믿고 있던 것—단테는 "그녀는 위로부터 지킨다.

나는 그 안에 있노라" 노래했고, 괴테는 이것을 "영원한 여성은 우리를 높은 데로 이끈다"로 해석했다──을 나는 의심하지 않는다. 모든 고귀한 여성은 이 믿음을 거부하리라는 것을. 왜냐하면 그녀들은 바로 그런 것을 영원한 남성적인 것으로 믿고 있기 때문이다.

237A

여성을 위한 일곱 가지 잠언

남자가 우리에게 꿇어 엎드렸을 때 그토록 지긋지긋한 권태도 사라지도다!

*

아아! 나이가 들면 학문은 나약한 덕에도 힘을 준다.

*

검은 옷을 입고 침묵을 지키면 어느 여자라도 현명해 보인다.

*

행복할 때 나는 누구에게 감사할 것인가? 신에게!──그리고 내 재단사에게!

*

젊어서는 꽃으로 꾸며진 동굴, 늙어서는 괴이한 뱀이 그 안에서 기어나온다.

*

귀한 명성, 멋진 다리, 게다가 남자, 오오, 그것이 다 내 것이라면!

*

말은 짧게, 의미는 길게──암나귀가 주의해야 할 미끄러운 길!

237B

남자들은 지금까지 여자들을 새처럼, 어딘가 높은 곳에서 그들에게로 길을 잃고 날아온 새처럼 다루어 왔다. 무언가 섬세하고 상하기 쉬운, 또 사납고 불가사의한, 감미롭고 영혼이 넘치는 것으로서──그러나 달아나지 못하도록 가두어 두지 않으면 안 되는 것으로서.

'남자와 여자'라는 근본 문제를 잘못 생각해서 거기에 심각한 대립과 그들 사이에 영원히 적대시하는 긴장의 필연성을 부정하는 자가 있다. 그리고 남녀간에 평등한 권리와 평등한 교육과 평등한 요구와 의무를 꿈꾸는 자가 있다. 이것이야말로 천박한 두뇌의 전형적인 한 징후이다. 이러한 미묘한 점에 대한 그 천박―그 본능의 천박!―을 드러낸 사상가는 모두 어딘가 좀 의심스럽고, 스스로 자기의 본능을 폭로한 것이라고 보아도 된다. 이런 사람은 결국 인생의 모든 문제, 또 장래의 근본 문제에 대해 너무도 근시안적이고, 아무런 깊이에도 이를 수 없을 것이다. 이에 반해 그 정신에서나 욕망에서나 깊이를 갖고, 가혹할 줄도 알며, 엄격할 수도 있는 관용과 인내의 깊이를 가진 남자는 여성에 대해서는 오직 동양적으로 생각할 줄밖에 모른다―이런 사람은 여자를 소유물로서, 챙겨둬야 할 재산으로서, 또 봉사하기 위해 태어나 봉사하는 중에 자기를 완성하는 것으로서 생각할 줄밖에 모른다. 고대 그리스인들은 아시아의 가장 뛰어난 후계자이며 제자였는데, 그들 또한 이 점에서는 아시아의 위대한 이성과 아시아의 우월한 본능에 기초하지 않을 수 없었다. 진실로 그리스인은 호메로스에서 페리클레스 시대에 이르기까지 문화가 진보하고 힘이 증대해 감에 따라 여성에 대해서는 점점 엄격하게, 즉 동양적으로 되었다. 이것이 얼마나 필연적으로, 논리적으로, 인간적으로 바람직한 일이었던가에 대해 우리 스스로 생각해 봐야 한다.

어느 시대에서도 현대처럼 여성이 남성에게 존중을 받은 적은 없었다―이것은 노인에 대한 경의를 잃어가는 동시에 민주주의의 경향과 그 근본적 취향의 발로인 것이다. 이 존경이 남용되기에 이른 것도 이상할 건 없다. 여성은 더 많은 것을 바라고 요구하는 법을 배워, 마침내는 이러한 존경을 거의 모욕이라 느끼고 권리 쟁탈을, 실로 투쟁까지도 선택하게 된다. 요컨대 여성은 품위를 잃어가고 있다. 다시 말해서 취미를 잃어가고 있다. 여성은 남성을 두려워할 줄 모르게 된다. 그러나 '두려워하기를 잊은' 여자란 먼저 여성다운 본능을 포기한 것이다. 남자에게 두려움을 불어넣은 것이, 다시 말해서 남자 안에 있는 '남성'이 이미 요구되지 않고 육성되지 않을 때 여자가 내닫는 건 당연하며 충분히 이해가 간다. 이해가 안 되는 점은 바로 그것으로 해서—여자가 퇴화한다는 사실이다. 이것이 오늘날의 현상이다. 우리는 이 점을 제대로 보아야 된다!

산업적 정신이 군사적 귀족 정신을 압도한 오늘날에는 여성은 경제적이고 법률적인 독립을 찾아 사무원이 된다. '여사무원'이야말로 성립되어 가고 있는 현대 사회의 출입문에 걸린 표어이다. 이처럼 여자가 새로운 권리를 획득하고, '달인'이 되려 하고, 여성의 '진보'를 적은 깃발과 현수막을 들고 있는 동안 그 반대의 사실이 실현되고 있다. 즉 여성은 퇴보하고 있는 것이다. 프랑스 혁명 이래 유럽에서 여성의 영향력은 그 권리와 요구가 커진 데 비례해서 줄어들고 있다. '여성 해방'은 (비단 천박한 남자에 의해서뿐만 아니라) 여성으로부터 요구되고 촉진되고 있는 한에 있어서도 여성다운 본능이 점점 약화되고 둔화되어 간다는 주목할 만한 증상으로 나타나고 있다. 이 운동에는 어리석음, 거의 남성적인 어리석음이 있으며, 품위 있는 여성이라면—그런 여성은 언제나 합리적이지만—마음속 깊이 부끄러워 마지않을 것이다. 그래서 여자는 그 영역에서야말로 가장 승산 있는 후각을 잃고 만다. 여성의 특유한 무기의 연습을 게을리한다. 이전에는 예절 바르고 섬세하며 재치 있는 겸허를 가졌었는데, 이제는 남자 앞에 나서서 심지어는 '책에까지' 손을 대려 한다. 남자는 여자에게 무언가 근본적으로 다른 종류의 이상이 담겨 있는 줄 믿고, 또 뭔가 영원하고도 여성적인 것을 믿고 있는데, 여자는 잘났다는 듯이 뻔뻔스러운 행동을 해서 이 남자의 신앙을 부숴버린다. 남자는 여자를 귀엽고 별나게 야성적이면서도 마음에 드는 애완동물처럼 기르고, 보살피고, 보호하고, 너그럽게 다루어야 한다고 생각하는데, 여자는 종알종알 지껄여서 그런 생각을 지워버린다. 지금까지의 사회질서에서 여자는 노예적이며 농노적인 지위를 차지하고 있었고, 또 지금도 그렇다. 그런데 이러한 사실에 격노해서 서투른 수법으로 그런 것을 모아들인다(마치 노예제도가 높은 문화, 또 문화 향상의 조건이라기보다 오히려 그 반증이라는 듯이). 만일 이러한 모든 것이 여성 본능의 붕괴요 박탈이 아니라면 도대체 무엇이겠는가? 본디 학식이 높은 암나귀 중에서도 충분히 어리석은 여성의 친구와, 여성을 타락시키는 자가 있어 여성을 설득시켜 그처럼 여성미를 벗겨버리고, 유럽의 '남성', 유럽적 '남성미'가 앓고 있는 모든 어리석은 행동을 흉내내게 한다. 그래서 여자를 '일반적 교양'에까지, 뿐만 아니라 신문을 읽고 정치를 논하는 데까지 끌어내리려 하는 것이다. 게다가 여기저기서 자유사상가나 문학자로까지 만들려 하고 있다. 도대체 심각하고 신을 부정하는 남자에게 경건성 없는 여자가 혐오스럽고 또 우습지 않을 리가 있겠는가.

　거의 곳곳에서 그지없이 병적인, 또 위험한 음악(독일 최신 음악)으로 여자의 신경을 오염시키고, 여자를 나날이 신경질적으로 만들고, 건강한 어린애를 낳는다는 여자의 처음이자 마지막 천직을 불가능하게 해버린다. 사람들은 무엇보다도 여자를 '교양 있게' 하려 하고, 또 '나약한 성향'을 교양을 통해 강화하려 한다. 사람들이 역사가 그렇게도 절실히 가르쳐 온 것을 잊어버린 탓일까. 바로 인간의 '교양화'와 인간의 약화—의지력의 약화, 분열, 병은 늘 걸음을 함께 해 온 것이 아니었던가. 또 세상에서 더욱 강하고, 영향력이 컸던 여자들(바로 나폴레옹의 어머니도 그러했다)은 바로 그녀들의 의지력 덕분에—학교 교사 덕분이 아니라!—남자에 대한 힘과 우월을 얻었던 게 아닌가. 여자가 존경심을, 또 때로는 공포심을 일으키게 하는 것은 '자연적인' 그녀이며, 이것은 남자의 것보다도 더 자연스럽다. 그 장갑 아래 숨겨진 짐승의 발톱인 것이다. 그리고 유치한 이기주의인 것이다. 그 가르치기 어려운 성질과 내적인 야성이다. 또한 그 욕망과 덕의 이해하기 어려운 속성과 그것들의 폭넓은 활동 범위이다. 그처럼 무서우면서도 위험한 예쁜 고양이인 '여자'가 동정을 불러일으키는 까닭은 그녀가 어떤 생물보다도 고민하고 상처받기 쉬우며, 사랑을 구하고 환멸을 느끼도록 운명지워진 것처럼 보이기 때문이다. 공포와 동정, 지금까지 남자는 이 감정을 가지고 여자 앞에 서 있었다. 그리고 도취시키면서 마음을 찢어내는 비극 속에 한 걸음 내딛고 있었다—그런데 무엇인가? 여성의 매력 상실이 시작되고 있는 건 아닌가? 여성의 지루함이 서서히 다가오고 있지 않은가? 오, 유럽이여! 유럽이여! 우리는 그 뿔 달린 짐승을 알고 있다! 그것은 그대에게는 언제나 그지없이 매혹적이며, 또 위험을 되풀이해 오기도 했다. 이 옛이야기가 다시 한 번 '역사'가 될지도 모른다—이제 또 한 번 엄청난 어리석음이 그대를 지배하고, 그대를 끌고 가버릴지 모른다! 이 어리석음 밑에는 그 어떤 신도 숨을 수가 없다! 있는 것은 하나의 '이념', 하나의 '근대 이념'뿐이다.

제8장 민족과 조국

240

나는 리하르트 바그너의 〈마이스터징거〉 서곡을 다시 한 번 들었다. 그것이 야말로 화려하고 의미심장하며 육중한 세기말적 예술 작품으로서, 그보다 앞선 두 세기 동안의 음악을 전제로 하지 않으면 이해할 수가 없다. 이것이 이 작품의 자랑이다. 그런 자랑이 잘못되지 않았다는 점은 독일인에게는 명예로운 일이다! 이 작품에는 얼마나 여러 기질과 힘이, 그리고 다양한 계절과 풍토가 섞여 있는가! 때로는 고대풍이라는 생각이 들고, 때로는 이국적이라 여겨지며, 거칠기도 하고 미숙하기도 하다. 제멋대로인가 하면 화려한 전통적인 냄새도 풍기고 유희적인 점도 적지 않지만, 또한 보다 야비하고 거칠기도 하다. 격정적이고 용기도 있지만, 동시에 늦게 무르익은 과일처럼 늘어지고, 누런 살가죽도 붙어 있다. 폭넓게 흘러가면서 그 속에 풀 수 없는 막연한 순간이 있는데, 이것은 말하자면 원인과 결과 사이에서 발생한 간격이며, 또는 우리한테 밀어닥쳐서 꿈을 꾸게 하는 힘—거의 가위에 눌리는 것과 흡사하다. 하지만 다시 곧 이전의 유쾌함—다양한 유쾌함과 옛날의 행복과 새로운 행복—이 다시 물결로서 번지는 것이다. 이 행복은 작곡자 자신이 자기에 대해 도취하고 있는 것으로서, 그는 이것을 숨기려 하지 않는다. 여기서 사용된 예술적 수법은 새로 획득된 것이며 아직도 시련을 다 겪지 못한 것이지만, 작곡가는 그것을 놀랄 만큼 자유자재로 구사할 수 있었고, 스스로 그것을 알고 있어서 우리에게 알려주려는 듯하다. 그러나 결국 이 작품에는 아름다운 곳이 전혀 없다. 남국적인 것도, 남국 하늘의 곱고 밝은 맛도, 우아함도 춤도 없으며, 거의 논리에 대한 의지도 없다. 답답하고 둔중한 맛까지 난다. 그것이 강조되고 있어서 마치 작곡가가 "그것이 바로 내가 의도한 것이다" 말하려고 하는 듯 보인다. 무겁고 답답한 의상이 있고,

어딘지 제멋대로의 야만과 장엄함도 있으며, 잘난 체 학문을 내세우는 자만심과 재치가 펄럭이고 있다. 이것이야말로 최선 혹은 최악의 의미에서 독일적인 것이며, 독일식으로 복잡하고 어설프며 속을 모르는 물건이다. 여기에는 또 영혼의 독일적인 오만과 충만이 깃들고 있는데, 그것이 퇴폐적인 교묘한 기교로서 감추어져 있다—아마 그런 곳이 가장 어울릴 수 있는 곳인지도 모르겠다. 이 작품은 젊으면서도 늙었고 무르익고 있으며, 동시에 미래가 풍성한 독일 영혼의 표현이다. 이런 종류의 음악이야말로 내가 독일인에 대해 생각하고 있는 바를 가장 잘 표현하고 있다. 독일인은 그제의 인간이면서 모레의 인간이다—그들에게는 아직 오늘이 없다.

241

우리 '착한 유럽인'조차도 때에 따라서는 진심으로 조국애나 낡은 애착이나 편협으로 떨어지거나 뒷걸음질을 하는 경우가 있다—나는 지금 그런 본보기를 보였다. 그리고 때로는 국민적인 흥분이 애국적 중압감과 그 밖의 고풍스러운 감정들에 사로잡히는 일이 있다. 우리보다 느슨한 정신을 가진 사람들은, 우리 같으면 기껏해야 몇 시간에 한하고 몇 시간으로 끝날 일도, 훨씬 많은 시간이 걸려서야 간신히 끝내는 것 같다. 어떤 자는 반년이 걸리고 어떤 자는 반생이 걸리지만, 그 기간은 그들이 소화하고 신진대사를 하는 속도와 힘에 일치한다. 이 빠른 속도의 유럽에서조차도 매우 어리석고 느린 사람이 있어서, 그들은 조국애나 토착심이라는 격세유전적 발작을 극복하고 다시 이성으로, 즉 '착한 유럽인주의'로 돌아가기 위해서 반세기를 필요로 하는 것이다.

이런 사람들의 일을 생각하면서 헤매고 있을 때, 나는 두 사람의 늙은 '애국자'가 나누는 대화를 귀담아 들은 일이 있다—그들은 분명 상대가 얘기하는 것을 잘 들어주질 않는 듯 점점 큰 소리로 떠들고 있었다. "그 친구는" 하고 한 사람이 말했다. "농부나 학생 연맹의 대학생만큼 철학을 알고 있고 존중도 하고 있어. 그런 녀석한테는 죄가 없네. 하지만 오늘날 그것이 무슨 소용인가! 오늘날은 대중의 시대이며, 대중은 무엇보다도 대중적인 것 앞에 굴복하거든. 정치에 있어서도 그렇지. 그들을 위해 새로운 바벨탑을 세우고 거대한 제국과 강국을 세우는 정치가는 '위대'하다고 불리지. 우리와 같이 신중하고 겸손한 인간이 '한 가지 행위나 사물을 위대하게 하는 것은 다만 위대한 사상뿐이다'라는 옛 믿음을 버리지 않았다고 해도 그것이 무슨 소용이겠는가? 만일 어떤 정치가가 그 국민을 타고난 소질도 준비도 없는 '위대한 정책'을 수행해야 되는 상태로 몰아넣었고, 그 결과 국민은 의심스럽고 낯설은 평범성 때문에 옛날부터의 견고한 미덕까지 희생하지 않을 수 없게 되었다고 가정해 보라고. 또 그런 정치가가 국민이 '정치화'하기를 선고했는데 국민은 그때까지 그보다도 훌륭한 일을 하고 또 생각하고 있었기 때문에 그 영혼의 밑바닥에서 정치화된 국민들이 갖기 마련인 불안, 공허, 광기에 대해서 신중한 혐오감을 버릴 수가 없었다고 가정해 봐. 또 그런 정치가가 국민의 잠자고 있는 정열이나 욕망을 자극해서 그때까지의 수줍음과 방관주의를 오점이라 생각하고, 외국 숭배와 내적 무한성을 규탄하며, 그 중심에서의 저항심을 부정하고, 그 양심을 꺾고 정신을 편협하게 만들고 취미를 '국수적'으로 만들었다고 가정해 보라고. 이런 일들이 있었다고 가정해 볼 때 어떨까? 이런 모든 일을 해낸 정치가—그 사람이 행한 것을 그 국민이 미래의 영겁에 걸쳐서(만일 그 국민에게도 미래가 있다면) 보상해야만 될 정치가—를 위대하다고 할 수 있을까?" "물론이지!" 하고 다른 한 사람이 격렬한 말투로 대답했다. "위대하지 않고 어떻게 그런 일을 해낼 수 있겠는가! 그런 것을 바랐으니 그는 아마도 미친 사람이었을 테지. 그러나 모든 위대함은 처음엔 미친 것과 별반 다를 게 없어!" "그건 궤변이야!" 상대편이 소리쳤다—"그 사람은 강했던 거야! 강했던 거야! 강하고 그리고 미쳤지! 위대한 것은 아니야!" 이렇게 그들의 진리를 서로 얼굴에 대고 소리쳤을 때, 두 노인은 확실히 흥분해 있었다.

나는 다행히도 멀리 떨어져서 그 강한 자도, 결국 더욱 강한 자가 나타나서 지배하게 될 것이라고 생각했다. 그리고 한 국민의 정신적 천박화에 대해서는 한 가지 보상이 있다는 사실을 생각했다—그것은 다른 국민이 깊어짐으로써 이루어진다는 것이다.

오늘날 유럽인의 특색을 찾는다면, '문명'이라고도 '인도주의화'라고도 할 수 있겠다. 또 칭찬이든 비난이든 간에, 단지 정치적 방법으로 유럽의 민주화 운동이라고 할 수 있겠다. 아무튼 이러한 방식으로 나타낼 수 있는 모든 도덕적, 정치적 전경 뒤에는 거대한 생리적 과정이 움직이고 있으며, 이것이 점차 흐르기 시작하고 있다. 이는 유럽인이 닮아가는 과정이며, 풍토적으로나 계급적으로 제약된 인종 성립의 모든 조건에서 점점 멀어져 가고 있다는 사실이다. 모든 인간에게는 그가 속한 특정한 환경이 있어, 그것이 수세기 동안 똑같은 요구로 그의 몸과 마음에 그 특성을 각인하는 것인데도, 이러한 특정 환경에서 점차 독립해 간다는 사실이다. 즉 본질적으로 초국민적인 유목민이 나타나서, 그러한 유형의 인간은 전형적인 특징으로서 가장 큰 순응성과 순응력을 가지고 있는 것이다.

바야흐로 그러한 유럽인이 발생하고 있는데, 이 과정은 커다란 반동으로 인해 속도가 늦춰질지는 모르나, 도리어 격렬성과 깊이는 더해간다. 지금 광분하고 있는 '국민적 감정'의 격동이나, 또 싹터오는 무정부주의도 그 징후이다. 이 과정은 소박한 촉진자와 찬미자, '근대사상'의 사도들에게는 생각지도 못했을 결과를 불러올 것이다. 바로 현대의 모든 조건은 평균해서 인간의 평등화와 평범화를 초래했고—부지런하고 어디에나 쓸모 있는 가축 떼와 같은 인간을 빚어내고 있는데, 이 새로운 여러 조건은 반대로 보다 위험하고 또 매력 있는 성질을 가진 예외적 인간의 발생을 재촉하는 것이다. 왜냐하면 순응력이란 언제나 변하는 조건에 일일이 적응해서 세대마다, 거의 10년마다 새 일을 시작하므로, 강한 인간형은 일반적으로 생겨날 수 없기 때문이다. 그래서 이러한 미래의 유럽인을 총체적으로 바라볼 때, 그들은 수가 많고 수다스러우며 의지가 약하고 어디라도 쓸 수 있는 노동자들이며, 그들에게는 그날그날의 양식이 필요하듯 지배자와 명령자가 필요하다. 그리고 그러한 유럽의 민주주의화는 결국 정확한 의미에서의 노예제도를 위해 태어난 인간형을 빚어내게 될 것이다. 또한 개개의 예외적인 경우에는 강한 인간이 어쩌면 지금까지 그 유례를 찾아볼 수 없을 만큼 강하고 부유하게 되지 않을 수 없기 때문이다. 다시 말해 이들은 교양에 있어 선입견이 없으며, 그 수련과 기능, 또 가면에 있어 복잡하기 이를 데 없기 때문이다. 나는 말하고 싶다—유럽의 민주주의화는 한꺼번에 전제적 지배자(모든 의미에서 또한 가장 정신적인 의미에서)를 길러내기 위한, 저절로 만들어진 양성소라고.

243

나는 우리의 태양이 헤라클레스 별자리 방향으로 맹렬하게 움직이고 있다는 말을 듣고 흐뭇해하고 있다. 나는 이 지상의 인간도 이렇게 되기를 바라고 있다. 그것도 우리 착한 유럽인이 앞장을 서서!

244

어떤 시대에는 독일인이 '깊다'는 형용사로 특징지워지는 것이 보통이었다. 그런데 오늘날에는 새로운 독일 정신의 더욱 성공적인 유형은 이것과는 다른 명예를 바라고 있으며, 또 모든 깊은 것에 예리함이 없음을 섭섭해하고 있다. 그래서 다음과 같은 의혹이 거의 유행처럼 되고, 또 애국적이기까지 하다. 즉 우리는 그러한 찬사로 자신을 속여온 것은 아닌지, 독일적인 '깊이'의 정체는 무언가 다른 더 나쁜 건 아니었는지, 그리고 다행히도 우리는 그것을 버릴 수 있게 되지 않았는가 하고 말이다. 그러면 이제 우리는 독일적 깊이에 대해 다시 생각해 보기로 하자. 그러기 위해서는 독일인 영혼을 조금만 생체 해부해 보면 된다—독일인의 영혼은 무엇보다 다양한 기원을 가졌고, 구성되어 있다기보다는 결합되고 겹쳐져 있다. 이것은 그 영혼의 유래에 의한 것이다. "아! 내 가슴속에는 두 영혼이 살고 있다"고 단언하는 독일인은 진리를 잘못 파악한 것이다. 더 제대로 말해서 영혼을 남겨두고 있다는 뜻이다. 독일인은 여러 인류의 극도의 혼란과 접촉에 의해 생겨났고, 게다가 아리아 인종 이전에 있던 요소가 우세하고, 모든 의미에 있어 '중간 민족'이며, 다른 어떤 인종보다도 이해하기 어렵고, 광범위하며, 모순이 많고, 알려지지 않았으며, 헤아리기 어렵고, 당돌하며, 가공할 만하다—독일인은 정의를 내리기 어렵다. 이것만으로도 벌써 프랑스인은 절망한다.

독일인 사이에도 "독일적이란 무엇이냐?" 하는 의문이 그치지 않는데, 이것이 그들의 특색이다. 코체부는 그 무렵의 독일인을 잘 알고 있었다. 사람들은 "우리는 마침내 인식되었다"고 그에게 갈채를 보냈다—그러나 상드도 독일인을 알고 있다고 생각했다. 장 파울은 피히테의 거짓되지만 애국적인 아첨이나 과장에 대해 분노를 터뜨렸을 때 자기 견해를 깨닫고 있었다. 그리고 괴테는 독일인에 대해서는 장 파울과 의견을 달리하고 있었던 것 같다—다만 피히테에 관해서는 장 파울의 편을 들었지만. 도대체 괴테는 독일인에 대해 무엇을 생각하고 있었을까? 그는 자기 주위의 많은 사물에 대해서는 한 번도 확실하게 말한 적이 없다. 그는 평생 현명한 침묵을 지킬 줄 알았다. 어쩌면 거기에는 그럴 만한 이유가 있었을 터이다. 확실한 점은 괴테가 기뻐서 쳐다보게 한 것은 '해방 전쟁'도 아니고, 프랑스 혁명도 아니었다. 그에게 '파우스트'를, 참으로 모든 '인간'의 문제를 다시 생각하게 한 사건은 나폴레옹의 출현이었다. 괴테가 했던 이야기 중에는 독일인이 자랑으로 삼고 있는 것을, 마치 외국인이 말하는 투로 통렬히 비난하는 것이 있다. 일찍이 그는 유명한 독일의 정서를, "자기 자신과 다른 사람의 약점을 관대히 봐주는 것"이라 정의했다. 그가 그렇게 말한 것이 부당할까?—독일인에 대해서는 그 어떤 판단을 내리더라도 그것이 완전히 틀린 경우가 매우 드문 것이 독일인의 특징이다.

독일인의 영혼 안에는 통로와 샛길이 들어 있다. 그 안에는 동굴과 은신처와 감옥이 들어 있다. 그 무질서는 신비에 넘치는 매력을 가졌다. 독일인은 혼돈을 향해 나 있는 샛길을 알고 있다. 모든 사물이 자기 비유를 좋아하듯 독일인은 구름을 좋아하고, 모든 불명료하며 서서히 나타나고 있는 어슴푸레하고 축축하며 감추어진 것을 좋아한다. 모든 종류의 불확실한 것, 아직 형성되지 않은 것, 자기 위치를 바꾸는 것, 성장하는 것을 그는 '깊다'고 느낀다. 독일인 자체는 존재하지 않는다. 그는 생성하고 '발전'한다. 그래서 '발전'이 철학적 방식의 큰 영역에서 진정한 독일인의 과감한 시도이고 발견이었다. 이 지배적 관념은 독일 맥주, 독일 음악과 함께 유럽을 독일화하려 활동하고 있다. 독일인 영혼의 뿌리에 있는 모순된 본체는(이것을 헤겔은 체계화하고, 바그너는 마침내 음악화했다) 외국인을 미혹하지만, 그들은 이 수수께끼에 마음을 빼앗긴 채 깜짝 놀라고 있다.

'온화하고 악의적인'—이 두 가지가 함께 존재한다는 것은 다른 민족의 경우에는 언제나 모순이겠지만, 유감스럽게도 독일에서는 정당화되는 경우가 너무나 잦다. 시험 삼아 한동안 슈바벤 사람들과 함께 살아보라! 독일 학자의 서투름과 그들의 사교적 악취미는 신들도 겁낼 만큼 정신적 줄타기와 경쾌함, 대담한 비약을 수반하고 있다. 만약 '독일 정신'을 눈앞에서 보고 싶다면, 독일의 취미와 예술과 풍습을 들여다보면 된다. 거기에는 '취미'에 대한 얼마나 촌스러운 무관심이 있는가! 그지없이 고귀한 것과 그지없이 천한 것이 어찌 그리 나란히 있는지! 그 영혼의 내부는 어찌 그리 무질서하고 뭐가 그리도 많은지! 독일인은 자기 영혼을 끌고 다닌다. 그는 체험하는 모든 것을 끌고 다닌다. 그는 자기가 맞닥뜨린 사건을 소화시킬 줄 모른다. 그것을 처리할 수가 없다. 독일인의 깊이란 때로는 그저 '처리'가 곤란해 머뭇거리는 것에 지나지 않는다. 습관이라는 병을 앓는 사람, 위가 약한 사람은 모두 안이한 경향이 있는 법인데, 독일인도 '솔직함'과 '우직함'을 좋아한다. 솔직하고 우직하다는 것은 얼마나 안이한가!

오늘날 독일인이 지니고 있는 가장 위험하고도 교묘한 가장은 이 친밀한 사교적 태도이며, 이른바 독일식 '솔직'에서 오는 손안의 카드를 펴 보이는 것이다. 이것이야말로 독일인의 독특한 메피스토펠레스적 기교이며, 이 수법을 가지고 그는 '훨씬 더' 교묘한 일을 하는 것이다! 독일인은 상황을 되어가는 대로 내버려 두고는 독실하고 공허하며 파란 눈으로 바라보고 있다—그러면 외국인은 곧 그를 그의 잠옷과 혼동한다! 나는 이렇게 말하고 싶다—우리끼리 말이지만 '독일적 깊이'가 무엇이든 간에 우리가 그것을 너무 비웃는 것은 나쁘지 않을까? 앞으로도 그 의견과 호평은 소중히 다루는 게 좋겠고, 깊이가 있는 민족이라는 예로부터의 우리 명성을 프로이센의 '과단성'이나 베를린의 재치와 손쉽게 바꾼다는 것은 생각해 봐야 할 일이다. 깊이가 있다거나 서툴다거나 착하다거나 성실하다거나 어리석게 보인다는 것은 민족에게는 바람직한 일이다. 그리고 깊이가 있는 일이기도 하겠다. 결국 우리는 우리 명성에 경의를 표하지 않으면 안 된다—우리가 '독일(tiusche)' 민족, 즉 '사기(Täusche)' 민족이라 불리는 것도 무리가 아니다.

'좋았던 옛' 시대는 지나갔다. 그것은 모차르트에게서 이미 다 노래로 불리웠다. 그의 로코코풍 음악이 여전히 우리에게 이야기해 오면 우리는 얼마나 행복한가. 그의 '능숙한 사교', 부드러운 정열, 중국풍이나 그 장식체의 어린이 같은 즐거움, 마음으로부터의 은근하고 우아하며 사랑스럽게 춤추는 눈물겨운 동경, 남국적인 것에 대한 신앙! 그 얼마나 행복한가. 아! 언젠가는 이것도 사라져 가리라—그러나 그 누가 의심하랴, 베토벤에 대한 이해와 감상이 그보다 먼저 사라지리라는 것! 그는 양식의 변화와 양식 파손의 마지막 반향에 불과하며, 모차르트 같은 여러 세기에 걸친 오랜 유럽 취미의 마지막 여운은 아니었다. 베토벤은 오래 무르익어 허물어져 가는 영혼과 다가오는 미래의 미숙한 영혼과의 중간적 출현이다. 그의 음악에는 영원한 상실과 영원히 무절제한 희망이 희미하게 비친다. 그것은 유럽이 루소와 더불어 꿈꾸고, 혁명이라는 자유의 나무를 둘러 춤추며, 마침내 나폴레옹 앞에 거의 꿇어 엎드렸을 때 유럽이 흠뻑 빠져들었던 그 빛이다. 하지만 그 감정은 어느새 빛바래 가지 않는가! 지금에 와서는 그 감정을 알기조차 어렵게 되지 않았는가! 루소, 실러, 셸리, 바이런의 말들이 얼마나 우리 귀에 낯설게 울리는가! 유럽의 운명은 그들에 의해 언어의 길을 찾았고, 베토벤에 의해 노래로 불렸다.

그 뒤에 생겨난 독일 음악은 모두 낭만주의에 속한다. 즉 역사적으로 말한다면 저 위대한 간주곡—루소에서 나폴레옹, 이어서 민주주의의 출현에 이르기까지 유럽의 과도기보다 더 짧고 허무하며 피상적인 운동에 속하는 것이다. 베버—오늘날 우리에게 〈마탄의 사수〉나 〈오베론〉이 무엇인가! 또 마르슈너의 〈한스 하일링〉이나 〈흡혈귀〉가 무엇인가! 또 바그너의 〈탄호이저〉라 할지라도! 이런 것들은 지금 잊히지는 않았다 하더라도 이미 반향을 잃은 음악이다. 이러한 낭만주의 음악은 충분히 고귀하지 못했고, 충분한 음악이 못 되었던 것이다. 극장이나 대중 앞에서가 아니면 그 존재 이유를 유지할 수 없었다. 그것들은 애당초 이류 음악이며, 진정한 음악가들은 돌아보지도 않았던 것들이다. 펠릭스 멘델스존은 달랐다. 이 저명한 명장은 그 경쾌하고도 순수하고 행복한 정신으로 인해서 금세 존경받았고, 독일 음악의 아름다운 삽화로서 또 금세 잊혔다.

로베르트 슈만은 어렵게 생각되었으며, 또 처음부터 어렵게 다루어졌는데, 그는 하나의 유파를 세운 마지막 인물이었다. 바로 이 슈만의 낭만주의가 극복되고 끝난 것이야말로 오늘날 우리에게는 행복이며, 안도할 해방이 아니겠는가?

슈만은 그의 '작지쉐 슈바이츠'의 풍경처럼 꾸며진 영혼 안에 숨어, 반은 베르테르적, 반은 장 파울적 천성을 지녔지만 결코 베토벤 같지도 바이런 같지도 않았다! 그의 만프레트적 음악은 거의 부정에 가까운 실책이었고 오해였다─그의 취미는 근본적으로 작은 취미였고(더욱이 독일인들에게는 이중으로 위험한, 조용한 서정미와 감정의 탐닉이라는 위험한 경향이었다) 슈만은 이러한 취미를 가지고 늘 옆으로 숨거나 수줍어 물러나거나 들어앉거나 했다. 오직 이름 없는 행복과 슬픔에 도취되는 고상한 허약이었고, 한 소녀였으며, 처음부터 나에게 손대지 말라는 식이었다. 이러한 슈만은 음악에 있어 독일적 사건에 불과하며, 베토벤이 그랬듯이, 또 나아가서는 모차르트가 그랬듯이 유럽적인 사건은 아니었다. 독일 음악이 유럽의 영혼에 대한 호소를 잃고, 단지 애국주의로 몰락하게 되는 가장 큰 위험이 슈만의 출현과 더불어 독일 음악을 위협하고 있었던 것이다.

246

제3의 귀를 가진 자에게는 독일어로 쓰인 책들이란 얼마나 고문이겠는가! 독일인이 '책'이라고 부르는 그 맥 빠진 음향, 춤 없는 리듬의 높이, 도도히 퍼져나가는 언저리에 서서 사람들은 얼마나 불쾌할 것인가! 더구나 책을 읽는 독일인이란 어떤가! 얼마나 싫어하며, 얼마나 졸렬하게 읽고 있는가! 모든 좋은 문장에는 기술이 있다─그 문장이 이해되면, 그것이라 알게 되는 기술이 있다는 것을 알고, 또 알아야 한다고 생각하는 독일인이 몇이나 있을까! 이를테면 문장의 속도에 대한 오해가 있으면 그 문장 전체가 오해되고 있는 것이다! 음률상으로 결정적인 음절은 망설이게 해서는 안 된다는 것, 너무 엄격한 좌우 대칭은 피해야 하며 그 편이 더 매력적이라는 것, 모든 스타카토나 루바토에는 저마다 섬세하고도 참을성 있는 귀를 가지고 대해야 한다는 것, 모음과 삼중모음의 순서에 의해 의미를 알아챌 수 있어야 한다는 것, 그러한 것들을 그 배열에 따라 얼마나 섬세하고 풍부하게 채색하고 변색할 수 있는가를─책을 읽는 독일인

가운데 그러한 의무나 요구를 깨닫고, 언어에 숨어 있는 그처럼 다양한 기교와 의도에 귀를 기울일 만큼 마음의 준비가 되어 있는 사람이 몇이나 될까?

독일인은 그런 것에 대한 귀를 가지고 있지 않다. 그래서 문체의 대조도 듣지 못하며, 기교의 극치라도 귀머거리 앞에서와 같이 헛일로 지나간다—일찍이 사람들이 산문 예술의 두 거장을 멋모르고 혼동하는 것을 본 적이 있는데, 그때 나는 위에 말한 그런 생각을 했었다. 그중 한 사람은 말이 마치 축축한 동굴의 천장에서라도 떨어지듯 뚝뚝 떨어져 싸늘하게 듣고 있었는데, 그는 음울한 울림과 되울림의 효과를 노리고 있었다. 또 한 사람은 그의 언어를 마치 쟁쟁 휘는 검처럼 다루며, 쌩쌩 울리며 떨리는 아슬아슬한 행복감을 팔에서 발끝까지 느끼고 있었다. 그리고 그것으로 물고, 야유하고, 자르려 했다.

247

독일식 문체는 음조와 귀에는 별로 관계가 없다. 이는 우리의 훌륭한 음악가들이 서투른 문장을 쓰고 있다는 사실로도 알 수 있다. 독일인은 소리를 내어 읽지 않고, 귀를 위해 읽지 않으며, 오직 눈으로 읽는다. 독일인은 읽을 때에는 귀를 서랍 속에 넣어둔다. 고대인은 읽을 때—이것은 매우 드문 일이었지만—자기에게 소리 높여 읽어주었다. 만약 낮은 소리로 읽는 자가 있으면 그것을 의심해서 몰래 그 이유를 조사했다. 소리를 높인다는 것은 음의 모든 팽창, 굴곡, 조바꿈과 빠르기의 변화를 의미한다. 고대인의 공동생활은 이런 데서 기쁨을 찾았던 것이다. 그 무렵에는 문장체의 법칙과 회화체의 법칙은 같은 것이었으며, 회화체는 귀와 후두(喉頭)가 놀랄 만큼 발달하고 세련된 요구를 가지고 있은 데 기인하는 바가 적지 않았고, 또 고대인의 폐가 굉장한 인내력을 가지고 있었다는 데도 원인이 있다. 고대인의 해석으로는 한 호흡 중에 포괄되는 생리적 전체란, 하나의 매듭으로 '완전한 문장'을 이루고 있었다. 데모스테네스나 키케로가 사용한 이러한 매듭은 모두 한 호흡 속에 있으면서, 두 번 올라왔다가 두 번 내려가는 것이었다. 고대인은 이것을 즐겨 사용했는데, 그들은 이 기술의 덕, 그리고 그러한 매듭으로 연설을 한다는 그 비범함과 어려움을 자기 수련으로 평가할 수가 있었다—우리 현대인은 어느 의미에서나 짧은 호흡으로 인해 그처럼 커다란 매듭을 사용할 자격이 없다!

고대인은 모두 연설에 있어 학문 애호가이고, 전문가이며, 따라서 비평가였다. 그리하여 그들은 자신의 연설을 최고의 경지로 끌어올렸다. 또한 지난 세기에는 모든 이탈리아의 남녀가 노래할 줄을 알았기 때문에 이탈리아에서는 성악이(이와 함께 선율의 예술도) 절정에 달했던 것이다. 그런데 독일에서는 (최근에 와서야 강단 위의 웅변이 어물어물 서툴게 그 젊은 날개를 치기 시작했는데) 본디 그저 공개적이고 예술적인 담화가 있었을 뿐이다. 그것은 설교 단상에서 행해진 것이다. 하나의 음절, 하나의 말에도 얼마나 무게가 있고, 하나의 문장이 어느 정도 울리고 뛰고 넘어지며, 질주하고 멈추는가를 알고 있던 이는 독일에서는 오직 설교자뿐이었다. 그만이 귀에 양심을—때로는 양심의 가책을 가졌다. 그도 그럴 것이 여러 이유에서 특히 독일인에게는 뛰어난 연설이 없었으며, 또 있었다 해도 거기에 도달하기에는 언제나 오랜 세월이 걸렸기 때문이다. 독일 산문의 걸작은 당연한 일이지만, 최대의 설교가가 낳은 걸작인 것이다. 루터의 《성경》에 비하면 그 밖의 것은 거의 '문헌'에 지나지 않는다. 그것은 독일 땅에서 성장한 것이 아니며, 《성경》처럼 독일인의 마음에 뿌리를 박고 자라나지를 못했고 또 못하는 것이다.

248

천재에는 두 부류가 있다. 하나는 무엇보다 먼저 낳게 하고, 또 낳게 하기를 바란다. 또 하나는 임신하기를 좋아하며, 또 낳기를 더 좋아한다. 이와 마찬가지로 천재적인 민족 중에는 임신이라는 여성적 문제와, 형성과 성숙 및 완성이라는 은밀한 임무가 지워진 자가 있다. 예를 들면 그리스인이 이런 민족이었고, 프랑스인도 마찬가지였다. 그런데 씨를 뿌리고 생명의 새로운 질서의 원인이 될 수밖에 없는 민족도 있다—바로 유대인과 로마인, 그리고 아주 겸손하게 묻는다면 독일인도 그렇지 않을까? 그들은 알 수 없는 열로 고민하며 황홀해져서 내부의 압력을 억누르기 어렵고, (임신하기를 좋아하는) 다른 민족을 연모하고 갈망하는 것이다. 그들은 자기에게 생식력이 충만함을 알고, 따라서 '신의 은총에 의해서'라는 것을 아는 자들처럼 지배욕을 가지고 있다. 이러한 천재의 두 부류는 남성과 여성처럼 서로를 필요로 한다. 그러나 그들은 서로 오해한다. 마치 남성과 여성처럼.

249

모든 민족은 특유한 위선을 가지고 있으며, 그것을 그들의 미덕이라 일컫는다. 자기의 최선은—알지 못하며—알 수도 없는 것이다.

250

유럽은 유대인에게서 어떤 덕을 보는가? 여러 가지이다. 좋은 것도 있고 나쁜 것도 있다. 그런데 무엇보다도 최선의 것인 동시에 최악의 것이 하나 있다. 바로 도덕에 있어서의 커다란 양식, 무한한 요구와 무한한 의미의 공포와 위엄, 도덕적으로 의심스러운 것의 모든 낭만성과 숭고미, 이것들이야말로 찬란한 연극과 삶에 대한 유혹에서 미혹적이고 엄선된 부분들이며, 그 영역 가운데 오늘날 우리 유럽 문화의 하늘이 황혼에 물들어 있고—바야흐로 없어져 가고 있는 것이다. 여기에 대해 우리 구경꾼과 철학자 사이에 있는 예술가들은 유대인에게 감사한다.

251

민족적 신경증이나 정치적 공명심 때문에 고통을 겪고 싶어하는 민족은 정신적으로 여러 먹구름과 장애—즉 어리석음의 발작이 약간 스치고 지나가는 일이 있어도 참아내야 된다. 예컨대 오늘날의 독일인에게는 때로는 반(反)프랑스적이라는 어리석음이 있고, 때로는 반유대주의, 때로는 반폴란드, 때로는 그리스도교적 낭만주의, 또는 바그너적이고, 심지어는 튜톤적인 프로이센식(제발 지벨이나 트라이치케 같은 딱한 역사가들, 그리고 그들의 잔뜩 붕대를 감은 머리를 보라)의 어리석음이 있다. 그리고 다른 이름으로 불러도 좋겠지만 그러한 독일 정신과 양심에 약간의 혼돈이 있다. 솔직히 고백하지만 나 또한 그런 전염성 있는 땅에 잠시 머무르고 있던 동안에 위장병에 걸리지 않을 수 없었다. 그리고 주위의 인간과 마찬가지로 자기와는 전혀 관계도 없는 사물에 대해 이것저것 골치를 앓곤 했다. 이것은 정치적 전염의 첫 징후였다. 예컨대 유대인에 대해서 들어 보라—나는 유대인한테 호의를 가진 독일인을 지금까지 한 사람도 본 일이 없 다. 모든 신중한 사람들이나 정치가로부터 반유대주의는 무조건 배격당하고 있 지만, 이러한 조심이나 정책이라 할지라도 그런 종류의 감정 자체에 반대하고 있는 것은 아니며, 다만 그 위험한 무절제, 특히 그 무절제한 감정이 파렴치한 형태를 취하고 밖으로 나타나는 것을 방지하는 데 있을 뿐이다—여기에 대해 서 자신을 속여서는 안 될 것이다.

독일에는 꽤 많은 유대인들이 있다. 그리고 이탈리아인이나 프랑스인이나 영 국인보다 강력한 소화력을 가진 덕택으로, 이 문제를 해결한 것과 같이—독일 인의 위장과 피가 그만한 분량의 유대인을 소화하기란 어려우며, 앞으로도 오 랫동안 계속 어려울 것이다. 이런 사실은 독일인의 일반적 본능이 확실히 말하 고 있는 사실이며, 독일인은 그 본능에 귀를 기울이고 거기에 따라서 행동해야 된다. "더는 한 놈도 유대인을 들이지 말라! 특히 동쪽으로는(오스트리아에 대 해서는) 문을 닫아라!" 이렇게 국민의 본능은 명령을 하지만, 그것도 자기 성질 이 아직 유약해서 일정치 않고, 좀더 강인한 다른 민족에 의해 쉽사리 지워질지 도 모르기 때문이다. 의심할 여지없이 유대인은 지금 유럽에 생존하고 있는 가 장 강인하고 순수한 민족이다. 그들은 최악의 조건에서도 '유리한 조건에서보 다' 여전히 살아나갈 힘을 갖고 있다. 그것도 오늘날 사람들이 악덕이라고 낙인 을 찍으려 하는 덕성에 의해서이며, 더욱이 '근대사상' 앞에서 스스로 부끄러워 할 필요가 없는 확고한 신앙으로 인해 그렇다. 그들이라 할지라도 변할 때는 변 화하지만, 그 방법은 마치 러시아 제국이—유유히 버티면서 단연 어제 태어나 지 않은 나라로서—침략을 감행하는 것과 유사하다. 즉 '될 수 있는 대로 천천 히'라는 원칙을 따르고 있다!

양심 속에 유럽의 장래를 걸머진 사상가가 그 앞날을 생각해서 설계를 하는 경우에 늘 러시아를 고려하는 것처럼 유대인을 고려하는 것은, 열강의 거대한 다툼 중에서도 가장 확실하고 가능한 요소이리라. 오늘날 유럽에서 '국민'이라 불리고 '태어난 것'이라기보다는 '형성된 것'이라고 할 수 있는(더구나 가끔 '공상 되고 그려진' 것과 혼동이 될 만큼 닮고 있다) 것은 거의가 생성해 가고 있는 젊은 것으로서, 쉽사리 변질될 수 있다. 그것은 아직 민족이 아니다. 하물며 유대인의 성격처럼 '청동보다도 영원한' 것도 아니다. 또 이와 같은 '국민'들은 울컥해서 경쟁을 시작하거나 적의를 갖지 않도록 주의해야 한다! 만일 유대인이 원하면─또는 반유대주의자들이 바라듯이 그들이 그렇게 하지 않을 수 없는 경지로 몰리게 되면 그들은 지금 당장이라도 유럽에서 우위를 차지하고, 문자 그대로 지배권을 장악하게 되리라는 것은 확실하다. 그러나 그들이 그것을 목표로 공작을 하거나 계획을 세우지 않고 있다는 것도 확실하다. 오히려 지금 그들은 조금 뻔뻔스러운 태도이긴 하지만 유럽 속으로 스며들고 유럽에 흡수되기를 바라고 있다. 그들은 어딘가에 정착하고, 받아들여지고, 인정을 받아서 '영원한 유대인'의 방랑 생활을 끝내고자 갈망하고 있다. 우리는 유대인의 이런 경향과 충동을 (이것은 어쩌면 유대인 본능의 이완을 뜻하는 것인지도 모르겠다) 주의해서 호의로 받아들여야 할 것이다. 그러기 위해서는 나라 안의 반유대주의 선동가를 추방하는 것이 아마 유익하고도 정당하리라. 그러나 그렇게 호의적인 수용도─대체로 영국의 귀족이 하듯 온갖 신중함과 선택으로 이루어지지 않으면 안 된다. 예컨대 프로이센 국경 지방의 귀족 장교처럼 이미 확실하게 틀이 잡힌 새로운 독일주의의 최고 강력자도 유대인과는 아무런 거리낌 없이, 서로 제휴할 수 있다는 것은 분명하다. 이 사람들의 명령과 복종이라는 유전적 기술(이 두 가지만을 언급한 나라는 지금 고전적인 명성을 얻고 있다), 금전과 인내의 천재(그리고 지금 언급한 나라에서는 몹시 모자란 지성)가 덧붙어 더욱 육성될 수 있을지를 보는 것은 이러한 의미에서 흥미가 있다. 하지만 여기에서는 유쾌한 독일 지상주의와 축사는 멈추기로 하자. 왜냐하면 나는 이제 엄숙한 문제, 즉 '유럽의 문제'에 손을 대고 있기 때문이다. 이것 또한 유럽을 지배할 새로운 계급의 육성이다.

252

영국인들은 어떤 의미로 보거나 철학적인 민족이 못 된다. 베이컨은 철학적 정신 일반에 대한 공격을 의미하며, 홉스나 흄이나 로크는 한 세기 이상이나 '철학자'라는 개념의 저하와 가치 약화를 의미하고 있다. 칸트는 흄에 반항해서 자신을 높였다. 로크에 대해서는 셸링이, "나는 로크를 경멸한다"고까지 말하고 있다. 헤겔과 쇼펜하우어는 철학에 있어서 적대적인 천재 형제였으며, 서로 갈라져 독일 정신의 양극을 지향했고, 그러면서 형제들끼리 저지를 수 있는 잘못을 했으나, 이들 둘은 (괴테와 더불어) 영국의 기계론적 세계 우둔화에 대한 항쟁에서는 일치단결했다.

영국에는 무엇이 결핍되어 있는가, 또 늘 결핍되어 왔는가는 악취미에다 머리가 나쁜 반(半)배우적인 수식가 칼라일이 잘 알고 있었다. 그는 격정적으로 찌푸린 모습 아래에서 그가 깨닫고 있던 것—바로 칼라일에게 결핍되어 있던 것을 감추려고 애썼다. 그것은 바로 정신성 본디의 힘이며, 정신적 통찰 본디의 깊이이고, 요컨대 철학이었다. 이처럼 비철학적 민족의 특징은 그들이 그리스도교에 매달려 있다는 점이다. 그들 영국인은 '도덕화'와 인도주의화를 위해 그리스도교의 훈련이 필요할 것이다. 영국인은 독일인보다 음울하고 육감적이고 의지가 강하며 야수적이다. 바로 그 때문에 더욱 속되고 또 경건하기도 한 것이다. 영국인에게는 그리스도교가 더 필요하다. 예민한 후각을 가진 사람에게는 이 영국의 그리스도교에서는 슬픔이라든가 알코올중독 같은 진짜 영국적인 우울증의 냄새가 느껴지는데, 그리스도교는 충분히 여기에 대한 치료제로 사용된다. 즉 조악한 독을 빼는 데는 정교한 독을 써야 하는 법이다. 사실 우둔한 민족에게 정교한 중독이란 그것만으로도 이미 하나의 진보이며, 정신화를 위한 한 걸음을 내딛는 셈이다. 영국의 우둔성과 촌스러운 엄숙성은 몸짓이 담뿍 담긴 그리스도교의 표현과 기도나 찬송가로 인해 그저 견딜 수 있을 정도로 위장이 된다(좀더 정확히 말해서 해명되고 해석되는 것이다). 그리고 이 술꾼과 방탕한 이들은 이전에는 감리교의 세력 아래 있었고, 요즘에 와서는 '구세군'으로서 도덕적으로 외칠 줄을 알게 되었는데, 이 가축들로서는 회개의 떨림 정도가 '인도주의'의 비교적 최고도의 수행일 것이다. 그 정도까지는 향상될 수 있다. 그쯤은 인정해 줘도 좋으리라. 그러나 가장 인도적인 영국인의 품격을 떨구는 것은 그들의—비유해서 (또 비유하지 않고) 말하면—음악에 대한 결핍이다. 영국인은 영혼과 육체의 움직임 속에 아무런 박자도 춤도 가지고 있지 않다. 박자나 춤이나, 음악에 대해서 욕망조차 가지고 있지 않다. 그들이 말하는 걸 들어보라. 그지없이 아름다운 영국 부인들의 걸음걸이를 보라—이 지상 어느 나라에도 그보다 아름다운 비둘기나 백조는 없을 것이다. 하지만 그녀들의 노래를 들어보라! 내 요구가 지나친 것인가……

253

진리 중에는 그것이 평범한 두뇌에 가장 적합하기 때문에 그들에게 인정받는 것들이 있다. 다만 평범한 정신에게만 매력과 유혹의 힘을 갖는 것이 있다. 존경할 만한, 더구나 평범한 영국인의 정신—나는 다윈, 존 스튜어트 밀, 허버트 스펜서를 든다—이 오늘날에는 유럽 취미의 중앙 지대에 우위를 차지했기 때문에, 어쩔 수 없이 그런 별로 유쾌하지 않은 문제에 직면하지 않을 수 없게 되었다. 사실 이러한 정신이 일시적으로 지배하는 것은 유용한 일이기도 하다. 높은 소질을 가지고 태어나서 사물을 스치고만 지나가는 탁월한 인간은, 많은 보잘것없는 사실을 확정하거나 수집하거나 결론을 이끌어 내는 일에는 결코 능란하지 못하다. 이러한 인간은 예외이며, '일상적인 것'에 대해서는 결코 유리한 처지에 놓여 있지 않다. 그들에게는 단순한 인식 이상으로 할 일이 많다—다시 말해 그들은 어떤 새로운 존재여야 하며, 무엇인가 새로운 것을 의미해야만 하며, 새로운 가치를 구현해야만 된다! 지식과 능력과의 이율배반은 흔히 생각하는 것보다 크며, 또 신비적이다. 위대한 양식을 가진 능력자, 창조자는 때로는 무식한 사람이어야 될 때도 있다. 그러나 반면에 다윈식의 과학적 발견에는 어떤 편협함과 무미건조함 또한 근면한 마음씨—바로 영국풍의 것이 공헌을 한다. 영국인이 이미 한 번 그 끈질긴 평범성을 가지고 전 유럽 정신의 침체를 초래했던 일은 잊을 수 없는 사실이다.

우리가 '근대 정신' 혹은 '18세기 관념' 또는 '프랑스 사상'이라 이름 붙였던 것—거기에 반항해서 독일 정신이 깊은 구토감을 갖고 일어섰던 것—의 기원은 영국에 있었다. 이것은 의심할 여지가 없다. 프랑스인은 다만 이 사상의 원숭이이자 배우일 뿐이며 가장 훌륭한 병사요 동시에 유감스럽게도 그 최초의, 더구나 가장 철저한 희생자였다. 즉 '근대사상'이라는 저주받을 영국 숭배 때문에 '프랑스 정신'은 몹시 희박해지고 초췌해져서, 그들의 16세기가 지녔던 깊고 열정적인 힘, 그 독창적인 고귀성이 오늘날에는 믿을 수 없이 회상되는 것이다. 하지만 다음과 같은 역사적으로 올바른 명제를 고수해서 일시적인 겉모습으로 오류를 범하지 않도록 해야 한다—바로 모든 높은 의미에서 감정, 취미, 풍속 등 유럽적인 귀족성은 프랑스의 작품이자 발명이며, 유럽의 평범함과 근대사상의 천민주의는—영국의 작품이자 발명이다.

254

지금까지도 여전히 프랑스는 유럽의 가장 정신적이며 세련된 문화의 땅이고 취미의 학교이다. 다만 사람이 이 취미의 프랑스를 발견할 줄 알아야 한다. 여기에 속하는 프랑스인은 교묘하게 숨어 있으니까 말이다. 취미의 프랑스를 구현하고 살피는 사람들은 그 수도 많지 않고 그다지 완강한 기질의 인간들도 아니다. 예컨대 숙명론자, 염세주의자, 병약자, 혹은 세심하게 다루어질 허약자, 인공화된 인간들 등 그 모두가 자신을 숨기려는 마음을 갖고 있다. 그들 모두에게 공통적인 것은 그들이 민주주의적 부르주아의 미친 듯한 어리석음과 잡음에 대해 귀를 틀어막는다는 사실이다. 오늘날 무대 앞쪽에서 춤을 추는 것은 프랑스의 우둔화되고 거칠어진 면이다. 이들은 최근 빅토르 위고의 장례식에 악취미와 자기 찬미라는 무절제한 예식을 올렸다. 그리고 그들에게 공통적인 또 한 가지의 것은, 정신적인 독일화를 방어하려는 훌륭한 의지이며—더욱이 그것에 대한 무능력이기도 하다.

오늘날 이지(理智)의 프랑스는 염세주의의 프랑스이지만, 이 나라에서 쇼펜하우어는 독일에서보다 더 어울리고 친숙하게 받아들여지는 인물이다. 하인리히 하이네에 이르러서는 새삼스럽게 말할 나위도 없지만, 그는 섬세하고 예민하고 까다로운 파리 서정시인의 살과 피 속에 벌써 오래전부터 녹아 있다. 그리고 헤겔에 대해서는 말할 필요가 없다. 그는—현존하는 가장 위대한 역사가인 텐의 모습으로—거의 전제군주와 같은 힘을 휘두르고 있다. 리하르트 바그너는 어떤가?—프랑스 음악이 '근대 정신'의 현실적인 요구에 응해서 태어나려고 하면 할수록 그것은 '바그너화(化)'될 것이다. 나는 그것을 예언할 수 있다—지금도 충분히 바그너화되어 있다! 게다가 그와 같이 그 취미를 일부러 또는 어쩔 수 없이 독일화하고 천민화하고 있음에도, 프랑스인이 오늘날에 와서도 여전히 자기 상속물로서, 소유물로서, 그리고 유럽에 있어서 옛날대로의 문화적 우월이 아직 상실되지 않은 증거로서 긍지를 가지고 내보일 수 있는 것이 세 가지 있다—그 하나는 예술가로서의 정열을 가질 수 있는 능력, 즉 '형식'에 헌신할 수 있는 능력이며, 그 때문에 '예술을 위한 예술'이나 그 밖에 무수한 말이 만들어졌다. 이 능력은 300년 동안 프랑스에는 결핍되었던 일이 없고, 더구나 그런 '소수'의 인물이 존경받고 있는 덕분에 문학의 실내악이 늘 새로 만들어지고 유럽의 다른 나라는 그것을 쫓아다니며 찾는다.

　두 번째 것은 역사 깊은 복잡한 도덕주의적 문화이다. 이것이 있기 때문에 프랑스에선 어디를 가든 신문의 하찮은 대중 작가나, 파리의 한량들을 우연히 만나도 심리적 흥분과 호기심을 맛볼 수 있고, 이런 것에 대해서는 아무런 개념도 (하물며 실체도) 갖고 있지 않다. 여기에 필요한 도덕주의적 탐구를 독일인은 수 세기 동안 하지 않았고, 프랑스는 위에서 말했듯이 노력을 아끼지 않았던 것이다(독일인이 '소박'하다는 것은 그런 결점을 칭찬하고 있는 것이다. '심리적인 즐거움'에 있어 독일인의 무경험과 단순함—이것은 독일인과의 교제가 지루하다는 점과 상당히 인연이 있지만, 그와 반대되는 것이 앙리 베일[1]이다. 이 사람은 '섬세한 전율'의 영역에서 진실로 프랑스적인 호기심과 독창적 재능을 가장 잘 구현한, 놀랄 만큼 선견적이고 선구적인 인간이며, 나폴레옹과 같은 속도로 그의 유럽을—유럽인 영혼의 여러 세기를 음미자로서 또 발견자로서 뛰어나갔다. 그를 쫓아가서 그를 괴롭히고 즐겁게 한 몇몇 수수께끼를 뒤늦게나마 풀기 위해서 이 세대가 필요했다—그는 놀랄 만한 에피쿠로스주의자이며, 의문의 인간이고, 프랑스 최후의 위대한 심리가였다—.

　또 하나 프랑스가 우월을 요구할 수 있는 세 번째 근거가 있다. 그것은 프랑스의 성격 속에는 남국과 북국의 반쯤 성공적인 조화가 깃들어 있다는 점이다. 이 조화는 영국인으로서는 결코 포착할 수 없는 수많은 사물을 프랑스인에게 붙잡게 해 실행케 한다. 프랑스인의 기질은 주기적으로 남국으로 향하기도 하고, 남국을 등지기도 하는데, 그 속에는 가끔 프로방스나 리구리아해의 피가 넘쳐 북국의 소름끼치는 잿빛 음울함이나 햇빛을 받지 못하는 개념의 요괴담

---

1) 프랑스 소설가 스탕달(1783~1842)의 본명.

이나 빈혈에 빠지는 일이 없도록 지켜준다—그런데 우리 독일에서는 이러한 취미의 독일적인 질병이 만연하는 것을 막기 위해서 지금 단호한 결의 밑에서 피와 철이라는, 즉 '큰 정책'이 투약되고 있다(이것은 지극히 위험한 치료법이며, 나는 조바심을 내면서 효력이 나타나기를 기다리고 있지만 아직도 희망이 없다). 지금도 여전히 프랑스에는 너무나도 폭넓은 정신 때문에 무엇이든 조국 지상주의에 만족할 수가 없고, 또 북국에 있으면서 남국을, 남방에 있으면서 북방을 사랑하는 사람들이 있는데, 그들은 희귀한 존재이며 또한 희귀하게만 만족하는 것을 알고 있다. 그들은 타고난 중용의 인간이고 '훌륭한 유럽인'이다. 프랑스인에게는 이러한 사람들에 대한 미묘한 이해와 환영하고자 하는 마음이 있다—그런 사람들을 위해서 비제는 음악을 만들었다. 비제—이 마지막 천재는 새로운 아름다움과 유혹을 보았고, 음악 속에서 한 장의 남국을 발견했다.

255

독일 음악에 대해서는 많은 경계가 필요하다. 누군가 내가 사랑하는 만큼 남국을 사랑한다고 가정해 보자. 정신적이고 감각적인 병에 대한 치유의 훈련소로서, 또한 자율적이고 자신하는 존재 위에 퍼지는 분방하고 충만한 태양과 태양의 정화로서 남국을 사랑한다고 하자. 그러나 그 사람은 독일 음악에 대해서 무언가 경계해야 한다는 사실을 깨달을 것이다. 왜냐하면 독일 음악은 정묘한 취미를 모독하는 동시에 그 사람의 건강까지 해치기 때문이다. 그러한 남국인—태어나서가 아니라 신앙에 의한—은 음악의 장래를 꿈꾸는 한, 음악의 북방으로부터의 해방도 꿈꾸어야 한다. 보다 깊고, 보다 힘차고, 어쩌면 보다 악랄한, 보다 비밀에 싸인 음악의 서곡을 그의 귀로 들어야만 한다. 이 초독일적 음악은 쾌락에 넘치는 푸른 바다나 내륙의 맑은 하늘을 마주 대해도 지금까지의 모든 독일 음악처럼 음향을 잃고 빛바래 시들어 버리지 않는다. 이것은 또한 초유럽적인 음악이며, 사막의 갈색 해넘이에서도 빛을 잃지 않고, 그 정신은 야자수와도 같으며, 커다랗고 아름답고 외로운 맹수들 사이에 살며 방황한다⋯⋯ 나는 어떤 음악을 상상할 수 있다. 그 신비로운 매력은 이미 선악을 모르며, 어쩌면 뱃사람의 향수, 어떤 황금빛 그늘과 연약함이 그 위를 감돈다. 이 예술은 머나먼 곳으로부터 이제는 거의 잊어버린 도덕적 세계의 색채가 이리로 도망쳐 오는 듯하며, 그처럼 때늦은 도망자를 맞아들이는 반갑고도 충분히 깊은 예술이다.

256

민족주의의 망상은 유럽의 여러 국민 사이에 병적인 소원함을 빚어냈고, 또 지금도 빚어내고 있다. 근시적이고 눈치 빠른 정치가들은 이러한 착란에 의해서 힘을 얻고, 그들이 행하는 상호 분리 정책이 과도기적인 것밖에 될 수 없음을 깨닫지 못하고 있다—현재 분명한 징조가 나타나 있는데도 오늘날에는 아직 말하기 어려운 많은 일을 통해 그것이 간과되고, 혹은 멋대로 속임수로서 왜곡된 해석이 내려지고 있다. 그 징조란 바로 유럽이 하나가 되었으면 하는 바람을 암시하는 것이다. 현 세기의 깊고 풍성한 모든 인간은 이 새로운 통합으로 이르는 길을 마련하고자 하며 미래의 유럽인을 상상하고 있는데, 이것이 그들 영혼의 신비적인 작업에 있어 진정한 방향이었다. 그들이 '조국'에 속하는 것은 다만 그 겉모습이며, 약한 시기 예컨대 노령기의 일이었다. 그들이 '애국주의자'가 될 때는 단지 자신이 휴식을 한 것에 불과했다. 나는 나폴레옹, 괴테, 베토벤, 스탕달, 하이네, 쇼펜하우어를 떠올린다. 그 속에 리하르트 바그너를 넣어도 나무라지 말기 바란다. 이 사람에 대해서는 그 자신이 갖고 있던 자기에 대한 오해로 속아서는 안 된다(그와 같은 유형의 천재는 자신을 이해하는 권리를 갖는 일이 아주 드물다). 하물며 현재 프랑스에서 바그너를 거부하고 반대하는 사람들의 잡다한 소음에 속아서도 안 된다. 40년대의 프랑스 후기 낭만주의와 바그너와는 사실 서로 가장 밀접하게 연관성이 있다. 둘은 그 요구와 온갖 높이와 깊이에 있어 근본적으로 통하고 있다. 그들의 다양하고 사나운 예술의 밑바닥에서, 밖으로, 위로 동경하면서 치밀고 나오는 것은 유럽이다. 통합된 유럽이다—그런데 그것은 도대체 어디로 가는가? 새로운 빛 속으로? 새로운 태양 쪽으로? 하지만 이러한 새로운 표현 방법의 거장들이 분명하게 표현하지 못한 것을 그 누가 정확하게 말할 수 있겠는가? 확실한 사실은 둘 모두를 똑같이 질풍노도 시대가 괴롭혔던 것이며, 이 마지막 위대한 탐구자들은 같은 방법으로 탐구를 했던 것이다!

　그들은 모두 귀와 눈에 이르기까지 문학으로 젖어 있었고, 세계 문학에 대한 교양을 가진 일류 예술가들이었다. 그 대부분은 자신이 쓰는 사람, 만드는 사람, 그리고 예술과 관능과의 매개자이고 혼합자였다(바그너는 음악가로서 화가에 속했고, 시인으로서 음악가에 속했으며, 일반적으로 예술가로서는 배우에 속한다). 그들은 모두 어떠한 희생도 개의치 않는 표현에 대해 열광적인 인물이었다. 나는 여기서 특히 바그너와 가장 친근한 인물인 들라크루아를 들겠다―이런 사람들은 모두 숭고한 것, 추악한 것, 전율할 만한 영역에 있어 위대한 발견자였고, 효과와 전시물과 쇼윈도의 기교에 있어서 훨씬 위대한 발견자였다. 더욱이 그들은 모두 천재 이상의 재능이 있었다. 철저한 명수였고, 유혹하며 강요하고 뒤집어엎는 모든 것으로 통하는 비밀의 복도를 갖고 있었다. 태어났을 때부터 논리와 직선의 적이었고, 알지 못하는 이국적인 것, 기괴하고 구부러지고 자기모순의 것을 갈망하고 있었다. 인간으로서는 의지의 탄탈로스이며, 자신의 생활과 창조에 있어서 고귀한 속도 또는 렌토[2]에는 능력이 없음을 깨닫고 있었다―예컨대 발자크를 생각해 보라! 그 역시 억제하지 못하는 노동자였고, 노동으로 거의 자신을 파괴한 인간이며, 풍속에 반역하고 유혹한 인물이고, 균형과 향락을 모르는 양심의 인간, 탐욕의 인간이었다. 그들은 모두 마지막에는 그리스도교의 십자가 앞에서 파멸하고 몰락했다(그것도 당연하다. 왜냐하면 그 가운데 몇 명이 반기독교 철학이 나올 만큼 심각하고 독창적이지는 않았기 때문이다). 전체로서 그들은 과감하고, 화려한 힘이 넘치며, 높이 날고, 높이 끌고 올라가는 높은 인간 종족이었다. 그들의 세기에―그것은 대중의 세기였다!―'높은 인간'의 개념을 처음으로 가르쳤던 것이다.

　리하르트 바그너의 독일 친구들은 잘 생각해 주기 바란다―도대체 바그너의 예술에 순수하게 독일적인 것이 있는지, 그리고 바그너 예술의 특징은 바로 초독일적인 근원에서 나온 것이 아닌지 생각해 주기 바란다. 그것을 생각할 때 빼놓아서 안 될 것은 바그너의 양식을 완성시키기 위해서는 파리가 없어서는 안

---

2) lento. 악보에서, 아주 느리게 또는 느리고 무겁게 연주하라는 뜻이다.

될 장소였다는 점이며, 그의 본능적 깊이가 결정적인 시기에 파리로 갈 것을 명령했던 점이다. 그리고 또 지나칠 수 없는 것은 그의 출현이나 자신의 사도 노릇을 한 방법은, 모두 프랑스의 사회주의 본보기를 앞에 놓고 완성될 수 있었던 점이다. 예리한 비교를 해보면 모든 점에 있어서 19세기의 프랑스인이 할 수 있었을지도 모르는 것보다도 더 강력하고 대담하며, 더 엄격하고 더 높이 나갔던 사실이 발견될 것이다. 그것은 바그너의 독일적 성격의 명예이며, 우리 독일인이 프랑스인보다도 야만에 가깝다는 사정에 따른 것이다. 아마 바그너가 창조한 가장 우수한 것은 그렇게 말기적 시기에 처한 현대 라틴 민족으로서는 오늘날뿐 아니라 영원히 다가가기 어렵고, 이해하기 어렵고, 흉내내기 어려운 것이리라. 예컨대 지그프리트, 이 굉장히 자유스러운 인간의 모습은 늙고 약해져서 문화 민족의 취미로서는 너무나도 자유롭고 가혹하며 쾌활하고 건강하여 반(反)가톨릭적이다. 이런 반(反)낭만주의적이고 민족적인 지그프리트는 낭만주의에 거슬리는 하나의 죄과였을지도 모른다. 바그너는 자기가 늙고 서러운 시기에 그 죄과를 충분히 보상했다. 그는 그 무렵 정략으로 이용되었던 어떤 취미를 재빨리 감지해서 특유한 종교적 열정을 기울여 로마로 이르는 길을, 스스로 가지는 않았지만 최소한 로마로 가라고 설교하기 시작했다. 그 마지막 말이 오해받지 않기 위해서 나는 몇 줄의 힘찬 시를 인용해야겠다. 이 구절은 내가 무엇을 말하고 싶어하는지—무엇을 '최후의 바그너'와 그의 파르치팔 음악에 반대해서 말하고자 하는지, 그리 예민하지 않은 귀에도 전달해 줄 수 있을 것이다.

　—이것도 독일적인가?
　이런 답답한 절규도 독일의 심장에서 나오는 것일까?
　이렇게 살을 갉아내는 것도 독일의 육체인가?
　이렇게 사제(司祭)가 두 손을 벌리는 것은?
　이렇게 향연의 냄새를 풍기는 관능의 자극도?
　이렇게 막히고 쓰러지고 비틀거리는 것도?
　이렇게 애매하게 울리는 종소리도?
　이런 수녀들의 추파, 저녁의 기도 종소리도?

이 모든 거짓된 황홀에 싸여 있는 천국 너머의 저 천국도.

—그것이 그래도 독일적인가?

생각해 보라! 아직도 그대들은 문 옆에 서 있구나!

—왜냐하면 그대가 듣고 있는 것은 로마—

말 없는 로마의 신앙이기 때문이다!

제9장 고귀란 무엇인가

257

'인간'의 유형을 향상시킨 것은 지금까지 귀족 사회가 한 일이었다. 그리고 앞으로도 언제나 그러할 것이다. 귀족 사회는 인간과 인간 사이에 서열과 가치 차이의 긴 단계가 있음을 믿고, 어떤 의미에서는 노예제도를 필요로 하고 있다. 혈육화된 신분 차이에서 지배계급은 예속자나 도구를 늘 감시하고 천시하며, 이 둘이 복종하고 명령하고 억압하고 격리하는 데 익숙해짐으로써 '거리의 정열'이 생겨나는 것인데, 이것이 없었다면 보다 더 심각한 다른 의의를 갖는 정열은 눈뜨지 못했을 것이다. 즉 영혼의 내부에서 끊임없이 새로운 거리를 확충하려는 욕구는 일어나지 않고, 좀더 높은, 좀더 진귀한, 좀더 먼, 좀더 포괄적인 상태의 형성은 시작되지 못했을 것이다. 요컨대 이것이야말로 '인간' 유형의 향상이며, 도덕적인 상투어를 초도덕적인 의미로 말하면 끊임없는 '인간의 자기 극복'이다.

물론 귀족 사회의 (즉 '인간' 유형의 향상을 전제로 한) 성립사에 대해서는 인도주의적 환상에 빠져서는 안 된다. 진실은 냉혹한 것이다. 지금까지 모든 고도의 문화가 어떻게 이 지구상에서 시작됐는가를 이제 가차 없이 말하겠다! 그것은 아직 자연적인 인간, 가공할 의미에서의 야만인, 또 아직 불굴의 의지력과 권력의 갈망을 가진 맹수인 인간들이 보다 연약하고 예의 바르며 보다 평화적인, 어쩌면 상업이나 목축업에 종사하고 있던 인권을 덮친 것이다. 또 그 마지막 생명력이 정신과 퇴폐의 화려한 불꽃이 되어 거의 꺼져가고 있던 노숙한 고대 문화를 습격했던 것이다. 고귀한 계급은 그 처음에는 언제나 야만인의 계급이었다. 우월성은 물질적인 힘이 아니라 오히려 정신적인 힘에 있었다. 그들은 훨씬 완전한 인간이었다(그것은 다시 또 모든 단계에 있어서 '훨씬 완전한 야수'였다는 말이나 마찬가지다).

258

　부패란 본능의 내부에 혼돈 상태가 생겨나고 있는 것이며, 감정의 기초—생명이 흔들리고 있는 징조이다. 부패란, 그것이 나타나 있는 생명의 형태에 따라 근본적으로 다르다. 이를테면 한 귀족 체제가 혁명 초기 프랑스의 귀족 체제처럼 숭고한 구토를 느끼고, 그 특권을 포기하고, 자신을 그 도덕적 감정에 희생할 때, 그것이 참으로 부패이다. 그것은 수세기에 걸친 부패의 종막에 지나지 않으며, 그동안 프랑스 귀족제는 한 발 한 발 그 지배자의 권능을 버리고, 마침내 왕권의 한 기능으로 (드디어는 그 장식으로까지) 타락해 버렸다. 건전하고도 훌륭한 귀족제의 본질은 그것이 왕의 것이든 국민의 것이든 한 기능으로서가 아니라, 그 의의와 최고의 존재 근거를 자기에게서 느끼는 데 있다. 또한 그럼으로 해서 무수한 인간의 희생을 태연히 받아들이는 데 있는 것이다. 이러한 인간은 귀족제를 위해 불완전한 인간, 노예, 도구로까지 억압당하고 제한되지 않으면 안 된다. 진정한 귀족제의 근본 신념은 사회가 사회 자체를 위해서는 존재할 수 없다는 데 있어야 하며, 사회의 존재 이유는 다만 선택된 종족이 보다 높은 임무—보다 높은 존재로까지 나아지기 위한 토대이며 발판이라는 데 있어야 한다. 그러한 종족은 태양을 향해 자라나는 자바섬의 덩굴식물—그것은 시포 마타도오르라고 불린다—과도 같은데, 이러한 인간은 그 줄기로 한동안 참나무에 감겨 있으나 나중에는 나무에 의지하고서도 나무보다 높이 올라가 환한 햇빛에 자기 잎을 펼치고, 자기 행복을 드러내 보일 수가 있다.

259

　가해, 폭력, 착취를 서로 견제한다는 것—자기 의지를 상대의 의지와 같은 위치에 놓는다는 것—이것은 만약 그 조건이 갖추어져 있으면(즉 개개인의 역량과 가치 기준이 비슷하고, 또 그들이 한 단체 안에 소속되어 있다면), 소박한 의미에서 개인 간의 미풍양속이 될 수도 있다. 그러나 한번 이 원칙을 폭넓게 받아들여서, 가능하다면 사회의 근본 원칙으로 내세우려 한다면 그것은 당장에 그 정체를 폭로해 버릴 것이다. 다시 말해 그것은 생명 부정에 대한 의지이며, 해체와 퇴폐의 원칙임에 틀림없다. 이 점에 대해서는 철저하게 생각을 해서 모든 나약한 감상주의를 배척하지 않으면 안 된다. 생명 그 자체가 본질적으로 획득이며 가해이고, 약자에 대한 강요이고 억압이며, 자기 형식을 다른 사람에게 강제하고 동화시키는 것이며, 부드럽게 말해서 착취인 것이다—이러한 말은 옛날부터 비방의 의도가 있지만, 우리는 언제나 그런 말로밖에 표현할 수 없는 것일까? 하나의 단체는—모든 건전한 귀족 체제에서 이루어지고 있는데—비록 그 내부에서는 개인이 서로 평등하게 대하고 있지만, 다른 단체에 대해서는 자신들 내부에서 감히 하지 못할 일들을 하고 있다. 그 단체가 아직 살아 있는 한, 이 일들은 불가피하다. 그런 단체는 권력에 대한 의지를 육체화하는 것이다. 그것은 성장하려 하고, 주위를 붙들려 하고, 끌어올리려 하고, 압도하려 한다. 그러나 그것은 어떤 도덕이나 부도덕에서 행하는 것이 아니다. 오히려 살아 있기 때문이다. 생명이란 것이 권력에 대한 의지이기 때문이다. 그리고 바로 이 점이 유럽인의 일반적 의식이 배우기를 꺼려하고 있는 것이다. 지금 사람들은 곳곳에서 학문의 가면까지 쓰고 나와 '착취적 성격'이 물러가야 할 미래의 사회상에 대해 열변을 토한다—이것은 내 귀에, 사람들이 마치 모든 유기적 기능을 정지시킨 생명을 발명하겠다고 약속하고 있는 것처럼 들린다. 이른바 '착취'라는 것은 이미 부패한, 또는 불완전한 원시사회에나 존재하는 것이 아니다. 그것은 유기적인 근본 기능으로서 생물의 본성에 속한다. 그것은 바로 생명의 의지인 권력에 대한 의지가 빚어낸 결과이다. 이것이 이론으로서는 현실적인 것일지도 모른다—그렇지만 현실로서는 모든 역사의 근본 사실이다. 이것을 인정할 만큼, 우리는 스스로에게 정직해야 한다!

260

지금까지 지상의 세계를 지배한 세련되기도 하고 거칠기도 한 여러 도덕을 두루 돌아다니면서, 나는 거기서 어떤 특징이 규칙적으로 반복되고 관련되어 있음을 발견했다. 결국 그 속에는 두 가지 근본적인 유형이 나타나고 있음을 보았고, 또 한 가지의 근본적인 차별이 있음을 알았다. 즉 지배자의 도덕과 노예의 도덕이 있다―덧붙여 말하지만 모든 고도의, 그리고 복합적인 문화에는 이 두 가지 도덕을 조정하려는 시도도 있었고, 이 둘의 혼합과 서로 간의 오해는 더욱 자주 나타나 있다. 그리고 때로는 이 두 가지가―한 사람 안에, 한 사람의 영혼 속에까지도―완고하게 함께하고 있는 일조차 있다. 도덕적 가치의 차별에는 두 가지 발생점이 있다. 하나는 피지배자와 다르다는 점을 쾌감을 가지고 의식하게 된 지배자 무리이며, 다른 하나는 온갖 정도의 피지배자들과 노예들 또는 예속자들이다. 첫 번째 경우에는 지배자가 '선(善)'이라는 개념을 정하기 때문에 자기의 고양된 긍지를 가진 영혼의 상태가 우월과 순위를 결정하는 것으로 느껴진다. 고귀한 인간은 그와 같이 북돋워진, 긍지를 가진 상태의 반대를 나타내는 사물을 거부하고 경멸한다. 여기서 보라. 이런 첫 번째 도덕에 있어서는 '좋음'과 '나쁨'의 대조는 거의 '고귀한 것'과 '경멸할 것'에 해당되고 있다―'선'과 '악'의 대조는 이것과는 다른 기원에 의한다. 겁 많은 인간, 전전긍긍하는 인간, 소심한 자, 오직 눈앞의 이득만 생각하는 자는 경멸을 받는다. 그리고 시야가 좁은 의심 많은 인간, 비굴하고 학대를 달게 받는 개와 같은 인간, 탐욕스러운 추종자, 무엇보다도 거짓말을 하는 자는 경멸을 받는다. 하인배를 속이는 것이 모든 귀족적 인간의 근본 신념이다. '우리 진실한 자'라고―고대 그리스에서는 귀족들이 자신을 그렇게 불렀다.

분명히 도덕적 호칭은 어디서나 먼저 인간에게 붙여지고, 뒤에 가서야 비로소 그것이 전용되어 행위에 붙여지게 되었다. 그 때문에 도덕 역사가는 "왜 동정적인 행위는 찬양을 받았는가?" 하는 문제에서 출발하면 심각한 잘못을 저지르는 것이다. 고귀한 부류의 인간은 자신을 가치 결정자로서 느낀다. 그는 다른 사람에게 인정받을 필요가 없다. 그는 "우리한테 해로운 일은 그 자체로서 유해한 것이다" 판단한다. 그는 스스로를 사물에 대해서 명예를 부여하는 최초의 사람으로 알고 있다. 그는 가치의 창조자이다. 그는 자신에게 인정되는 모든 것을 존경한다. 이러한 도덕은 자기 예찬이다. 그 전경에는 충실과 넘쳐흐르는 힘의 감정이 있다. 고도의 긴장된 행복이 있다. 베풀어 주고자 하는 부(富)에 대한 의식이 있다. 고귀한 인간이 불행한 인간을 돕는 것은 동정에서가 아니다 ―오히려 넘치는 힘에서 생긴 어떤 충동에서 나온다. 고귀한 인간은 자기 속에 있는 강자를 인정하고, 그것을 존경한다. 자기 자신을 지배하는 힘이 있는 자를 존경한다. 그리고 모든 일에 엄격하고 준엄한 자를 존경한다. 옛 스칸디나비아 전설에 "보탄은 자기 마음속에 엄격한 마음을 집어넣었다"고 했지만, 이것이야 말로 긍지가 있는 바이킹족의 영혼에서 우러나온 노래이다. 이런 부류의 인간은 자신이 동정적이지 않은 것을 자랑으로까지 알고 있다. 그리하여 전설의 영웅은 경고의 말을 덧붙인다. "젊고 마음이 엄격하지 않은 자, 그는 결코 엄격하지 못하리라." 이와 같이 생각하는 고귀하고도 용감한 인간은 다른 사람에 대한 동정이나 행위 속에서, 또는 무관심 속에서 도덕적인 것에 대한 징조를 찾는 도덕에서는 가장 멀리 있다. 고귀한 도덕은 자기에 대한 신앙, 자기에 대한 긍지, 그리고 '무아(無我)'에 대한 근본적인 적대감과 비아냥대는 태도를 갖고 있지만, 아울러 공감이나 '온정'에 대한 경시와 경계심도 갖고 있다.

　나이 든 사람과 전설에 대한 깊은 존경심—모든 법(法)은 이 두 가지에 대한 존경심 위에 서 있다—그리고 조상에게는 유리하고 자손에게는 불리한 신앙과 선입관이 강자의 도덕에 전형적인 특징이다. 이와 반대로 '근대사상'의 인간은 거의 본능적으로 '진보'와 '미래'를 믿고 있으며, 나이 든 사람에 대한 존경이 줄어들고 있지만, 이것은 이미 '사상'의 비천한 소질을 충분히 폭로하고 있다. 지배자의 도덕, 인간은 다만 자기와 동등한 자에 대해서만 의무를 갖고 낮은 위치의 인간이나 낯선 자에 대해서는 '마음 내키는 대로' 행동해도 좋다는 것이다. 말하자면 '선악을 넘어서' 행동해도 좋다는 원칙을 세우고 있다. 이 원칙이 엄격한 점에서, 지배자의 도덕은 현대의 취미로서는 가장 이상하고 기괴하게 생각되어—여기에 동정이나 그 밖의 것이 들어가는 것이다. 대등한 자들 사이에 있을 수 있는 오랜 감사와 복수에 대한 능력과 의무—정교한 보복의 기교, 우정이라는 관념에 대한 세련됨, 그리고 적을 가질 필요성, (말하자면 질투, 투쟁욕, 오만 등의 감정의 돌파구로서—즉 근본적으로는 좋은 친구가 되기 위해서) 이런 것들은 모두 고귀한 도덕의 전형적인 특징이다. 그리고 앞서 말한 바와 같이 그것은 '근대사상'의 도덕은 아니다. 따라서 오늘날 그것을 돌이켜 느끼기 어렵고, 발굴하거나 발견하기도 어렵다.

　도덕의 두 번째 유형인 노예의 도덕은 이것과는 완전히 유형을 달리한다. 학대를 받고 있는 자, 압박을 받고 있는 자, 고통을 받는 자, 구속된 자, 자기에 대해 확신이 없는 자, 피곤한 자가 도덕을 말한다고 가정해 보라! 무엇이 이들에게 도덕적 가치 평가의 공통점이 될 것인가? 아마도 인류의 모든 상황에 대한 염세적인 의혹심이 표현될 것이고, 어쩌면 인간과 그 상황에 대해 유죄가 선고될 것이다. 노예의 눈은 강자의 덕에 대해 호의를 갖지 않는다. 노예는 회의와 불신을 품고 있다. 그는 여기서 받들어지는 모든 '선'에 대해서 믿지 않는다. 그는 강자의 행복은 진정한 행복이 아니라고 스스로를 설득하려고 한다. 이에 반해서 괴로워하는 자들의 생존을 쉽게 해주는 데 도움이 되는 특성이 끌려 나와서 조명을 받게 된다. 여기서 찬양을 받는 것은 동정이며, 상냥하게 돌봐주는 손길이고 따뜻한 마음과 인내심, 근면과 겸손과 친절한 마음이다. 이런 것은 생존의 압박을 견디기 위해서 가장 도움이 되는 성질이며, 유일한 수단이기 때문이다. 노예의 도덕은 본질적으로는 공리(功利)의 도덕이다. 여기에 '선'과 '악'이란 유명한 대조의 불꽃을 돋울 수 있는 화로가 있다. 즉 노예는 강자의 힘과 위험성을 '악'이라는 형식으로 느낀다. 그리고 여기서 어떤 무서움을, 무시할 수 없는 교묘한 기술과 억센 힘을 인정한다. 그래서 노예의 도덕에 의하면 '악인'은 공포를 불러일으키는 것이다. 그러나 지배자의 도덕에 의하면 공포를 불러일으키고 또 불러일으키려는 자는 바로 선인이며, '악인'은 경멸해야 될 자로 느껴진다. 그리고 이런 대조는 결국에는 기이한 양상을 나타내는 일조차 있다. 노예의 도덕이 결국 귀착하는 데는, 이런 도덕의 '선인' 머리 위에도 경멸이—가볍고 호의적인 것이라 하더라도—걸려 있게 되는 일이 있다. 왜냐하면 노예적인 사고방식에 의한 선인이란 어쨌든 위험하지 않은 인간이어야 하기 때문이다. 그 사람은 착하고 속기 쉽고 때로는 조금 미련하다. 다시 말해 좋은 사람(un bonhomme)이다. 노예의 도덕이 우세한 곳에서는 어디서나 언어는 '선'과 '어리석음'이라는 두 말을 서로 가깝게 하는 경향을 보인다—그리고 다음과 같은 데에 근본적인 차이가 있다. 바로 자유에 대한 요구, 행복에 대한 본능, 세련된 자유의 감정은 필연적으로 노예의 도덕과 그 도덕적인 성격에 속하는데, 이와 반대로 외경과 헌신에 있어서의 기술과 열정은 귀족적인 사고나 평가 방법에 반드시 나타나는 징조이다—이것으로 당장에 이해가 되는 것은 왜 정열로서의 사랑—이것은 우

리 유럽인의 특산물이다—이 언제나 귀족적인 기원을 갖고 있는가 하는 점이
다. 말할 것도 없이, 이것을 발명한 것은 프로방스의 기사 시인들이다. 그들은
화려하고 창의력이 풍부하며, '화려한 지혜'를 가진 사람들이고, 유럽은 이 사
람들에게 많은 것을, 거의 자신의 존재까지 힘입고 있다.

261

　고귀한 인간이 아마 가장 이해하기 어려운 것 가운데 하나가 허영심일 것이
다. 다른 부류의 인간이 허영심을 확실히 포착했다고 생각하는 경우에도 그는
여전히 부정하고 싶어질 것이다. 허영심을 이해하기 위해서 그는 다음과 같은
과제를 해내야 된다. 즉 자기는 갖고 있지도 않은—'그럴 만한 자격'도 없는—자
기에 대한 호평을 불러일으키려 노력하고, 더구나 나중에는 자기도 그 호평을
믿어버리는 그런 인간을 상상해 보라. 이런 일은 그에게는 매우 취미에 맞지 않
은 동시에 자기 오욕처럼 생각될 것이며, 그는 자칫하면 허영심을 예외로 간주
하고자 하며, 그런 이야기가 나와도 대부분의 경우 그것을 의심하고 만다. 그는
이렇게 말할 것이다. "나는 나의 가치를 잘못 생각하고 있는지도 모르겠다. 그리
고 내가 평가하고 있는 그대로 남에게서 인정받기를 바라고 있는지도 모르겠
다. 그러나 이것은 결코 허영심이라고 할 수는 없다(오히려 자만심이다. 혹은 오히
려 굴욕이나 겸손이라고 불리는 경우가 많다)." 또 이렇게도 말할 것이다. "나도 여
러 이유에서 다른 사람의 호평을 기뻐할 것이다. 그것은 내가 그들을 존중하고
사랑하며, 그들의 기쁨은 모두 내 기쁨이기 때문이다. 그리고 그들이 주는 호평
이 내가 자신에게 주는 호평에 대한 믿음을 증명하고 강화하기 때문이다. 아마
그들의 호평을 내가 공감할 수 없는 경우라도 나에게는 도움이 되거나, 유익할
수 있기 때문이다—하지만 이 모든 것은 허영심이 아니다."
　고귀한 인간은 특히 역사의 힘을 빌려서, 무엇보다도 다음과 같은 것을 상기
해 주었으면 한다—생각이 미치는 한 옛날부터, 어떤 뜻에서건 종속적인 지위
에 놓였던 모든 사회층에 있어서 평범한 인간은 다만 그가 일상적으로 사용했
던 것 이상을 벗어나지 못했다. 그는 자신의 가치를 설정하는 일에 익숙지 않고
그의 지배자가 그에게 부여한 것 말고 다른 어떤 가치도 자신에게 부여하지 않

았다(가치를 창조하는 것은 지배자만의 권리이다). 그리하여 아마 놀랄 만한 격세유전의 결과로 생각해야 될 테지만, 오늘날에도 여전히 평범한 인간은 자신에 대한 세상의 평가를 받고 있으며, 결국 본능적으로 그것에 굴복한다. 더구나 호평에 대해서뿐 아니라 부당한 악평에 대해서까지도 그렇게 한다(예컨대 신앙심 깊은 여인들이 그들의 고해신부에게서 배우고, 또 일반적으로 신앙심 깊은 그리스도교 회에서 배우고 있는 자기 평가와 자기 멸시를 생각해 보라.) 사실 이제 사회의 민주적 질서(그리고 그 원인인 지배자와 노예의 혼혈)가 점점 발전되고 있는데, 여기에 따라 자기에게 가치를 부여하고, 자기를 '좋게 생각하는', 그 기원에 있어서 고귀하고 희귀한 충동도 점차 힘을 얻고 세상에 퍼질 것이다. 다만 이 충동은 언제나 자기 방향과는 상반되는 한 가지 경향을 갖고 있어서, 그것이 예부터 넓고 깊게 숨어들어 있다.

'허영심' 속에서는 이런 낡은 경향이 새로운 경향을 압도하고 있다. 허영심이 있는 인간은 자기에 대해서 듣게 되는 어떠한 호평이라도 기뻐하며(그것이 유익한가 그렇지 않은가는 문제가 아니고, 또 사실이냐 아니냐에 대해서도 관심이 없다), 또한 모든 악평을 괴로워한다. 왜냐하면 그는 이 두 평가에 매여 있고 자신의 마음속에서 머리를 쳐들고 나오는 가장 오래된 복종의 본능에 의해 지배되고 있음을 느끼기 때문이다. 이 본능이란, 허영에 찬 인간의 피 속에 숨은 '노예'이다. 노예가 지닌 교활의 잔재이다. 예컨대 지금에 와서도 얼마나 많은 '노예'가 여성 속에는 남아 있는가! 이 노예가 자기에 대한 호평을 이끌어 내려고 수단을 다 부려서 유혹을 한다. 그리고 얼마 뒤, 같은 노예가 마치 그것을 자기가 유도해 낸 것이 아니라는 듯 그 호평 앞에 당장에 무릎 꿇는 것이다. 다시 한 번 말하겠다―허영심은 격세유전이다.

262

하나의 종족이 발생하고 한 가지 유형이 고정되고 강화되는 것은, 언제나 똑같은 불리한 조건과의 오랜 투쟁을 통해서이다. 반대로 사육자의 경험에서 알고 있듯이 영양 과잉이나 지나친 보호와 배려를 받을 때, 종족은 당장에 심한 변종(變種)이 되기 쉽고, 또한 희귀한 것과 기형적인 것(그리고 괴이쩍은 패덕)을 많이 생산한다. 예컨대 고대 그리스의 폴리스나 베네치아와 같은 귀족적인 단체를—그것이 고의적이건 아니건 인간 육성을 목적으로 했던 시설이었다 가정하고—관찰해 보라. 그곳에서는 자기 종족의 성격을 끝내 지키려는 인간들이 서로를 신뢰하고, 또 스스로를 신뢰하고 있었다. 그 중요한 이유는 그들이 자신을 지키지 않을 수 없고, 만일 그런 노력을 하지 않으면 전멸될 것이라는 무서운 위험과 마주해 있었기 때문이다. 그곳에는 변종을 불러올 은혜도 과잉도 보호도 없었다. 종족은 자기를 종족으로서 지킬 필요가 있었다. 그리고 그것은 이웃 국가나 반항적, 반역적인 피지배자와의 끊임없는 투쟁 속을 뚫고 나가서, 그런 준엄한 성격이나 동일하고 간소한 형태를 지킴으로써 비로소 배겨내고 자신을 유지했다. 복잡하기 이를 데 없는 경험은 그들이 온갖 신들과 인간에 대항해서 살아남고 승리를 거둘 수 있었던 것이 어떤 성질의 덕이었는지를 그들에게 가르쳐 주었다. 그 성질을 그들은 덕이라 불렀으며 그런 덕성만을 길러 나갔다. 이것을 그들은 엄격하게 실행했다. 모든 귀족적인 도덕은 소년의 교육에 있어서, 여성의 처우에 있어서, 결혼의 풍속에 있어서, 늙은이와 젊은이의 관계에 있어서, 형법(이것은 타락한 자만을 목표로 한다)에 있어 관대하지가 않다. 그들은 관대하지 않다는 것조차도 '정의'의 이름 아래 덕성의 하나로 간주한다.

그렇게 해서 수는 적지만 억센 특질을 가진 하나의 인간 유형이, 엄격하고 호전적이며 현명하면서도 과묵하고, 폐쇄적이며 내향적인 인간이(그런 사람이긴 하지만 사교의 매력과 차이에 대해서 섬세한 감수성을 갖고 있다) 세대의 변천을 뛰어넘어 확립된다. 앞서도 말한 바와 같이 늘 똑같은 불리한 조건과의 투쟁이 이런 형태를 확고부동하고 강인하게 단련시켰던 것이다. 그런데 결국은 언젠가 행복한 상태가 시작되고, 그 위대한 긴장이 풀린다. 이웃들 사이에는 이미 적이 없어지고 삶의 수단뿐만 아니라 삶의 즐거움을 위한 방법도 넘쳐흐르게 된다. 여기서 예부터 육성된 단결과 강제는 무너지고 만다. 그것은 이미 생존의 조건도 필연성도 아니다—옛 교육이 아직 존속하고 있다 해도 그것은 다만 사치의 한 형식으로서, 고풍의 취미로 남아 있는 데 지나지 않는다. (좀더 고귀하고 섬세하며 희귀한 것으로) 변종되어 버린 것, 그리고 퇴화되고 괴이한 것이 갑자기 넘쳐흐를 정도로 화려하게 무대에 나타나게 된다. 개인은 어디까지나 개인으로서 존재하려고 하며, 오직 혼자서 두드러진 모습을 보이려고 한다. 이러한 역사의 전환기에는 마치 원시림과도 같은 장관과 복잡 다양한 성장 상태가 보이며, 나무들이 서로 얽혀서 성장을 다투는 기운은 말하자면 열대지방과 같은 속도라고도 할 수 있고, 무서운 몰락과 자멸의 양상을 보인다. 그런 기운을 낳는 것은 사납게 서로 대립하는, 폭발적인 이기주의이며, 그것이 '태양과 빛'을 찾고자 격투하고, 이제까지의 도덕에서는 어떠한 한계점도, 세력도, 관용도 이끌어 낼 수 없게 되어 있다. 본디 이 낡은 도덕의 덕으로 그처럼 엄청난 에너지가 축적되고, 그처럼 위험하도록 시위가 당겨졌던 것인데—결국 그런 낡은 도덕은 '시대에 뒤떨어진 것'이 되었다. 혹은 유물이 되고 있다. 이제 생명은 보다 크고, 보다 복잡하고, 보다 포괄적이 되어서 낡은 도덕을 뛰어넘어, 인간이 살고 있는 위험하고 무시무시한 선까지 이른 것이다. 여기서 주역을 연출하는 것은 '개인'이지만 그는 자기 입법, 그리고 자기 술책을 가지고 자기 보존, 자기 향상, 자기 구원을 도모하지 않으면 안 된다.

이제 존재하는 것은 새로운 목표와 새로운 수단이다. 이미 공공의 방식은 없다. 오해와 경멸은 서로 결합하고, 퇴폐와 부패와 탐욕이 무섭게 얽히며, 종족의 천재가 선과 악의 샘물에서 넘쳐흐르는 것이다. 아직 완전히 지치지 않고 피로하지도 않은 젊은 퇴폐에 특유한 매력과 신비를 갖고서, 봄과 가을이 불길하게도 때를 같이하여 돌고 있다. 여기서 다시 커다란 위험이—위험이야말로 도덕의 어머니이다—돌아온 것이지만, 이번에는 그것이 개인 속으로 자리를 바꿔서 나타나고 있다. 이웃 사람 속에, 친구에게, 거리에, 자식 속에, 자기 마음속에, 소원과 의지의 가장 은밀한 밑바닥에 나타나 있다. 이런 시대에 등장하는 도덕철학자들은 무엇을 설교해야 될 것인가? 이들 예리한 관찰자이며 방관자 노릇을 하는 인간들은 마지막이 성급하게 가까워지고 있음을, 자기를 둘러싼 모든 것이 부패하고 또한 부패시킨다는 것을, 한 부류의 인간, 즉 치유할 수 없는 평범한 인간들을 제외하고는 내일모레까지 살아남을 자가 하나도 없다는 사실을 발견할 것이다. 이제는 평범한 인간만이 지속되고 번식할 희망이 있다. 그들이야말로 미래의 인간이다. 유일한 생존자다. "그들처럼 되라! 평범해라!" 이것이 어느 때나 의미를 갖고 귀를 기울이게 되는 유일한 도덕 중의 도덕이다!

그러나 이런 평범함의 도덕을 설교하기란 어렵고, 그것은 자신이 무엇이며 무엇을 원하는지 절대 고백할 수 없다! 그래서 절도와 품위, 의무와 이웃 사랑 등에 대해서 이야기를 해야 한다—모순을 숨기기가 곤란할 것이다.

263

높은 계급에 속해 있다는 것을 쉽게 증명하는, 계급에 대한 본능이 있다. 그리고 그 사람의 고귀한 내력과 습관을 짐작케 하는 경외의 느낌에 대한 흥미가 존재한다. 가장 높은 지위에 있지만 추근추근한 공격이나 무례함에 대해서 권위로 보호되지 않고 있는 어떤 것, 또는 눈에 띄지 않고 모르는 사이에 마음을 끌리면서도 고의로 숨기고 위장해서 마치 살아 있는 시금석처럼 자기 길을 가는 어떤 것이 언뜻 지나갈 때, 영혼의 섬세함과 선량함과 고귀함은 위험한 시련을 겪게 된다. 영혼에 대한 연구를 과제로 삼고 훈련을 하는 자는 어떤 영혼의 마지막 가치와, 그 영혼이 속해 있어 움직일 수 없는 타고난 순위를 결정하기 위해서 여러 가지 형태로 이 시험 방법을 이용한다. 즉 그는 경외에 대한 본능을 기초로 해서 시험을 할 것이다. "차이는 증오를 낳는다." 어떤 성스러운 그릇이나 잠가둔 귀중품이나, 위대한 운명의 징조를 기록한 책이 눈앞을 지나갈 때면, 많은 본성에 있는 비열함이 갑자기 더러운 물처럼 솟아오른다. 그러나 한편 자기도 모르는 사이에 입을 다물고, 눈을 어디에 두어야 할지 망설이며 몸을 도사리고서 우러러보아야 할 것이 가까이 있다고 느끼고 있음을 나타내는 사람도 있다.

대체로 오늘날 유럽에서 성서에 대한 외경이 유지해 온 태도는 아마 유럽이 그리스도교에서 받은 풍속의 육성 순화 가운데 최고의 것이리라. 그런 깊고도 숭고한 의의를 가진 책은 그것을 보호하기 위해서도 외부로부터 가해진 전제적인 권위를 필요로 하며, 그렇게 해야 비로소 그것을 다 퍼내고 해석하기 위해 꼭 필요한 수천 년의 지속을 보장할 수가 있다. 아무것이나 손을 대서는 안 된다. 그리고 그 앞에서는 신발을 벗고 부정한 손을 조심해야 하는 신성한 경험도 있다는 감정을 대중에게(모든 부류의 천박하고 야비한 자에게) 가르칠 수만 있다면, 그것만으로도 굉장히 성공을 한 것이다—이것은 그들의 인간성이 거의 최고에까지 드높여진 것이라고 할 수 있다. 그와 반대로 이른바 교양 있는 인간, '현대사상'의 신자들에게 가장 구토증을 일으키게 되는 것은 아마 수치심이 없다는 것이며, 그들의 손과 눈의 안일하고 건방진 태도이리라. 이것으로 그들은 무엇이든 만져보고 핥아보고 쓸어보곤 한다. 오늘날에는 오히려 민중, 그것도 하층 민중 속에서, 특히 농부 속에서 신문을 읽는 정신적인 창녀 같은 인간들이나 교양인들보다도 높은 취미와 외경의 행동이 있을 수 있다.

264

조상들이 가장 즐겨, 그리고 가장 부지런히 행하고 있는 것을 인간의 영혼에서 씻어버릴 수는 없다. 조상은 부지런한 저축가였고, 책상이나 돈궤에 매달려 있었으며, 그 욕망은 시민적이었고, 그 덕성은 겸손했을지 모른다. 혹은 밤낮 명령하는 습관 속에서 살고, 쾌락을 사랑하고, 동시에 거친 의무나 책임을 사랑했는지도 모른다. 아니면 모든 타협을 부끄럽게 여기며, 엄격하고 상냥한 양심의 인간으로서, 오로지 그의 신앙—그들의 '신'—을 위해서만 살기 위해서 자기의 유서 깊은 가문과 재산의 특권을 희생시켰을지도 모른다. 아무튼 한 인간이 부모와 조상의 특성과 기호를 자기 몸속에 지니고 있지 않다는 것은 있을 수 없다. 설사 반대되는 겉모습을 나타내고 있을지라도 그것은 변함이 없다. 그것은 종족의 문제이다.

부모에 대해서 무엇이건 아는 바가 있으면, 그 자식에 대해서도 결론을 내릴 수 있다. 마땅치 않은 무절제, 천박한 질투, 서투른 자기 정당화—어느 시대든지 이 세 가지가 모여 진정한 천민의 특성이 되는데—이런 것은 나쁜 피와 마찬가지로 자식에게도 유전되는 것이다. 그래서 사람이 최상의 교육과 교양의 도움을 빌려 목표로 삼고 있는 것은 바로 이러한 유전을 얼버무리자는 것에 불과하다—오늘날 교육과 교양이 행하고자 하는 것이 그 밖에 무엇이 있겠는가! 우리의 민중적이고, 아니 천민적이라고 해야 될 시대에 있어서는 '교육'과 '교양'은 본질적으로 볼 때 얼버무리는 기술일 수밖에 없다. 내력을, 육체와 영혼 속에 유전된 천민을 속이자는 것이다. 오늘날 무엇보다도 진실을 설교하고, 그 제자들에게 "진실하라! 자연스러워라! 있는 그대로의 자기를 보이라!" 끊임없이 설교하는 교사—이런 진지하고 순수한 멍청이도 얼마 뒤에는 호라티우스가 말했듯이 "본성을 끌어내고자 갈퀴를 손에 들게" 될 것이다. 그것이 무슨 성과가 있을까? '천민'의 속성은 제자리로 돌아오는 법인데.

265

순수한 사람들의 귀를 불쾌하게 할지 모를 위험을 무릅쓰고 나는 확언한다—이기주의는 고귀한 영혼의 본질에 속하는 것이라고 말이다. 여기서 이기주의라고 한 것은 "우리는 존재한다"와 같은 존재에 대해서 다른 존재는 자연스레 종속되고 희생되어 마땅하다는 확고부동한 신념을 가리킨다. 고귀한 영혼은 그런 이기주의라는 사실을 자명한 것으로 생각하고, 그 속에서 어떤 냉혹함, 강제, 자의(恣意)를 느끼는 일 없이 오히려 그것이 사물의 근본 법칙 속에 기초를 가진 것이라고 생각한다—그것에 굳이 이름을 붙인다면, 그들은 "그것은 정의 자체"라고 말할 것이다. 오늘날의 상황에서 그들은 처음에는 망설이겠지만 이윽고 자기 자신과 동등한 자격이 있는 자도 존재한다는 사실을 인정한다. 그리고 한번 인간의 서열 문제가 고정된 뒤에는 그런 동등자와 동등한 자격자들 속에 섞여서, 자신을 대하는 것과 똑같이 그들에 대해서도 수치심과 상냥한 존경심을 갖게 되는 것이다. 그것은 마치 모든 별들이 생겨날 때부터 천체의 움직임에 대한 법칙을 알고 있는 것과 흡사하다. 그리고 동등자와의 교제에 있어서 그런 섬세한 태도와 자기 제한은 그들의 이기주의에 한 점을 더한 것과 마찬가지이다.

모든 별은 이러한 이기주의자이다. 고귀한 영혼은 동등한 사람들 속에서, 그리고 그가 그들에게 부여하는 권리로서 자기를 존경한다. 그리고 명예와 권리의 교환이 모든 교제의 본질이라는 것, 또 사물 본디의 상태에 속한다는 것을 의심하지 않는 고귀한 영혼은, 자기가 받는 것과 마찬가지로 남에게도 주는 것이다. 이것도 그의 영혼 밑바닥에 숨은 정열적이고 민감한 보복의 본능이 행하는 일이다. 동등한 사람들 사이에서 은혜라는 관념은 의미도 없고 향기도 없다. 위로부터의 선물을 자기 머리 위에 떨어지게 내버려 두고, 이슬방울처럼 갈증이 나서 마셔버리는 우수한 사람도 있기는 하다. 그러나 고귀한 영혼은 그런 기술이나 몸짓에는 재주가 없다. 그의 이기주의가 그것을 방해한다. 대체로 그는 '위'를 보기를 좋아하지 않으며, 단지 자기 앞을 수평으로 천천히 바라보거나 내려다본다—그는 자기가 높은 곳에 있음을 알고 있다.

266

"자기 자신에게 집착하지 않는 사람만을 진정으로 존경할 수 있다"—괴테가 고문관 슐로서에게 한 말.

267

중국인에게는 어머니가 자식을 가르치는 격언이 있다. 즉 '소심(小心)'("당신의 마음을 작게 가져라"). 이것은 말기 문명에 나타나는 전형적인 경향이다. 나는 고대의 그리스인도 현대의 유럽인을 보면 가장 먼저 자기 왜소화를 인식하리라는 점을 의심하지 않는다.—그것만으로도 우리는 그리스인의 '취미에 거슬릴' 것이다.

268

비속함이란 결국 무엇인가?—말이란, 개념에 대한 소리의 기호이다. 그러나 개념이란 계속적으로 모여든 여러 감각이나 감각군을 조금이나마 분명하게 표기하는 기호이다. 그래서 서로 이해하기 위해서는 같은 말을 사용하는 것만으로는 불충분하다. 같은 말을 같은 종류의 내적 체험에 대해서만 사용해야 된다. 즉 사람들은 공통된 체험을 가져야 한다. 설사 같은 국어를 사용하고 있더라도, 다른 민족의 인간이 같은 민족의 인간보다 서로 이해가 부족한 것은 그 때문이다. 인간이 오랫동안 같은 조건(기후, 토지, 위험, 욕구, 노동) 밑에서 공동으로 생활하고 있으면, 거기서 '자명'한 그 무엇이, 하나의 민족이 태어난다. 모든 사람이 똑같이 되풀이된 경험을 갖고, 그것이 희귀한 체험보다도 우세하게 되며, 그렇게 됨으로써 사람들은 서로 쉽게 이해하게 된다. 그래서 언어의 역사는 단축 과정의 역사이다. 그렇게 이해가 빨라짐으로써 사람들은 서로 긴밀하게, 점점 긴밀하게 결합된다.

위험이 크면 클수록 긴급한 일에 대해서 재빨리 일치를 보아야 한다. 위험에 처해서 서로 오해하지 않는다는 것은 인간끼리의 교섭에서 가장 중요한 일이다. 이것은 우정이나 연애에 있어서도 경험할 수 있다. 같은 말을 쓰면서 상대가 다른 것을 느끼고 생각하고 깨닫고, 원하고 겁을 내고 있다는 것을 알면 우정이나 연애는 당장에 끝이 난다('영원한 오해'에 대한 공포는 이성끼리 관능이나 감정 자극을 받으면서도 여전히 성급한 결합을 하지 못하도록 붙잡는, 친절한 수호신이다— 이것은 쇼펜하우어가 말하는 '종족의 수호신'이 할 수 있는 일이 아니다!) 하나의 영혼 속에서 어떤 감각군이 가장 빨리 눈을 뜨는지, 말을 하고 명령을 내리는지—이것이 영혼의 모든 가치 순위를 결정하고 모든 재산 목록을 작성한다. 어떤 인간이 갖고 있는 가치 평가는 그 영혼의 구조에 대해 무엇인가를 나타내고, 그것이 그 생명의 조건을, 그 진정한 어려움이 무엇이라 생각하고 있는가를 나타내고 있다. 그리고 유사한 기호로써 유사한 욕망과 체험을 나타낼 수 있는 부류의 인간은 예부터 같은 어려움에 의해서 서로 가깝게 된 자들이기 때문에 전체로서는 다음과 같은 결과가 된다. 즉 어려움을—그것도 결국은 단지 평범하고 비천한 체험을 쉽게 보고할 수 있다는 것이 여태까지 인간을 지배해 온 힘 중에서 가장 강력한 것이 될 수밖에 없었다. 그렇게 해서 서로 닮은 평범한 인간이 유리했었고, 지금도 그렇다. 선택받고 세련되고 수도 적고 이해받기 힘든 인간은 자칫하면 고립되며, 그 개별화 때문에 불의의 재앙을 당하고 쉽사리 번식하지 못한다. 이런 자연스러운, 너무나도 자연스러운, '유사한 것으로의 전진', 유사, 평범, 평균, 무리적인 것으로—비천한 것으로!—인간의 진전을 가로막기 위해서 거대한 저항력을 불러일으켜야 한다.

269

심리연구가—심리에 대해서 흥미를 집중시키지 않을 수 없는 타고난 심리가, 즉 영혼의 통찰자—가 그 연구를 훌륭한 경우와 훌륭한 인간을 대상으로 하면 할수록 그는 동정 때문에 질식할 위험성이 크다. 그는 누구보다도 냉혹하고 쾌활해야 된다. 왜냐하면 평균보다 높은 인간의 이상적인 소질을 가진 영혼은 원칙적으로 타락하고 몰락하는 것이기 때문이다. 이러한 원칙을 줄곧 바라보고 있다는 것은 무서운 일이다. 심리가는 그런 몰락의 사실을 찾아낸다. 그리고 한 번 역사를 통해서 되풀이되고 있는 높은 인간의 내적인 '자포자기' 전체와 모든 의미의 영원한 '너무 늦었다!' 하는 탄식을 알게 되면, 그 뒤에는 언제나 그것을 발견하지 않을 수가 없다. 심리가가 당하는 이런 온갖 고문의 고통은—언젠가는 아마 그가 자신의 운명에 분노심을 터뜨리고, 자기 파괴를 시도하게 되고, 자기 자신을 '파멸시키는' 원인이 될지도 모른다. 그러므로 거의 모든 심리가는 평범한 인간과 교제하면서도 어떤 배반자로서 행동하는 취미와 쾌락을 갖고 있음을 알게 된다. 이것은 그가 어떤 치료를 바라고 있음을 나타내고 있다. 다시 말해 그의 통찰과 예리한 감각, 자기 '일'이 자기의 양심에게 부과하는 것에서 벗어나려는 어떤 도피와 망각을 바라고 있음을 나타낸다. 그는 독특한 기억에 대한 공포심을 갖고 있다. 그는 다른 사람이 비판을 하고 있는 앞에서는 쉽게 침묵을 지킨다. 그는 다른 사람이 존경하고, 찬미하고, 사랑하고, 설명하는 것을 무표정한 얼굴로 듣고 있다. 사실 그는 사람들이 그런 짓을 하는 것을 그저 보고 있었던 것이다. 또는 그 침묵까지도 숨기고, 어떤 그럴듯한 의견에 동의를 표시하는 일도 있다. 어쩌면 그가 처한 모순된 상황이 점점 소름끼치는 데까지 이르러서, 그가 지독하게 경멸할 뿐 아니라 지독하게 불쌍해하고 있는 바로 그런 것에 대해서, 대중이나 교양 있는 인간이나 열광자들이 터무니없는 존경심을 품게 되는 일조차 있을 것이다. 이 사람들은 '위인'이나 기이한 사람을 존경하고, 그들이 있으니 조국이나 대지나 인간의 위엄이나 자기를 축복하고 찬미한다. 이러한 인간을 젊은이한테도 내보이고, 그것을 목표로 교육을 한다.

　이제까지 모든 중대한 사건의 경우에, 언제나 같은 일이 행해졌다. 즉 대중은 신을 숭배했다. 그런데 그 신은 한 마리의 불쌍한 희생양에 지나지 않았던 것이다! 성공은 언제나 가장 위대한 거짓말쟁이였다. 그리고 '일' 자체가 하나의 성과이다. 위대한 정치가, 정복자, 발견자는 거의 그 정체를 분간할 수 없을 만큼 그들이 창조한 것 속에 숨겨져 있다. 그리고 예술가나 철학자의 '일'은 그것을 창조하고 또 창조했다고 생각되는 인물을 만들어 내는 것이다. 숭배를 받는 '위대한 인물'이란 나중에 만들어진 작고 서투른 허구이다. 역사적 가치 세계에서는 돈의 위조가 심하게 행해진다. 위대한 시인들, 예컨대 바이런, 뮈세, 포, 레오파르디, 클라이스트, 고골리(가장 위대한 이름을 드는 것은 아니지만 그것을 염두에 두고) 등의 이 인물들이 지금 세상에서 이해되어야 될 점은 무엇일까? 세상에서 생각하기에는—그들은 순간에 사는 인간이며, 흥분하고 육감적이고 어린애 같고, 불신과 신뢰에 있어서도 경솔하고 돌발적이다. 그리고 대부분은 어떤 결함이 숨겨져 있음에 틀림없는 영혼을 갖고 자주 내적인 오점을 지니고 있는데, 그것을 자기 업적으로 보상하고 있다. 너무 자세한 기억력으로 괴로워하는 나머지, 영혼을 비상시킴으로써 망각을 찾고 자주 진흙 속을 헤매고 다니다 탐닉하며, 결국은 늪지대를 떠도는 도깨비불처럼 되어 스스로 별과 혼동한다—이렇게 되면 민중은 그들을 이상주의자라고 부른다. 그들은 오랫동안 자주 역겨움과 싸우고, 늘 떠돌아다니는 자기 불신의 유령과 싸웠다. 그리고 그런 자기 불신에 의해서 오싹 소름이 끼치고 영광을 갈망해서 도취된 아부하는 자의 손에서 '자신에 대한 믿음'을 뺏어 먹었다—위대한 시인들은 민중에게 그런 인간으로 보여지고 있지만, 일단 그들의 정체를 간파한 자들에게는 이런 위대한 예술가나 높은 인간들은 얼마나 고통을 안겨줄 것인가. 그렇기 때문에 그들은 바로 여성으로부터 무한한 헌신적인 동정을 받게 된다.

여성은 고뇌의 세계에서는 천리안을 갖고 있으며, 자기 힘이 닿지 않는 데에서도 돕고자 하고 구원하고 싶어한다. 그리고 이러한 여자의 동정은 대중, 특히 숭배하고 있는 대중으로서는 이해하기 어렵기 때문에 그들은 갖가지 호기심에 찬 제멋대로의 해석을 내린다. 여자의 동정은 예외 없이 자기 역량을 오산하고 있다. 여자는 사람이면 모든 것을 해낼 수 있다고 믿고 싶어한다. 이것이 여자 특유의 미신이다. 아아, 마음을 아는 자는 알고 있다. 가장 훌륭하고 가장 깊은 사랑조차도 얼마나 빈약하고 무력한가를, 얼마나 불손하고 잘못을 저지르고 구원하기보다 오히려 파괴하는 것인가를 알고 있다! 예수의 생애에 대한 거룩한 전설이나 미화 속에는 다음과 같은 사랑에 대한 지식이, 순교를 해버린 가장 애처로운 경우가 숨겨져 있는 것이 아닐까? 즉 그것은 가장 순진하고 가장 열정적인 마음의 순교였던 것이다. 그 마음은 어떤 인간에게도 충분하지 않고, 준엄과 광기로 그의 사랑을 거부하는 자에 대한 무서운 폭발을 함으로써 다만 사랑을, 사랑을 받기만을 원하고 그 밖에는 아무것도 원치 않았던 것이다. 그것은 사랑에 있어 만족을 모르고 만족시킬 수 없었던 불쌍한 인간의 역사였다. 결국 그 인간은 자기를 사랑하지 않으려 했던 자들을 보내기 위한, 지옥을 만들어 내지 않을 수 없었다. 그리고 그 신은 인간이 그렇게도 빈약하고 무지하기 때문에 인간의 사랑을 동정했던 것이다! 그와 같이 느끼고 그와 같이 사랑에 대해서 알고 있는 사람은—죽음을 찾는다—하지만 무엇 때문에 그러한 고통스러운 사물에 매달리는가? 물론, 그렇게 매달릴 필요가 없다고 가정한다면 말이다.

270

심각하게 고뇌하는 인간은—얼마나 깊이 괴로워할 수 있는가에 따라 그 순위가 결정된다—정신의 긍지와 구토를 느낀다. 그 사람은 자신의 고뇌 때문에 가장 예민하고 현명한 인간보다 더 많이 알고 있다고 확신한다. 그리고 그가 다른 사람에게 "그대들은 아무것도 모른다"고 말할 수 있을 만큼 아득하고 무서운 많은 세계를 알고 있으며, 그 세계에 '머문' 적 있다는 확신을 갖고 있다. 그런 무서운 확신은 그의 마음 구석구석까지 스며들어 적시고 있다. 고뇌하는 자의 그런 정신의 말 없는 긍지, 즉 선택된 인식자, 깨끗한 자격을 부여받은 자, 거의 희생으로 바쳐졌다고 할 수 있는 사람의 긍지는 여러 가지 모양의 변장을 필요로 한다. 그것은 뻔뻔스러운 동정의 손아귀에 들기를 피하고, 또 고통에 있어서 그와 동일하지 않은 모든 것으로부터 자신을 방어하기 위해서이다.

깊은 고뇌는 인간을 고귀하게 만든다. 그리고 다른 것에서 그 사람을 떼어놓는다. 이렇게 해서 생긴 가장 세련된 변장 형식 가운데 하나가 에피쿠로스주의이다. 보라는 듯이 앞으로 내민 취미의 과감성으로서, 그것은 고뇌를 가볍게 받아넘겨 모든 슬프고 심각한 것에 저항하게 되는 것이다. 이는 쾌활을 가장하고, 오해받기 위해서 쾌활을 사용하는 '쾌활한 사람들'이다—그들은 오해받기를 원하고 있다. 그리고 학문이 명랑한 외모를 보여주고 인간을 천박한 것으로 결론지어 주기 때문에, 가장을 위해 학문을 사용하는 '학문을 좋아하는 사람들'도 있다. 그들은 다른 사람을 그릇된 결론으로 유혹하려고 한다. 그리고 자기가 부서진 긍지를 지닌 치유할 수 없는 마음의 소유자임을 감추고 부정하려는, 자유롭고 뻔뻔한 정신을 지닌 사람들도 있다(예컨대 햄릿의 냉소나 갈리아니의 경우이다). 그리고 때로는 불행하게도 모든 것을 지나치게 많이 알게 된 인간이 바로 어리석음을 가면으로 쓰는 경우도 있다—그럼으로써 가면에 대해서 외경심을 갖고, 심리연구나 호기심을 엉뚱한 곳에서 사용하지 않도록 하는 것이 세련된 인간미에 없어서는 안 될 특성이라는 것이다.

271

두 인간을 가장 깊이 갈라놓는 것은, 순결에 대한 감수성과 정도의 차이다. 모든 정직과 서로의 유익함이 무슨 소용이 있는가. 서로의 호의인들 무슨 보람이 있는가. 결국 "서로의 체취가 못 견디게 싫어진다!"는 결과만이 남는다. 지고한 순결의 본능은 그것으로 고민하는 인간을 기묘하고도 위험한 고독으로 몰아넣는다. 이 사람은 성자이다. 그것은 바로 성스러움이며—위에서 말했듯 본능을 최고로 하는 정신이다. 목욕의 기쁨을 안다는 것, 영혼을 끊임없이 밤에서 아침으로, 암흑과 '음울'에서 밝음, 빛, 깊이, 아름다움으로 몰아가는 욕정과 갈망. 그러한 경향—그것은 고귀한 경향이다—이 뚜렷하면 할수록 그것은 사람을 갈라놓는다. 만약 성자가 동정을 갖는다면, 그것은 인간적인, 너무나도 인간적인 것의 더러움에 대한 동정이다. 그리고 동정 자체에도 성자가 불순하거나 더럽다고 느끼게 되는 여러 단계와 높이가 있다.

272

고귀함의 표시. 우리의 의무를 모든 사람에 대한 의무로까지 끌어내리는 일을 생각하지 말 것. 자기 책임을 포기하고 분담하려 하지 말 것. 자기 특권과 그 행사를 자기 의무들 가운데에서 생각할 것.

273

위대해지려고 노력하는 인간은 그의 길에서 만나는 모든 사람을 수단이나 장애 또는 방해라고 간주한다—또는 일시적인 휴식처로 삼는다. 그가 함께 사는 인간에게 보이는 고귀한 자비는, 절정에 올라 지배할 때에야 비로소 가능하다. 그때까지 그는 성급하며, 자기는 희극을 연출하도록 정해져 있다는 생각을 가지고 있다―그럴 것이 전투도 희극이며, 모든 수단이 목적을 숨기듯 진정한 목적을 감추고 있기 때문이다. 그래서 그에게는 모든 교제가 깨어진다. 이런 부류의 인간은 고독이 무엇인지를 알며, 또 고독이 어떤 독을 품고 있는지도 안다.

274

기다리는 자의 문제. 어떤 고귀한 사람 안에 잠들어 있는 문제의 해결이 적절한 때에 행동으로까지―말하자면 '폭발에까지' 이르기 위해서는 우연한 기회와 그 밖에 헤아리기 어려운 것들이 필요하다. 보통은 그런 일이 일어나지 않는다. 지상의 모든 구석구석에는 앉아서 때를 기다리는 사람들이 있는데, 그들은 자기가 어떻게 기다리고 있는가를 모르며, 또 그렇게 기다린다는 것이 쓸데없는 일임을 모른다.

가끔 그들을 깨워 부르는 소리, 즉 행동에 '허가'를 해주는 우연은 너무나 늦게 온다. 그것이 왔을 때는 가만히 앉아만 있었기 때문에 최선의 청춘과 행동하려는 힘은 이미 메말라 버린 것이다. 얼마나 많은 사람들이 그가 '벌떡 일어났을' 때 그의 팔다리가 위축되고, 그의 정신이 이미 무거워졌음을 보고 아연해할 것인가! "이미 늦었다!" 그는 말하고, 이미 자기를 믿지 않게 되었고, 영원한 무용지물이라고 말한다. '손 없는 라파엘로'라는 말을 좀더 넓은 의미로 새겨볼 때, 천재의 영역에서는 어쩌면 그것은 예외가 아니라 일반적인 경우가 아니겠는가!―어쩌면 천재는 그렇게 드문 것이 아닌지도 모른다. 드문 것은 우연의 앞 머리카락을 잡아 '적절한 때'를 놓치지 않으려고, 천재가 필요로 하는 500개의 손이다.

275

다른 사람의 높은 점을 보려 하지 않는 자는, 그만큼 더 예리하게 그 사람의 표면에 나타난 비천한 점을 관찰한다―그리고 그것으로 자기를 폭로하는 것이다.

276

모든 종류의 상해나 손실을 입었을 때, 저급하고 조잡한 영혼이 고귀한 영혼보다 유리하다. 고귀한 영혼의 위험은 더 클 수밖에 없다. 그뿐만 아니라 그 생존 조건이 복잡하기 때문에 그것이 슬픔과 죽음을 불러올 확률은 매우 크다—도마뱀의 경우는 잘라진 꼬리가 다시 돋아나지만 인간은 그렇게 되지 않는다.

277

그게 뭐냐! 또 그 옛날 이야기인가! 집을 짓기 전에 알아둬야 할 일을 집이 다 완성되었을 때에야 알았음을 문득 깨닫는다. 이 영원히 쓰라린 "너무 늦었다!"란 탄식. 모든 끝나버린 것에 대한 우울!

278

방랑자여, 그대는 누구인가? 나는 본다. 그대가 비웃음 없이, 사랑 없이, 헤아릴 길 없는 눈으로 그대의 길을 가고 있음을. 깊은 바닷속에서 만족하지 못하고 다시 물 위로 올라온 측연(測鉛)처럼 젖고 처량한 모습으로 걸어감을—그대는 그 속에서 무엇을 찾고 있었는가? 탄식 없는 가슴을 안고, 구토를 감추는 입을 가지고, 천천히 잡아보려는 손을 가지고 걸어가고 있음을. 그대는 누구인가? 그대는 무엇을 했는가? 이곳에서 편히 쉬어라. 여기는 모든 사람을 맞이하는 곳이다—생기를 되찾아라!

그대가 누구든 간에 그대에게는 지금 무엇이 좋은가? 그대의 휴양에는 무엇이 좋겠는가? 그저 말만 하라. 내가 가진 것이면 그대에게 주겠노라! "휴양하려면? 휴양하려면? 오, 그대 호기심 많은 자여, 무슨 소릴 하는 거냐! 내게 다오. 나는 원하노니—" 무엇을? 그걸 말하라! "내가 바라는 것은 다만 하나의 가면. 두 번째 가면!"

279

깊은 슬픔을 지닌 인간은 그들이 행복할 때 그 본능을 드러낸다. 그들에게는 행복을 붙잡는 하나의 독특한 방법이 있다. 그것은 마치 질투 때문에 행복을 목 졸라 죽이고 질식시키려는 것과도 같다—아아, 그들은 너무나도 잘 알고 있다. 행복이 그들에게서 달아나 버림을!

280

"틀렸다! 틀렸어! 어째? 그는 뒤로 물러가지 않느냐?" 과연! 그러나 그렇게 탄식할 때, 그대들은 그를 진실로 이해하고 있지는 못한 것이다. 지금 그가 뒤로 물러서는 것은 커다란 비약을 하려는 자의 태도이다.

281

"사람들이 나를 믿을까?" "아니, 나는 사람들이 나를 믿어주기를 바란다. 나는 언제나 내 생각을 못해 왔다. 별로 안 했다. 그런 일이 있었다 해도 그 일에 재미를 모르고 억지로 해왔을 뿐이다. 나는 나에게서 떠나기를 좋아했고, 무슨 일이나 그 결과는 고려하지 않았다. 자기 인식의 가능성에 대해 극복할 수 없는 불신을 지니고 있었기 때문이며, 이 불신은 나를 몰고 가서 마침내는 이론가들이 스스로를 허용하는 '직접 인식'의 개념에 대해서까지도 형용모순을 느끼기에 이르렀다—이상 말한 모든 사실이 자기가 자기에 대해 알 수 있는, 거의 확실한 사실이다. 자기 내부에는 자신에 대해 무언가 확정된 사실을 아는 것에 대한 어떤 반감이 있다—어쩌면 거기에 하나의 수수께끼가 숨어 있는 게 아닐까? 그럴지도 모른다. 그러나 다행히도 그것은 자신이 풀어야 할 것은 아니다—어쩌면 그것도 내가 속한 인간 종족이 어떤 것인지를 암시하는 게 아닐까? 하지만 참으로 다행히도, 자기에게는 보이지 않는 것이다."

282

"도대체 무슨 일이냐?"—"나도 모른다"고 그는 주저하며 말했다. "어쩌면 내 식탁 위에 마녀 하르피아들이 날아왔는지도 모른다."—오늘날에는 가끔 이런 일이 생긴다. 평소에는 얌전하고 침착한 사람이 갑자기 미친 듯이 접시를 던지고, 식탁을 뒤집어엎으며, 소리치고, 미쳐 날뛰며, 주위 사람들을 모욕한다. 그리고 나중에는 부끄러워서 자신을 나무라면서 물러간다—어디로? 무엇하려고? 남모르는 곳에 가 굶어 죽으려는가? 자신의 기억으로 질식하기 위해서일까? 엄격한 선택이 필요한 높은 정신의 욕망을 지니고 있으며, 자기 식탁이 마련되고 식사 준비가 다 되어 있는 것을 본 적이 드문 사람에게는 그러한 위험은 언제나 크며, 더욱이 오늘날에 있어서는 두드러진다. 그처럼 시끄럽고 천민적인 시대에 내던져져서, 그런 상태의 인간들과 같이 먹기를 싫어하며, 어쩌면 배고픔과 목마름으로 죽을지도 모른다. 아니면 그가 결국 그 그릇에 '입을 댄다'면, 그는 돌연 구토 때문에 죽어버릴 수도 있다—참으로 우리는 우리 모두가 속하지 않은 식탁에 앉아 있는지도 모른다. 우리 중에 가장 정신적인 사람이야말로 식사하기가 어려운데, 그는 위험한—식후의 구토감을 알고 있다. 그것은 음식과 식탁에 앉은 사람들에 대해 통찰하고 나서 갑자기 환멸을 느꼈을 때 생기는 것이다.

283

칭찬하려 하면서도 그것을 자기와는 생각이 다른 사람에게 한다는 것은 하나의 세련된 자기 억제이다—그렇지 않을 때는 사실 사람들은 스스로를 칭찬하는 것일 뿐이다. 이것은 좋은 취미에 어긋난다. 말할 것도 없이 그러한 자기 억제는 끊임없는 오해를 살 만한 충분한 원인도 되고 동인도 된다. 취미와 도덕의 진정한 호화로움을 누리려면 어리석은 인간들 틈에서 살아서는 안 되며, 오히려 오해와 실수도 즐겁게 만드는 세련된 사람들과 살아야 한다—그렇지 못할 때는 혹독한 보상을 받으리라! "그는 나를 칭찬한다. 다시 말해 그는 나를 인정한다"—이러한 터무니없는 결론은 우리 은둔자 삶의 절반을 좀먹는다. 그것은 우리 이웃이나 우정 안에 멍청이들을 끌어들이기 때문이다.

284

자부심을 가지고 평온하게 살라. 언제나 초연하라…… 자기 감정을, 찬성이나 반대의 생각을 마음껏 지니고 또 버려라. 몇 시간이고 내려가라. 마치 말을 타듯, 때로는 나귀를 타듯, 그것을 제어하라—이러한 것들의 불꽃도, 우둔함도 이용할 줄 알아라. 우리의 눈을, 더구나 우리의 '깊은 곳'을 아무에게도 보여서는 안 될 경우도 있기에, 300개의 얼굴을 지니고 또 검은 안경을 갖고 있어라. 그리고 예의라 불리는 무엄하고도 쾌활한 악덕을 동반자로 삼으라. 용기, 통찰, 공감, 고독, 언제나 이 네 가지 덕의 소유자가 되라. 우리에게 고독이란 순결의 높은 충동으로서 하나의 덕이기 때문이다. 그리고 이 순결에 대한 갈망은 알고 있다. 인간과 인간의 접촉—'사교계'—에 있어 불결이 얼마나 피하기 어려운가를. 모든 공동생활은 언젠가, 어디선가, 어떻게 해선가 인간을—'비천'하게 만든다.

285

가장 위대한 사건과 사상은—또한 가장 위대한 사상은 가장 큰 사건이기도 하다—이해되기가 가장 어렵다. 시대를 같이하는 세대는 그러한 사건을 체험하지 못한다. 그들은 그 언저리에서 살아가는 데 지나지 않는다. 여기서 별들의 세계에서와 같은 일이 생긴다. 가장 멀리 있는 별빛은 인간에게 이르는 데 가장 오래 걸린다. 그 빛이 다다르기 전에는 인간은 거기에 별이 있다는 사실을 부정한다. "하나의 정신이 이해되기까지 몇 세기가 필요한가?"—이것 또한 하나의 척도이다. 사람은 그것을 기준으로 필요한 정신이나 별의 등급을 결정한다.

286

"여기에 전망은 펼쳐지고, 정신은 고양된다."—그러나 이와 상반되는 부류의 인간도 있다. 그는 높은 산에 올라 전망이 펼쳐져도—아래를 굽어볼 뿐이다.

287

고귀함이란 무엇인가? 오늘날 우리에게 '고귀함'이란 말은 무엇을 의미하는가? 이제 시작되고 있는 천민 지배의 이 무겁게 늘어진 하늘—그것으로 인해 전체가 불투명하고 답답해진다—아래 고귀한 인간은 어떻게 나타나고, 어떻게 알게 되는가? 그것을 입증하는 것은 행위가 아니다. 행위란 언제나 애매한 것이며 헤아리기 어렵다. 또 '사업'도 아니다. 오늘날 예술가나 학자들 사이에는 그가 얼마나 고귀한 것에 대한 깊은 갈망에 빠져 있는가를, 그 사람의 작품이 말해 주고 있는 예는 얼마든지 있다. 이 고귀한 것에 대한 갈망은 고귀한 정신 자체에 대한 갈망과는 근본적으로 다르다. 그뿐만 아니라 고귀함의 결핍을 나타내는 가장 웅변적이고도 위험한 표지일 수도 있다. 여기서 결정하고 순위를 확정하는 것은—낡은 종교적 방식을 새롭고 좀더 깊은 의미로 다시 한 번 사용한다면—그것은 사업이 아니라 신앙인 것이다. 고귀한 정신이 스스로에 대해 가지고 있는 근본적 확신, 구할 수도 없고 찾을 수도 없으며, 어쩌면 또한 잃을 수도 없는 그 무엇이다. 고귀한 정신은 자기 자신에 대한 존경심을 갖는다.

288

어쩔 수 없이 정신을 지닌 인간들이 있다. 그들이 제아무리 자유롭게 몸을 돌리고 뒤틀 수 있다 해도, 또는 기만적인 눈앞에서 두 손을 맞잡을 수 있다 해도—마치 손은 배반자가 아닌 것처럼 말이다—결국 그들이 무언가를 감추고 있다는 것이 드러난다. 즉 정신을 가지고 있다는 사실이다. 가능한 한—이는 일상생활에서 때때로 사람을 속이고, 자기를 실제보다 더 어리석게 보이게 하는—이는 일상생활에서 때때로 우산처럼 바람직한 것이다—가장 교묘한 수단 가운데 하나는 열광이다. 그리고 본디 열광에 속하는 것은 모두 그런 구실을 한다. 이를테면 덕. 왜냐하면 그런 일을 알고 있었음에 틀림없는 갈리아니가 말하듯이—덕은 열광이기 때문이다.

289

은둔자의 저술에서는 언제나 황야의 메아리가 들린다. 또한 고독의 겁먹은 눈으로 주위를 둘러보는 속삭임이 들린다. 그의 가장 힘 있는 말에서, 그의 부르짖음에서도 어떤 새롭고 위험한 종류의 침묵이 울린다. 가는 해도 오는 해도, 낮에도 밤에도 그는 홀로 자기 영혼과만 친숙하게 말다툼하며 앉아 있다. 또한 그의 동굴—미로일 수도, 황금의 광경일 수도 있는—안에 앉아 곰이거나 보물의 채굴자, 수호자, 용이 되어 있다. 그리하여 그런 사람의 관념은 어떤 어스름의 색조를 띠고, 깊이와 함께 곰팡내가 나며, 어딘가 말하기 어렵고, 말하기 싫은 것이 있어 옆을 지나가는 사람에게는 싸늘하게 보인다. 이러한 은둔자는 지금까지 언제나 철학자가 은둔자였다 믿기 때문에, 일찍이 철학자가 그의 마지막 사상을 책에 쓸 수 있었다고 믿지 않는다―책이라는 것은 그야말로 사람이 자기에게 숨겨둔 것을 감추기 위해 쓰이는 게 아닐까?

철학자가 '궁극적이고 실제적인' 사상을 가질 수 있을까? 물론 그는 의심한다. 그의 내부에는 점점 더 깊은 동굴들이 놓여 있고, 또 놓여 있을 수밖에 없지 않은가? 또 표면으로 나오면, 더욱 드넓고 낯설고 풍부한 세계가 놓여 있지 않은가? 모든 기반, 모든 '근거' 아래는 하나의 심연이 있지 않은가? 모든 철학은 결국 전경(前景)의 철학이다―이것이 은둔자의 판단이다. 그는 회상에 잠긴다. "그 철학자가 여기에 서 있었고, 돌아보고 둘러보았다는 것, 또한 더 깊이 파보지 않고 삽을 여기다 내던졌다는 것, 거기에는 무언가 자의적인 것이 있다―거기에는 또한 무언가 의심스러운 것이 있다." 모든 철학은 또 하나의 철학을 감추고 있다. 모든 사상은 도피적이며, 모든 말은 가면이다.

290

깊이 있는 사상가는 오해받는 것보다 이해되는 것을 두려워한다. 오해로 인해 상처를 받는 것은 어쩌면 그의 허영심뿐이다. 그러나 이해로 인해 상처를 입는 것은 그의 심정이며 공감이다. 그것은 늘 이렇게 말한다. "아, 어째서 그대들은 나처럼 인생을 그렇게 어렵게 생각하려 하는가?"

291

복잡한 피조물, 기교적이고 불투명한 동물―인간. 인간은 다른 동물들에게는 힘으로보다도 간계와 영리함으로 인해서 믿을 수 없는 존재이지만, 또한 자기 영혼을 단순히 즐기기 위해서 양심의 평안이라는 것을 만들어 냈다. 모든 도덕은 대담하고도 오랜 기간의 기만이며, 인간은 그것으로 해서 겨우 영혼과 마주하며 즐길 수 있게 되었다. 이러한 관점에서 볼 때, 흔히 믿고 있는 것보다 훨씬 더 많은 것이 '예술'의 범주에 속한다.

철학자란 끊임없이 이상한 사물을 체험하고, 보고, 듣고, 의심하고, 희망하고, 꿈꾸는 인간이다. 자기 자신의 사상에 의해 외부로부터, 위로부터, 아래로부터 얻어맞는다. 이것이야말로 그에게 특유한 사건이며 번갯불이다. 어쩌면 그 자신이 새로운 벼락을 잉태하는 폭우인지도 모른다. 이 숙명적인 인간을 둘러싸고, 언제나 누군가가 울부짖고, 신음하고, 갈라지며, 무서운 일들이 일어나고 있다. 철학자는, 아아, 때로는 스스로 도망하고, 때로는 스스로를 두려워한다―하지만 그 참을 수 없는 호기심은 그를 몰아 언제나 또다시 '자기에게 돌려보낸다'.

"이것은 내 맘에 든다. 나는 이것을 갖고, 보호하고, 누구에 대해서나 방어하겠다" 말하는 사람. 한 가지 일을 완성하고, 하나의 결심을 수행하고, 하나의 사상에 충실하고, 한 여성을 지키고, 강한 적을 무찌를 수 있는 사람. 자기 분노와 칼을 지니고, 약한 자, 고민하는 자, 학대받는 자, 또한 동물들이 기꺼이 그의 앞에 엎드려 마음으로부터 따르는 사람. 즉 태어날 때부터 지배자인 사람―그런 사람이 동정을 갖는다면, 그 동정에는 가치가 있다! 그러나 고민하는 자들의 동정이 무슨 소용이 있는가! 또 동정을 설교하는 자의 동정이 하는 일이 무엇이냐!

오늘날 유럽 곳곳에는 고통에 대한 병적인 민감성과 신경과민이 있다. 마찬가지로 달갑지 않고 절제되지 못한 탄식이 있다. 종교나 철학의 허튼소리를 뭔가 고상하게 꾸며보려는 사탕발림이 있다―또한 고민의 우상화가 있다. 이러한 탐닉자 집단에 의해 '동정'이라 불리는 유약함이 늘 우리 눈앞에 비친다―이 새로운 종류의 악취미는 단호하고 철저하게 쫓아버려야 한다. 끝으로 나는 거기에 대한 좋은 부적으로서 사람들이 '가이 사베르(gai saber)'를 가슴과 목에 걸고 다니기를 바란다. 이것을 독일인에게 알기 쉽게 말하면―'즐거운 지식'이라 한다.

294

올림포스적인 악덕─순수한 영국인답게, 모든 사색하는 인간에게서 웃음에 대한 악평을 얻으려 한 철학자에 반항해서─"웃음이란 인간성의 좋지 못한 약점이니, 모든 생각하는 인간은 이를 극복하도록 노력해야 하리라"(홉스)─나는 감히 이렇게 말하련다─웃음의 순위에 따라서 그 철학자의 순위도 정해진다. 그중 높은 위치에 있는 자에게는 황금의 웃음까지도 가능하다고. 많은 추론으로 나는 신들도 철학을 한다고 믿는데, 만일 그렇다면─의심할 것도 없이 신들은 철학을 하면서 초인적이고도 새로운 웃음을 웃을 줄 알 것이다. 그것도 모든 엄숙한 것들을 전부 희생하면서까지 말이다! 신들은 비웃음을 사랑한다. 그들은 성스러운 의식을 치르는 동안에도 웃음을 멈출 줄 모르는 것처럼 보인다.

295

심정의 천재, 이것을 저 위대한 은둔자는 지니고 있다. 이 은둔자는 유혹하는 신이며, 인간의 양심을 꾀어내는 마술사이다. 그 목소리는 모든 영혼의 지하 세계에까지도 내려갈 수 있고, 그가 내뱉는 한 마디의 말, 그가 던지는 한 번의 눈초리에도 유혹의 동기와 낌새가 그늘져 있다. 그는 절묘한 신비로움으로 자신을 나타내지만 자기 본성을 엿보이는 일이 없고, 그를 좇는 자들을 강요해 마지않는 그런 것이 되어 나타난다. 그것으로 그들은 그의 주위에 몰려들고 더욱 진심으로, 땅끝까지도 그의 뒤를 좇아간다─이런 심정의 천재는 모든 시끄럽고도 스스로 만족한 자를 침묵시키고, 경청하는 법을 가르친다. 거친 영혼을 부드럽게 하며, 거기에 누워서 깊은 하늘을 그곳에 비치게 하려는 조용한 거울처럼 새로운 소원을 맛보게 한다. 그리고 무디고 성급한 손에는 망설이며 상냥하게 잡는 법을 가르쳐 준다. 그는 감춰 둔 잊힌 보물─선의와 감미로운 정신의 물방울을 어둡고 두터운 얼음 밑에서도 찾아내며, 오랫동안 진흙과 모래 속에 묻혀 있던 황금의 낟알을 찾아내는 마법의 지팡이다.

이런 심정의 천재와 접촉하면 누구나 풍성함을 더하게 되는데, 이는 은혜를 받고 놀라서 그런 것도 아니고, 미지의 재물로 행복해지고 짓눌려서도 아니다. 오히려 열리면 앞서보다도 자기 자신에게 있어 더욱 풍성하며 새롭고, 찢기고, 얼음을 녹이는 바람에 날려서 감춰 둔 마음을 들추어 보고, 아마 전보다도 불확실하고 연약하며 부서지기 쉽고 깨지지만, 아직 이름도 모르는 희망으로 가득 차고, 새로운 의지와 흐름이 넘쳐흐르며, 새로운 적의와 역류가 넘쳐흐른다—하지만 친구들이여! 나는 무슨 말을 하고 있는 것인가? 그대들에게 누구에 대한 얘기를 하려는 것인가? 우리는 자신을 잊고 그 사람의 이름을 듣는 것조차 잊었단 말인가? 아니다. 이런 말을 늘어놓아 찬양을 받는, 저 수수께끼의 정신과 신을, 그대들은 이미 짐작했을 것이다. 이미 어린 시절부터 낯선 나라를 떠돌아다닌 자들이 그렇다시피 내가 가는 길에도, 위험한 많은 이상한 정신이 지나갔다. 더구나 다른 것보다도 지금 내가 말한 자가 여러 번을 지나갔다. 그자가 바로 디오니소스였다. 저 위대한 다의(多義)의 신, 유혹하는 신이었다. 옛날에 그 신에게, 그대들도 알듯이 나는 엎드려 남몰래 내 처녀작을 바쳤다. 생각건대 나는 그에게 희생을 바친 마지막 인간일 것이다. 왜냐하면 내가 그 무렵에 했던 일을 이해한 사람은 하나도 없었기 때문이다. 그 뒤로 나는 그 신의 철학에 대해서 많은 것을—너무나도 많은 것을 배웠다.

앞에서도 말한 바와 같이 디오니소스 신의 마지막 사도, 그 깊은 뜻을 터득한 인간, 바로 나는 직접 전수를 받았다. 아마도 이제 나의 친구여, 나는 나에게 허락된 한, 그 철학의 얼마간을 그대들에게 맛보게 하는 일을 시작해도 좋지 않을까? 하지만 그것도 나직한 목소리로 해야겠지. 왜냐하면 여기서 이야기되는 것은 갖가지 비밀스러운 것, 새로운 것, 낯선 것, 기적적인 것, 무서운 것이기 때문이다. 디오니소스가 철학자이며, 신들도 철학을 하다니—이것은 새로운 이야기이고 아마 사람을 당황하게 하고, 철학자들 사이에 불신을 자아낼지도 모르겠다—그대들 사이에서는, 나의 친구여, 그것이 너무 늦게 오거나 적당한 때를 놓치지만 않는다면 몰라도 이미 부정되지 않을 것으로 안다. 들은 바에 의하면 그대들은 오늘날 이미 신과 신들을 믿지 않기 때문이다. 어쩌면 나는 내 이야기를 하면서 너무 솔직한 나머지 그대들의 귀가 갖고 있는 완고한 습성에 기분 좋게 들리는 것보다 더욱 나아가야 될지도 모르겠다. 확실히 위에서 말한 신은 그런 대화를 할 때는 늘 나보다도 훨씬 몇 걸음을 앞서고 있었다……사실, 만일 습관대로 그에게도 화려하고 엄숙한 장식의 이름이나 도덕의 이름을 붙이는 것이 허용된다면, 나는 탐구자로서 그리고 발견자로서 그의 용기나 대담한 솔직성과 성실성, 그리고 예지에 대한 사랑 등에 대해서 아름다운 말을 늘어놓아야 할 것이다. 그러나 그와 같은 신은 그런 모든 굉장하고도 어리석은 장식과는 전혀 상관이 없다. "이것을 다른 자를 위해 보존하라"고 그는 말할 것이다. "그대와 그대와 같은 자들과, 그 밖에 그것을 탐내는 자를 위해서! 나는 내적나라함을 감출 필요는 없다!" 말할 것이다.

사람들은 그런 부류의 신이나 철학자는 수치를 모르는 것이 아닌가 하고도 생각한다—어느 땐가 신은 "어떤 조건에서는 나는 인간을 사랑한다"고 말했다. 그렇게 말하면서 그는 그 자리에 있던 아리아드네를 넌지시 암시했던 것이다. 인간은 유쾌하고 기운차고 창조적인 생물이며, 지상에는 그와 비교될 것이 없다고 나는 생각한다. 그리고 어떻게 하면 그를 더욱 전진시킬 수 있을까를 생각한다. 그를 지금보다도 강하고 더욱 악하게, 보다 깊이 있게 할 수 있을지를 생각한다. "보다 강하고, 보다 악하고, 보다 깊이 있게라니?" 나는 깜짝 놀라서 물었다. "그렇다"고 그는 다시 한마디 했다. "보다 강하고, 보다 악하고, 보다 깊이 있게, 게다가 보다 아름답게"—그렇게 말하고 그 유혹자인 신은 마치 매력적인 인사라도 한 듯 조용히 미소를 띄웠다. 여기에서 알 수가 있으리라. 이 신에게 모자라는 것은 그저 수치심만이 아님을. 그리하여 우리는 충분한 이유를 가지고 추측할 수 있는데, 어떤 일에 대해서는 신들도 모두 우리 인간에게 찾아와서 배울 수 있을 것이다. 우리 인간이—그들보다 더 인간적이기 때문이다.

296

아아, 내가 쓰고 그린 사상이여, 도대체 그대들은 무엇이란 말인가? 얼마 전까지만 해도 그대들은 다채롭고, 젊고, 악랄하고, 가시가 가득하고, 숨겨진 양념이 넘치고 있었지. 그 때문에 나는 재채기를 하고 웃었을 정도였다—그런데 지금은? 그대들은 이미 참신함을 버렸고, 겁나는 일이지만 그 가운데 몇 명은 이미 진리가 되려 하고 있다. 이미 그 겉모습은 그처럼 불멸하고, 그처럼 절실하리만큼 솔직하고 지루하다! 하지만 그렇지 않은 적이 한 번이라도 있었던가? 도대체 우리는 무엇을 쓰고 그릴 수 있단 말인가? 중국 붓으로 끄적이는 관리인 우리는, 사물에 의해서 쓰기를 강요당하고 사물을 불멸화시키는 우리, 우리가 도대체 혼자서 무엇을 그려낼 수 있단 말인가? 아아, 그저 막 시들어 가고 향기를 잃기 시작하는 것뿐이로다! 아아, 언제나 힘이 다하여 사라져 가는 폭풍우와 누렇게 시들어 가는 감정뿐이로다! 아아, 끊임없이 날다 지쳐 되돌아와서 이제는 손으로도—우리의 손으로도 사로잡을 수 있는 새뿐이로다! 우리가 불멸의 것으로 만들 수 있는 것은 이미 오래 살지 못하고 날 수도 없는 것, 지치고 무르익은 사물들뿐이로다!

그렇게 하여 쓰이고 그려진 나의 사상이여. 나는 오로지 그대의 오후를 위해서만 물감을 지니고 있구나. 아마 여러 가지 물감을, 많은 다채로운 부드러움과 50개가 넘는 노란색, 갈색, 초록색, 붉은색을 가지고 있도다. 그런데 그대들의 오전에서 그대들이 어떠했는지를 내게 알려주는 자는 하나도 없구나. 그대들, 나의 고독에서 태어난 폭발적인 불꽃이여, 기적이여, 그대들, 나의 오래된 사랑스러운—나쁜 사상이여!

높은 산에서
후곡(後曲)

인생의 한낮이여! 오, 장엄한 시간이여!
오, 여름의 정원이여!
지켜 서서 기다리는 마음은 행복한 불안에 떨어
밤이나 낮이나 나는 친구를 그리워하노라.
어디에 있는가, 친구여? 때가 왔노라. 어서 오라!

오늘, 잿빛 빙하를 장미로 수놓음은
그대들을 위한 것이 아니던가?
실여울도 그대를 찾고, 바람도 구름도 애타게 그리워하며
아득하게 먼 새의 시선으로 그대들을 바라보고자
보다 높은 푸른 하늘로 한없이 치닫는다.

내 그대들을 위해 가장 높은 곳에 식탁을 마련했나니—
그리도 별 가까이
그리도 무서운 아득한 심연에 누가 살고 있는가?
나의 왕국—실로 넓게 뻗어나간 왕국이 아니던가?
나의 꿈—그것을 맛본 이 그 누구인가?

이제 왔구나, 친구들이여!—아 슬프도다.
그대들이 찾은 것은 내가 아니던가?
그대들은 머뭇거리며 놀라는구나—차라리 분노하라!
내가 아니란 말이냐? 손도 발도 얼굴도 변했단 말인가?
친구들에게 이미 나는, 내가 아니던가?

나는 다른 사람이 되었는가? 나 스스로에게 낯설고
나 스스로를 뛰어넘어서?
너무나도 자주 자신의 목을 비틀던 격투자
너무나도 자주 자신의 능력을 거역하고
자신의 승리로 저지당한 부상자로다!

내가 찾는 곳은 그지없이 매섭게 바람이 부는 곳
내가 살고 배운 곳은
아무도 살지 않는 땅, 북극곰이 사는 황량한 세계.
인간과 신도, 저주와 기도조차 잊고
빙하를 건너가는 망령이 되었단 말인가?

그리운 친구들이여! 보라! 돌아보는 그 얼굴은 창백하고
그대들은 사랑과 공포에 사로잡혔구나.
가라! 화내지 말고! 이곳은—

여기 아득한 빙하와 바위의 나라는
그대들이 살 곳이 아니다.
여기서는 사냥꾼이 되고 사슴이 되어야 하나니.

나는 나쁜 사냥꾼!—보라, 나의 활이
얼마나 팽팽하게 당겨졌는지!
이런 시위를 당기는 자는 가장 강한 자이다—
그런데 슬프도다! 이 화살은 어떤 화살보다도 위험하구나.
여기서 떠나라! 그대들의 생명을 위해!

그대들은 이미 사라져 버렸구나! 오, 나의 마음이여, 잘도 견디었다.
그대의 희망은 강하게 남아 있도다.
이제 그대의 새로운 친구를 위해 문을 활짝 열어두라!
낡은 것을 버리고 기억도 쫓아내라!
한때 그대는 젊었지만, 이제—그대는 더욱 젊도다!

지난날 우리를 묶어주었던 것은, 같은 희망의 끈—
한때 사랑이 적어놓은 빛바랜 그 글씨를
이제는 그 누가 읽을 것인가?
그것은 마치 온통 그을리고 메마른 양피지와도 같이
손대기도 꺼려지노라.

오! 더 이상 친구가 아니도다! 어떤 이름으로 부를까?—
단지 친구의 망령일 뿐이구나!
밤마다 찾아와서 내 마음의 창문을 두드리고
나를 바라보며 말한다. "우리는 친구였다."
—오, 한때는 장미처럼 향내 풍기던, 이제는 시들어 버린 말들이여!

스스로를 이해하지 못했던 젊은 날에 대한 그리움이여!
내가 애타게 그리워했던 이들, 나와 같은 피로써 변해 간다고 여겼던 이들
그들도 늙어서 나와 헤어졌노라.
오직 변하는 자만이 나와 인연이 있도다.

인생의 한낮이여! 두 번째 청춘이여!
오, 여름의 정원이여!
밤이나 낮이나 나는 친구를 그리워하노라.
새로운 친구들이여! 어서 오라! 오라! 때가 왔노라!

이 노래는 끝나고─달콤한 그리움의 부르짖음은
내 앞에서 스러졌노라.
마술사의 짓인지, 때맞춰 찾아온 친구
한낮의 친구─아니, 그가 누구인지 묻지 마라.
바로 그 한낮에, 하나는 둘이 되었다.

이제 하나로 뭉친 승리를 확신하고
축제를 열자구나, 축제들 가운데 축제를!
손님들 가운데 손님, 내 친구 차라투스트라는 왔도다
이제야 세계는 웃는다. 끔찍한 장막은 찢고
빛과 어둠을 위한 결혼식이 시작되도다.

Götzen-Dämmerung

우상의 황혼

강두식 옮김

머리글

암담하고 어마어마한 책임 있는 문제 속에서도 그 명랑함을 유지할 수 있다는 것은 결코 사소한 일이 아니다. 어쨌든 명랑함보다 더 필요한 것이 또 어디 있단 말인가? 자부심이 따르지 않고서는 아무것도 이룩할 수 없다. 힘이 넘쳐 흘러야만 힘이 있다는 증거가 된다.

모든 가치의 재평가를 기록하는 바로 그 사람 위에 그림자를 던지는 그처럼 새까맣고 거대한 이 물음표—이와 같은 숙명적인 일은 매 순간 그것을 실행하는 자에게 밝은 햇빛 속으로 달려나가게 함으로써 그 너무나도 무거운 엄숙함을 떨쳐버릴 것을 강요한다. 그것을 위한 모든 수단은 정당하다. 그리고 모든 '경우'가 하나의 행운이다. 특히 전쟁이 그렇다. 전쟁이란 언제나 너무나도 내면적으로, 그리고 너무나도 깊이 정신이 행했던 위대하고 재치 있는 일이었다. 부상을 당한 경우도 치료법은 있게 마련이다. 학문적 호기심이 강한 학자들을 위해 나는 그 출처를 밝혀두지 않지만, 다음 잠언은 오랫동안 나의 좌우명이었다.

상처로 인해 정신이 성장하고 힘이 회복된다(Increscunt animi, virescit volnere virtus).

(사정에 따라서는 나에게 한층 더 바람직한) 또 하나의 치료법은 우상을 진단하는 것이다. 이 세상에는 실제보다 훨씬 더 많은 우상들이 있다. 이것은 이 세상에 대한 나의 '심술궂은 눈'이며, 또한 '심술궂은 귀'이기도 하다. 여기서 쇠몽둥이를 가지고 물음을 던져서 그 대답으로 아마도 부푼 내장에서 나오는 저 공허하고도 유명한 울림을 들을 것이다. 그 소리는 귀 뒤에 다른 귀를 또 갖고 있는 자를 어찌나 황홀하게 하는지, 늙은 심리학자이면서 민중의 유혹자인 나를 어찌나 황홀하게 하는지.

이 책 또한—그 제목이 나타내는 바와 같이—무엇보다도 하나의 휴식, 햇살

한 점, 한 심리학자의 한가로운 시간으로의 도약이다. 어쩌면 그것이 또한 새로운 전쟁일까? 그리고 새로운 우상들이 드러날 것인가? 이 작은 책은 하나의 커다란 선전포고이다. 그리고 우상의 진단에 대해서 말한다면, 여기서 소리굽쇠로 치듯이 쇠몽둥이로 치는 것은 결코 한 시대의 우상이 아니라 영원한 우상들이다. 아마도 이보다 더 오래된, 이보다 더 확실한, 이보다 더 커진 우상은 일찍이 없었을 것이다―또한 이보다 더욱 공허한 우상도 없었을 것이다. 그럼에도 그들은 가장 신봉되었다. 더구나 가장 중요한 경우에 그들 우상은 결코 '우상'으로 불리지도 않았다.

토리노에서, 1888년 9월 30일.
〈모든 가치의 재평가〉 제1권이 완성된 날.

프리드리히 니체

잠언과 화살

1

빈둥거림은 모든 심리학의 시작이다. 뭐라고? 그렇다면 심리학이 하나의 악덕이란 말인가?

2

우리 중에 가장 용감한 자라 할지라도, 자기가 진정한 의미에서 알고 있는 것을 실천하는 용기는 아주 드물다.

3

세상에서 혼자 살기 위해서는 사람은 짐승이 되든가 신이 되든가 해야 한다고 아리스토텔레스는 말했다. 그러나 제3의 경우는 신이면서 짐승이 되어야 한다—철학자여야 한다.

4

"모든 진리는 단순하다." 이것은 이중의 거짓말이 아닐까?

5

나는 한번에 모든 것을 알려고 하지 않는다. 지혜는 인식에도 그 한계를 둔다.

6

자신의 부자연스러움에서, 자기의 정신성에서 회복하는 가장 좋은 방법은 바로 타고난 본성을 찾는 것이다.

7

뭐라고? 인간이 한낱 신의 실수일 뿐이라고? 아니면 신이 그저 인간의 실수에 지나지 않는 걸까?

8

인생의 병영(兵營)에서 나를 죽이지 못하는 것은 나를 더 강하게 만든다.

9

그대 스스로를 도우라. 그러면 누구든지 그대를 도우리라(이웃 사랑의 원리).

10

비겁하게 행동하지 않게끔 하라! 적어도 한 번 저지른 행위를 그대로 저버리지 않게끔 하라! 양심의 가책은 야비한 짓이다.

11

나귀가 비극적일 수 있을까? 자신이 짊어질 수도 내던져 버릴 수도 없는 무거운 짐에 짓눌려 죽게 되니까? 이것은 철학자의 경우이다.

12

만일 사람이 자기 삶의 이유인 '왜'를 알고 있다면, 그는 거의 모든 과정인 '어떻게'를 곧잘 해낼 것이다. 인간이란 행복을 바라며 노력하는 것은 아니다. 다만 영국인만이 그럴 뿐이다.

13

남자가 여자를 창조했다—도대체 무엇으로? 그의 신—그의 '이상'의 갈비뼈로.

14

그대는 무엇을 찾고 있는가? 그대는 자신을 열 배나 백 배로 크게 만들고 싶은가? 그대는 추종자를 찾고 있는가? 영(零)을 찾아라!

15

유복자는—예를 들면 나와 같은—시기적절한 인물보다 훨씬 이해받지 못하지만, 사람들은 그의 말에 더 귀를 기울인다. 좀더 엄밀하게 말하면 우리 모두는 결코 이해받지 못한다.

16

여성들 사이에서. "진리라고요? 당신은 진리를 모르는군요! 진리란 우리의 수치심을 짓밟는 것이 아닙니까?"

17

이런 부류가 내가 좋아하는 예술가이다. 그의 욕망은 무척 겸손하며, 그가 정말로 바라는 것은 오직 두 가지뿐이다. 즉 그의 빵과 예술—키르케(마녀).

18

자기 의지를 사물에 넣지 못하는 사람은, 적어도 어떤 의미를 그 속에 집어넣는다. 즉 그는 하나의 의지가 이미 그 속에 있다고 믿는다(신앙의 원리).

19

뭐라고? 그대들은 덕을 선택하고 자신의 덕을 자랑하면서, 배려하지 않는 자들의 이익을 부러운 듯이 보고 있는가? 그러나 덕을 가지면 '이익'을 단념해야 한다(어느 반유대주의자의 대문에 적힌 글).

20

완벽한 여성은 조그마한 죄를 저지르는 것같이 문학을 한다. 시험 삼아, 그저 지나는 길에, 누군가가 그것을 알아채지 않나 주위를 두리번거리면서……..

21

어떠한 겉치레의 덕도 가져서는 안 된다. 줄 타는 곡예사처럼 서 있든가 떨어지든가, 그렇지 않으면 도망쳐 버리는 상황 속에 몸을 두어라.

22

"나쁜 사람은 노래를 부르지 못한다." 러시아 사람들이 노래 부르는 것은 어찌 된 일일까?

23

'독일 정신'이란 지난 18년 동안 자기모순이다.

24

기원을 탐구함으로써 사람은 게(蟹)가 된다. 역사가는 뒷면을 바라보고, 마침내 그 뒷면을 믿게 된다.

25

자기만족이라는 것은 감기조차 막아준다. 잘 차려입은 여자가 감기에 걸린 적이 있는가? 나는 여성이 몸에 거의 아무것도 걸치지 않은 경우를 말하고 있는 것이다.

26

나는 모든 체계주의자를 믿지 않고 피한다. 체계를 세우려는 의지는 진실성의 결핍을 뜻한다.

27

사람들은 여자가 깊이 있다고 생각한다. 왜 그럴까? 결코 그 밑바닥에 닿을 수 없기 때문이다. 그렇지만 여자는 얕다고도 말할 수 없다.

28

만일 여자가 남성적인 덕을 가지고 있다면, 우리는 달아나야 할 것이다. 또한 그녀가 아무런 남성적인 덕을 지니지 않고 있다면 그녀 자신이 달아날 것이다.

29

"예전에 양심은 물어뜯을 수 있는 것을 얼마나 많이 가지고 있었던가! 얼마나 튼튼한 이를 가지고 있었던가! 그런데 오늘날은—무엇이 부족한 걸까?" 어느 치과의사의 물음.

30

성급한 데서 저지르는 실수는 단지 한 번만으로 끝나는 일이 거의 없다. 맨 처음 실수를 저지른 사람은 언제나 지나치게 많은 일을 하려 한다. 그리고 바로 그 때문에 사람들은 또 다른 실수를 한다—그리고 이번에는 너무나도 조심스레 행동하게 된다.

31

밟힌 벌레는 몸을 움츠릴 만큼 현명하다. 이렇게 함으로써 다시 밟힐 가능성을 줄이는 것이다. 도덕적인 용어로 말한다면 겸손이다.

32

어떤 예민한 명예심에서 비롯되는, 거짓에 대한 증오가 있다. 하지만 똑같은 증오가 신(神)의 계율에 의해 금지되어 있는 한, 비겁한 데서 오는 수도 있다. 그 때 우리는 거짓말을 하기에는 너무나도 비겁하다.

33

행복이란 아주 적은 것만으로 채울 수 있다! 백파이프의 소리로. 음악이 없다면 인생은 하나의 오류였을 것이다. 독일 사람은 신마저도 노래를 부른다고 상상한다.

34

"앉아 있지 않고서는 생각할 수도 쓸 수도 없다."(플로베르) 허무주의자여, 나는 이것으로 그대의 정체를 알아냈다! 끈기 있게 앉아서 일을 한다는 것은 성령을 거스르는 죄악이다. 걸으면서 얻은 사상만이 가치가 있다.

35

우리 심리학자도 때로는 말(馬)이 움직이지 않으려고 하듯이 움직이려 하지 않을 때가 있다. 자신의 그림자가 눈앞에서 아른거리는 것을 보기 때문이다. 심리학자란 대체로 무엇을 보기 위해서는 자신에게서 눈을 다른 곳으로 돌려야 한다.

36

우리 도덕적이지 못한 이들은 덕에 해를 끼칠까? 무정부주의자가 군주들을 해치지 않는 것과 같이 해를 주지 않는다. 군주들은 저격을 당한 뒤 비로소 그 왕좌를 확고하게 차지한다. 도덕은 저격당해야 한다. 이것이 바로 도덕이다.

37

그대는 맨 앞에서 달리고 있다고 생각하는가? 그대는 양치기로서 그런가? 그렇지 않으면 예외자로서 그런가? 그것도 아니라면 탈주자로서일 것이다. 첫 번째 양심의 문제.

38

그대는 진정한 자인가? 아니면 한낱 배우일 뿐인가? 대표자인가? 그렇지 않으면 스스로 대표자가 된 것인가? 결국 그대는 남의 흉내를 내는 배우일 뿐이다. 두 번째 양심의 문제.

39

환멸을 느끼는 이가 말한다. 나는 위대한 인간을 찾고 있었다. 그러나 언제나 그들의 이상을 흉내내는 자들을 발견했을 뿐이다.

40

그대는 방관자인가? 아니면 관여하는 자인가? 그렇지 않으면 눈을 돌려 회피하는 자인가? 세 번째 양심의 문제.

41

그대는 누구와 더불어 가려는가? 그렇지 않으면 앞서가려는가? 또는 자기 혼자 제멋대로 가려는가? 사람은 자기가 하고자 하는 일을, 그리고 자기가 무엇을 하고자 한다는 것을 알아야 한다. 네 번째 양심의 문제.

42

이것은 나에게는 여러 개의 발판이었다. 나는 그것을 딛고 올라왔다. 그 목적을 위해서 나는 그 위를 넘어서야 했다. 그러나 그들은 내가 그 위에서 은둔하고 싶어한 줄 안다.

43

내 주장이 옳다는 데 대해 무슨 거리낄 것이 있겠는가! 나는 지금도 지나칠 만큼 옳다. 오늘 가장 잘 웃는 자가 마지막에 웃는 자이다.

44

내 행복의 공식은 하나의 긍정, 하나의 부정, 하나의 직선, 하나의 목표.

소크라테스의 문제

1

어느 시대에나 최고의 현인들은 인생에 대해 똑같은 판단을 내린다. 그것은 부질없다는 것이다. 때와 장소를 가리지 않고 곳곳에서 이 똑같은 말이 그들의 입에서 나왔다. 의혹과 우수와 삶의 피로에 넘쳐 있는, 그리고 삶에 대한 반항에 넘쳐 있는 말을 소크라테스마저도 죽을 때 했다. "산다는 것―그것은 오래도록 병들어 있다는 뜻이다. 나는 아스클레피오스에게 닭 한 마리를 빚졌네." 소크라테스마저도 삶에 지쳐 있었다. 이것은 무엇을 증명하는가? 이것은 무엇을 가리키는가? 예전 같으면 사람들은 이렇게 말했으리라(사실 우리 염세주의자들에 의해 충분히 커다란 목소리로 그렇게 말해져 왔다). "여기에는 어떻든 무엇인가 진실이 있음에 틀림없다! 지혜의 일치가 진리를 증명한다." 우리는 오늘날에도 그렇게 말할 것인가? 그래도 될까? 우리는 이렇게 대답한다. "여기엔 어떻든 무엇인가가 병들어 있음에 틀림없다." 모든 시대의 최고 현인들―그들은 먼저 아주 가까운 거리에서 관찰되어야 한다! 그들 모두 휘청거리는 다리로 서 있던 것이 아닐까? 비틀거리는가? 타락했는가? 늙었는가? 지혜는 어쩌면 부패된 시체 냄새에 흥분된 까마귀처럼 지상에 나타난 것은 아니었을까?

2

위대한 현인들이 몰락의 전형이라는 무례한 생각이 나에게 처음 떠오른 것은, 배운 것이 많든 적든 편견이 가장 강력하게 나의 생각에 맞설 때의 일이다. 나는 소크라테스와 플라톤을 퇴폐의 징조로서, 그리스 해체의 도구로서, 사이비 그리스적, 반(反)그리스적인 것으로 인식했다(《비극의 탄생》 1872년). 철학자들은―나는 차츰 명확하게 이것을 알게 되었지만―그들이 한결같이 인정한 것이 정당했음을 조금도 증명하지 않는다는 점에서 일치한다. 그것은 오히려 최고 현인들 스스로가 삶에 소극적 태도를 취하게 하는 어떤 생리적인 작용이 똑같이 일치했음을 증명한다. 인생에 대한 판단, 가치판단은 긍정적이든 부정적이든 간에 결국 진실일 수 없다. 그들은 단지 징조로서 가치가 있고, 징조로서 문제가 될 뿐이다. 그 자신으로서는 그러한 판단이란 어리석은 일이다. 그러나 사람은 인생의 가치를 평가할 수 없는 이 놀랍고도 깊은 뜻을 붙잡으려고 모든 힘을 다해야 한다. 살아 있는 인간은 공평한 심판관이 아니라 바로 그 당사자이자 논쟁의 대상이기 때문에 그것을 할 수 없으며, 죽은 인간은 또 다른 이유에서 그것을 할 수 없다. 이러한 까닭으로 철학자 측에서 인생의 가치 속에 어떤 문제를 본다는 것은 철학자에게 또 하나의 불리한 반증이며, 그의 지혜에 관한 하나의 의문부호이고 무지이기도 하다. 그렇다면 이들 모든 위대한 현인들은 퇴폐주의자였을 뿐 아니라 현명하지도 않았다는 말인가? 아무튼 다시금 소크라테스의 문제로 되돌아가 보자.

3

소크라테스는 그 출신으로 보면 최하층에 속해 있었다. 그는 천민이었다. 우리는 그가 얼마나 못생겼는지 잘 알고 있다. 지금도 우리는 눈으로 볼 수 있다. 그에게 불리할 수도 있는 못생겼다는 사실은, 그리스 사람들 사이에서는 거의 반발을 일으킬 수 있는 일이었다. 어쨌든 소크라테스가 그리스 사람이었던가? 못생겼다는 것은 혼혈이나 그 혼혈로 저해된 발달의 표시임은 있음직하다. 그렇지 않으면 이것은 쇠퇴적 발달로 나타난다. 범죄학자 가운데 인류학자는, 전형적 범죄자란 못생겼다고 우리에게 말한다. 즉 외모도 괴물, 영혼도 괴물 (monstrum in fronte, monstrum in animo)이라는 것이다. 그러나 범죄자는 하나의 퇴폐주의자이다. 소크라테스는 전형적 범죄자였던가? 적어도 소크라테스의 친구들에게는 무척 불쾌하게 들렸겠지만, 유명한 관상가의 판단은 그와는 모순되지 않는 것 같다. 아테네를 지나던 관상에 조예가 깊은 어떤 이방인이 소크라테스에게, 당신은 정말 괴물이며—모든 악덕과 욕망을 마음에 지니고 있다고 말했다. 소크라테스는 단지 이렇게 대답할 뿐이었다. "당신은 나를 잘 알고 있군요!"

4

소크라테스가 퇴폐주의자였음을 암시하는 것은 여기서 승인된 바와 같은 여러 가지 본능에서 볼 수 있는 야만적이고 무정부적인 것만은 아니다. 지나친 논리와 그의 특색을 이루고 있는 좌절된 악의도 그것을 드러내고 있다. '소크라테스의 다이모니온'이 종교적으로 해석되어 온 저 환청까지도 우리는 잊어서는 안 된다. 그에게는 모든 것이 과장되어 있으며 희극적이고, 하나의 캐리커처이다. 동시에 숨겨져 있으며 가려져 있고 지하적이다. 행복과 동일시된 이성과 덕이라는 소크라테스의 사상—이 세상 모든 등식 가운데 가장 괴이하고, 더욱이 고대 그리스 사람의 모든 본능에 거슬리는 것이 어떠한 특이체질에서 유래되는 것인지를 나는 알고 싶다.

5

소크라테스와 더불어 그리스의 취향은 변증법에 알맞게끔 급작스레 변한다. 도대체 무슨 일이 일어났던가? 무엇보다도 그 사건과 더불어 고귀한 취향이 패배했던 것이다. 천민이 변증법과 더불어 위로 솟아올랐다. 소크라테스 이전의 선량한 사회에서는 변증법적인 수법이 배척되었다. 그것은 좋지 못한 수법이라고 간주되었으며, 위험한 것으로 생각되었다. 사람들은 젊은이가 그 속에 빠지지 않도록 경계했다. 또한 자기의 모든 근거를 변증법으로 드러내려 하지 않았다. 훌륭한 인간과 똑같이 자기의 근거를 그처럼 손에 걸치고 있지는 않는다. 다섯 손가락을 활짝 펼쳐 보이는 것은 버릇없는 짓이다. 먼저 자기를 증명해야 하는 일은 그다지 가치가 없다. 대체로 권위가 좋은 풍습에 속하고, 논증하지 않고 오히려 명령하고 있는 곳에서는 변증가라는 것은 어떤 익살꾼이다. 사람들은 그를 보고 웃지만 진지하게 대하지는 않는다. 소크라테스는 스스로를 진지하게 다룬 익살꾼이었다. 도대체 여기에 무슨 일이 일어났단 말인가?

6

사람들이 변증법을 선택하는 것은 다른 수단이 없기 때문이다. 사람들은 변증법이 불신을 불러오고, 사람을 설득할 수는 없다는 사실을 알고 있다. 변증법보다 더 쉽게 무효화될 수 있는 것은 없다. 대체로 논의가 속출하는 여러 집회의 경험이 그것을 증명한다. 변증법은 다른 무기를 지니지 않는 사람들에게는 정당방위가 될 수 있다. 사람은 자기 권리를 강하게 주장해야 한다. 그때까지는 변증법을 전혀 사용하지 않는다. 그러므로 유대인은 변증가였다. 여우 르나르도 변증가였다—그렇다면 소크라테스 또한 변증가였던가?

7

소크라테스의 모순은 반항의 표현인가? 천민이 품는 원한의 표현이었던가? 그는 피압박자로서 삼단논법의 단도로 찌르면서 그 자신의 잔인성을 즐기고 있었는가? 그는 자기에게 매혹된 귀족들에게 복수를 하고 있었는가? 변증가로서 그는 무자비한 무기를 그의 손에 지니고 있다. 이것으로써 그는 맹렬하게 폭격을 가할 수 있다. 그는 승리를 거두면서도 위험 속에 스스로를 드러낸다. 변증가는 자신이 바보가 아니라는 증명을 그의 논적에게 맡겨두고 있다. 그는 상대를 화나게 한다. 동시에 어찌할 바를 모르게 만든다. 변증가는 그의 논적 지능을 멍들게 한다. 그렇다면 변증법은 소크라테스에게서 볼 수 있는 복수의 한 형식에 지나지 않았던가?

8

나는 소크라테스가 무엇으로 사람을 떠밀어 버렸는가를 설명했다. 그러나 한층 더 중요한 것은, 그가 어떻게 사람을 매혹했는가를 설명하는 일이다. 그가 경기의 새로운 종류를 발견했다는 것, 그가 아테네 귀족 사회에서 첫째가는 달인이었다는 것이 사람들을 사로잡게 된 이유이다. 그는 그리스 사람의 경기 충동을 부추기면서 사람들을 매혹했다. 그는 젊은이들과 소년들 사이의 격투에 변화를 불러왔던 것이다. 소크라테스는 또한 위대한 연애론자였다.

9

그러나 소크라테스는 훨씬 더 많은 것을 알아냈다. 그는 고귀한 아테네 사람들을 꿰뚫어 보았다. 그는 자신처럼 특이한 성격을 가진 사람들이 더는 예외적이지 않다는 사실을 이해했다. 곳곳에 같은 종류의 퇴화가 소리 없이 준비되어 있었다. 그리고 옛 아테네는 멸망해 가고 있었다. 그리하여 소크라테스는 전 세계가 그를—그의 방법, 치료법, 개인적 보신술을 필요로 하는 것을 알았다. 곳곳에서 여러 본능이 무질서 속에 빠져 있었다. 곳곳에서 사람들은 방종 직전이었다. 영혼의 괴물(monstrum in animo)은 세상의 일반적인 위험이었다. "갖가지 충동이 폭위를 떨치려 하고 있다. 우리는 더 억센 폭군을 발견해야 한다." 관상가가 소크라테스에게—온갖 나쁜 정욕의 소굴인—그의 정체를 이 위대한 풍자로 표현했을 때 소크라테스 또한 스스로를 열어 보이는 한마디 말을 터뜨렸다. "정말 그렇다. 그러나 나는 모든 욕망을 극복했다." 어떻게 해서 소크라테스는 스스로를 지배했던가? 그의 경우는 근본적으로 극단적이었다. 그 무렵은 유행병이 되기 시작한 가장 눈에 띄는 경우였다. 즉 이미 누구나 스스로를 지배할 수 없었으며 여러 본능이 서로 등지고 있었다는 것이다. 그는 이러한 극단적인 경우에 사람들을 매혹했던 것이다. 공포를 일으키게 할 만한 그의 추악한 모습은 누구의 눈에나 그 스스로를 분명히 말해 주고 있었다.

10

소크라테스처럼, 이성이 폭군이 될 필요가 있을 때는 다른 어떤 것이 맹렬한 기세를 떨칠 위험성이 적지 않았으리라. 합리성이란 그 무렵에는 구세주로 느껴졌던 것이다. 이성은 소크라테스에게나 그의 '환자들'에게나 임의적인 것이 아니었다. 그것은 꼭 필요한 일이었고, 그들의 마지막 수단이었다. 그리스적 사색 전체가 합리성에 뛰어드는 일은 하나의 위급 상태를 폭로하는 것이다. 그들은 위험 속에 있었다. 하지만 선택은 오직 하나뿐이었다. 즉 몰락하든가—어처구니없이 이성적이든가. 플라톤 이후 그리스 철학자들의 도덕주의는 병리학적 조건에 의한다. 그들의 변증법 존중도 똑같은 것이었다. 이성이 곧 덕과 행복이다. 이것이 뜻하는 바는 소크라테스를 본떠 여러 암담한 갈망에 대해서 영원

불변의 햇빛을—이성의 햇빛을 만들어야 한다는 것이다. 어떠한 일이 있더라도 총명하고, 명석하며, 맑고 명랑해야 한다. 그러나 본능에, 무의식적인 것에 몸을 맡긴다면 모두 나락으로 굴러떨어지게 된다.

11

나는 소크라테스가 어떤 식으로 사람들을 매혹했는가를 밝혔다. 그는 의사이자 구세주처럼 보였던 것이다. '어떠한 희생도 치를 수 있는 합리성'이라는 그의 신앙에 오류가 있었던들 그 사실을 더 이상 폭로할 필요가 있을까? 철학자들이나 도덕가들이 이것에 도전하는 것만으로도 벌써 퇴보에서 빠져나올 수 있다고 생각한다면, 그것은 자기 기만이리라. 탈출은 그들 문제 밖의 일이었다. 그들이 수단으로, 구원으로 선택하는 것은 그 스스로 퇴보하고 있다고 표현한 셈이다. 그들은 이 표현을 바꾼다. 그들은 그것을 버리지 않는다. 소크라테스는 하나의 오해였다. 모든 개선의 도덕과 그리스도교 도덕은 오해였다. 무척 눈부신 햇빛, 어떠한 희생도 치를 수 있는 합리성과, 명랑하고, 싸늘하고, 세심하고, 의식적이며 본능적이지 않은 본능에 반항하는 삶 자체는 또 다른 병일 뿐이다. 그러한 합리적인 삶은 어떻게 보든 '덕'과, '건강', 행복을 향해 가는 길은 아니다. 본능을 정복할 수밖에 없다는 것, 이것이 퇴보적 방식이다. 인생이 향상되고 있는 한, 행복은 본능과 같은 것이다.

12

소크라테스 자신도 이것을 알고 있었던가? 모든 자기 기만자 중에서 가장 현명한 이 사나이는 그 사실을 알고 있었던가? 그가 현명하게 용기를 내 죽음을 받아들였을 때 마침내 이 일을 스스로에게 말하지 않았던가? 소크라테스는 죽음을 바랐던 것이다. 그에게 독배를 마시게 한 것은 아테네가 아니라 그 자신이었으며, 아테네가 그에게 독배를 주지 않을 수 없게 한 것이다. 그는 나지막한 소리로 자신에게 다음과 같이 말했다. "소크라테스는 의사가 아니다. 여기서는 죽음만이 의사일 뿐이다. 소크라테스는 오랫동안 병들어 있었을 뿐이다."

철학에서의 '이성'

1

그대들은 나에게 철학자에게서 볼 수 있는 가장 큰 특성이 무엇이냐고 묻는가? 예를 들면 그들의 역사 감각 결핍, 생성 관념 자체에 대한 증오, 이집트주의이다. 그들은 영원한 모습이라는 관점 아래서 어떤 사물—이를테면 미라—을 역사로부터 떼어낼 때 이 사물을 영예롭게 만든다고 생각했다. 철학자가 수천 년 동안 다루어 온 것은 모조리 개념의 미라였다. 현실의 어느 것도 살아서 그들 손에서 빠져나오지 못했다. 숭배할 때 그들은 죽이고 박제를 만드는 것이었다. 이들 개념의 우상숭배자들은 모든 것의 생명을 위태롭게 한다. 죽음, 변화, 노령은 생식이나 생장과 똑같이 그들에게는 나쁜 증거이며, 부정이기도 하다. 존재하는 것은 생성하지도 변화하지도 않는다. 생성하는 것은 존재하지 않는다. 그리하여 그들은 모두 절망적 상태에 이르기까지 존재자를 믿는다. 그러나 그들은 그것을 손에 넣지 못하기 때문에 그것을 얻지 못하는 이유를 탐구한다. "우리가 존재자를 인식할 수 없다는 것은 하나의 가상이며 기만임에 틀림없다. 어디에 기만자가 숨어 있는 것일까?"

"우리는 그를 찾았다!" 그들은 기쁨에 차서 외친다. "그것은 감각이다! 다른 경우에서도 그처럼 부도덕한 이 감각들, 이것이 진실한 세계에 대해서 우리를 속이고 있는 것이다. 감각의 기만에서, 생성에서, 역사에서, 거짓에서 벗어나라. 역사란 감각의 신앙, 거짓의 신앙과 다르지 않다. 도덕—우리는 감각을 믿는 모든 사람들을, 나머지 모든 인류를 거부하자. 이들은 모두 '민중'에 속한다. 우리 철학자가 되자! 미라가 되자! 묘를 파는 인부를 흉내내 단조로운 종교를 보여주자! 그리고 특히 육체를, 이 천박한 감각의 고정관념을 버리도록 하자! 실제로 있는 것처럼 행세하기가 무척 뻔뻔스러운 일인데도, 이런 모든 논리의 오류에

뭉크러져 있고 비난당하고 있는, 도저히 있을 수 없는 존재인 육체를 버리자!"

2

나는 최고의 존경심을 표하면서 헤라클레이토스의 이름을 여기에서 뺀다. 감각이 다양한 변화성을 보였던 까닭에 다른 철학자들이 감각의 증명을 밀어 냈다면, 헤라클레이토스는 감각이 사물을 마치 영속성과 통일성을 지니고 있는 것처럼 보이게 했던 까닭에 그 증명을 거부했다. 헤라클레이토스 또한 감각을 부당하게 다루었다. 감각이란 엘레아학파가 믿는 것처럼, 그리고 헤라클레이토스가 믿는 것처럼—전혀 거짓을 말하지 않는다. 대체로 감각이란 속이지 않는다. 우리가 감각을 증명하면서 만들어 내는 것, 그것이 거짓을 가져온다. 예를 들면 통일성이라든가, 물질이라든가, 실체라든가, 영속성이라든가 하는 거짓 말이다. '이성'이야말로 우리가 감각의 증명을 위조하는 원인이다. 감각의 생성, 변화, 변천을 표시하는 한에서는 그것은 기만하지 않는다. 그러나 존재는 공허한 허구라고 말한 점에서, 헤라클레이토스는 영원히 옳다고 인정되리라. '가상'의 세계는 유일한 세계이다. '진실한' 세계는 거짓으로 꾸며진 것에 지나지 않는다.

3

우리의 감각은 얼마나 정밀한 관찰 기구인가! 예를 들면 이 코와 같은 것은, 아직 한 철학자도 경의와 감사로 말한 적이 없지만, 우리가 멋대로 사용할 수 있는 가장 미묘한 기계이기도 하다. 코는 분광기조차 확인할 수 없는 아주 미세한 운동까지 확인할 수 있다. 오늘날 우리 과학은 감각의 증명을 받아들이려 결심하고, 감각을 한층 날카롭게 하며, 무장을 하여 궁극에까지 추구하는 것을 배웠던 바로 그만큼 일치한다. 그 밖의 것은 기형아이며 미완성의 과학이다. 다시 말하면 형이상학이라든가 신학이라든가, 심리학이라든가 인식론—또는 논리학과 응용논리학인 수학과 같은 형식과학, 기호학 속에는 현실이란 어떤 문제로도 나타나지 않는다. 논리학과 같은 기호의 관습이 도대체 무슨 가치가 있는가 하는 의문마저도 나타나지 않는다.

4

철학자들의 또 다른 특성도 그에 못지않게 위험하다. 그것은 최후의 것과 최초의 것을 뒤바꾸는 데 근거한다. 그들은 최후에 나타나는 것에 있다—유감스러운 일이다! 왜냐하면 이러한 일은 전혀 나타나지 않아야 하기 때문이다! '최고 개념', 즉 가장 일반적이며 공허한 개념, 증발하는 현실성의 마지막 연기를 처음의 것으로서 맨 처음에 놓는다. 이것이 또한 그들이 존경하는 방식의 표현이다. 더 높은 것은 낮은 것에서 성장해서는 안 된다. 절대로 성장해서는 안 된다. 일류에 속하는 모든 것은 스스로가 원인이어야 한다. 무엇인가 다른 것으로부터 생겨났다는 것은 반박과 가치의 의혹을 자아낸다. 모든 최고의 가치는 일류에 속한다. 모든 최고 개념, 존재자, 절대자, 선(善), 진실, 완전—이 모든 것은 생성되어 얻어진 것이 아니다. 따라서 스스로가 원인이어야 한다. 그러나 이들 모든 것은 또한 서로 색다른 것이 될 수 없으며, 서로 모순된 것일 수도 없다. 그리하여 그들은 '신'이라는 놀라운 개념을 얻는다. 최후의 것, 가장 희박한 것, 가장 공허한 것이 최초의 것으로서 원인 그 자체, 그리고 가장 실재적인 것(ens realissimum)으로 놓는다. 인류가 병적 망상가의 정신없는 행동을 진정한 것으로 받아들였고 그 대가로서 높은 대가를 지불해 왔다는 것이다!

5

마지막으로 우리가 어떤 색다른 방식으로 오류와 가상성의 문제를 보는가에 대해 말해 보자. (나는 예의상 '우리'라고 말한다.) 이전에 변화, 변천, 생성 일반을 가상성의 증명으로서, 우리를 어지럽히는 것이 거기에 있다는 징후로서 보았다. 반대로 오늘날 우리가 이성적 편견에 사로잡혀 단일성, 동일성, 연속성, 실체, 원인, 물체성, 존재 등을 만들게 된다면 우리는 거의 오류에 휘말려 들게 되고, 오류를 피하지 못하게 된다고 생각한다. 우리는 엄밀한 성찰에 기초해서, 여기에 오류가 있다는 것을 확신한다.

그 사정은 태양의 운동과 다를 바가 없다. 그런 경우 오류는 우리에게 우리의 눈을, 여기서는 우리 언어를 불변의 변호사로 여기게 한다. 언어란 그 성립상, 심리학이 가장 초보적인 형식에 있던 시기에 속한다. 언어형이상학, 독일어로 말해서 이성의 근본적 전제를 생각해 본다면 우리는 야만적인 주물 숭배자 속에 빠져 들어가리라. 왜냐하면 거기에는 곳곳에 행위자와 행위가 있기 때문이다. 언어형이상학은 일반적 원인으로서 의지를 믿는다. 이것은 '자기(자아)', 존재로서의 자기, 실체로서의 자기를 믿고, 자기라는 실체의 신앙을 모든 사물에 투영한다. 이리하여 비로소 '사물'이라는 개념이 만들어진다. '존재'는 어디서나 원인으로서 사물 속에 생각되며 삽입된다. 자기라는 개념에서만이 존재라는 개념이 나온다. 처음에는 의지가 작용하는 무엇이라는 것, 의지가 하나의 능력이라고 하는 무서운 숙명적 오류가 있다. 오늘날 우리는 의지가 하나의 말에 지나지 않음을 알고 있다.

훨씬 뒤에 천 배나 더 계몽된 세계에서 이성의 범주를 다루면서 안전성, 주관적 확실성이 갑작스럽게 철학자들의 의식 속에 떠올랐다. 여기서 그들은 이성의 범주가 경험에서 나올 수 있는 것이 아니라, 오히려 경험이 그것과 모순되어 있다는 결론을 끌어냈다. 그러면 그들 이성의 범주는 어디서 나오는가?

인도에서도 그리스에서처럼 똑같은 잘못을 저질렀다. "우리는 한때 더 높은 세계에 살았음이 틀림없다(훨씬 낮은 세계라고는 말하지 않는다. 그것이야말로 진실이었을지도 모르니까). 우리는 신과 같은 존재였음에 틀림없다. 왜냐하면 우리는 이성을 지니고 있기 때문이다!" 사실 엘레아학파에 형성되었던 것과 같은 존재의 오류보다 더 소박한 설득력을 지니고 있는 것은 이제까지 없었다. 이것은 참으로 우리가 말하는 한마디 한마디를 자기편에 있게 한다! 엘레아학파의 적들도 그들의 존재 개념의 유혹에 굴복하고 말았다. 그중에서도 원자를 생각해 낸 데모크리토스가 그렇다. 언어만의 '이성'—오, 이 얼마나 기만적인 늙은 마녀였던가! 우리가 문법을 믿기 위해서 신을 뿌리치지 못하는 게 아닐까 나는 걱정한다.

6

이와 같이 중요하면서도 새로운 견해를 네 개의 명제에 압축시켜 본다면, 사람들은 나에게 감사할 것이다. 나는 이것으로 쉽게 이해시키며 모순을 물리칠 것이다.

제1명제. '이' 세계가 '가상'으로 불려온 여러 근거는 오히려 그 실재성을 뒷받침해 준다. 다른 종류의 실재성은 절대적으로 입증할 수가 없다.

제2명제. 사물의 '진실한 존재'에 있는 특징은 비존재, 무(無)의 특징이다. 사람들은 '진실한 세계'를 현실 세계와의 모순에서 만들었다. 그것은 단순한 도덕적, 시각적 환각인 한 사실상 가상의 세계이다.

제3명제. 이 세상과는 '다른' 세계에 대해 지어낸 이야기는 인생을 비방하며 비천한 것으로 만들고, 우리 속에 의심하는 본능이 강하지 않는 한 의미가 없다. 강한 경우, 우리는 '다른' 그리고 '더 좋은' 삶의 환각으로서 삶에 복수하고 있는 것이다.

제4명제. 그리스도교식이든 칸트식(결국은 가장된 그리스도교식)이든, 세계를 '진실한' 세계와 '가상적'인 세계로 나누는 것은 퇴폐적 경향을 암시할 뿐이다. 즉 하강하는 생명의 한 징조에 불과하다. 예술가가 가상을 실재보다도 존중하는 것은 이 명제에 대한 반박이 되지 않는다. 왜냐하면 '가상'이란 여기서 또한 실재를 뜻하며, 단지 선택, 강조, 수정을 말하는 것뿐이기 때문이다. 비극적 예술가는 염세주의자가 아니다. 그는 모든 의심스러운 것과 무서운 것에 대해서까지 그렇다고 긍정한다. 그는 디오니소스적이다.

'진실한 세계'가 어떻게 결국 우화가 되었던가

어떤 오류의 역사

1. 진실한 세계―현자, 경건한 자, 덕 있는 자는 다다를 수 있는 그 세계 안에 살고 있으며, 그는 바로 그 세계 자체이다.

(이 관념의 가장 낡은 형식은 비교적 총명하고 단순하며 설득적이었다. "나 플라톤은 진리이다"라는 명제를 고쳐 썼다.)

2. 진실한 세계―현자, 경건한 자, 덕 있는 자에게는('참회하는 죄인에게는') 아직 이르지 못했지만 약속된 그 세계가 있다.

(이 관념의 진보, 그것은 더 세밀하게, 방심할 수 없게, 포착하기 어렵게 된다. 그것은 여성이 된다. 그것은 그리스도교적으로 된다.)

3. 진실한 세계―다다를 수 없고 증명할 수 없고 약속할 수 없으나, 생각 자체만으로도 이미―하나의 위안, 하나의 의무, 하나의 명령인 그 세계가 있다.

(실제로는 낡은 태양이지만 안개와 회의를 통해서 볼 수 있다. 관념은 숭고하고 창백하며 북방적이고 '쾨니히스베르크'식으로 되어 있다.)

4. 진실한 세계―이를 수 없는가? 어떻든 이르지 못하고 있다. 이르지 못했기에 아직 알려지지도 않고 있다. 따라서 위안적인 것도 구원적인 것도, 구속적인 것도 아니다. 알려지지 않은 것이 어찌 우리를 구속할 수 있겠는가?

(동이 트는 아침. 이성의 첫 번째 하품. 실증주의의 닭 우는 소리.)

5. '진실한' 세계―이제는 아무런 소용이 없으며 아무런 구속도 주지 않는 하나의 이념―소용없게 된 이념, 따라서 반박된 이념, 그것을 없애버리자!

(명랑한 날. 아침 식사. 유쾌함과 양식으로의 복귀. 플라톤의 무안한 표정. 모두 자유 정신의 악마적인 소동.)

6. 진실한 세계―우리는 제거해 버렸다. 어떠한 세계가 남아 있는가? 가상의

세계인가? 그러나 아니다! 진실한 세계와 더불어 우리는 가상의 세계도 없앴던 것이다.

(대낮. 그림자가 가장 짧은 순간. 가장 오랜 오류의 결말. 인류의 정점. 차라투스트라의 등장(INCIPIT ZARATHUSTRA).

반자연으로서의 도덕

1

모든 정열이 그저 재난인, 어리석음의 무게로 희생자를 끌어내리는 시기가 있다—그리고 나중에 그것이 정신과 결혼하여 스스로를 '정신화'하는 시기가 있다. 이전에 인간은 정열 속 어리석음 때문에 정열 그 자체에 도전했다. 사람들은 정열을 없애려고 한통속이 되었다. 모든 낡은 도덕적 괴물은 정열을 죽여야 한다는 점에서 일치했다. 이것에 대한 가장 유명한 방식은 《신약성경》의 산상수훈에서 엿볼 수 있다. 덧붙여 말한다면 여기서는 결코 사물을 드높은 곳에서 보고 있지 않다. 여기서는 성욕에 대해 이렇게 말한다. "만일 그대의 오른쪽 눈이 죄를 짓거든 그것을 파내라." 다행히 한 사람의 신도도 이 훈계대로 실행하지는 않았다. 정열과 욕망을 단지 그 어리석음과 어리석음의 불쾌한 결과를 예방하기 위해서 부정한다는 것은, 오늘날 우리에게는 어리석음의 격한 형식으로밖에 보이지 않는다. 우리는 이제 고통스럽지 않게끔 사람들의 이를 '뽑아내는' 치과 의사를 그리 놀랍게 생각지 않는다.

한편 그리스도교가 성장하고 있는 지역에서는 '정열의 정신화'라는 개념을 갖지 못했다는 점도 상당한 이유로 인정받을 것이다. 초대 교회는 사실 아는 바와 같이 '마음이 가난한 자'를 위해서 '지식인'과 싸웠다. 어떻게 교회에서 정열에 대한 지능적인 싸움을 기대할 수가 있는가? 교회는 모든 의미에서의 단절로써 정열과 싸웠다. 교회의 '치료'란 '거세법'이었다. "어떻게 해서 욕망을 정신화하고 미화하며 신화하는가?"라고는 결코 묻지 않는다. 교회는 어느 시대에나 계율의 강조점을 (감각과 자존심, 지배욕과 소유욕, 복수심의) 근절에 두었다. 그러나 정열의 뿌리를 공격하는 것은 생명의 뿌리를 공격하는 일이었다. 교회가 행하고 있는 것은 삶에 적대적이다.

2

단절과 근절이라는 이 두 가지 똑같은 수단은 너무나도 의지박약하며 퇴화되어 있기에, 절도 있게 욕망을 가질 수 없는 사람들이 선택한다. 즉 비유적으로 말하면(그리고 비유 없이도) 트라피스트 수도회를 필요로 하는, 다시 말해 종교적 함정에 빠진 자기와 정열 사이에 어떤 최후적 적대 선언이라는 하나의 틈을 필요로 하는 본성을 지닌 자들이 욕망과의 싸움에서 본능적으로 선택하는 것이다. 과격한 수단은 퇴화한 자들에게만 필요한 것이며, 의지의 쇠약, 더욱 분명히 말하면 자극에 반응하지 않고 있을 수 없는 무능력은 단순히 퇴화의 다른 형식에 지나지 않는다. 모든 감각에 과격한 적대 관계, 불구대천의 적대 관계는 역시 우려되는 징조이다. 그리고 보면 이처럼 지나친 자의 상태에 대해 이런저런 추측을 하는 것도 정당한 일이다.

그런데 이 적의가, 이 증오가 그 절정에 이르는 것은 그러한 본성을 지닌 자들이 치료받을 때 악마와의 절교에 견딜 만한 충분한 확고성을 지니지 않기 때문이다. 성직자나 철학자의 모든 역사, 예술가의 역사도 아울러서 죽 훑어보라. 감각에 대해서 가장 심한 독설을 퍼붓고 있는 것은 무능력자들이나 금욕주의자들이 아니다. 금욕주의자가 될 수 없는 자들, 금욕주의자가 되어야 할 필요가 있는 자들이다.

3

관능성의 정신화는 사랑이라고 불리는데, 이것은 그리스도교에 대한 하나의 큰 승리이다. 또 하나의 승리는 우리가 적대 관계를 정신화한 것이다. 이것은 적을 갖는 것의 가치를 깊이 인식하는 데, 요컨대 이전에 실행하고 추리한 것과는 반대로 실행하고 추리하는 데에 있다. 교회는 어느 시대에나 자기 적을 아주 없애려고 했다. 그러나 도덕적이지 않고 반그리스도적인 이들은 교회가 존재하고 있는 것이 우리에게도 이익이라는 점을 인정한다. 정치 영역에서도 적대 관계는 오늘날 더욱 정신적이다. 훨씬 현명하게, 신중하게, 관대하게 되어 있다. 거의 모든 당파는 반대 당파가 세력을 잃어버리지 않는 상황 속에 자기 보존이라는 이익을 본다. 똑같은 것이 정치에도 해당한다. 특히 새로운 창조는, 예를 들면 새로운 나라는 친구보다 적을 필요로 한다. 대립 속에 비로소 그것은 자기를 필연적인 것으로 느끼며, 대립 속에 비로소 필연적인 것이 되기 때문이다.

'내부의 적'에 대한 우리 태도도 이것과 다르지 않다. 여기서도 우리는 적대 관계를 정신화해 버렸다. 여기서도 우리는 그 가치를 이해했다. 수많은 대립의 대가를 지불해야만 사람은 풍요로워진다. 영혼이 느긋하지 않고 평화를 갈망하지 않는다는 전제 아래서만, 사람은 언제나 젊음을 보전한다. '영혼의 평화'라는 옛 소망, 이 그리스도교적 소망보다 더 우리와 멀어진 것도 없다. 선량한 양심을 가진 도덕적 멍청이와 살찐 행복보다 더 우리를 부럽지 않게 하는 것도 없다. 싸움을 단념할 때 위대한 삶을 단념한 것이다.

물론 많은 경우 '영혼의 평화'란 단순히 하나의 오해일 뿐이다. 더 솔직하게 이름 붙일 수 없을 만한 어떤 별개의 것이다. 편견 없이 단도직입적으로 몇몇의 경우를 들어보자. '영혼의 평화'란, 예를 들면 풍요한 동물성이 도덕적인 것 (또는 종교적인 것) 속에 던지는 온건한 발산일 수도 있다. 또는 피로의 시작, 모든 종류의 황혼이 던지는 첫 번째 그림자일 수도 있다. 또는 공기가 습기를 띠고 남풍이 가까워 오는 징조이기도 하다. 또는 순조로운 소화에 대한 무의식적인 감사(때로는 '인간애'라고 불린다)이기도 하다. 또는 모든 사물에 새로운 맛을 느끼며, 때를 기다리는 회복자의 마음의 고요함이기도 하다. 또는 우리를 지배하는 정열이 강한 만족에 뒤따라서 일어나는 상태, 희한한 포만의 쾌감이기도 하다. 또는 우리의 의젓함, 욕구, 악덕의 노쇠이기도 하다. 또는 도덕적으로 치장하게끔 허영심에게 설득당한 게으름이기도 하다. 또는 오랫동안의 긴장과 가책 뒤에 확실성, 무서운 확실성이 나타나기도 한다. 또는 행위, 창조, 활동, 의욕의 한가운데에서 원숙과 숙달의 표현, 조용한 숨결, 달성된 '의지의 자유'이기도 하다. 우상의 황혼…… 그 누가 알 것인가? 아마 이것도 어떤 '영혼의 평화'일 뿐이다.

4

나는 하나의 원리를 공식으로 표현한다. 도덕에서의 모든 자연주의, 다시 말하면 건강한 도덕은 삶의 본능이 지배한다. 삶의 어떤 명령은 '해야 한다'와 '해서는 안 된다'라는 일정한 규준으로 성취되고, 삶의 길에서 어떤 저지나 적의는 이것으로 제거된다. 반자연적 도덕, 곧 이제까지 가르쳐지고 존경받고 설득당한 거의 모든 도덕은 그 반대로 삶의 본능에 거슬린다. 그것은 이 본능에 대해 남 몰래, 또는 소리 높여 뻔뻔스럽게 유죄를 선고한다. "신은 마음속을 꿰뚫어 본 다" 말하면서 삶의 가장 깊고 가장 드높은 욕구들을 부정하고, 신을 삶의 적으 로 보고 있다. 신이 좋아하는 성인(聖人)은 이상적인 거세자이다. '신의 나라'가 시작되면 삶은 끝난다.

5

그리스도교적 도덕이 거의 신성불가침한 것으로 되어 있는 삶에 반역했음 을 알았다면, 다행히 이 사실로 다른 일도 이해했다고 할 수 있다. 즉 그와 같 은 반역이 무익하고 가상적이며, 불합리하고 기만이라는 것이다. 살아 있는 자 들이 내리는 삶의 단죄는 어디까지나 어느 특정한 삶의 징조에 지나지 않는다. 과연 삶의 단죄가 정당한가 정당하지 않는가 하는 물음은 여기에서는 전혀 제 기되지 않았다. 대부분 삶의 가치 문제를 조금이라도 건드려 볼 수 있으려면 사 람은 삶의 밖에 자리잡고 있어야 하고, 한편 삶을 끝까지 살아온 한 사람처럼, 많은 사람처럼, 모든 사람처럼 삶을 잘 알아야 할 것이다. 이것은 우리가 충분 히 접근할 수 없는 문제이다. 우리가 삶의 가치에 대해서 논할 때, 우리는 삶의 영감을 받아 삶의 한 부분을 바라보는 방식에 따라 논한다. 즉 삶이 가치를 설 정하게끔 우리를 강제하는 것이며, 우리가 가치를 설정할 때는 삶 자체가 우리 를 통해서 평가하는 것이다. 따라서 신을 삶의 반대 개념이나 단죄로 해석하는 도덕의 반자연도 삶에 대한 하나의 가치판단일 뿐이라는 결론이 된다. 어떠한 삶의 가치판단인가? 나는 이미 해답을 주었다. 이제까지 해석되어 온 것과 같 은—최근에도 쇼펜하우어가 '삶에 대한 의지의 부정'으로 공식화한 것과 같은 퇴폐적 도덕은 본능 그 자체이며, 이 본능이 스스로에게 명령을 내린다. 이 본 능은 "타락하라!"고 명한다. 이는 유죄판결이 내려진 자의 비난이다.

마지막으로 "인간은 이러이러해야 할 것이다!" 말하는 것이 일반적으로 얼마나 소박한가를 다시 생각해 보자. 현실은 황홀감을 풍부하게 주는 여러 가지 전형을 낭비라 할 만큼 장난스러운 형식과 풍요로운 변화로 표시해 준다. 그래도 어떤 구석에 을씨년스럽게 서 있는 도덕가는 "아니다! 인간은 다른 모양으로 존재해야 한다" 말할 것인가? 이 편견 심하고 도덕군자인 체하는 사람은 자기가 어떻게 해야 하는지를 알고 있으며, 벽에 자기 모습을 그려놓고 그것을 향해서 이렇게 말한다. "이 사람을 보라!" 그러나 도덕가가 단지 개개인만을 향해서 "그대는 이러이러해야 할 것이다" 말할 때조차도, 그는 자기를 웃음거리로 만드는 것을 멈추지 않는다. 개개인이란 미래와 과거의 한 조각 운명이며, 다시 존재하게 될 모든 것에 대한 또 하나의 법칙, 또 하나의 필연성이다. 개개인을 향해서 "스스로 변하라!" 말하는 것은 모든 것이 변화하기를, 뒤로 향해서까지도 변화하기 바란다는 뜻이다. 그리고 실제로 철저한 도덕가들은 인간이 다른 모습으로 있게 되기를, 즉 덕이 있게 되기를 바랐다. 그리하여 그들은 인간이 그들의 모습을 흉내내기를, 도덕군자가 되기를 바랐다. 그 때문에 그들은 세계를 부정했던 것이다! 결코 미친 짓이 아니다! 결코 겸손한 종류의 불손이 아니다!

도덕은 그것이 삶에 대한 관심, 삶의 목적이나 삶의 도구로서가 아니라 그 자체로서 단죄하는 한, 동정해서는 안 되는 하나의 특수한 오류이므로 말할 수 없을 만큼 많은 해악을 일으킨 퇴폐자의 특이한 체질이다!

우리 별종자, 우리 배덕자는 반대로 모든 종류의 이해, 파악, 긍정에 대해 자기 마음을 열어놓고 있었다. 우리는 쉽사리 부정하지는 않는다. 우리는 긍정자라는 것 속에서 명예를 찾는다. 점점 우리는 사제의 신성한 미신, 사제 속에 있는 병든 이성의 신성한 미신이 저버리는 모든 것까지도 이용하며, 이용법을 알고 있는 경제학을 보는 눈이 더욱 열리고 있다. 즉 도덕군자, 사제, 덕이 있는 자라는 저 메스꺼운 부류에서까지 자기 이익을 이끌어 내는 삶의 법칙 속에 경제학의 눈이 열리고 있다. 어떠한 이익인가? 우리 자신이, 우리 비도덕자가 여기에서 바로 그 해답이다.

네 가지 중대한 오류

1

원인과 결과를 혼동하는 오류. 결과를 원인과 뒤바꾸는 것보다 더 위험한 오류는 없다. 나는 이 오류를 이성의 본질적인 타락이라고 부른다. 그럼에도 이 오류는 인류의 가장 오래되고 가장 새로운 습관에 속한다. 그것은 우리 사이에서까지 신성화되어 있으며 '종교' 또는 '도덕'이라는 이름을 지니고 있다. 종교와 도덕을 정식화하는 모든 명제는 이 오류를 포함하고 있으며, 성직자와 도덕의 입법자란 타락한 이성의 장본인이다.

예를 하나 들어보자. 누구나 유명한 코르나로의 책을 알고 있을 것이다. 이 책 속에서 그는 식이요법을 장수와 행복한 생활—유덕하기도 한 생활—을 위한 처방으로 권하고 있다. 이처럼 많이 읽힌 책도 거의 없으며(성경은 제외하고), 오늘날에도 영국에서는 해마다 몇 천 부가 인쇄되고 있다 의도가 좋았던 이 진기한 책만큼 많은 화를 일으키고, 많은 생명을 단축시킨 책은 거의 없다는 것을 나는 의심치 않는다. 왜일까? 결과와 원인을 뒤바꾼 데 있다고 보아야 하리라. 이 좋은 이탈리아인은 그의 식이요법 속에서 자기의 장수 원인을 인정했으나, 실은 신진대사의 이상한 완만성, 아주 적은 소비라는 장수를 위한 선행조건이 그의 식이요법의 원인이었던 것이다. 적게 먹는다든지 많이 먹는다든지 하는 것은 그의 자유에 속한 게 아니었고, 그의 간소함은 '자유의지'가 아니었다. 그가 그보다 더 많이 먹었더라면 그는 병에 걸렸을 것이다. 그러나 바보가 아닌 한, 보통으로 식사를 하는 것은 좋은 일일 뿐만 아니라 필요한 일이다. 신경의 힘을 급속하게 소비하는 우리 시대의 학자는 코르나로의 방식으로는 파멸하고 말 것이다—경험자인 나를 믿어라.

2

모든 종교나 도덕의 바탕에 있는 가장 보편적인 정식(定式)이란 "이러이러한 것을 하라. 이러이러한 것을 하지 말라. 그렇게 하면 그대는 행복하게 된다! 그렇지 않을 경우에는……"이라고 하는 것이었다. 모든 도덕, 모든 종교는 이 명령 자체이다. 나는 이것을 이성의 대원죄(大原罪), 불멸의 비이성(非理性)이라고 부른다. 내 입을 빌리면 그러한 정식은 그 반대로 바뀐다. 나의 '모든 가치의 전환'에 대한 맨 처음 실례로, 건전한 인간인 '행복자'는 어떤 종류의 행위를 하지 않을 수 없으며 다른 행위를 본능적으로 피한다. 그는 자기가 생리학적으로 표시하는 질서를 인간과 사물에 대한 자기 관계 속에 끌어넣는다. 정식으로 표시하면 그의 덕은 자기 행복의 결과이다. 장수를 유지한다든가, 자손을 많이 둔다는 것은 덕의 대가가 아니다. 덕은 오히려 그 신진대사의 완만화이며, 이것이 특히 장수를 유지하고 자손을 많이 둔다는 것—요컨대 코르나로의 미덕을 결과로써 수반하는 것이다.

교회와 도덕은 말한다. "악덕과 사치가 한 종족, 한 민족을 파멸시킨다." 나의 재평가된 이성은 말한다. "한 민족이 파멸하고 생리학적으로 퇴폐할 때, 거기에서 악덕과 사치(다시 말하면 모든 지쳐버린 천성이 알고 있는 것과 같은 더욱 강렬하고 빈번한 자극에 대한 욕구)가 파생한다." 어떤 젊은 사람이 어느새 샛노랗게 되고 시들어 버렸다고 하자. 그의 벗들은 그 원인을 이러이러한 병 때문이라고 말할 것이다. 그러나 나는 그가 병에 걸렸다는 사실, 그가 병에 저항하지 않았다는 사실이 이미 빈곤화된 삶의 유전적 궁핍의 결과였다고 말한다. 신문 애독자는 이 당파가 그와 같은 과실로 인해 파멸한다고 말한다. 좀더 차원이 높은 나의 고급 정치론은 이렇게 말한다. "그와 같은 실수를 저지른 당파는 이미 끝장이다. 이 당파는 그 본능의 확실성을 벌써 지니지 않고 있다." (모든 의미에서 모든 과실은 본능의 변질, 의지 분산의 결과이다. 이것으로 악질적인 것이 거의 정의 내려진 것이라고 해도 무방하다. 모든 좋은 것이란 본능이다. 따라서 쉽고 가볍고 필연적이며 자유롭다. 수고는 그 반증이며, 신은 전형적으로 영웅과는 구별되어 있다. (나의 말로 표현한다면, 가벼운 발이 신성의 첫째가는 속성이다.)

3

잘못된 인과관계의 오류. 원인이 무엇인지 알고 있다고 어느 시대나 믿었다. 그러나 우리는 지식을, 더욱 엄밀하게 말하면 이 점에서 알고 있다는 우리의 믿음을 어디서 얻었던가? 그것은 유명한 '내면적 사실'의 영역에서였지만, 이 사실들 가운데 이제까지 진실이라고 증명된 것은 단 하나도 없었다. 우리는 우리 자신이 의지 작용의 원인이라 믿고 있었다. 우리는 적어도 거기에서 원인을 포착했다고 믿었다. 어떤 행위의 모든 선행조건, 즉 그 원인은 의식 속에서 추구되어야 하며, 일단 추구하게 되면 '동기'로서 그 속에서 발견되어야 한다는 것도 함께 의심치 않았다. 그렇지 않다면 그 행위에 대해 자유가 없으며 그 행위에 대해 책임이 없었을 것이다. 마지막으로 어떤 사상이 원인에 의해서 생긴다는 것을, 자기가 그 사상을 불러일으킨다는 것을 누가 반박할 수 있을까?

인과관계를 보증하는 것처럼 보이는 이 세 가지 '내면적 사실' 중에서, 최초로 가장 설득력 있는 것은 원인으로서의 의지이다. 원인으로서의 의식('정신')이라는 구상이나 그 뒤에 나오는 원인으로서의 자아('주체')라는 구상은, 의지에 대한 인과관계가 주어진 것으로, 경험으로서 확립된 다음에 뒤늦게 태어난 것이다. 그 사이에 우리는 더욱 잘 자각해 왔었다.

하지만 우리는 오늘날 그 모든 것에 관한 헛소리를 조금도 믿지 않는다. '내적 세계'는 환상이나 도깨비불에 가득 차 있으며, 의지한 것들 가운데 하나이다. 의지는 아무것에도 작용하지 않고, 또한 아무것도 설명하지 않는다. 의지는 단순히 여러 현상에 뒤따를 뿐이며, 없어도 좋다. 이른바 동기란 또 하나의 오류일 뿐이다. 단순히 의식의 한 표면 현상이고, 어떤 행위의 선행조건을 나타내기보다는 오히려 그것을 숨기는 행위의 첨가물에 불과하다. 게다가 자아에 이르러서는…… 이것은 우화와 허구, 말장난이 되어 있다. 즉 이 자아는 사색하고 느끼고, 또 의욕하기를 아주 멈춰버렸다!

여기에서 무엇이 일어날 것인가? 정신적 원인 같은 것은 없다! 그러한 원인을 증명하기 위한 이른바 경험이란 전혀 없는 것이었다! 이것이야말로 그 결과이다! 그러나 우리는 '경험'을 지나치게 남용했다. 그것을 근거로 우리는 세계를 원인의 세계로, 의지의 세계로, 유령의 세계로 만들었다. 가장 낡고 가장 오래된 심리학이 여기에서 작용하고 있었다. 이 심리학은 그 밖에는 아무것도 하지 않았다. 즉 이 심리학에서는 모든 사건은 하나의 행위이며, 모든 행위는 어떤 의지의 결과이고, 세계는 수많은 행위자가 된다. 심리학은 어떤 행위자('주체')나 모든 사건 아래 밀어넣어졌던 것이다. 인간은 이 세 가지 '내적 사실'을, 그가 가장 굳게 믿고 있던 것, 즉 의지·정신·자아를 자기 안에서 밖으로 투영했던 것이다. 인간은 존재라는 개념을 자아라는 개념에서 처음으로 이끌어 냈다. 자기 모습을 닮게 하여 원인으로서의 자아라는 자기 개념에 따라 '사물'을 '존재'하게 했다. 인간이 나중에 사물 속에 그가 넣어두었던 것만을 언제나 발견했다는 사실이 무슨 괴이쩍은 일이겠는가? 사물은, 다시 말하면 사물이라는 개념은 단순히 원인으로서 자아가 갖는 신앙의 반영일 뿐이다. 우리 역학자 및 물리학자 여러분, 얼마나 많은 오류, 얼마나 많은 초보적 심리학이 그대들의 원자 속에 남아 있는가! '물자체'에 대해서는, 형이상학의 무서운 치부에 관해서는 더 말할 나위도 없다! '원인으로서의 정신'이라는 오류가 실재성과 뒤바뀌었다! 그리하여 실재성의 척도가 되어 신이라고 불린 것이다!

4

상상적 원인의 오류. 꿈에서부터 시작해 보자. 어떤 일정한 감각(예를 들어 멀리서 울리는 포성에 따르는 감각)에 나중에야 어떤 원인이 덧붙는다—가끔 있는 일이지만, 바로 그 꿈을 꾸고 있는 자가 주인공인 것처럼 보이는 하나의 조그마한 이야깃거리가 이루어진다. 그 감각은 그동안 하나의 반향으로 지속한다. 그 감각은 인과적 해석이 그 전면에 나타나는 것을 허용할 때까지 기다린다. 말하자면 대기하고 있는 것이며, 그때는 이미 우연이 아니라 '의미'로서 나타나는 것이다. 포성은 인과적인 양식을 취하고, 겉으로는 시간이 뒤바뀌어 나타난다. 나중에 일어났던 것과 동기를 준 것이, 번개처럼 통과하는 수백 개의 개별적인 일을 때때로 수반하여 최초로 체험되면, 포성이 그 결과로 일어난다. 그러면 어떻게 될까? 어떤 특정한 상태가 산출한 여러 가지 상념이 이 사정의 원인으로서 오해되었던 것이다.

사실 보통의 일반 감정—특수한 상태에서 교감신경이 작용하듯 기관이 작용과 반작용을 할 때 일어나는 모든 종류의 저지, 압박, 긴장, 폭발—은 우리의 원인을 만드는 충동을 자극한다. 즉 우리는 자기가 이러이러한 상태에 있다는, 기분이 나쁘거나 좋다는 근거를 얻으려고 한다. 단순히 이러한 상태에 자신이 있다는 사실을 확인하는 것으로, 우리는 결코 만족하지 않는다. 우리는 이 사실에 하나의 동기를 완전히 주었을 때야 비로소 이 사실을 승인(의식)하기 때문이다. 그와 같은 경우 모르는 사이에 활동하기 시작하는 회상이 바로 이전의 똑같은 종류의 상태와 얽혀 인과적 해석을 떠오르게 하며, 그 상태나 원인은 아니다. 물론 여러 상념들, 이에 따르는 모든 의식 현상이 원인이었다고 하는 신앙도 회상을 통해 일어난다. 그리하여 일정한 원인을 해석하는 습관이 발생하게 된다. 사실 이 습관이 원인의 탐구를 저지하고—배척하기까지 하는 것이다.

5

이에 대한 심리학적 설명. 어떤 알려지지 않은 것을 이미 알려진 것으로 환원하는 것은 마음을 가볍게 하고, 안심시키며, 만족시키고, 게다가 어떤 권력의 감정을 준다. 알려지지 않은 것에는 위험, 불안, 염려가 생기지만, 최초의 본능은 괴로운 상태를 제거하기 위해 노력한다. 어떤 것을 설명하거나 설명하지 않는 것보다는 낫다. 이것이 첫 번째 해석이다. 근본적으로 단지 무거운 상념에서 벗어나고 싶은 것뿐이었기에, 그것에서 벗어나는 수단에 대해서는 그다지 엄밀하게 다루지 않았다. 알려지지 않은 것을 이미 알려진 것으로 설명해 주는 최초의 생각은 그것을 '진실이라고 인정할' 만큼 기분 좋은 것이다. 진리의 표준으로서 쾌감('힘')의 증명.

원인을 밝히려는 설명은 공포라는 감정에 의해서 제약되고 자극된다. '왜?'라는 물음이 가능하다면, 원인을 위해 원인을 제공한다기보다는 오히려 안심시키고 만족시키며 마음을 가볍게 하기 위해 원인을 부여할 것이다. 이미 알려진 어떤 것, 체험된 것, 회상 속에 각인된 것이 원인으로 설정되는 것은 이 욕구의 두 번째 결과이다. 가장 습관적인 설명—새로운 것, 아직 체험되지 않은 것, 친밀성이 없는 것은 원인에서 배제된다. 그러므로 원인으로서 탐구되는 것은 단지 하나의 설명일 뿐 아니라 선발된 우선적인 종류의 설명이다. 아직 알지 못하는 것,

새로운 것, 체험되지 않은 감정은 거기서는 가장 재빠르고 가장 빈번하게 제거된다. 그 결과는 하나의 원인 설정이 더욱 우세해지고 체계적으로 집중화되어, 마침내는 지배적이 되면서 나타난다. 다시 말하면 다른 원인이나 설명을 간단히 배제하면서 나타난다는 것이다. 예를 들면 은행가는 바로 '업무'에 대한 일을, 그리스도 교도는 '죄'에 관한 일을, 소녀는 자신의 사랑에 대한 일을 생각하지, 다른 일은 생각하지 않는다.

6

도덕이나 종교의 모든 영역은 이러한 상상적 원인 개념에 속한다—불쾌한 일반 감정의 '설명'. 이러한 감정은 우리에게 적의를 지니고 있는 존재자에게서 나온다(가장 유명한 경우는 히스테릭한 여자를 마녀로 보는 오해이다). 이러한 감정은 인정될 수 없는 행위에서 생긴다('죄'에 대한 '죄 많은' 감정은 생리학적으로 불쾌할 때 덧붙는다. 사람들이 자기에게 불만을 느끼는 이유는 언제고 발견되는 법이다). 이러한 감정은 우리가 해서는 안 되는 어떤 일에 대한 벌에서, 그리고 대가에서 나온다. 〔쇼펜하우어가 뻔뻔스러운 형식을 취하여 하나의 명제로 일반화했지만, 이 명제 속에서는 도덕이 있는 그대로의 정체로서 삶의 진정한 독살자, 비방자로 나타난다. "모든 거대한 고통은 그것이 육체적인 것이든 정신적인 것이든, 우리가 당연히 받아야 할 것을 나타낸다. 왜냐하면 우리가 마땅히 받아야 할 것이 아니었다면 그 고통을 우리가 받는다는 것은 있을 수 없을 테니까."《의지와 표상으로서의 세계》2의 666)〕 이러한 감정은 경솔하고 곤란하게 끝난 행위의 결과에서 나온다. (욕정이나 관능이 원인으로 또는 '죄'로 설정된다. 생리학적 곤경이 다른 곤경의 도움을 얻어 '당연히 받아야 할' 것으로서 해석된다.)

유쾌한 일반 감정의 '설명'. 이러한 감정은 신에 대한 믿음에서 생기고 선한 행위의 의식에서 나온다(이른바 '선량한 양심'은 때때로 순조로운 소화(消化)로 잘못 보일 정도로 닮은 하나의 생리학적 상태이다). 이러한 감정이란 기도한 것이 곧잘 성공할 때 생겨난다(유치한 오류론이나 기도한 일이 곧잘 성공하는 것은, 우울병환자나 파스칼과 같은 사람에게는 유쾌한 일반 감정을 일으키지 않는다). 이러한 감정은 신앙, 자선, 희망—그리스도교의 덕에서 유래한다.

사실 이러한 모든 설명은 결과로서 일어난 상태이며, 말하자면 유쾌하거나 불쾌한 감정을 엉터리 사투리로 번역한 것이다. 사람은 생리학적 근본 감정이 다시 강하고 풍부해질 때 희망을 가질 수 있기 때문이다. 사람이 신을 믿는 것은 풍부함과 강한 감정이 사람에게 안정감을 주기 때문이다. 도덕이나 종교는 철저하게 오류의 심리학 가운데 하나이며, 어느 경우에서나 원인과 결과가 뒤바뀐다. 또는 진리가 진실이라고 믿게 된 결과와 뒤바뀐 것이다. 또는 의식의 어떤 상태가 이 상태의 원인과 뒤바뀐 것이다.

7

자유의지의 오류. 우리는 오늘날 벌써 '자유의지'라는 개념에 아무런 동정도 가지지 않는다. 이 개념의 정체를 지나칠 정도로 너무도 잘 알고 있기 때문이다. 그것은 있을 수 있는 것 가운데 가장 고약한 신학자들의 곡예이며, 인류를 그들의 의미로써 '책임 있는 자'로 만들기 위한, 다시 말하면 인류를 그들에게 의존시키기 위한 것이다. 나는 여기서는 인간을 '책임 있게' 만드는 모든 방식의 심리학만을 표시해 둔다.

대체로 책임성이 탐구되는 곳에서는 어디서나, 책임을 따지는 것이 늘 심판하고 처벌하려는 본능이다. 이러이러하다는 어떤 현상이 의지로, 책임 있는 행위로 환원된다면 생성의 결백성은 빼앗기고 만다. 의지에 관한 학설은 본질적으로 벌을 목적으로, 다시 말하면 '죄가 있다'고 인정하고픈 의욕을 목적으로 하여 날조된 것임에 틀림없다. 모든 낡은 심리학, 의지의 심리학의 전제는 이 심리학의 창시자, 옛 공동체의 정점에 있었던 사제가 벌을 내리는 권리를 자기에게 주려고, 또는 그 때문에 신에게 그 권리를 주려고 했다는 것이다. 인간은 심판받고 벌받기 위해서—죄지은 자가 되기 위해서 '자유롭다'고 생각되었다. 따라서 모든 행위에는 의욕이 있다고 여겨져, 모든 행위의 기원은 의식 속에 있다고 생각할 수밖에 없었다(이 일로 심리학적 사물에 대한 가장 원칙적인 허위가 심리학 그 자체의 원리가 되어버렸다.)

오늘날 우리는 반대되는 운동을 시작하고 있으며, 특히 우리 비도덕자는 모든 힘을 다하여 죄의 개념과 벌의 개념을 이 세계에서 다시금 제거하여 심리학,

역사, 자연, 사회제도 및 사회적 제재를 정화시키려고 한다. 하지만 우리 눈에는 신학자들이 '도덕적 세계 질서'라는 개념으로 생성의 결백성을 '벌'과 '죄'로 감염시키는 것보다 더욱 근본적인 적대는 없다. 그리스도교란 사형집행인의 형이상학이다.

8

무엇이 우리의 유일한 가르침이 될 수 있는가? 어느 누구도, 신도, 사회도, 어버이나 선조도, 자기 자신도 인간에게 특질을 주지 않는다(여기서 최후에 부정된 허튼 생각은 '지적 자유'로서 칸트와 플라톤이 이미 가르쳤다). 어느 누구도 자기가 생존하고 있다는 것, 이러이러한 성질을 지니고 있다는 것, 이 상황 아래 있으며 이 환경 속에 있다는 것에 책임을 지지 않는다. 자기 본질적 숙명은 과거에도 존재하고 미래에 존재할 모든 것의 숙명에서 벗어날 수는 없다. 그는 어떤 독자적인 목적, 어떤 의지, 어떤 결과가 아니기 때문에 그의 몸으로써 '인간의 이상'이라든가 '행복의 이상'이라든가 '도덕적 이상'을 이루려고 시도하지 않는다. 자기 본질을 어떤 목적에다 넘기려는 것은 불합리하다. '목적'이라는 개념을 만들어 낸 것은 우리이며, 현실에는 목적이 없다.

사람은 필연적이고, 하나의 숙명이며, 전체에 소속되어 있고, 전체 속에서 존재한다. 우리의 존재를 심판하고 측정하고 비교하고 단죄할 수 있는 것은 아무 것도 없다. 그것은 전체를 심판하고 측정하고 비교하고 단죄하는 것과 다름없기 때문이다. 그러나 전체와 떨어져 존재하는 것은 아무것도 없다. 어느 누구도 이제는 책임을 지지 않는다는 것, 존재의 양식을 제일원인으로 환원해서는 안 된다는 것, 세계란 감각중추로서든 '정신'으로서든 단일체가 아니라는 것—이런 것이야말로 커다란 해방이다. 이것으로써 비로소 생성의 결백성이 선언되었던 것이다. '신'이라는 개념은 이제까지 인간의 삶에 대한 가장 큰 반대였다. 우리는 신을 부인한다. 우리는 신의 책임성을 부인한다. 이러한 의미에서 비로소 우리는 세계를 구원하는 것이다.

인류를 '개선하는 자들'

1

선악의 너머에 서라. 내가 철학자들에게 도덕적으로 판단하려는 환상을 발 아래에 두라고 요구했던 일은 다 알 것이다. 이 요구는 내가 정식화한 하나의 통찰, 즉 "도덕적 사실이라는 것은 없다"는 명제에서 나온다. 도덕적 판단은 아무런 실재가 아니라, 실재를 믿는 종교적 판단과 관련된다. 도덕은 어떤 특정 현상의 해석, 더 분명히 말하면 하나의 그릇된 해석일 뿐이다. 도덕적 판단은 종교적 판단과 똑같이 실재적인 것의 개념, 실재적인 것과 상상적인 것과의 구별조차도 아직 못하는 무지의 단계에 속한다. 그러나 그 때문에 '진리'는 그러한 단계에서 우리가 오늘날 '상상력의 산물'이라 부르는 것을 표시해 준다. 그러한 경우에 도덕적 판단은 결코 문자 그대로 다루어서는 안 된다. 문자는 언제나 모순을 포함하고 있을 뿐이기 때문이다. 하지만 도덕적 판단을 증상학(症狀學)으로 다룰 때는 대단히 가치가 있다. 그것은 적어도 자기 자신을 '이해'할 만한 충분한 지식을 지니지 않았던 문화나 심리적인 가장 귀중한 사실 그대로를 명시하기 때문이다. 도덕은 단순히 기호언어에 지나지 않으며, 단순히 증상학일 뿐이다. 도덕에서 이익을 이끌어 내기 위해서는 무엇이 문제인가를 미리 알고 있어야 한다.

2

첫째, 한 예를 들어보자. 어느 시대에나 사람은 인간을 '개선'하려고 했다. 이것이 도덕이라고 불렸다. 그러나 같은 말 속에는 아주 다른 경향이 숨겨져 있다. 야수 같은 인간을 길들이는 것도, 일정한 부류의 인간을 육성하는 것도 똑같이 '개선'이라고 불렸다. 이 동물학적 용어들이 있는 그대로의 사실을 표현하는 것이다. 물론 사제라는 전형적인 '개선가'는 아무것도 모른다. 알려고도 하지 않는 그대로의 사실까지도.

어떤 동물을 길들이는 것을 개선이라 부르는 것은 우리 귀에는 거의 농담처럼 들린다. 동물원에서 일어나는 일을 알고 있는 사람이라면, 야수가 거기서 '개선'된다는 말에 의심을 갖는다. 야수는 거기서 약화된다. 위험성이 적어진다. 억압적인 공포와 고통과 상처와 굶주림으로 병적인 야수가 되는 것이다. 사정은 성직자가 '개선'시켜 길들인 인간과도 다를 바가 없다. 특히 교회가 사실상 하나의 동물원이었던 중세 초기에는, 사람은 곳곳에서 '금빛 털을 지닌 짐승'의 가장 아름다운 표본을 사냥했다. 예를 들면 고귀한 게르만 사람을 '개선'했던 것이다. 그러나 그러한 '개선'된, 수도원 속에 유혹된 게르만 사람이 그 뒤 어떤 모습으로 변했던가? 인간의 풍자화라는 모습, 기형이라는 모습으로 변했다. 즉 게르만 사람은 '죄인'이 되어버렸고, 그는 울안에 틀어박혀 아주 무서운 개념 속에 갇혀버렸던 것이다. 이제 게르만 사람들은 병들고 비참해져 스스로를 증오하며 거기에 누워 있었다. 삶을 향한 충동에 대한 악의로 가득 차서, 또한 강하고 행복했던 모든 것을 극도로 의심하면서. 요컨대 '그리스도교도'가 된 것이다.

생리학적으로 말하면, 야수와의 싸움에서는 병들게 하는 것이 야수를 약화시키는 유일한 수단일 수 있다. 이것을 교회는 알았던 것이다. 교회는 인간을 타락시켰고 약화시켰다. 그러면서도 인간을 '개선'시켰다고 주장했다.

3

또 다른 도덕의 경우, 일정하게 종속적으로 육성하는 경우를 들어보자. 이에 대한 가장 훌륭한 실례를 《마누법전》에서 종교로 성화된 인도의 도덕이 제공하고 있다. 여기에는 성직자 계급인 브라만, 무사 계급인 크샤트리아, 평민 계급인 바이샤, 마지막 노예 계급인 수드라를 동시에 육성한다는 과제가 세워져 있다. 분명히 우리는 여기서 동물을 길들이는 자들 사이에는 없다. 그러한 육성 계획을 구상하기 위해서는 백 배나 부드럽고 이성적인 부류의 인간이 전제되어야 하기 때문이다. 그리스도교의 병원과 감옥의 공기 속에서 훨씬 더 건강하고, 훨씬 드높고, 훨씬 폭넓은 이 세계 속으로 들어서면 사람은 마음을 놓는다. 《마누법전》에 비해 《신약성경》은 얼마나 비참한가! 얼마나 역겨운 냄새를 풍기는가!

그러나 이 조직도 무서워야 했다. 이번에는 야수와의 싸움에서가 아니라 그 반대 개념, 훈육을 받지 않은 인간, 잡종 인간인 찬달라와의 싸움에서였다. 이 조직 또한 그러한 인간을 병들게 하는 방법 말고는 인간을 위험스럽지 않게 하고, 약화시키는 어떠한 수단도 갖지 못했다. 그것은 다수와의 싸움이었다. 아마도 인도 도덕의 이러한 보호 수단보다 더 우리 감정과 모순되는 것은 없으리라. 예를 들면 '불결한 채소에 대해서'의 제3의 규정(아바다나 샤스트라 1)은 찬달라에게 마늘과 양파만을 유일한 음식으로 허용한다 정하고 있다. 그래서 성서에서는 그들에게 곡물과 씨가 있는 과일과 물과 불을 주는 것을 금하고 있다. 또한 그들은 필요한 물을 개울이나 샘물이나 연못에서 떠와서는 안 된다. 단지 늪 근처나 짐승 발자국에 고인 데서 떠오는 것만을 허용한다 정하고 있다. 그와 똑같이 자기 속옷을 빨고, 자기 몸을 씻는 것도 그들에게는 금하고 있는데, 그것은 그들에게 은총으로 허락된 물은 단지 갈증을 면하게 하는 데만 사용하도록 정했기 때문이다. 마지막에 수드라 여자가 찬달라 여자의 해산을 돕는 것이 금지되어 있으며, 똑같이 찬달라의 여자들이 서로 돕는 것도 금지되어 있다.

그와 같은 위생 규정의 결과는 피할 수 없었다. 즉 치명적인 전염병, 무서운 성병이 나타났는데, 그 때문에 남자는 거세를, 여자는 소음순 제거를 명한 '수술법'을 새로 행했다. 마누는 말하고 있다. "찬달라는 간통, 근친상간 및 범죄의 결실이다. 이것이야말로 육성이라는 개념의 필연적 귀결인 것이다. 그들은 옷으로는 시체에서 벗긴 누더기를, 그릇으로는 깨진 항아리를, 장식품으로는 낡은 쇠를, 예배를 위해서는 오로지 악령을 사용해야 했다. 그들은 이 마을에서 저 마을로 쉴 새 없이 떠돌아다녀야 한다. 왼쪽에서 오른쪽으로 쓰는 것, 쓰기 위해서 오른손을 사용하는 것이 그들에게는 금지되어 있다. 오른손을 사용해 왼쪽에서 오른쪽으로 써도 좋은 것은 단지 덕이 있는 자의 계급에 속한 사람들뿐이다."

4

이 법령들은 매우 교훈적이다. 거기에는 아주 순수하고, 아주 근원적인 아리안적 인간미가 있다. 우리는 '순수 혈통'이라는 개념이 악의 없는 개념의 정반대임을 배우는 것이다. 한편 어떠한 민족에서 이 아리안적 '인간미'에 대한 증오, 찬달라의 증오가 영원화되었는지가, 어디서 이 증오가 종교가 되었으며 천재가 되었는지가 분명해진다. 이 관점에서 보면 복음서는 일류급의 증거 문서이다. 그 이상으로 〈에녹서〉가 그렇다. 그리스도교는 유대교의 뿌리에서 싹텄으며, 이 기반에서 발생한 것으로만 알고 있다. 그것은 모든 육성 종족, 특권적 도덕에 대한 반대 운동을 표시하고 있다. 그것은 훌륭한 반(反)아리안적 종교이다. 그리스도교야말로 모든 아리안적 가치의 전환이며, 찬달라 가치의 승리이고, 가난한 자와 착한 자를 가르친 복음이며, 모든 짓밟힌 자, 비참한 자, 불건전한 자, 실패자들 종족에 대한 총체적 반란이고, 사랑의 종교로서 불멸한 찬달라의 복수이다.

5

육성하는 도덕과 길들이는 도덕은 자기를 관철하는 수단으로는 완전히 상응하며 부족한 것이 없다. 우리는 도덕을 이루기 위해서 그 반대로 향하는 무제한의 의지를 지녀야 한다는 것을, 최고 명제로 삼아도 좋다. 이것이야말로 내가 가장 오랫동안 추구해 온 커다란 문제, 신비로운 문제, 즉 인류를 '개선하는 자들'의 심리학이다. 근본적으로 겸손한 사실—이른바 경건한 기만(pia fraus)이라는 사실—이 나에게 이 문제를 처음으로 꿰뚫어 보게 해주었다. 이 경건한 기만이 인류를 '개선'한 모든 철학자나 사제들의 세습재산인 것이다. 마누도 플라톤도 공자도 유대교나 그리스도교의 교사들도, 거짓말을 할 수 있는 자기 권리를 일찍이 의심해 본 적이 없었다. 또한 그들은 전혀 다른 권리를 의심해 본 적도 없었다. 정신적으로 표현해서 이렇게 말할 수 있으리라. "이제까지 인류를 도덕적으로 만들려 했던 모든 도덕은 근본적으로 비도덕적이었다"라고.

독일 사람에게 부족한 것

1

오늘날 독일 사람들에게는 정신을 가지고 있다는 것만으로는 충분치 않다. 그들은 정신을 자기 몸에서 들추어 내고 이끌어 내야 한다.

아마도 나는 독일인을 알고 있으며, 그들에 대해 두서너 개의 진리를 말해 줘도 괜찮다고 생각한다. 새로운 독일은 축적된 힘을 잠시 낭비해도 상관없을 만큼 많은 양의 능력을 상속받아 단련시키고 있다. 이 새로운 독일에서 지배적인 것은 높은 문화가 아니다. 섬세한 취미나 본능의 고귀한 '아름다움'은 더욱 아니다. 일찍이 유럽의 다른 나라보다 훨씬 더 분명히 볼 수 있는 남성적인 덕이다. 그것은 많은 쾌활함이나 자신에 대한 존경, 교제할 때나 서로에 대한 의무에서의 많은 정확성, 부지런함, 인내력, 그리고 제동보다는 오히려 박차를 필요로 하는 절제 등이다. 나는 여기서 복종에 의해 비굴해지는 일이 없이 복종하는 것을 더하고 싶다. 그리고 누구 하나 자기 적을 깔보지 않는다는 것도.

독일 사람에게 공평해야 한다는 것이 내가 바라는 바이다. 나는 이 점에서 나를 배신하고 싶지 않다. 그러므로 나는 그들에 대한 나의 이의들도 주장할 수밖에 없다. 권력에 다다르려면 높은 대가를 지불해야 한다. 권력은 어리석게 만들기 때문이다. 독일 사람은 일찍이 사색의 민족이라 불렸다. 그들은 오늘날도 사색하고 있는 것일까? 오늘날 독일 사람은 정신에 지쳐버렸다. 독일 사람은 오늘날 정신을 믿지 못한다. 정치는 진실로 정신적인 것에 대한 모든 진지함을 그냥 삼켜버린다. '독일, 천하의 독일'이라고 하는 것, 이것이 독일 철학의 종말이었다는 것을 나는 두려워한다.

"독일에 철학자가 있는가? 독일에 시인이 있는가? 독일에 훌륭한 책이 있는가?" 나는 외국에서 이런 질문을 받는다. 나는 얼굴을 붉히지만, 절망적인 경우에도 용감하게 대답한다. "있고말고. 비스마르크가!" 나는 오늘날 어떤 책이 읽히고 있는가를 고백할 만한 용기가 있는가? 저주받은 평범한 이들의 본능이여!

2

독일 정신이 무엇인지에 대해서 우울한 생각을 지니지 않았던 사람이 있을까? 그러나 이 민족은 거의 1000년 동안 자기 스스로를 멋대로 우둔하게 만들어 왔다. 알코올과 그리스도교라는 유럽에서의 두 가지 커다란 마취약이 이보다 더 부도덕적으로 남용된 곳은 없다. 최근에는 제3의 것마저 덧붙었다. 그것만으로도 이미 정신의 모든 섬세하고 대담한 움직임을 멈추게 할 수 있다. 그것은 음악이다. 우리의 변비가 된, 변비가 되게 하는 독일 음악에 불과하다.

얼마나 많은 불쾌한 무거움, 절룩거림, 축축함—얼마나 많은 맥주가 독일적 지성 속에 있는 것일까! 가장 정신적인 목표에 자기 생존을 바치는 젊은이들이 정신의 자기 보존이라는 정신성의 제일 본능을 자기 안에 느끼지 않고 맥주를 마신다는 것이 도대체 어떻게 가능한가? 젊은 학도들의 상습적인 음주는 그들의 학식에 대해서는 아직 물음표가 되지 않는지도 모르지만—사람들은 정신 없이도 위대한 학자가 될 수 있다—그 밖의 모든 점에서 상습적인 음주는 역시 문제가 된다. 맥주가 정신 속에서 일으키는 조용한 변질, 이것을 발견할 수 없는 곳이 있을까? 일찍이 나는 거의 유명하게 되었다고 말해도 좋은 경우에 그러한 변질을 지적한 일이 있다—우리 최초의 독일적 자유정신, 현명한 다비드 슈트라우스가 선술집에 어울리는 복음과 '새로운 신앙'의 저자가 된 변질을. 그가 이 '귀여운 갈색의 여인'에 대해서 시의 형식을 빌려 맹세를 한 것은 부질없는 짓이 아니었다—죽음에 이르기까지의 충실을.

3

나는 독일 정신이 조잡하고 천박해졌음을 말했다. 이것으로 충분할까? 나를 놀라게 한 것은 근본적으로 무엇인가 아주 다른 것이다. 그것은 정신적인 일을 할 때의 독일적인 진지함, 독일적인 깊이, 독일적인 정열이 얼마나 쇠퇴해 가는가를 보여주는 것이라고 할 수 있다. 지성뿐만 아니라 파토스(Pathos)가 변했던 것이다. 나는 여기저기서 독일 대학을 접촉하고 있지만 그 학자들 사이에 어떤 공기가, 어떤 황량한 정신성이 얼마나 만족해 버려 미지근하게 지배하고 있는 것일까! 나에 대한 항의로 독일 과학을 끄집어 내려 한다면, 그것은 하나의 깊은 오해이리라. 더구나 내가 쓴 것을 한마디도 읽지 않았다는 증거일 것이다. 나는 지난 17년 동안 부지런히 오늘날 우리 과학의 운명이 정신을 빼앗아 왔다는 점을 밝혔다.

과학의 거대한 범위는 오늘날 모든 개개인에게 냉혹한 예속을 부과한다. 충실하고 풍부하며 깊은 소질을 지닌 천성적인 사람도 벌써 그들에게 알맞은 교육이나 교육자를 발견할 수 없는 주요 이유가 여기에 있다. 우리 문화가 무엇보다도 더욱 괴로워하고 있는 것은 불손한 게으름이나 여기저기 퍼져 있는 지나친 인간미이다. 그 뜻에 반해서 우리 대학이란 이런 정신적 본능을 위축시키는 본디적인 온실이다. 더구나 모든 유럽은 이미 이 일을 알고 있다. 힘의 정치에서는 누구도 속이지 않는다. 독일은 점점 유럽의 천박한 나라로 간주되고 있다. 나는 지금도 나의 방식으로 함께 진지하게 있을 수 있는 독일 사람을 찾고 있다. 그 이상으로 나는 쾌활하게 함께 있어도 괜찮을 독일 사람을 얼마나 찾고 있는가! 우상의 황혼. 아아, 얼마나 진지한 철학자가 여기서 쉬고 있는지 오늘날 그 누가 알까? 쾌활함은 우리에게는 가장 이해할 수 없는 것이다.

4

계산해 보라. 독일 문화가 쇠퇴해 가는 것은 명백할 뿐만 아니라 그에 대한 충분한 이유도 있다. 결국 누구나 자기가 지니고 있는 것보다 더 쓸 수는 없다. 이것은 개인에게나 민족에게도 마찬가지이다. 권력을 위해서, 힘의 정치를 위해서, 경제, 세계무역, 의회주의, 군사적 관심을 위해서 힘을 기울인다면, 자기가 지니고 있는 모든 지력, 진지함, 의지, 극기를 이 방면에 내어준다면 다른 방면에는 부족하게 된다.

문화와 국가는―이 점에 대해서 기만당해서는 안 된다―서로가 적이다. '문화국가'란 단순한 하나의 현대적 이념일 뿐이다. 한쪽은 다른 쪽에 의해서 살고, 한쪽은 다른 쪽을 희생시킴으로써 번영한다. 모든 위대한 문화의 시대는 정치의 쇠퇴기였다. 즉 문화의 의미에서 위대한 것은 비정치적이며 반정치적이기도 했다. 괴테의 마음은 나폴레옹이라는 현상의 경우에 열렸다가 '자유 전쟁'의 경우에 닫혀버렸다. 독일이 강국으로 대두하는 그 같은 순간에 프랑스는 문화 강국으로 변모하여 문화적인 중요성을 차지한다. 이미 오늘날 정신의 많은 새로운 진지함이, 새로운 정열이 파리로 옮겨졌다. 예를 들면 염세주의의 문제, 바그너의 문제, 거의 모든 심리학적이고 예술적인 문제가 파리에서는 독일과 비교도 안 될 정도로 한층 섬세하며 철저하게 생각되고 있다. 독일 사람은 이러한 진지함에는 무능하기조차 하다. 유럽 문화의 역사에서 '제국'의 도래는 무엇보다도 하나의 일, 즉 중심의 이동을 의미한다. 이것은 곳곳에 이미 잘 알려진 바이다. 주요 문제에서는—그것은 어디까지나 문화이지만—독일 사람은 벌써 문제 밖의 일이다.

사람들은 이렇게 묻는다. 그대들은 단 한 사람이라도 유럽에서 이렇다 하고 손꼽을 수 있는 정신을 지적할 수 있는가? 그대들의 괴테, 헤겔, 하인리히 하이네, 쇼펜하우어가 이렇다 하고 손꼽을 수 있는 것처럼? 벌써 단 한 사람의 독일 철학자도 없다는 것, 이것은 너무나도 놀라운 일이다.

5

독일의 모든 고등교육 제도에는 주요한 문제가 빠져 있다. 즉 목적도, 목적에 대한 수단도, 교육이나 교양도 그 자체가 목적이며 '제국'은 목적이 아니다—이 목적을 위해서 필요한 것은 교육자이지 중등학교의 교사나 대학의 학자가 아니다. 사람들은 이것을 잊어버렸다. 필요한 것은 스스로 교육받은 교육자이다. 어느 순간에도 말과 침묵에 의해 증명된 탁월하고 고귀한 정신이자 성숙하고 달콤하게 된 문화인 교육자 말이다. 중등학교나 대학이 오늘날 젊은이들에게 '훌륭한 유모'로 보이는 박식한 망나니는 아니다. 예외는 제외하고 교육자, 교육의 첫째 선결 조건이 결여되어 있다. 바로 그렇기 때문에 독일 문화가 쇠퇴한 것이다. 더할 나위 없이 드문 예외 중 하나는 나의 존경하는 벗, 바젤 대학의 야코프 부르크하르트이다. 바젤 대학이 인문학에서 우위를 차지하고 있는 것은 오직 그의 덕택이다.

사실상 독일의 '상급 학교'가 가르치고 있는 것은, 될 수 있는 한 적은 시간으로 많은 젊은이들을 국가를 위해 유익하게 이용할 수 있게끔 하는 야수적인 훈련이다. '고등교육'과 많은 사람들, 이것은 처음부터 모순된다. 모든 고등교육은 예외자를 위한 것이다. 목적을 위해 그토록 드높은 권리를 가지려는 사람은 그럴 만한 특권이 있어야 한다. 모든 위대하고 아름다운 사물은 결코 공유물일 수 없다. 아름다운 것은 소수자의 것이기 때문이다. 독일 문화의 쇠퇴 원인은 무엇인가? '고등교육'이 특권이 아니라는 것과 '일반적'으로 공유되고 비속하게 된 '교양'의 민주주의가 그 쇠퇴 원인이다. 병역상의 특권과 상급 학교로의 과잉 진학이 상급 학교의 몰락을 정식으로 강제하고 있다는 점을 잊어서는 안 된다.

오늘날 독일에서는 아무도 자기 자식에게 고귀한 교육을 베풀어 주지 못한다. 우리의 '상급' 학교는 모두 교사나 교수가 될 계획이나 목표를 갖고 있다. 바로 가장 애매한 평범함을 목표로 삼고 있는 것이다. 더구나 젊은이가 스물세 살이나 되도록 아직 '완전하지' 못한데 어떠한 직업을 선택하겠는가? 이 '주요 문제'에 아직 대답할 수 없는 한, 마치 무언가에 소홀해질 것 같은 야비한 초조함이 지배하게 된다. 고귀한 부류의 인간은 미안하지만, '직업'을 중요하게 생각하지 않는다. 엄밀하게 말해 그들은 자기 천직을 알고 있기 때문이다. 그들에게도 여가가 있다. 그들은 시간을 잡는다. 그들은 '완성시키는' 것 따위는 전혀 생각지 않는다. 서른 살로 말하면 드높은 문화의 의미로는 초보자이며 어린아이이다. 붐비는 중등학교와 산더미처럼 처넣어 우둔하게 된 중등학교의 교사는 하나의 추문이다. 최근 하이델베르크의 교수들이 한 것처럼 이러한 상태를 변호하기 위해서는 아마도 원인이 있겠지만, 그것에 대한 합당한 근거 같은 것이 없다.

6

천성적으로 나는 긍정적이며, 항의나 비판에는 단지 간접적으로만, 무의식적으로만 개입한다. 나의 이런 천성에서 벗어나지 않기 위해서, 나는 바로 교육자가 필요로 하는 몇 개의 과제를 제시하려 한다. 사람은 보는 것을 배워야 하고, 생각하는 것을 배워야 하며, 말하는 것과 글씨 쓰는 것을 배워야 한다. 이 셋은 모두 하나의 고귀한 문화가 목표이다. 보는 것이 배우는 것이다—즉 눈에 침착함과 인내심을 심어주고, 대상을 내 몸에 가깝게 하는 습관을 붙이는 것이며, 판단을 보류하고, 하나하나의 경우를 모든 측면에서 검토하여 포괄하는 법을 배우는 것이다. 이것이 정신성에 대한 첫째 예비 훈련이다. 즉 자극에 대뜸 반응하지 않고서, 저지하고 배제하는 본능을 손아귀에 쥐는 것이다.

내가 이해하는 바로는, 보는 것이 배우는 것이란 거의 비철학적인 어법으로 강한 의지라고 부른다. 그 본질은 '의욕'을 갖지 않는 것, 결단을 멈출 수 있는 것이다. 모든 비정신성, 모든 비속성은 어떤 자극에 저항하는 무능력에 바탕을 둔다. 그러므로 사람은 반응할 수밖에 없으며, 모든 충동에 따른다. 많은 경우 그렇게 할 수밖에 없다는 것은 이미 병들고, 쇠퇴하고, 피폐한 징조이다. 비철학적인 조잡함 때문에 '악덕'이라 불리는 것은 거의 모두가 단순히 반응하지 않는 생리학적 무능력에 불과하다. 보는 것이 배우는 것이다를 응용해 보면 이렇다. 배우는 자의 완만하고 의심스러운 저항력이 억세지는 것이다.

사람은 모든 종류의 낯선 것, 새로운 것에 먼저 적의를 갖고 침착하게 접근할 것이다. 그리고 그것으로부터 손을 뗄 것이다. 모든 문을 열어두고, 조그마한 사실 앞에 공손하게 꿇어 엎드리며, 언제나 뛰어들 준비를 하여 다른 사람이나 다른 사물 속에 앉아버리고 굴러 들어가는 것—요컨대 이런 식의 유명한 근대적인 '객관성'—은 좋지 않은 취미이며, 저속하다.

7

생각하는 것을 배우는 것, 우리나라 학교에서는 이것이 무엇인지 벌써 모르게 되어버렸다. 대학에서까지도, 아니 철학의 진정한 학자들 사이에서까지도 논리는 이론으로, 실천으로, 수공업으로 사멸하기 시작했다. 독일 책을 읽어보라. 거기에는 기술이, 교수 계획이, 숙달에 대한 의지가 필요하다는 생각, 무용이나 무용과 비슷한 것을 배우기를 원하는 생각과 같은 약간의 추억마저도 없다. 정신상의 가벼운 발이 모든 근육에 충만케 하는 저 미묘한 전율을, 독일 사람 사이에서 그 누가 지금 경험으로 알까? 정신적 몸짓의 투박함, 붙잡을 때의 서투른 손짓, 이것은 외국에서 독일의 일반적 본질과 뒤바뀔 정도로 독일적이다. 독일 사람은 미묘한 차이를 느끼는 손길을 지니지 못하고 있다.

　독일 사람이 그들의 철학자, 특히 위대한 칸트라는 일찍이 있었던 사람 중에 가장 기형적 개념의 저 불구자를 참고 왔다는 것만 해도, 독일적 우아함이 무엇인가를 적지 않게 알려준다. 모든 형식의 무용, 다시 말해 발로써, 개념으로써, 말로써 춤출 수 있다는 것은 고귀한 교육에서 제외될 수 없다. 펜으로도 춤추어야 한다는 것, 즉 쓰는 것을 배워야 한다는 것을 굳이 말할 필요가 있는가? 그래서 여기까지 오면 나는 독일 독자에게는 완전히 수수께끼가 될 것이다.

어느 반시대적 인간의 편력

1

나는 이런 사람들을 견딜 수 없다. 덕의 투우사 세네카, 불순한 자연의 형식을 취해 자연으로의 복귀를 주장한 루소, 도덕적인 제킹겐의 나팔수 실러, 무덤 속에서 시를 짓는 사냥개 단테, 예지적 성격을 가진 위선자 칸트, 무의미한 바닷가에 서 있는 큰 등대 빅토르 위고, 유연한 학교(여성에게만)인 리스트, 가슴이 풍만한 독일어로 말하면 '아름다운 스타일'의 젖소 조르주 상드, 겉옷을 벗어버린 감격자 미슐레, 사퇴한 염세주의자 칼라일, 모욕적인 명석함 존 스튜어트 밀, 호메로스와 싸우는 두 명의 아이아스 공쿠르 형제, 음악가 오펜바흐, '악취를 풍기는 즐거움' 졸라.

2

르낭. 신학 또는 '원죄'에 의한 이성의 타락(그리스도교), 그 증거가 르낭이다. 그는 비교적 일반적인 종류의 긍정이나 부정을 말해 버리지만, 그때마다 으레 핵심을 잃는다. 그는 과학과 고귀함을 하나로 결합하고 싶은 모양이지만, 과학이 민주주의에 속하는 것은 불을 보듯 뻔하다. 그는 적지 않은 야심으로 정신의 귀족주의를 표시하려고 하지만, 동시에 그 반대의 가르침, 즉 비천한 자들의 복음 앞에 무릎을 꿇는다. 그 내장이 여전히 그리스도 신자, 가톨릭교도, 게다가 성직자이기까지 하다면 모든 자유정신주의, 현대성, 조롱, 고개를 자유로이 돌리는 부드러움이 무슨 소용이 있단 말인가! 르낭은 예수회원이나 고해신부와 똑같이, 유혹이라는 것의 수단을 발명하는 재주를 지니고 있다. 그의 정신성에는 실실거리는 성직자의 조작된 웃음이 있다. 모든 성직자처럼, 그는 사랑할 때 비로소 위험해진다. 목숨을 위태롭게 하는 방법으로 숭배하는 점에서는 누구 하나 그에게 맞설 자가 없다. 르낭의 이 정신, 기력을 꺾는 이 정신은 가련하고 병든, 의지가 병들어 있는 프랑스에게는 또 하나의 숙명이다.

3

생트 뵈브. 그는 남성적인 것은 아무것도 갖지 못했다. 모든 남성적 정신에 대한 꾀죄죄한 원한에 가득 차 있다. 겁 많고 호기심 많아서, 또 지루해서 귀를 쫑긋하고 방황한다. 여성의 복수심과 여성의 관능성을 지닌 근본적으로 여성적인 인물이다. 심리학자로서는 비방의 천재이며, 그 수단은 무진장하다. 칭찬에 독을 섞는 법을 그보다 더 잘 알고 있는 자는 없다. 가장 밑바닥 본능은 천박하며, 루소의 원한과 혈연 관계에 있다. 결국 낭만주의자이다. 왜냐하면 모든 낭만주의 아래서는 루소의 복수 본능이 목을 울리며 탐내고 있기 때문이다. 혁명적이지만, 공포에 의해서 조금 억제되어 있다. 강함을 지닌 모든 것(여론, 아카데미, 궁정, 또한 포르 루아얄까지도) 앞에서는 자유를 잃어버린다.

인간과 사물에 있는 모든 위대한 것에 대해, 자기를 믿는 모든 것에 대해서 격분한다. 위대한 것을 아직도 위력으로 느낄 만큼 시인(詩人)이며, 반(半)여성이다. 그는 늘 그가 짓밟히고 있다 느끼기 때문에, 유명한 어떤 벌레처럼 몸을 움츠리고 있다. 비평가로서는 기준, 근거, 배경이 없으며, 다양한 것에 대해 세계주의적 자유사상을 떠들어대면서 그 자유사상을 고백할 만한 기력조차 없다. 역사가로서는 철학이 없으며, 철학적인 시각의 힘도 없다. 그래서 모든 주요 문제를 심판하는 임무를 거부하고, '객관성'이라는 가면을 쓰고 있다. 그러면서도 그는 세련된, 다 써버린 취미의 최고 법정인 모든 사물에 대해서는 다른 태도를 취한다. 거기에서 그는 실제로 자신에 대해 용기를 갖고 자신을 즐긴다. 거기서는 그 자신이 대가이다. 몇몇 측면에서는 보들레르의 초기 형식이다.

4

《그리스도를 본받아》라는 책은, 내가 어떤 생리학적 거부감 없이는 손에 쥐지 못하는 책 가운데 하나이다. 그것은 영원히 여성적인 향기를 풍기고 있으며, 이것에 견디기 위해서는 프랑스 사람이 되어야 한다. 또는 바그너주의자이든가.

이 성자는 파리의 부인들까지도 호기심을 일으킬 만큼 사랑에 관한 화법을 가지고 있다. 가장 영리한 예수회원인 오귀스트 콩트는 과학이라는 우회로를 통해서 로마로 가려고 했는데, 이 책으로 영감을 받았다는 것이다. 나는 이 이야기를 믿는다. 즉 '마음의 종교.'

5

조지 엘리엇. 사람들은 그리스도교의 신에게서 떨어져 있으며, 거기에서 그만큼 더 그리스도교적 도덕에 매달려야 한다 믿고 있다. 즉 이것은 영국적인 일관성이고, 우리는 그 엘리엇식의 도덕적인 소녀를 나쁘게 여기려는 생각은 없다. 영국에서는 사람들이 신학에서 조금이라도 해방될 때마다 무서운 방식으로 도덕적인 광신자로서 자기 명예를 회복해야 했다. 이것이 바로 이 나라에서는 사람들이 지불하는 벌금이다.

그들과 다른 우리에게는 그렇지 않다. 사람이 그리스도교적 신앙을 포기한다면, 그와 함께 그리스도교적 도덕에 대한 권리마저도 발아래 내동댕이치면 된다. 이 도덕은 결코 자명하지 않다. 사람은 이 점을, 영국 사람의 천박한 두뇌 따위를 무시하고, 몇 번이고 밝은 데로 이끌어 내야 한다. 그리스도교는 하나의 체계이며, 종합적이고 전체적인 사물을 보는 방식이다. 그리스도교에서 신에게 바치는 신앙이라는 주요 개념을 빼낸다면, 그와 더불어 전체도 엉망이 된다. 즉 벌써 손안에는 필연적인 것이라고는 아무것도 남지 않는다. 그리스도교는 인간에게 무엇이 선이고 무엇이 악인가를 모르고 있으며, 알 수 없다는 전제에 서 있다. 인간은 단지 자기만이 알고 있는 신을 믿고 있을 뿐이다. 그리스도교적 도덕은 하나의 명령이고, 그 기원은 초월적이다. 그리스도교적 도덕은 모든 비판과 그 비판에 대한 권리를 넘어선 저편에 있다. 그것은 신이 진리일 경우에만 진리를 지니고 있으며, 신의 신앙과 함께 일어서기도 쓰러지기도 한다.

사실 영국인이 선악이 무엇인가를 '직관적으로' 알고 있다 믿는다면, 그리고 도덕의 보증으로서 그리스도교를 필요로 하지 않는다고 생각한다면 이 일 자체는 단지 그리스도적 가치판단의 지배에서 발생하는 결과에 불과하며, 이 지배의 강함과 깊이의 한 표현일 뿐이다. 이렇게 해서 영국적 도덕의 기원은 잊어버렸으며, 그 생존권이 극히 제한되어 있다는 것도 벌써 느끼지 못하고 있다. 영국 사람에게 도덕은 아직 문제가 되지 않고 있다.

6

조르주 상드. 나는 《어떤 여행자의 편지》 처음 부분을 읽었다. 루소에게서 볼 수 있는 모든 것과 똑같이 가짜이고 인위적이며, 거창하고 과장되어 있다. 나는 이러한 다채로운 양탄자적 문체를 견딜 수 없다. 대범한 감정을 노리는 저속한 야심도 매한가지이다. 물론 최악은, 버릇없는 소년 같은 태도와 남성성을 두루 갖춘 여성적 교태이다. 그럼에도 이 견딜 수 없는 여류 예술가는, 그녀는 얼마나 냉담했던가! 그녀는 시계의 태엽을 감듯이 자기를 조이며 마구 썼다. 그리고 위고처럼, 발자크처럼, 창작을 시작하자마자 냉담하게 되는 모든 낭만주의자처럼 냉담해졌다. 더구나 그 경우 그녀는 얼마나 의기양양하게 누워 뒹굴고 있었던가. 그 스승 루소와 똑같이, 나쁜 의미에서 어떤 독일적인 것을 몸에 지니고 있다. 그럼으로써 프랑스적인 취미가 쇠퇴하여 비로소 가능해진 이 풍요하게 쓰는 암소! 그러나 르낭은 그녀를 존경했다.

7

심리학자를 위한 도덕. 떠돌이 집시류의 심리학을 하지 않을 것! 관찰을 위한 관찰을 하지 않을 것! 이것은 보는 방법을 그르치며, 곁눈질을 하게 되어 무엇인가 무리하게 강제당한 과장적인 짓을 저지른다. 체험하고 싶은 의욕 때문에 체험하는 것, 이것은 잘되지 않는다. 사람은 체험하는 동안 자신 쪽으로 눈을 돌려서는 안 되며, 만일 그러한 짓을 하게 되면 누구의 눈이라도 '나쁜 눈매'가 된다. 타고난 심리학자는 보기 위해서 보는 것을 본능적으로 경계한다. 타고난 화가도 마찬가지이다. 그는 결코 '자연에 따라서' 일을 하지 않는다. 그는 자기 본능, 자기 암실에 '사건', '자연', '체험된 것'을 골라서 표현하도록 맡긴다. 보편적인 것, 결론이나 성과가 비로소 그의 의식 속에 떠오른다. 즉 그는 하나하나의 경우에 추상하는 제멋대로의 작용을 알지 못한다.

다른 방법을 택한다면 어떻게 될까? 예를 들어 파리의 소설가식으로 어중이 떠중이 집시류의 심리학을 했다면? 이것은 현실을 살피고 있으며 매일 밤 한 주먹의 진기한 것을 가지고 돌아온다. 결국 무엇이 나올 것인지 보라. 얼룩 한 점, 겨우 모자이크 하나, 어떻든 무엇인가 긁어모은 안정되지 않는 자질구레한 것이다. 이 점에서 가장 심한 것은 공쿠르 형제이다. 그들은 사람의 눈을, 심리학자의 눈을 아프게 하지 않는 구절을 세 구절도 조립하지 못한다.

자연은 예술적으로 평가하면 전혀 모델이 아니다. 자연은 과장되고 왜곡되고, 틈바구니가 비어 있는 채로 있다. 자연은 우연이다. '자연에 따르는' 연구는 나에게는 좋지 않은 징조로 생각된다. 그것은 굴복, 쇠약, 숙명론을 표시하기 때문이다. 자질구레한 사실들 앞에서 이렇게 굴욕적이 된다는 것은 완벽한 예술가에게 어울리지 않는다. 있는 그대로를 보는 것, 이것은 다른 종류의 정신, 반예술가적 정신, 사실적 인간에 속한다. 사람은 자기가 누구인가를 알아야 한다.

8

예술가의 심리학을 위해서. 예술이 존재하기 위해서는, 또는 어떠한 심미적인 행위와 통찰이 있기 위해서는 하나의 생리학적 선행 조건이 반드시 필요하다. 도취가 그것이다. 도취가 먼저 모든 기계의 흥분을 높여놓아야 한다. 그렇지 않고는 예술이 이루어지지 않는다. 여러 조건을 가진 모든 종류의 도취가 그러기 위한 힘을 가지고 있다. 그중에서도 성적 흥분이라는 가장 오래되고 가장 근원적인 도취의 형식이 그렇다. 그와 같이 모든 커다란 욕망, 강한 욕정에 뒤따라 나타나는 도취가 그렇다는 말이다. 축제, 경기, 모험, 승리, 모든 극단적인 운동과 도취, 참혹의 도취, 파괴의 도취, 또는 종류의 기상학적 영향 아래에서의 도취, 예를 들면 봄날의 도취, 또는 마취약의 영향 아래서의 도취, 최후 의지의 도취, 울적하고 팽창한 의지의 도취를 통해 예술을 이룰 수 있다. 도취해 있는 본질적인 것은 힘의 상승과 충만의 감정이다. 이 감정에서 자기는 사물에 선물을 주며, 우리에게서 뺏어가게끔 사물을 강제하며 사물에 폭력을 가한다. 사람은 이 과정을 이상화라고 부른다. 여기서 하나의 편견에서 벗어나자. 즉 이상화는 흔히 우리가 믿듯이 사소하고 하찮은 것을 없애든가 줄이는 것이 아니다. 주요 특징을 맹렬하게 몰아내는 것이 오히려 결정적인 것이며, 그 때문에 다른 특징들이 자취를 감춰 버리는 것이다.

9

이러한 도취 상태 속에 있는 사람에게는 자신의 충만함으로부터 나오는 모든 것이 긴밀하고 힘에 넘치는 것처럼 보인다. 이 상태의 인간은 사물을 갑작스레 변화시키며, 마침내 사물이 그의 힘을 반영하게끔 된다. 결국 사물이 그의 완전한 것으로 변화될 수밖에 없다는 것이 예술이다. 그럼에도 그가 아닌 모든 것 자체는 그에게는 자신으로서 느끼는 쾌락이 된다. 예술적으로 인간은 완전한 존재로서 자신을 즐긴다.

이것과 반대되는 상태를 생각해 내는 것도 허용될지 모른다. 본능의 특수한 반예술가적 상태, 모든 사물을 빈약하게 하고 소모시키는 존재 형식이 그것이다. 그리고 사실 역사 속에는 그러한 반예술가, 생명의 기아자들이 많다. 그러한 자들은 필연적으로 사물을 더욱 움켜쥐고, 그것을 먹어버리고, 그것을 더욱 메마르게 하지 않을 수 없다. 그것이 진정한 그리스도교도의 경우이며 파스칼의 경우이다. 동시에 예술가를 겸하고 있는 것 같은 그리스도교도는 나타나지 않는다. 라파엘로라든가 19세기의 어떤 유사 요법적 그리스도교도를 이끌어 내어, 어린애처럼 나에게 반론을 주장하지 말아주었으면 한다. 라파엘로는 긍정을 말했고 긍정을 실행했다. 라파엘로는 그리스도교도가 아니었기 때문이다.

10

내가 미학에 들어온 아폴론적인 것과 디오니소스적인 것이란 대립 개념이 둘 다 도취의 종류라고 해석된다면, 그것은 무엇을 의미하는가? 아폴론적 도취는 무엇보다 눈을 흥분시키기 때문에 눈이 환영을 보는 능력을 얻는다. 화가, 조각가, 서사시인은 특히 뛰어난 환상가이다. 이에 반해서 디오니소스적 상태에서는 열정 조직이 총체적으로 흥분하고 높여져 있다. 그 때문에 열정 조직은 모든 표현 수단을 단번에 내보내 표현 모사, 변형, 변화의 힘, 그리고 모든 종류의 표정술이나 연극술을 동시에 몰아낸다. 본질적인 것은 역시 변모의 경쾌함이며, 반응하지 않고는 있을 수 없는 그 무능력이다(어떠한 신호에도 응해서 어떠한 역할도 하는 히스테리 환자의 경우와 비슷하다). 디오니소스적 인간에게는 어떠한 암시를 이해하지 못하고 넘어간다는 것은 불가능하며, 그는 열정의 어떠한 징조도 놓치지 않고, 최고도의 전달술을 가지고 있는 것처럼 최고도의 이해할 수 있는 본능을 지니고 있다. 그는 모든 피부나 열정 속에 파고들어 간다. 즉 그는 부단히 변모하는 것이다.

우리가 오늘날 이해하는 바와 같은 음악도 열정의 총체적 흥분이나 방출이지만, 그럼에도 열정의 훨씬 풍만한 표현 세계의 잔존물인 디오니소스적 연기의 단순한 찌꺼기에 불과하다. 사람은 음악을 특수 예술로서 가능케 하기 위해서 몇 개의 감각, 특히 근육 감각을 정지시켜 왔다(적어도 상대적으로는 그렇게 해 왔다. 왜냐하면 어느 정도는 역시 모든 리듬은 우리의 근육에 말하기 때문이다). 그래서 인간은 자기가 느끼는 모든 것을 즉시 육체로 모방하고 표현하는 일이 없다. 그럼에도 이것이야말로 본디 디오니소스적인 정상 상태이며, 어떻든 근원적 상태이다. 음악은 가장 가까운 여러 능력을 희생하여 점진적으로 이 상태에 이른 특수한 현상이다.

11

배우, 무언극 배우, 무용가, 음악가, 서정시인은 그 본능에는 근본적으로 현실적이며, 그 자체로서 하나이지만 차츰 특수화되고 서로 분리되어, 마침내는 서로 상반되는 것이 되었다. 서정시인은 가장 오랫동안 음악가와 결합되어 있었고, 배우는 무용가와 결합되어 있었다.

건축가는 디오니소스적 상태도, 아폴론적 상태도 나타내지 않는다. 여기서 예술을 추구하는 것은 커다란 의지의 행동, 태산마저 움직이는 커다란 의지의 도취이다. 가장 힘 있는 인간이 늘 건축가에게 영감을 주었다. 건축가는 늘 권력의 영향 아래 있었다. 건축물에는 긍지, 중력에 대한 승리, 권력에의 의지가 눈에 보여야 할 것이다. 건축술은 설득하고, 아첨하기까지 하고, 또는 단순히 명령하는, 형체를 가진 어떤 권력의 웅변이다. 위대한 양식을 지닌 것 속에는 권력과 안전의 최고 감정이 표현되어 있다. 어떠한 증명도 필요로 하지 않는 권력, 사람의 마음에 드는 것을 가볍게 여기는 권력, 쉽게 대답하지 않는 권력, 어떠한 증인도 자기 주변에 느끼지 않는 권력, 자기에 대해 항변하는 자가 있는 것을 의식하지 않고 사는 권력, 자신 속에서 편히 쉬며 숙명적인 법칙 가운데 있는 권력, 이것이 위대한 양식으로서 자기에 대해 말한다.

12

나는 토머스 칼라일의 전기를 읽었다. 지식과 의지에 거슬리는 이 익살극, 이 소화불량 상태의 영웅적 도덕적 해석을 말이다. 칼라일은 강력한 말과 몸짓을 지닌 남자, 필요 불가결한 수사가이며, 강한 신앙에 대한 갈망과 또한 그것을 위한 무능한 감정에 늘 불타고 있다(이 점에서 전형적인 낭만주의자이다)! 강한 신앙에 대한 갈망은 강한 신앙 자체의 증명이 아니라, 오히려 그 반대이다. 강한 신앙을 지니고 있다면 회의라는 아름다운 사치를 허용해도 괜찮다. 그것을 허용해도 괜찮을 정도로 충분히 안전하며, 견고하고, 구속되어 있기 때문이다.

칼라일은 강한 믿음을 지닌 인간에 대한 강렬한 존경과 그다지 단순치 않은 사람들에 대한 분노로 자기 안에 있는 그 무엇을 마비시킨다. 즉 그는 시끄러움을 필요로 하는 것이다. 자기에 대한 부단한 격정적인 성실성이 그의 특질이며, 이것 때문에 그는 흥미 있고 또한 언제까지나 그렇다. 물론 영국에서는 바로 그 성실성 때문에 그가 칭송되고 있다. 이것이야말로 영국적이기 때문이다. 그리고 영국 사람이 위선적 국민이라는 점을 생각한다면, 이것은 단순히 이해가 갈 뿐만이 아니라 당연하게 여겨진다. 근본적으로 칼라일은 무신론자가 아니라는 점에서 명예를 얻고자 하는 영국적 무신론자이다.

13

에머슨. 칼라일보다 훨씬 계몽되어 있으며, 방랑적이고, 복잡하며, 노련하고, 특히 행복하다. 본능적으로 신들의 양식밖에는 먹지 않으며, 소화시키지 못할 것은 사물 속에다 남겨두는 그러한 인간이다. 칼라일과 비교하면 취향이 있는 인간이다. 칼라일은 그를 무척 좋아했는데도 그에 대해 이렇게 말했다. "그는 우리에게 충분히 씹을 수 있는 것을 주지 않는다." 설령 이 말이 옳다 하더라도 그것은 에머슨에게 불리하지 않다. 에머슨은 모든 진지한 기세를 꺾을 만큼 선량하고 슬기롭고 쾌활하다. 그는 자기 나이가 몇 살인지, 자기가 얼마나 젊은지를 조금도 모른다. 그는 로페 데 베가의 말을 빌려 자기에 대해 이렇게 말할 수 있으리라. "나는 나 자신의 계승자이다." 그의 정신은 늘 만족하고 또한 감사하기까지 하는 이유를 발견한다. 때로 그는 마치 좋은 일이라도 한 것처럼, 사랑의 밀회에서 돌아온 남자의 쾌활한 초월성을 방불케 한다. 그 남자는 감사한 마음으로 말했다. "설령 힘이 모자란다 하더라도 쾌락은 찬양해야 할 것이다."

14

반(反)다윈. 저 유명한 '생존경쟁'에 대해서 말하면, 그것은 나에게는 증명되었다기보다는 오히려 주장되었다고 본다. 그것은 일어날 수는 있지만 예외적이다. 삶의 전체적 광경은 궁핍 상태, 기아 상태가 아니라 오히려 풍요와 풍만이며, 어처구니없을 정도로 낭비이기도 하다. 싸움이 벌어질 때도 그것은 권력을 둘러싼 싸움이다. 맬서스와 자연을 혼동해서는 안 된다.

이 싸움이 일어난다고 하면―사실 그것은 일어나는데―유감이지만 그것은 다윈학파가 바라는 것과는, 또 아마도 사람들이 이 학파와 더불어 바라도 괜찮다고 생각하는 것과는 반대 결과가 될 것이다. 즉 강한 자, 특권자, 행복한 예외자에게는 불리하게 된다. 종은 완전한 상태 속에서 성장하는 게 아니다. 약자가 언제고 강자를 지배한다. 왜냐하면 약자가 대부분이고, 약자가 더 영리하기 때문이다. 다윈은 정신을 잊어버리고 있었다(이것이야말로 영국식이다)! 약자가 더 많은 정신을 가지고 있다. 정신을 얻기 위해서는 정신을 필요로 해야 한다. 더 이상 정신을 필요로 하지 않는다면 사람은 그것을 잃게 된다. 힘을 지닌 자는 정신에서 벗어난다('가버릴 것은 가버리게 놔두라! 제국은 그래도 우리에게 역시 남을 테니까.' 오늘날 독일에서는 이렇게 생각하고 있다). 나는 정신이라는 것을 이미 알고 있는 바와 같이 조심, 인내, 지략, 위장, 자제, 흉내라고 해석한다(흉내에는 이른바 덕의 대부분이 속해 있다).

15

심리학자의 궤변. 심리학자는 인간의 본성을 잘 아는 사람이다. 도대체 무엇 때문에 그는 인간을 연구하는 것일까? 그는 인간에 대한 조그마한 이익과 또는 커다란 이익도 붙잡으려고 한다. 그는 정략가이다! 저쪽 저 사람도 한 인간의 본성을 다 아는 사람이다. 그래서 그대들은 말한다. 저 사람은 그것으로 자기 이익을 위해서는 아무것도 바라지 않는다. 이것이야말로 개인적이지 않은 위대한 인간이다. 더욱 날카롭게 주의하라! 그는 더욱 좋지 못한 이익을 바라고 있다. 즉 자기가 다른 사람들보다 우월하다 느끼며, 그들을 얕보아도 괜찮다 생각하고, 그들과 구별되기를 바란다. 이러한 '개인적이지 않은 인간'은 인간을 경멸하는 자이다. 그러므로 심리학자가 겉으로는 어떻게 보이든지 간에 그는 인간적인 종족이다. 적어도 동등한 지위에다 몸을 두고서 어울리는 것이다!

16

독일 사람의 심리학적 수법은 여러 실례에서 볼 때 문제점이 있다고 생각되지만, 그 일람표를 제공하는 것은 나의 겸손함이 허락하지 않는다. 단지 하나의 실례를 들어도, 내 명제를 논증하는 커다란 원인에는 부족함이 없을 것이다. 즉 나는 칸트와 이른바 그의 '뒷문의 철학'에 관하여 정체를 잘못 붙잡은 독일인들을 유감스럽게 생각한다. 이것은 지적 성실성의 전형이 아니었다. 내가 듣기를 좋아하지 않는 또 하나, 악명 높은 '~와'라는 것이다. 즉 독일 사람은 '괴테와 실러'라고 말하고 있지만, 나는 그들이 '실러와 괴테'라고 말하지 않는가 염려한다. 사람들이 아직도 실러를 모르고 있는 것일까? 더욱 심한 '~와'가 있다. 나는 내 귀로, 물론 대학교수들 사이에서의 일이지만 '쇼펜하우어와 하르트만'이라고 말하는 것을 들은 적이 있다.

17

가장 정신적인 인간들이 가장 용기 있는 인간들이라고 한다면, 이들은 가장 통렬한 비극을 체험한다. 그런데 삶이 그들에게 최대의 적의를 돌린다는 바로 그 까닭에 그들은 삶을 존경한다.

18

'지적 양심'을 위한 진정한 위선보다 더 희귀한 것은 없다고 생각한다. 이러한 식물에는 우리 문화의 부드러운 공기는 소용없는 것이 아닌가 하는 의혹도 크다. 위선이란 강한 신앙 시대의 것이다. 즉 다른 신앙을 보이면서도 자기가 지니고 있는 신앙을 버리지 않았던 시대의 것이다. 오늘날 사람들은 그 신앙을 버린다. 또는 흔히 제2의 신앙을 마련한다. 어떠한 경우에도 정직한 것에는 변함이 없다. 의심할 것도 없이 오늘날에는 이전보다 훨씬 많은 확신이 가능하다. 가능하다는 것은 허용된다는 것, 즉 해가 없다는 것을 말한다. 그래서 자신에 대한 관용이 생긴다.

자신에 대한 관용은 여러 개의 확신을 인정한다. 거기에서 이 확신은 서로 협조하고 같이 생활한다. 그것들은 오늘날의 모든 세계와 똑같이, 서로 해를 끼치지 않게끔 조심한다. 오늘날 사람들은 무엇으로 서로 해를 끼치는가? 일관성이 있을 때이다. 일직선으로 나아갈 때이다. 다섯 가지 이하로밖에 해석할 수 없을 때이다. 순수한 때이다.

현대인은 몇 개의 악덕에 대해서 지나치게 안이하여, 이 악덕들이 더 이상 악덕이 아니게 되어버리지 않을까, 그 때문에 이 악덕이 거의 사멸하지 않을까 나는 두려워하고 있다. 강한 의지가 제한하는 모든 악은—아마도 의지의 강함 없이는 악이란 있을 수 없지만—우리의 미적지근한 공기 속에서는 도덕으로 변질되어 있다. 내가 알게 된 몇몇 위선자들은, 위선의 흉내를 내고 있었다. 즉 그들은 오늘날 거의 열 명 가운데 한 명이 그렇듯이, 배우였던 것이다.

19

아름다움과 추함('좋은 것과 나쁜 것). 우리에게 아름다움이라는 감정보다 더 제한된 것—또는 좁은 의미의 것—은 아무것도 없다. 아름다움을 인정하는 사람은 곧바로 발 디딜 곳을 잃어버린 것이다. '아름다움 자체'는 단순히 하나의 말일 뿐이고, 하나의 개념도 아니다. 인간은 완전성의 척도로서 아름다움 속에 자리잡고 있으며, 특별한 경우에는 아름다움 속에서 자신을 숭배한다. 하나의 종(種)은 다른 방식으로는 자신 하나만을 긍정할 수 없다. 종의 가장 깊은 본능인, 자기 보존과 자기 확대의 본능은 그렇게 승화하면서도 빛을 발한다. 인간은 세계 자체가 아름다움으로 가득하다 믿고 있으며, 그 원인인 자신을 잊어버리고 있다. 다름 아닌 인간이 세계에 아름다움을 주었던 것이다. 아, 인간적인 너무나도 인간적인 아름다움만을! 참으로 인간은 자기 모습을 사물 속에 비추고 있으며, 자기 모습을 자기에게 던지는 모든 것을 아름답다고 본다. '아름다움'을 판단하는 것은 인간이라는 종의 허영이다. 조그마한 의심이 회의자의 귀에 대고 바로 인간이 세계를 아름답다고 봄으로써 정말 세계는 아름답게 되었는가 하고 속삭이는 것도 당연하다. 인간은 세계를 인간화한 것, 단지 그뿐이다. 그러나 인간이 아름다움의 모델을 제공한다는 사실을 보증하는 것은 아무것도 없다. 고급스런 취미 감정자의 눈에 인간이 어떻게 보이는가를 그 누가 알까? 어쩌면 대담하게? 어쩌면 쾌활하게? 어쩌면 조금은 되는대로?

"오오 거룩한 디오니소스스여, 왜 그대는 나의 귀를 잡아당기는가?" 아리아드네는 일찍이 저 유명한 낙소스 섬에서 대화할 때 그녀의 철학자 애인에게 물었다. "그대의 귀에는 우스운 점이 있소. 아리아드네여, 왜 그대 귀는 더 길지 않은가?"

20

아무것도 아름다운 것은 없다. 인간만이 아름답다. 이러한 소박성에 모든 미학이 기초를 두고 있으며, 이 소박성이 미학의 첫 번째 진리이다. 우리는 바로 두 번째 진리를 덧붙여 보자. 즉 퇴락한 인간 말고는 아무것도 추한 것이 없다 —이 일로 아름다움을 판단하는 영역과 경계선이 그어진다—생리학적으로 풀면 모든 추한 것은 인간을 약화시키며 그 마음을 어둡게 한다. 그것은 인간에게 쇠망, 위험, 무력을 상기시키며, 인간은 실제로 그때 힘을 잃는다. 사람은 추한 것의 작용을 동력계로 측정할 수 있다. 대체로 인간이 압박당하고 있을 때 인간은 무엇인가 '추한 것'의 접근을 냄새 맡을 수 있다. 인간의 권력 감정, 그의 권력에의 의지, 용기, 긍지—이것은 추한 것과 더불어 내려가며, 아름다운 것과 더불어 올라간다.

어느 경우에나 우리는 똑같이 하나의 결론을 내리는데, 그 전제는 어마어마하게 본능 속에 쌓여 있다. 추한 것은 퇴화의 신호나 징조로 해석된다. 그래서 조금이라도 퇴화를 생각하게 하는 것은, 우리 속에 '추하다'는 판단을 일으킨다. 탈진, 중압, 노령, 피로의 모든 징조, 경련이라든가 마비라고 하는 모든 종류의 부자유, 특히 해체나 부패의 냄새, 빛깔, 형태, 그것이 아주 희박하게 상징하더라도 이 모든 것은 똑같은 반작용, '추하다'는 가치판단을 불러일으킨다. 그때 어떤 증오가 뛰쳐나온다. 그때 인간은 누구를 증오하는 걸까? 의심할 나위 없이 인간 전형의 하강(몰락)을 증오하는 것이다. 그는 그때 가장 깊은 종의 본능에서 증오한다. 이 증오 속에는 전율, 신중, 깊이, 선견지명이 있다. 그것은 있을 수 있는 것 가운데 가장 깊은 증오이다. 이것 때문에 예술은 깊이가 있는 것이다.

21

쇼펜하우어. 문제가 되는 마지막 독일 사람 쇼펜하우어(괴테, 헤겔, 하인리히 하이네처럼 유럽적인 사건이나, 단순한 지방적 사건, '국민적' 사건에 멈추지 않는다)는 심리학자에게는 대단히 중요한 사례이다. 그는 허무주의에 근거를 두고 삶의 가치를 총체적으로 낮추기 위해서, 그 반대 법정에서 '삶에 대한 의지'의 커다란 자기 긍정이나 삶의 풍요로운 형식을 꺼내오는 악의에 찬 천재적인 시도를 했다. 그는 순차적으로 예술과 영웅주의, 천재, 아름다움, 커다란 공감, 인식, 진리에의 의지, 비극을 '부정'에 대한 또는 부정하고자 하는 '의지'에 따르는 현상으로 해석했다. 그리스도교를 제외하면 역사상 가장 큰 심리학적 위조이다. 더 면밀하게 보면 그는 이 점에서는 단순히 그리스도교적 해석을 물려받은 것에 지나지 않는다. 그는 그리스도교가 거절한 것, 인류의 위대한 문화적 사실까지도 그리스도교적인, 다시 말하면 허무주의적인 의미에서 긍정하는 것을 알았다는 점이 다를 뿐이다(즉 '구원'에 이르는 길로서, '구원'의 선행 형식으로서, '구원'에 대한 욕구의 자극제로서 긍정한 것이다).

22

나는 하나의 보기를 든다. 쇼펜하우어는 아름다움에 대해서 우울한 열정으로 말한다. 왜냐하면 그가 아름다움 속에 더욱 앞으로 나아갈 수 있는, 또는 앞으로 나아가려는 갈망을 이어주는 다리를 보기 때문이다. 그에게 아름다움 몇 순간의 '의지'로부터의 해방이다. 아름다움은 영원한 구원으로 유혹한다. 특히 그는 아름다움을 '의지의 초점'으로부터의, 성욕으로부터의 해방자로서 찬양한다. 그는 아름다움 속에서는 생식 충동이 부정된다고 본다. 이 얼마나 기묘한 성자인가! 누군가 그대에게 항의하고 있지만, 아무래도 그것은 자연인 것 같다.

자연을 살펴볼 때 대체 왜 소리, 빛깔, 향기, 율동적인 운동 속에 아름다움이 있는 걸까? 무엇이 아름다움을 나타내 보이는 것일까? 다행히 또 한 철학자가 그에게 항의한다. 바로 거룩한 플라톤(쇼펜하우어 자신이 그를 그렇게 부르고 있다)의 권위가 다른 명제를 막는다. 즉 모든 아름다움은 생식을 자극하는데, 이것이야말로 가장 관능적인 것에서 가장 정신적인 것에 이르기까지 아름다움이 가져오는 영향의 특징이라고 주장하는 것이다.

23

플라톤은 더욱 앞으로 나아간다. 그는 그리스 사람이 아니고서는 가질 수 없으며, '그리스도교도'들에게서는 도저히 볼 수 없는 순진함으로 이렇게 말한다. "이만한 아름다운 젊은이들이 아테네에 없었다면, 플라톤 철학은 있을 수 없을 것이다. 철학자가 그들을 바라본다면 그의 영혼은 에로스적인 취한 상태에 빠지게 된다. 그의 영혼에 안식을 주기 위해서는 그 영혼이 가지고 있는 모든 숭고한 사물의 씨앗을 땅 위에 떨어뜨려야 한다." 기묘한 성자다! 사람들은 플라톤은 믿더라도 자기 귀는 믿지 않는다. 적어도 아테네에서는 철학이 다른 방식으로, 특히 공정하고 분명하게 다루어졌다는 것을 추측할 수 있다. 은둔자의 개념적 거미줄 치기, 스피노자식의 지적인 신의 사랑처럼 그리스적이지 않은 것은 없다. 플라톤식 철학은 오히려 하나의 에로스적 경쟁과 고대의 체육경기나, 그 여러 전제의 지속 및 내면화로 정의되어야 할 것이다. 플라톤의 이 철학적 연애술에서 무엇이 나왔던가? 그리스적 경기의 새로운 예술 형식, 바로 변증법이다.

나는 플라톤의 명예를 위해서 쇼펜하우어에 반항하여 고전적 프랑스의 모든 고급문화와 문학도 성적 관심이라는 토양 위에 성장했다는 것에 주의를 환기시켜 둔다. 여기서는 곳곳에서 연애 관계, 관능, 성적 경쟁, '여성'을 찾아볼 수 있지만 아무렇지도 않았다. 찾아보아도 결코 부질없는 짓은 아니기 때문이다.

24

예술을 위한 예술. 예술의 목적을 위한 싸움은 언제나 예술이 도덕화되는 경향을 반대하고, 예술이 도덕에 종속하는 것을 반대하는 싸움이다. 예술을 위한 예술이란, "도덕 같은 건 없어져라!"나 다름없다. 그러나 이러한 적의도 도덕적 편견의 우세를 말한다. 설령 도덕의 설교나 인간 개선이라는 목적이 예술에서 추방당했다 하더라도 예술이 총체적으로 무목적, 무목표, 무의미, 요컨대 예술을 위한 예술—이것은 자기 꼬리를 물어뜯는 한 마리 벌레라고는 볼 수 없다. "도덕적 목적을 갖느니 차라리 아무런 목적이 없는 것이 낫다!"—이라고 말하는 것은 단순한 격정일 뿐이다.

이에 반해 심리학자는 묻는다. 예술은 무엇을 하는가? 칭찬하지 않는가? 찬미하는가? 가려 뽑는가? 이끌어 내는가? 이러한 모든 일로써 예술은 어떤 종류의 가치 평가를 강하게 하거나 약하게 한다. 이것은 단지 '그 밖의' 것인가? 우연인가? 예술가의 본능이 전혀 관여치 않았던가? 아니면 그것은 예술가의 능력 전부가 되는 것이 아닐까? 예술가의 가장 밑바닥에 있는 본능은 예술을 향하고 있는가, 또는 오히려 예술의 의미, 삶을 향하고 있는 것은 아닐까? 삶의 소망을? 예술은 삶에 커다란 자극제이다. 예술을 어째서 무목적, 무목표로, 그리고 예술을 위한 예술로 해석할 수 있을까?

하나의 의문이 여기에 남아 있다. 즉 예술은 또한 인생의 많은 추악한 것, 냉혹한 것, 괴기한 것도 나타내는데, 예술은 이 일로써 인생의 괴로움에서 벗어나는 것이라고 생각지 않는가? 사실 예술에 이러한 의미를 준 철학자가 있었다. 쇼펜하우어는 '의지로부터 해탈하는 것'을 예술의 총체적인 목표로 가르쳤으며, '체험의 마음을 일으키는 것'을 비극의 주요 용어로서 찬양했다. 그러나 이것은 내가 이미 암시했던 일이지만, 염세주의자의 관점이며 '좋지 않은 시각'이다. 사람은 예술가에게 호소해야 한다. 비극적 예술가는 자신에 대해 무엇을 전하는가? 바로 그가 표시하는 무섭고 괴기한 것에 대해 무서움을 모르는 상태가 아닌가? 이 상태 자체가 하나의 드높은 소망이다. 이 상태를 아는 자는 그것에 최고의 경의를 표하며 존경한다. 그는 그것을 전달한다. 그가 만일 예술가이며 전달의 천재라고 한다면, 그것을 전달할 수밖에 없다.

강력한 적, 숭고한 어려움, 전율을 일으키는 문제를 앞에 둔, 감정상의 용감과 자유, 이 승리의 상태야말로 비극적 예술가가 선택하고 찬미하는 것이다. 비극을 앞에 두고 우리 영혼 속에 있는 호전적인 것은 그 사투르누스제를 울린다. 괴로움에 익숙한 자, 괴로움을 찾는 자, 이러한 영웅적 인간은 비극적으로 자기 존재를 칭송한다. 이러한 사람에게만 비극 시인은 가장 달콤하고도 무자비한 술을 바치는 것이다.

25

인간으로 만족하는 것, 자기 마음의 문을 열어두는 것, 이것은 관대하지만 그저 관대할 뿐이다. 손님을 고귀하게 환대할 줄 아는 마음은 많은 커튼을 친 창문이나 잠근 덧문이 있는 것을 보면 알 수 있다. 즉 가장 좋은 방을 이 마음은 비워두고 있는 것이다. 도대체 왜? 그 까닭은 '견뎌내지' 못하는 손님을 기다리고 있기 때문이다.

26

자기 마음을 탁 털어놓을 때, 우리는 이미 자기를 충분히 존중하고 있지 않은 것이다. 우리의 진정한 체험은 전혀 수다스럽지 않다. 설령 그렇게 바란다 하더라도 자신을 전달할 수는 없을 것이다. 그러한 체험에는 언어가 결핍되어 있기 때문이다. 그것을 표현하는 말을 우리가 가지고 있다는 것을 우리는 이미 잊고 있다. 모든 언어 속에는 한 알의 경멸이 있다. 말이란 생각건대 평균적인 것, 중용의 것, 전달 가능한 것을 위해서만 발명된 것이다. 말하는 자는 말을 함으로써 이미 농아자나 그 밖의 철학자들을 위한 도덕에 자기를 통속화한다.

27

"이 그림은 매혹할 정도로 아름답다!" 문학적인 여성은, 불만스럽고 흥분을 잘하며, 마음과 내장이 거칠어지고, 그 조직의 깊숙한 곳에서 "자식인가 책인가"라고 속삭이는 명령의 소리에 언제나 괴로운 호기심을 갖고 귀를 기울인다. 즉 문학적인 여성은 자연이 라틴말로 이야기할 때도 자연의 소리를 이해할 수 있을 만한 교양이 있는 한편, 마음속에 남몰래 프랑스말을 중얼거릴 정도로 허영심 많은 거위이다. "나는 나 자신을 보고 자신을 읽고, 황홀해서 이렇게 말할 것이다. 내게 이만한 재주가 있다는 것이 있을 수 있는 일인가?"

28

'비개인적인 자들'은 말한다. "현명하고 인내심이 강하면, 초연하게 있는 것보다 더 우리에게 쉬운 일은 없다. 우리는 관용과 공감의 기름으로 함빡 젖어 있으며, 부조리할 정도로 공정하고, 모든 것을 용서한다. 이 때문에 우리는 조금 엄격해야 하며, 때때로 어떤 조그마한 욕정의 조그마한 악덕을 자기를 위해서 길러야 할 것이다. 그 결과 우리는 괴로운 일에 부닥칠지도 모르며, 마음속으로는 아마도 괴로워 보이는 일로 웃을지도 모른다. 그러나 그것이 무슨 소용이 있을까? 우리에게는 벌써 다른 종류의 자기 초극은 남아 있지 않다. 이것이야말로 우리의 금욕, 우리의 속죄이다." 개인적이 되는 것은 '비개인적인 자들'의 덕이다.

29

어떤 박사학위 시험에서. "모든 상급 학교의 사명은 무엇인가?" 인간을 기계로 만드는 것이다. "그러기 위해서는 어떻게 해야 하는가?" 권태로운 것을 배워야 한다. "무엇으로 달성되는가?" 의무의 개념으로. "누가 그 모범인가?" 문헌학자이다. 문헌학자는 악착스럽게 공부하는 것을 가르쳐 주기 때문이다. "누가 완전한 인간인가?" 관리이다. "어떤 철학이 관리를 위한 최고의 공식을 주는가?" 칸트의 철학이다. 물자체로서의 관리가 현상으로서의 관리를 심판하기 때문이다.

30

어리석음의 권리. 선량한 눈매로 사물을 되는 대로 놔두며, 피로하여 천천히 숨을 쉬고 있는 노동자. 이 전형적 인물은 지금 노동의(그리고 '제국'의)! 시대에서, 사회 모든 계급 속에서 만날 수 있는 자로, 오늘날 예술을 독점적으로 요구하고 있다. 거기에는 책, 특히 신문과 잡지도 포함되어 있지만 아름다운 자연, 이탈리아를 요구하고 있는 것은 더 말할 필요도 없다. 파우스트가 말하는 "잠들어 있는 사나운 충동"을 지니고 있는 석양의 인간은 피서지를, 해수욕을, 빙하를, 바이로이트를 필요로 한다. 그러한 시대에 예술은 순수한 어리석음의 권리를 지닌다. 정신, 재치, 감성을 위한 하나의 휴식으로서. 바그너는 알고 있었다. 순수한 어리석음이 재건의 힘이 된다는 사실을.

31

또 하나의 식이요법 문제. 율리우스 카이사르가 병적 상태와 두통에서 몸을 지킨 수단은 강행군, 간소한 생활, 집 밖에서의 부단한 생활, 끊임없는 고생이다. 대체로 말해서 이것이 천재라고 불리는 정묘한 기계가 극단적으로 상처받기 쉬운 것에 대항하는 보전과 보호의 처치이다. 이 기계는 최고의 압박을 받으면서 일하고 있었다.

32

부도덕자는 말한다. 소망을 표현할 때의 인간보다 더 철학자의 성향에 거슬리는 것은 없다. 인간이 행동하고 있을 때만을 본다면, 예컨대 이 가장 용감하면서도 교활한, 가장 끈기 있는 동물이 미로의 곤경 속에서 헤매는 것을 본다면 인간은 철학자에게 얼마나 경탄할 만한 존재일까! 게다가 인간은 철학자의 성미에 맞기도 하다. 그러나 철학자는 소망을 지닌 인간을, 바람직한 인간을 경멸한다. 그리고 대체로 인간의 모든 소망을, 모든 이상을 경멸한다. 철학자가 허무주의자라면, 그는 인간의 모든 이상의 배후에서 허무를 발견하기 때문일 것이다. 또는 아직 허무에까지 이르지 못하고 보잘것없는 것, 불합리한 것, 병적인 것, 비겁한 것, 지쳐버린 것, 그 사람이 마셔버린 잔에 남아 있는 모든 종류의 찌꺼기만을 발견하기 때문이리라. 현실에서는 존경할 만한 인간이 소망을 지니면 왜 아무런 존경할 만한 가치가 없는 것일까? 실재로서의 인간은 훌륭하니 보상을 받아야 하는가? 인간은 그 행위를, 모든 행위를 할 때의 두뇌와 의지의 긴장을 공상적인 부조리 속에서 상쇄해야만 하는가?

그 소망의 역사는 이제까지의 인간 치부였다. 너무나 오래도록 이 역사를 읽는 것은 조심해야 한다. 인간을 인정하는 것은 그 실재이다. 실재가 인간을 영원히 인정할 것이다. 그리고 단순히 소망되고, 몽상되고, 순 거짓말로 이루어진, 날조된 인간에 비교하면 현실적 인간은 얼마나 많은 가치를 지녔는가? 어떠한 이상적인 인간과 비교하면 말이다. 이 이상적 인간만이 철학자의 취미에 거슬리는 것이다.

33

이기심의 본디 가치. 이기심은, 그 이기심을 지닌 자가 생리학적으로 가치 있는 것과 똑같은 가치를 가지고 있다. 즉 그것은 매우 귀중한 것일 수도 있으며 보잘것없는 경멸할 만한 것일 수도 있다. 모든 개개인은 과연 자기 삶이 올라가고 있는가, 내려가고 있는가를 살펴볼 필요가 있다. 이것이 결정될 때 그 이기심의 가치에 대한 규준을 얻게 된다. 그가 상승선을 그리고 있다면, 사실 그 가치는 보통이 아니다. 그와 더불어 한 걸음 나아가는 총체적 삶에서는 말이다. 그의 회상 조건을 유지하기 위한 적절한 정도는 극도의 것일 필요가 있다. 민중이나 철학자가 이제까지 해석했던 것과 같은 '개인'은 하나의 오류였다. 개인은 그 자신만으로는 아무것도 아니며, 원자도 아니고 '연쇄의 한 고리'도 아니며, 단순히 이전 것의 상속자도 아니다. 그는 그에게까지 이르는 인간이라는 한 연속선 자체이기까지 하다. 그가 아래로의 발전을, 쇠퇴를, 만성적인 변질을, 질병을 나타낸다면(질병은 크게 보면 이미 쇠퇴의 결과 현상이며 그 원인이 아니다) 그에게 가치를 인정할 수 없다. 그래서 먼저 가능한 한 그가 건전한 자들에게서 빼앗는 일이 없게끔 바라는 것이 당연하다. 그는 단순히 건전한 자들의 기생물일 뿐이다.

그리스도교도와 무정부주의자. 무정부주의자가 사회의 쇠퇴하는 계층의 대변인으로서, 또 아름다운 분노로서 '권리', '정의', '평등권'을 요구할 때 그는 도대체 왜 괴로움을 받고 있는가? 그에게 무엇이 결핍되어 있는가? 그는 자기 삶이 결핍되어 있음을 이해하지 못하는 자기의 무지한 압력 아래에 있다. 원인을 찾는 충동이 그에게는 강력하다. 그래서 그가 좋지 못한 상태에 있다는 책임을 누군가에게 돌려야 한다.

또한 아름다운 분노 자체가 그에게 이미 유쾌한 일이며, 모욕을 주는 것은 모든 가련한 악마에게는 하나의 즐거움이다. 그것은 하찮은 권력 도취를 준다. 이미 불평과 호소가 삶에 하나의 자극을 줄 수 있고, 이 자극 때문에 사람은 견뎌내는 것이다. 즉 작은 복수심이 모든 불평 속에 있으며, 사람은 자기의 좋지 못한 상태, 사정에 따라서는 자기의 나쁜 것까지도 다른 사람 탓을 하고, 마치 부정처럼, 허용되지 않은 특권처럼 비난한다. "내가 천민이라면 그대 역시 그래야 한다." 이러한 논리에 근거를 두고 혁명이 일어나는 것이다.

호소는 어떠한 경우에도 소용이 없다. 그것은 약한 것에서 나오기 때문이다. 자신의 불행을 다른 사람 탓으로 하든, 자기 탓으로 하든—전자는 사회주의자가 하는 짓이며, 후자는 그리스도교도가 하는 짓이다—아무런 근본적인 차이는 없다. 거기에 보이는 공통점, 무가치한 점이라 해도 괜찮지만, 그것은 자기가 괴로움을 당하고 있는 것이 누군가의 탓이라는 것이다. 요컨대 괴로워하는 자가 자기 괴로움에 대해서 복수의 꿀을 처방하는 것이다. 쾌락욕으로서의 이러한 복수욕의 대상은 우연한 원인을 찾아낸다. 즉 괴로운 자는 자기의 하찮은 복수를 만족시키는 기회를 곳곳에서 발견한다. 그가 그리스도교도라면, 거듭 말해서 그는 그 원인을 자신 속에서 발견한다. 그리스도교도와 무정부주의자, 이들은 다 퇴폐적이다. 그러나 그리스도교도가 이 세상을 단죄하고 비방하고 더럽힐 때도, 그것은 사회주의의 노동자가 사회를 단죄하고 비방하고 더럽히는 것과 똑같은 본능에서 나온다. 즉 최후의 심판 자체가 역시 복수심의 달콤한 위안이며, 사회주의의 노동자도 기대하고 있는 혁명을 좀 멀리 생각한 것에 불과하다. '저 너머'도 이 세상을 더럽히기 위한 수단이 아니라고 한다면 무엇을 위한 저편일까?

35

퇴폐적인 도덕에 대한 비판. '이타주의적' 도덕, 또는 이기심을 침해하는 도덕
은 어떠한 사정이 있더라도 나쁜 징조임에는 변함없다. 이것은 개인에게도 마찬
가지이고, 특히 민족에게 그렇다. 이기심이 결여되기 시작하면 가장 훌륭한 것
이 결핍되어 있는 것이다. 자기에게 해로운 것을 본능적으로 선택한다는 것, '이
해관계가 없는' 동기에 의해 유혹되는 것은 거의 퇴폐 성향을 나타내는 공식을
금지한다. "자기 이익을 구하지 않는다." 이것은 "나는 내 이익을 발견할 수가 없
다"고 하는 아주 다른, 즉 생리학적인 사실성을 숨기는 도덕적인 덮개에 불과하
다. 본능의 분산! 이타적으로 되면, 인간은 끝장나는 것이다. "나는 아무런 가치
도 없다"고 소박하게 말하는 대신에 도덕의 거짓말은 퇴폐주의자의 입을 빌려
이렇게 말한다. "어떠한 가치가 있는 것은 아무것도 없다. 삶은 아무런 가치가
없다." 그러한 판단은 결국 하나의 커다란 위험에서 벗어나지 못하며, 여기저기
로 전염된다. 그것은 사회의 병적인 모든 토양 위에 무성하게 또는 종교(그리스
도)로서, 또는 철학(쇼펜하우어 정신)으로서 개념의 열대식물이 된다. 사정에 따
라서는 부패에서 성장한 그러한 유해 식물이 그 냄새로 멀리 수천 년 앞의 삶
에 해를 끼친다.

36

의사들을 위한 도덕. 병자는 사회의 기생충이다. 어떤 상태에서는 오래 사는
것이 무례한 일이다. 의사의 치료에 비겁하게 의지하여 무료하게 오래 산다면,
삶에 대한 의무와 권리를 잃게 된 뒤에 사회로부터 커다란 경멸을 받을 것이다.
의사 또한 이 경멸의 매개자여야 하리라. 처방을 내리는 게 아니라, 날마다 그
환자에 대한 새로운 구역질을 느껴야 할 것이다. 위로 오르는 최고의 삶을 누리
기 위해, 퇴락해 가는 삶의 가장 가차 없는 압박과 제거를 요구하는 모든 경우
를 위해, 예를 들면 생식의 권리를 위해, 태어나는 권리를 위해, 사는 권리를 위
해 의사에게 새로운 책임을 지우는 것, 더 이상 자랑스럽게 살 수 없을 때 자랑

스럽게 죽는 것, 스스로 선택한 죽음, 밝고 즐겁게 자식들과 다른 이들에 둘러싸여 이루어진 적당한 시기의 죽음, 그리하여 죽어가는 사람이 아직 현실적으로 생존하여 진정한 이별을 고하는 것, 그와 똑같이 자신이 달성하고 의욕을 가진 것에 대한 진정한 평가, 인생의 총계가 가능한 죽음—이 모든 것은 그리스도가 임종 때 보여준 가련하고 전율할 만한 희극과는 반대의 것이다.

그리스도교가 죽어가는 사람의 약점을 악용하여 양심을 짓밟아 왔다는 것, 그리스도교가 죽는 방법 자체를 악용하여 인간과 과거에 대해 가치판단을 내려왔다는 것을 그리스도교는 결코 잊어서는 안 된다! 여기서 중요한 것은 편견이라는 모든 비겁에 맞서서 이른바 자연적인 죽음의 정확한, 즉 생리학적 평가를 회복시키는 일이다. 즉 자연사도 결국은 '부자연사' 가운데 하나인 자살에 불과하다. 사람이란 자신 말고는, 결코 누구에게도 파멸되는 일이 없다. 그것은 단지 가장 경멸할 만한 조건 아래서의 죽음이며, 부자유스러운 죽음, 때를 얻지 못한 죽음, 비겁자의 죽음이다. 사람은 삶에 대한 사랑에서 조금 다른 방식의 죽음을 바라야 할 것이다. 자유롭게, 의식적으로, 우연적이지 않고, 기습적이지 않게 바라야 하리라.

마지막으로 염세주의자나 퇴폐주의자 여러분에게 충고 하나를 하련다. 우리는 태어나는 것을 우리 마음대로 막을 수 없다. 그러나 때때로 하나의 잘못을—태어나는 것은 때때로 하나의 잘못이기에—되돌릴 수는 있다. 자기를 제거한다면 사람은 가능한 일 중에 가장 존경할 만한 일을 하는 것이다. 그 일로 사람은 살 만한 가치가 있다고 할 정도이다. 사회는, 아니 삶은 그 일로 체념이라든가, 빈혈증이라든가 그 밖의 미덕을 지닌 어떤 '삶'에서보다 훨씬 많은 이익을 얻는다. 다른 사람에게 그를 보는 괴로움을 덜게 하며, 삶을 하나의 어려움에서 해방시키는 셈이다. 순수한 초록의 염세주의는 염세주의자 여러분의 자기 반박에 의해 비로소 자기를 증명한다.

사람은 쇼펜하우어가 한 것처럼, '의지'와 '표상'으로서 삶을 부정할 뿐만 아니라 자기 논리를 한 걸음 전진시켜야 한다. 사람은 쇼펜하우어를 먼저 부정해야 한다. 말이 나온 김에 덧붙이자면 염세주의자는 매우 전염되기 쉬우나, 그럼에도 한 시대 한 사회의 병적 상태를 전체적으로 증대시키지는 않는다. 염세주의는 이 병적 상태의 표현이기 때문이다. 사람은 콜레라에 걸리듯이 그것에 걸린다. 즉 염세주의에 걸릴 만한 병적인 소질이 이미 있었던 것임에 틀림없다. 염세주의 자체는 단지 퇴폐주의자 한 사람을 더 늘리는 것이 아니다. 콜레라가 창궐했던 해의 사망자 총수가 다른 해와 별 차이가 없다는 통계 결과에 나는 주목한다.

37

과연 우리는 더 도덕적으로 변했는가? '선악을 넘어서'라는 나의 개념에 대해서 기대한 바와 같이, 그리고 다 아는 바와 같이 독일에서는 도덕 자체로서 통용되는 도덕적 어리석음의 모든 야만성이 퍼졌다. 그래서 나는 그것에 대한 몇 가지 재미나는 이야기를 해야겠다. 특히 나는 도덕적인 판단을 할 때 현대의 '부정하기 어려운 탁월성'으로 이루어진 우리의 진보에 관해 숙고했다. 체사레 보르자와 같은 인물은, 우리와 비교하면 결코 내가 말하는 것과 같은 '고급 인간'으로, 어떤 초인으로 떠받들 수는 없다. 〈분트(Bnud)〉의 편집자인 한 스위스 사람은, 그와 같은 대담한 일을 하는 내 용기에 대해서 경의를 표하지 않았던 것은 아니지만, 내 저서에서 그는 모든 얌전한 감정의 추방을 제의했다. 그런 점에서 내 저서의 의미를 '이해하는' 정도까지 이르고 있다. 참으로 고마운 일이다. 실례지만, 그 대답으로서 과연 우리가 정말 도덕적으로 성장했는가 하는 물음을 던진다. 모든 세계가 이 일을 믿고 있다는 것이 이미 이 일에 대한 하나의 반론이다.

우리 현대인은 매우 부드럽고 상처받기 쉬우며 오만 가지 염려를 주고받는다. 우리가 나타내고 있는 이 유약한 인간성, 관용이라든가 친절이라든가 상호 신뢰로 이루어 낸 일치가 바로 하나의 적극적인 진보이며, 이것으로 우리는 르네상스의 인간보다 훨씬 낫다고 자부하고 있다. 그러나 모든 시대가 그렇게 생각하며, 그렇게 생각할 수밖에 없다. 물론 우리는 르네상스의 상태에 몸을 두는 것은 확실히 생각할 수조차 없다. 우리 신경은 르네상스의 현실에는 견딜 수 없을 것이다. 하지만 이렇게 무능력으로 증명되는 것은 하나의 진보가 아니라 어떤 변종의 성질, 더 유약하고 더욱 상처받기 쉬운 성질일 뿐이며, 거기에서 필연적으로 더 사려 깊은 도덕이 태어난다. 우리의 부드러움과 늦음, 생리적 노화를 빼고 생각한다면, 우리의 '인간화'라는 도덕도 바로 그 가치를 잃게 될 것이다. 그 자체는 어떠한 도덕도 가치를 지니지 않는다. 그러한 도덕은 우리 자신에게는 모욕의 근거가 될 것이다. 한편 우리는 결코 돌 하나에도 부딪히고 싶지 않아 솜을 두툼하게 넣은 인간미를 입는다. 우리는 이런 식으로 체사레 보르자의 동시대인에게 하나의 포복절도할 희극을 제공한 셈이라는 것을 의심치 않는다. 사실 현대적 '덕' 때문에 우리는 무의식적으로 몹시 익살스러운 모습이 되어 있다.

　적의를 품고 의혹에 눈뜨는 본능의 감퇴는—이것이야말로 우리의 '진보'가 되어야 할 것이지만—활력의 일반적 감퇴에서 생기는 결과들 가운데 하나를 나타낼 뿐이다. 이처럼 제약되고 이처럼 늦은 생존을 유지하기 위해서는 백배나 많이 수고하고 조심할 필요가 있다. 그때 사람들은 서로 돕고, 누구나 어느 정도까지는 병자이며, 또한 누구나 간호사이다. 이것이 '덕'으로 불린다. 삶을 다른 식으로 더욱 풍요하게, 더욱 낭비적으로, 더욱 넘칠 정도로 알고 있었던 인간들 사이에서는, 그것이 다른 이름으로, 아마도 '비겁'으로, '비참'으로, '노파 도덕'으로 불렸을 것이다.

　우리 풍속의 유약화는—이것이야말로 나의 명제이자 나의 혁신이지만—쇠퇴의 한 결과이다. 풍속의 엄격성이나 처절함은 그 반대로 과잉의 결과이다. 그때에는 많은 것이 감행되고 많은 것이 요구되며, 많은 것이 탕진되어도 아무렇지도 않았다. 예전에는 삶의 조미료였던 것이 이제는 우리에게 독이 될 것이다.

　무관심—이것 또한 강함의 한 형식이지만—하기 위해서는 우리는 너무 늙었으며, 너무나도 늦었다. 내가 맨 처음 경고한 우리 연민의 도덕, 도덕적 인상주의라고도 불릴 수 있을 만한 것은 오히려 모든 퇴폐적인 것의 특유한 생리학적 과민의 한 표현일 것이다. 쇼펜하우어의 연민의 도덕으로서, 마치 학문적으로 보이려고 했던 저 운동은—참으로 불행한 시도!—도덕 면에서 본디적인 퇴폐주의 운동이며 그러한 것으로서 그리스도교적 도덕과 깊은 혈연관계에 있다. 강한 시대, 고귀한 문화는 연민 속에, '이웃에 대한 사랑' 속에, 자기와 자기 감정의 결핍 속에 무엇인가 경멸할 만한 것이 있음을 본다. 각 시대는 그 적극적인 힘에 따라 측정되어야 할 것이다. 그 경우 르네상스라는 그처럼 낭비적이고 너무나도 운명적인 시대는 최후의 위대한 시대였음이 분명해지며, 또한 우리 현대인은 소심한 자기 염려와 이웃에 대한 사랑으로서 또 노동과 합법성과 과학성이라는 덕으로서—수집적이며, 경제적이고, 기계적이며—약한 시대였음이 분명해진다. 우리의 여러 덕은 제약된 것이며 우리가 연약한 데서 일어난 것이다.

'평등'은 '평등권'의 이론 속에 표현되고 있는 것에 불과한 어떤 종류의 사실상의 유사화이며, 본질적으로 쇠퇴에 속한다. 그러나 인간과 인간의, 신분과 신분과의 사이에 갈라진 틈, 전형의 다양성, 자기를 눈에 띄게 하려는 의지—내가 거리를 두는 파토스라고 부르는 것이야말로 모든 강한 시대에 고유한 것이다. 두 극단 사이의 긴장과 간격은 오늘날에는 더욱 죄어져 간다. 두 극단 그 자체가 사라져, 마침내는 유사한 것이 되었다. 모든 우리의 정치 이론 및 헌법은 쇠퇴의 결과이며, 그 필연적 귀결이다. '독일 제국'도 예외가 아니다. 퇴폐주의의 무의식적인 영향이 개개 과학의 이상 속에까지 들어가 지배적이 되었다.

영국 및 프랑스에서의 모든 사회학에 대한 나의 반론은 역시 그 나라는 사회의 쇠퇴상만을 경험해서 알 뿐이며, 천연스럽게 자신의 쇠퇴 본능을 사회학적 가치판단의 규범으로 보고 있다는 것이다. 쇠퇴해 가는 삶은 조직화한다. 다시 말하면 분리한다. 틈을 벌린다. 위아래의 질서를 주는 힘의 감퇴가 오늘날 사회학 속에 정식화되어 이상이 되었다. 우리 사회주의자는 퇴폐주의자이지만, 허버트 스펜서 또한 퇴폐주의자이다. 그는 어떤 소망할 만한 이타주의적 승리를 보고 있는 것이다!

38

나의 자유에 대한 개념. 어떤 일의 가치는 때로 일을 이루는 데에 있는 것이 아니라, 일을 위해 지불하거나 소비하는 것에 있다. 하나의 실례를 들어보자. 자유주의적 제도는 자유가 이룩되자마자 자유주의적이기를 멈춘다. 나중에 이르러 보면, 자유주의적 제도보다 더 심술궂은 철저한 자유의 방해자도 없다. 이 제도가 어떤 결과를 가져오는가는 잘 알려져 있다. 그것은 권력에 대한 의지를 위태롭게 하며 왜소하게, 비겁하게, 향락적이게 한다. 산이나 골짜기를 평준화하여 도덕으로 높여진 것이다. 그것으로서 승리를 거두는 것은 언제나 무리 동물이다. 자유주의, 이것을 독일어로 말하면 무리 동물이다.

이같은 제도도 자유를 얻기 위해서 싸우고 있는 동안에는 아주 다른 결과를 낳는다. 사실 그때는 이 제도가 강력한 방식으로 자유를 촉진한다. 더욱 정밀하게 관찰하면, 이러한 작용을 낳는 것은 싸움이다. 자유주의적 제도를 얻기 위한 싸움이면서, 비자유주의적 본능을 지속시키는 싸움이다. 그리고 이 싸움이 자유를 지향하도록 가르친다. 도대체 자유란 무엇일까? 자기 책임에 대한 의지를 지니는 것이다. 사람이 서로를 떼어놓는 거리를 확고하게 지니는 것이다. 어려움, 곤란, 궁핍에 대해서, 삶에 대해서까지 한층 무관심해지는 것이다. 자기 문제를 위해서 자신까지 포함해 사람들을 희생시킬 마음이 있는 것이다. 자유란 남성적인 본능, 싸움과 승리를 즐기는 본능과는 다른 본능, 예를 들면 행복의 본능을 지배하는 것을 뜻한다. 자유는 자유로운 인간, 자유로운 정신은 더 말할 나위도 없지만 작은 상인, 그리스도교도, 암소, 부녀자, 영국인, 그 밖에 민주주의자가 꿈꾸는 경멸할 만한 안일함을 짓밟는다. 자유로운 인간은 전사(戰士)이다.

민족의 자유와 똑같이 개개인의 자유는 무엇으로 재는가? 극복해야 할 저항으로 잰다. 높은 위치를 유지하기 위해서 필요한 노력으로 잰다. 자유로운 인간의 최고 전형은 최고의 저항이 부단히 극복되는 곳, 즉 횡포에서 다섯 걸음의 거리, 예속의 위험 곁에서 찾아야 할 것이다. 여기서 '폭군'이 최대한의 권위와 규율을 자기에게 요구하는, 가차 없는 무서운 본능으로 해석된다면 이 일은 심리학적으로 진실하며—가장 아름다운 전형은 율리우스 카이사르이다—또한 정치적으로도 진실하다. 확인해 보고자 하는 사람들은 역사를 들추어 봄이 좋으리라. 가치 있었던 것을 갖게 된 민족은 결코 자유주의적 제도 아래서 그렇게 된 것은 아니다. 즉 그들을 존경할 만한 무엇으로 만든 것은 커다란 위험이다. 우리의 방책과 우리의 덕을, 우리의 방어와 무기, 우리의 정신을 비로소 우리에게 알려주는 것, 즉 우리를 강해지도록 강요하는 것은 위험이다. 가장 먼저 사람은 강해져야 할 필요가 있으며, 그렇지 않으면 결코 강해지지 않는다.

강한 인간을 위한, 이제까지 있을 수 있었던 가장 강한 종류의 인간을 위한 저 커다란 온실, 로마나 베니스식의 귀족주의적 공동체는 내가 자유라는 말을 해석하는 것과 엄밀하게 같은 의미로 자유를 해석했다. 그 해석은 이렇다. 사람이 소유하면서도 소유하지 않는 것, 사람이 원하면 쟁취할 수 있는 어떤 것, 이것이 자유이다.

39

현대성에 대한 비판. 우리의 제도는 더 이상 아무런 소용도 없다. 이 점에 관해서는 일반적으로 의견이 일치하고 있다. 그러나 그것은 제도의 책임이 아니라 우리의 책임이다. 제도를 낳게 한 근원인 모든 본능이 우리에게서 사라져 버린 뒤에는 우리도 모든 제도를 잃는다. 우리가 벌써 제도에 아무런 쓸모가 없기 때문이다. 민주주의는 어느 시대에나 조직화하는 힘이 쇠퇴하는 형식이었다. 나는 이미 《인간적인, 너무나도 인간적인》 1권 속에서 근대적 민주정치를 '독일 제국'과 같은 어중간한 형태와 더불어 국가의 쇠퇴 형식으로 특징지어 두었다. 제도가 있기 위해서는 악의를 포함시킬 정도로 반자유주의적인 어떤 의지, 본능, 명령이 있어야만 한다. 즉 전통과 권위에 대한, 앞으로 수천 년간의 책임에 대한, 미래에나 과거에나 무한한 세대의 연대성에 대한 의지가 있어야만 한다. 이 의지가 현존하고 있다면 로마 제국과 같거나, 오늘날 지속성을 지니고 있으며, 기다릴 만한 어떤 것을 여전히 약속할 수 있는 유일한 강국인 러시아와 같은 나라가 건설되는 것이다. 러시아야말로 독일 제국의 건설과 더불어 위험 상태 속에 들어간, 가련한 유럽의 소국 분립과 신경쇠약의 반대 개념이다.

유럽은 제도를 낳고 미래를 낳는 본능을 이미 잃어버렸다. 이처럼 그 '현대적 정신'의 성질에 안 맞는 것도 없으리라. 오늘을 위해서 살고 매우 신속하게 살며 아주 무책임하게 산다는 것, 이것이야말로 '자유'라고 불린다. 제도를 제도로 만드는 것이 경멸당하고 증오받으며 거절당한다. 즉 사람은 '권위'라는 말이 들리기만 해도, 자기가 새로운 노예 상태의 위험 속에 있다고 믿는 것이다. 그 정도로까지 퇴보적 경향이 우리 정치가와 정당의 가치 본능 속에 진행되고 있다. 그러므로 해체시키는 것, 종말을 촉진시키는 것을 그들은 본능적으로 선택한다.

그 증거가 오늘날의 결혼이다. 오늘날 결혼에서는 모든 이상이 명백히 사라졌다. 이것은 결혼에 대한 반론이 아니라 현대성에 대한 반론이다. 결혼할 때 남성만이 법률적 책임을 지고 있었다. 그로 인해 결혼은 중심을 가지고 있었다. 그러나 오늘날 결혼은 두 다리로 절름거리고 있다. 결혼의 합리성은 이별할 수 없다는 것이 원칙이다. 이 원칙으로 결혼은 감정, 정열, 순간의 우연에 맞서 마음속으로 듣는 것을 가조했던 것이다. 그것은 또한 배우자의 선택에 대해서 가족이 책임을 지는 것이었다. 사람들이 연애결혼에 더욱 관대해지면서 결혼의 기초가, 즉 결혼을 하나의 제도로 만드는 것이 없어졌다.

사람은 제도라는 것을 어떤 특이한 성질 위에 세우는 일이 절대로 없다. 앞서 말했듯이 결혼의 기초는 '사랑'에 있는 것이 아니라 성욕, 소유욕(소유물로서의 아내와 아들딸), 지배욕에 있다. 이 지배욕이 가족이라는 최소 지배 형태를 끊임없이 조직화한다. 그리고 권리, 영향력, 부 등을 생리학적으로도 확보하기 위해 오랜 과제, 바로 몇백 년 간의 본능의 연대를 준비하기 위해서 자식과 후계자를 필요로 한다. 제도로서의 결혼은 가장 지속성 있는 조직 형식에 대한 긍정을 이미 그 자체 속에 포함한다. 그러므로 사회가 전체로서 가장 먼 세대의 끝에 이르기까지 자기를 보증할 수 없다면, 결혼은 사실 아무런 의미가 없다. 현대적 결혼은 그 의미를 잃었으며, 따라서 사람들은 그것을 폐지하고 있다.

40

노동 문제. 근본적으로 오늘날 모든 어리석음의 원인인 본능의 타락은 노동문제가 존재한다는 점에 있다. 어떤 종류의 일은 문제 삼지 않는다는 것, 이것이 본능의 첫 번째 명령이다. 사람들이 유럽의 노동자를 문제시해서 그들을 어떻게 하려는지 나는 전혀 예상이 안 된다.

유럽의 노동자는 너무나도 좋은 생활을 하기 때문에, 많은 일에 문제를 제기하지 않는다. 그는 결국 많은 자를 자기편으로 모으고 있다. 여기서 겸손하고 자족적인 부류의 인간, 중국인 유형이 하나의 신분으로서 형성될 희망은 완전히 사라졌다. 그 일은 도리에 맞는 일이었을지도 모른다. 하나의 필연성이었을지도 모른다. 그런데 사람들은 무엇을 했던가? 그것을 위한 전제를 싹부터 없애는 데 온갖 노력을 다했다. 노동자라는 것을 신분으로 가능하게 하는, 자기 자신을 가능하게 하는 본능을, 가장 무책임한 무분별함으로 철저하게 짓밟아 버렸다. 노동자에게 병역 능력을 주었으며, 단결권과 참정권을 주었다.

노동자가 오늘날 그 생존을 이미 위급 상태로―도덕적으로 말하면 불평등으로―느끼고 있다는 점에 무슨 이상할 것이 있단 말인가? 그러나 사람들은 무엇을 하려고 하는가? 이것이 문제이다. 어떤 목적을 바란다면 그 수단도 함께 원해야 한다. 즉 노예를 바란다면 노예를 교육시켜 주인이 되게 하는 것은 바보 짓이란 말이다.

41

'내가 뜻하지 않는 자유.' 오늘날과 같은 시대에 자기를 본능에 맡기는 것은 또 하나의 숙명이다. 이들의 본능은 서로 모순되며, 서로 방해하고, 서로 파괴한다. 나는 현대적인 것을 이미 생리학적 자기모순이라고 정의했다. 이치에 맞는 교육은 이들 본능 체계 가운데 적어도 하나가, 다른 체계에서 힘을 얻을 수 있도록, 강해지도록 고수가 되도록 강철과 같은 압력을 받아 마비되기를 바랄 것이다. 오늘날 사람은 개인을 잘라버림으로써 비로소 개인을 가능하게 해야 할 것이다. 가능이란 바로 완전을 뜻한다. 그런데 반대의 결과가 나타났다. 즉 고삐를 아무리 강하게 잡아당겨도 끄떡없는 자들이 독립과 자유로운 발전과 방임을 가장 열렬하게 요구하고 있다. 이 일은 정치에도 적용되며, 예술에도 적용된다. 그러나 이것은 퇴폐주의의 징조이다. 즉 '자유'라는 우리의 현대적 개념은 본능의 퇴화에 관한 또 하나의 증명이다.

42

신앙이 필요한 경우. 도덕가나 성자들 사이에 성실보다 더 희귀한 것은 없다. 아마도 그들은 이것과 반대의 것을 말할 것이며, 아마도 이 반대의 것을 믿고 있을 것이다. 즉 신앙이 의식적인 위선보다 더 유익하고 유효하며 설득적이라면, 본능적인 위선은 바로 결백함이 된다. 이것이 위대한 성자를 이해하기 위한 첫 번째 명제이다. 성자의 다른 부류인 철학자들에게도, 그들의 일에 공적으로 인정하는 진리만을 허용한다는 것은, 그 일 전체에 특정한 진리만을 덧붙임을 의미한다. 칸트식으로 말하면 실천이성의 진리이다. 그들은 자신이 무엇을 증명해야 하는가를 알고 있으며, 이 점에서 그들은 실천적이다. 그들은 '진리'에 대해서 일치하고 있다는 점에서 서로 구별이 되는 것이다. "그대는 거짓말을 하지 말라." 다른 말로 하면, 나의 철학자여, 진리를 말하지 않게끔 조심하라.

43

보수주의자들에게 속삭이는 말. 사람들이 이전에는 알지 못한 일이었으나 오늘날에는 알고 있을 만한 일인데, 퇴화 즉 어떤 의미와 정도에서 역전(逆轉)이라는 것은 전혀 불가능하다. 적어도 우리 생리학자는 이 일을 알고 있다. 그러나 모든 목사나 도덕가는 그것을 믿어왔다. 그들은 인류를 지난날 덕의 기준으로 되돌려서, 다시 틀어막으려고 했다. 도덕은 늘 프로크루스테스의 침대였다. 정치가마저 이 점에서는 덕의 설교자 흉내를 냈다. 오늘도 모든 사물의 후퇴를 목표로 꿈꾸고 있는 정당이 있다. 하지만 누구나 자유로이 거꾸로 가는 게가 될 수 있는 것은 아니다. 그러한 일을 하더라도 아무런 소용이 없다. 사람은 앞으로 나아갈 수밖에 없다. 즉 한 걸음 한 걸음 퇴폐주의 속으로 깊이 빠져들 수밖에 없다(이것이 나의 현대적 '진보'의 정의이다). 사람은 이 발전을 저지하고 이 저지에 의해서 퇴화 자체를 막아 물의 양을 증가시키고, 한층 격렬하고 돌발적인 것으로 만들 수는 있지만 그 이상은 할 수 없다.

44

나의 천재 개념. 위대한 인물은 위대한 시대와 똑같이, 그 속에 엄청난 힘이 쌓여 있는 폭발물이다. 그들의 전제 조건은 늘 역사학적으로도, 생리학적으로도 오랫동안 수집, 축적, 절약, 보존이 되었다는 것, 즉 오랫동안 아무런 폭발도 일어나지 않았다는 것이다. 그 뭉친 덩어리의 긴장이 지나치게 크게 되면 '천재', '행위', 커다란 운명을 가장 우연적인 자극이라도 충분히 세상 속에 불러낼 수 있다. 그때는 환경에, 시대에, '시대정신'에, '여론'에 무슨 관계가 있단 말인가!

나폴레옹의 경우를 보라. 혁명 중인 프랑스뿐만 아니라 혁명 전의 프랑스에서는 나폴레옹의 전형과는 정반대 전형이 생겨났을지도 모르며, 사실 그랬다. 그러나 나폴레옹은 별종이었으며, 프랑스에서 구름과 안개처럼 흩어진 것보다 더 강하고 길고 오래된 문명의 상속자였기 때문에 그는 여기서 지배자가 되었고, 그만이 유일한 지배자였던 것이다. 위대한 인간의 출현은 필연적이다. 하지만 그들이 나타나는 시대는 우연적이다. 그들이 거의 늘 그 시대를 지배한 이유는 그들이 강하고, 더욱 오래되었으며, 더 오랫동안 힘을 모아왔기 때문이다. 천재와 그 시대 사이에는 강함과 약함, 그리고 늙음과 젊음 사이와 똑같은 관계가 성립되어 있다. 즉 시대는 상대적으로는 훨씬 젊고, 엷고, 미숙하고 불안정하며, 유치하다.

이 점에 관해서 프랑스에서는 오늘날 매우 색다른 생각을 하고 있다(독일에서도 그렇지만 이것은 중요한 일이 아니다). 프랑스에서는 신경증 환자의 이론인 환경설이 신성불가침한 것, 거의 과학적인 것이 되어 생리학자들도 믿고 있었다. 이것은 '고약한 냄새'가 나며, 사람에게 슬픈 생각을 하게 한다. 영국에서도 달리 이해되고 있는 것은 아니지만, 그래도 이 점에 대해서는 누구나 슬퍼하지는 않으리라. 영국 사람에게는 천재나 '위대한 인물'과 타협하는 두 가지 길만 열려 있다. 즉 버클식의 민주주의적 방식을 취하든가, 칼라일식의 종교적 방식을 취하든가이다.

위대한 인간이나 시대 속에 숨어 있는 위험은 특별하다. 모든 종류의 소모와 불모가 그들의 발뒤꿈치를 뒤따라 발생한다. 위대한 인간은 하나의 종말이다. 위대한 시대, 예를 들면 르네상스는 하나의 종말이다. 천재는 작품에서나 행위에서나 필연적으로 낭비가이다. 자기를 탕진하는 것이야말로 그의 위대성이다. 자기 보존의 본능은, 말하자면 제거되어 있다. 흐르는 힘의 강력한 압력이 그에게 그러한 보호나 조심을 금지하는 것이다. 사람들은 그것을 '자기희생'이라고 부른다.

사람들은 이 점에서 그 '영웅주의'를, 자신의 복지에 대한 그 무관심을, 이념을, 위대한 업적을, 조국을 위한 그 헌신을 찬양하지만 모든 것이 오해이다. 그는 흐른다. 그는 넘쳐흐른다. 그는 자기를 소비한다. 그는 자기를 아끼지 않는다. 운명적으로, 마치 강물이 아무런 생각 없이 둑을 넘는 것처럼 아무런 생각

없이. 그러나 그러한 폭발적 인물들에게 많은 것을 신세지고 있기 때문에 사람들은 그들에게 많은 답례, 예를 들면 어떤 고차원적인 도덕을 선사했던 것이다. 이것이야말로 인간적인 감사의 방식이다. 즉 자신의 은인을 오해하는 것이다.

45

범죄자 및 그와 관련된 것. 범죄자라는 유형은 형편이 좋지 않은 조건 아래 있는 강한 인간의 유형이며, 병이 들어버린 강한 인간이다. 그에게는 황무지가 결여되어 있다. 즉 좀더 자유롭고 위험한 본성이나 야생적인 생존 형식이 결여되어 있다. 강한 인간의 본능에서 공격과 방어의 모든 본능을 정당하게 만들어주는 것들이 결여되어 있다. 범죄자의 여러 덕은 사회로부터 외면당했다. 범죄자가 지닌 생생한 충동은 억압하는 욕정과 의심, 공포, 치욕 등과 바로 얽힌다. 그러나 이것은 거의 생리학적 퇴화를 촉진하는 처방이다. 자신이 가장 잘할 수 있는 그리고 가장 하고 싶은 일을, 은밀히 오랫동안 긴장하고 조심하면서 교활하게 해야만 하는 자는 빈혈증을 앓는다. 그리고 그는 그 본능에서는 늘 위험, 박해, 재앙만을 거두어들이기 때문에 그의 감정까지도 이 본능들을 멀리한다. 그는 이 본능들을 숙명적인 것으로 느낀다. 사회, 평범하게 길들여진 거세된 우리 사회에서는 산속에서, 또는 바다의 모험에서 오는 야생 인간은 필연적으로 범죄자로 변질된다. 또는 거의 필연적으로라고 말해야 할지도 모른다. 왜냐하면 그러한 인간은 사회보다 자기가 강함을 입증하기 때문이다. 그 유명한 예로 코르시카 사람 나폴레옹을 들 수 있다.

이 문제에서는 도스토옙스키의 증언이 중요하다. 도스토옙스키야말로 내가 무엇인가를 배운 유일한 심리학자이다. 그는 나의 생애에서 스탕달을 발견했을 때보다도 훨씬 아름다운 행운에 속한다. 천박한 독일 사람을 경멸하는 권리를 열 배나 지니고 있었던 이 심오한 인간은, 오랫동안 생활을 같이한 시베리아의 죄수들, 이제는 사회로 돌아올 수 있는 길이 없는 진정한 중범죄자들을 자신이 생각했던 것과는 아주 다르게 느꼈다. 나는 대체로 그가 러시아 땅에서 가장 훌륭하고 견고한, 또 가장 가치 있는 나무로 만들어진 인간이라고 느꼈다.

범죄자의 경우를 일반화해 보자. 즉 어떠한 이유에서 공적인 동의를 얻지 못하고, 자기가 유익한 것으로 또 유용한 것으로 느껴지지 않는다는 사실을 알고 있는 또 인정하고 있는 본성을 생각해 보자. 사람을 동등한 것으로 보지 않는 다는 저 찬달라 감정을 떠올려 보자. 그러한 모든 본성은 사상에나 행위에 지하적인 색채를 띠고 있다. 그러한 본성에서는 모든 것이, 그 생존 위에 햇빛이 비치고 있는 자들의 것보다도 한층 창백하다. 그러나 오늘날 우리가 특별히 다루고 있는 거의 모든 생존 형식은, 즉 과학자, 예술가, 천재, 자유정신, 배우, 상인, 위대한 발견자는 이전에는 이와 같은 무덤의 공기 아래서 살아왔던 것이다 성직자가 최고 유형으로 여겨졌던 시대에는 모든 가치 있는 인간 유형이 무가치화되었었다. 성직자가 가장 낮은 유형으로, 우리의 찬달라로서 가장 거짓말쟁이이며, 무례한 부류의 인간으로 여겨지는 시대—나는 그 일을 약속하지만— 그러한 시대가 온다.

나는 지금도 일찍이 지상에서—적어도 유럽에서 지배했던 가장 온유한 관습의 지배 아래서도 모든 일탈적이고 너무도 길며 이상하고 불투명한 생존 형식인 범죄자가 완성시킨 저 유형에 접근할 수 있다는 것에 주의를 기울인다. 정신의 모든 혁신자는, 한때는 찬달라라는 희미한 빛깔의 숙명적인 낙인을 그 이마에 찍고 다닌다. 그들이 그러한 것으로 느꼈기 때문이 아니라 관례적이고 평판좋은 것에서 그들을 갈라놓는 무서운 틈바구니를 느끼고 있기 때문이다. 거의 모든 천재는 '카틸리나적 생존' 방식을 자신의 발전 단계 가운데 하나로 본다. 이미 존재하고 있으며 변하지 않는 모든 것에 대한 증오와 복수와 반역의 감정을. 카틸리나—모든 황제의 앞선 존재 형식.

46

여기서는 전망이 자유롭다. 철학자가 입을 다무는 이유는 영혼이 드높은 탓일지도 모른다. 철학자가 모순된다면 그것은 사랑 때문일지도 모른다. 거짓말하는 것이 인식자의 예의일 수도 있다. 사람들의 마음이 섬세하지 않기 때문에 이렇게 말한 것은 아니다. 자기가 느끼는 괴로움을 털어놓는 것은 위대한 마음에 어울리시 않는 일이라고 생각하기 때문이다. 여기에 다음만은 덧붙여야 한다. 가장 가치 없는 것을 두려워하지 않는 것도 영혼의 위대함이 될 수 있다는 점을. 사랑을 하는 여자는 자기 명예를 희생한다. '사랑하는' 인식자는 아마도 자기 인간성을 희생할 것이다. 사랑했던 신은 유대인이 되었다.

47

아름다움은 우연이 아니다. 한 종족이나 한 가족의 아름다움, 모든 태도에 나타나는 그 우아함과 품위 또한 노력해서 얻는다. 즉 그것은 천재와 똑같이 몇 세대 동안의 수고가 축적된 성과이다. 훌륭한 취미를 위해서는 커다란 희생을 바쳐왔던 게 사실이고, 그것을 위해서는 많은 일이 행해졌으며, 대수롭지 않게 여겨져 왔을 것이다. 17세기 프랑스는 이 두 가지 면에서 경탄할 만하다. 그 세기에는 사회, 토지, 의상, 성적 만족을 위해서 하나의 선택 원리가 있었음에 틀림없으며 이익, 습관, 의견, 나태보다도 아름다움이 선택되었음에 틀림없다. 최상의 규준은 자신에 대해서까지도 자기를 '방임해서'는 안 된다는 것이다. 좋은 사물은 많은 돈이 든다. 더구나 훌륭한 것을 소유하고 있는 자는 그것을 획득한 자와는 차원이 다르다는 법칙은 여전히 타당하다. 좋은 것은 모두 상속된 것이다. 그래서 상속되지 않은 것은 불완전하고 초보적이다.

키케로 시대의 아테네에서는(키케로는 이에 대해 몹시 놀라워하고 있다) 남자나 청년들이 아름다움 면에서 여자들보다 훨씬 뛰어났다. 그러나 아테네의 남성들이 아름다움을 위해 수세기 동안 얼마나 노력과 노고를 아끼지 않았던가! 우리는 이 방식을 잘못 파악해서는 안 된다. 감정이나 사상의 단순한 훈련은 거의 아무것도 아니기 때문이다(이 점에 망상적인 독일적 교양의 커다란 오해가 있다). 사람은 먼저 육체를 설득해야 한다. 훌륭하고 선택된 사람이 되기 위해서는 훌륭하고 선택된 태도를 엄격히 유지하고 자기를 '방임하는' 일이 없는 사람들하고만 같이 살아야 하는 의무만 있으면 충분하다. 그렇게 해서 2, 3세대가 지나면 벌써 모두 내면화되어 버린다. 민족과 인류의 운명을 위해서는 문화를 올바른 곳에서 시작한다는 것이 결정적이다. 결코 '영혼'에서 시작하는 것이 아니다(성직자나 반(半)성직자들의 숙명적인 미신은 그랬지만 말이다). 즉 올바른 곳은 육체, 태도, 식습관, 생리학이며, 그 밖의 것은 거기에서 발생한다. 이 때문에 그리스 사람이 어디까지나 역사상 최고의 문화적 사건으로 남는다. 필요한 것은 그들이 다 알고 있었고 그것을 실행했다. 육체를 경멸한 그리스도교는 이제까지 인류 최대의 불행이었다.

<h1 style="text-align:center">48</h1>

어떤 의미에서의 진보—나도 '자연으로의 복귀'에 대해 말하지만, 사실 그것은 되돌아가는 것이 아니라 드높아 가는 것이다. 드높고, 자유롭고, 두렵기조차 한 자연과 자연성, 커다란 과제와 희롱하는 것을 허용한 자연과 자연성 속에 드높아져 가는 것이다. 비유로 말하면, 나폴레옹은 내가 해석하는 의미에서 '자연으로의 복귀'였다(예를 들면 전술에서뿐만이 아니라 군인들이 아는 바와 같이 전략에서도 그랬다).

그러나 루소는 어디로 되돌아가려고 했던가? 루소, 이 최초의 현대적 인간은 이상주의자와 천민을 한 몸에 갖추고 있다. 이 사람은 방종적인 허영과 방종적인 자기 경멸로 병들어, 자신의 외모를 유지하기 위해서 도덕적 '품위'를 필요로 했다. 새로운 시대에 들어선 이 기형아 또한 자연으로의 복귀를 바랐다. 거듭 묻거니와, 루소는 어디로 되돌아가려고 했던가? 나는 혁명이라는 점에서도 루소를 미워한다. 혁명은 이상주의자와 천민이라는 이 이중성의 세계사적 표현이다. 이 혁명이 연출된 피비린내 나는 익살극, 그 '부도덕성'은 나와 거의 관계가 없다. 하지만 내가 미워하는 것은 루소적 그 도덕성이다. 이 도덕성이 지금도 작용을 하면서, 모든 천박하고 평범한 것을 설득하여 자기편으로 하는 이른바 혁명의 '진리'라는 것이다. 그러나 평등의 가르침! 이보다 더 해로운 독은 없다. 정의의 종말인 평등의 가르침이 정의에 대해서 말하는 것처럼 보이기 때문이다. "동등한 자에게는 동등한 것을, 동등하지 않은 자에게는 동등하지 않은 것을"— 이것이야말로 정의의 진정한 소리여야 하리라. 결국 이것은 "동등하지 않은 것을 결코 동등시하지 말라"는 뜻이다.

저 평등론의 언저리에 그처럼 소름끼치고 피비린내 나는 사건들이 일어났다는 것은, 이 가려 뽑은 '현대적 이념'에 어떤 영광이나 불빛을 주어, 이 혁명이 연극으로서 가장 고귀한 정신마저 유혹한 것이었다. 이것은 결국 이 혁명에 보다 많은 경의를 표하는 이유가 되지는 못한다. 나는 이 혁명을 당연히 구역질로 느낀 한 사람을──바로 괴테를 알고 있다.

49

괴테. 그는 독일적 사건이 아니라 유럽적 사건이다. 즉 자연으로의 복귀에 의해서, 르네상스 자연성으로의 상승에 의해서 18세기를 극복하려는 거대한 시도, 18세기의 어떤 자기 극복이다. 그는 18세기의 가장 강한 본능성, 즉 다감성, 자연숭배, 반역사적인 것, 이상주의적인 것, 비현실적이며 혁명적인 것(혁명적인 것은 비현실적인 것의 한 형식일 뿐이다)을 자신 속에 지니고 있었다. 그는 역사학, 자연과학, 고대, 특히 스피노자, 그중에서도 실천적 활동을 이용했다. 그는 제한된 지평선으로 자기를 둘러쌌다. 그는 자기를 삶에서 떼어놓지 않고, 그 삶 속에 몸을 두었다. 그는 소심하지 않고, 가능한 한 많은 것을 어깨에, 머리 위에 받아들였다. 그가 바랐던 것은 전체성이었다. 그는 이성, 감성, 감정, 의지의 분열과 싸웠다(이 분열에 대해 괴테의 반대자 칸트가 가장 심한 번거로움 속에서 말했던 것이다). 그는 전체성을 향해 스스로를 단련했으며, 자기 자신을 창조했다.

그는 비현실적인 생각을 하고 있었던 시대의 한가운데에서 확신을 지닌 현실주의자였다. 즉 그는 이 점에서 비슷한 모든 것을 긍정했다. 나폴레옹이라고 불리는 가장 현실적인 것보다 그에게 더 큰 체험은 없었다. 괴테는 모든 육체성에 숙련되고, 자신을 절제할 수 있고 자신을 숭배하는 인간을 구상했다. 자연성의 모든 범위와 부를 감히 즐길 수 있으며, 이와 같은 자유를 누릴 수 있을 만큼 충분히 강하고 드높은 교양을 지닌 인간 말이다. 그것은 약함에서가 아니라 강함에서 나온 관용의 인간이다. 그 까닭은 이 인간이 철저하게 몰락할지도 모르는 평범한 본성을 자기 이익으로 이용할 줄 알기 때문이다. 그는 부도덕이라고 불리든, 미덕이라고 불리든 약한 것을 빼고는 아무것도 금지되어 있지 않은 인간이다.

그러한 자유로운 정신은 믿을 만한 숙명론을 가진 채 모든 것 속에 있다. 개별적인 것만이 비난받아야 하며, 전체 속에서는 모든 것이 구원받고 긍정되어야 한다고 믿으면서. 그는 더 이상 부정하지 않는다. 그러나 그러한 신앙은 모든 가능한 신앙 속에서 최고의 것이다. 즉 나는 그것을 디오니소스라고 이름 붙였다.

50

어떤 의미에서 19세기는 괴테가 개인으로서 노력하여 모든 것을 얻고, 얻은 것 모두를 추구했다고 말할 수 있을지 모른다. 즉 그것은 이해와 인정을 통한 보편성, 모든 것을 자기 쪽으로 끌어들이는 것, 대담한 현실주의, 모든 사실적인 것에 대한 숭배이다. 그 총체적 성과가 괴테와 같은 것이 되지 않고 하나의 혼돈, 허무주의적 탄식, 출구도 입구도 모르는 광경으로 끊임없이 후퇴하여 어째서 18세기에 손을 뻗치려고 발버둥치는 피로의 본능이 되었단 말인가? (예를 들면 감정의 낭만주의로서, 이타주의나 지나친 감상으로서, 취미에서의 여성주의로서, 정치에서의 사회주의로서) 19세기는 특히 그 세기말에 단순히 강화되고 야만화된 18세기, 다시 말하면 퇴폐주의 세기에 불과하지 않았는가? 그 결과 괴테는—단순히 독일에서뿐 아니라 전 유럽에서—그저 하나의 우발적인 것, 그럴듯하지만 '부질없는 것'이 되지 않았던가? 그러나 위대한 인간을 공공 이익이라는 관점으로 바라본다면, 위대한 인간을 오해하게 마련이다. 위대한 인간에게서는 아무런 이익도 이끌어 낼 수 없다는 것, 이 일이야말로 그 자체가 아마도 위대한 것에 속하는 것이리라.

51

괴테는 내가 존경하는 마지막 독일 사람이다. 그는 내가 느끼고 있는 세 가지 것을 느끼고 있었음에 틀림없기 때문이다. 또한 우리는 '십자가'에 대해서도 서로 마음이 통하고 있다.

나는 왜 독일어로 쓰는가 하고 때때로 나에게 묻는다. 조국에서보다 더 서투르게 내 글이 읽히는 곳은 없을 것이다. 하지만 과연 내가 오늘날 읽히는 것만이라도 바라고 있는지 결국 누가 알겠는가? 시간의 이빨에 견뎌내는 사물을 창조하는 것, 형식에서 보더라도 또 실질에서 보더라도 조그마한 불멸성을 위해서 노력하는 것—나는 이보다 덜한 것을 나 자신에게 요구할 만큼 겸손했던 적은 일찍이 없었다. 나는 독일 사람 중에서 첫 번째 또는 일인자로서 이 잠언에 숙달되어 있다. 그것은 '영원성'의 형식이다. 나의 야심은 다른 사람이 한 권의 책 속에서 말하는 것—다른 사람이 한 권의 책 속에서도 말하지 않는 것, 그것을 열 개의 문장으로 말하는 것이다.

나는 인류에게 인류가 가지고 있는 것들 중에서 가장 심오한 책을, 즉 나의 《차라투스트라는 이렇게 말했다》를 주었다. 나는 가까운 장래에 가장 독립적인 책을 선사하려 한다.

내가 옛 사람에게 힘입은 것

1

마지막으로 내가 접근하여 새로운 통로를 찾으려 했던 저 세계에 대해서, 즉 고대 세계에 관해서 한마디 하련다. 나의 취미는 너그러운 취미와는 반대되는 것으로, 여기서는 이것도 저것도 통틀어서 좋다고 하는 것과는 거리가 멀다. 즉 나는 '그렇다'고 말하는 걸 좋아하지 않으며 차라리 '아니다' 말한다. 하지만 아무 말도 안 하는 것을 가장 좋아한다. 이것은 모든 문화에도 해당된다. 그리고 모든 책에도 해당된다. 이것은 토지나 경치에도 해당된다. 결국 내 생활 속에 세어 넣을 수 있는 것은 고서 몇 권뿐이다. 그 속에 가장 유명한 책은 포함되어 있지 않다. 문체로서의 잠언에 대한 나의 감각은 살루스트와 접촉했을 때 순간적으로 깨어났다. 나는 존경하는 스승 콜센이 라틴어를 제일 못한 열등생에게 일등의 성적을 주었을 때의 그가 받은 놀라움을 잊을 수가 없다. 나는 단번에 이루었던 것이다. 긴밀하고 준엄하며 그 바탕에 가능한 한 많은 실체를 가진 '아름다운 말'과 '아름다운 감정'에 대한 냉엄한 악의—거기에서 나는 자신의 본질을 알았다. 사람들은 나의 차라투스트라 속에서까지 로마적 문체에 대한, '청동보다 오래가는' 문체에 대한 극히 진지한 야심을 알아본 것이다.

호라티우스를 처음 대했을 때도 같은 것을 느꼈다. 애당초 호라티우스의 송가가 준 것과 같은 예술적 황홀함은 오늘날까지 어떤 시인에게도 느껴본 일이 없었다. 다른 언어로는 여기서 이루어진 것을 바랄 수조차 없었다. 모든 말이 울림으로서, 장소로서, 개념으로서, 좌우로, 또한 전체로 그 힘을 흐르게 하는 말의 모자이크에, 기호의 범위와 수에 이와 같이 도달한 기호의 최대 에너지 —이 모든 것은 로마적이며 뛰어나게 고귀한 것이다. 나머지 모든 시(詩)는 이것과 비교하면 너무나도 통속적인 것이 되어버린다. 단순한 감정의 수다가 되어버린다.

2

그리스 사람에게서 나는 결코 그와 유사한 강한 인상을 받지 못했다. 그리고 솔직히 말해서 그들이 우리에게 로마 사람과 같아 보일 수는 없다. 우리는 그리스 사람에게서 아무것도 배우지 않는다. 그들이 하는 짓이란 명령적 또는 '고전적'으로 작용하기에는 너무나도 이질적이며 유동적이기 때문이다. 일찍이 그리스 사람에게서 쓰는 것을 배운 자가 있었던가? 일찍이 로마 사람 없이 쓰는 것을 배운 자가 있었던가?

나에 대한 반박으로 플라톤을 내놓지 않았으면 좋겠다. 플라톤과 비교하면 나는 철저하게 회의주의자이며, 학자들 사이에서 관례적이었던 예술가 플라톤 찬미에 언제나 보조를 맞출 수 없었다. 결국 나는 여기에서 고대인 가운데 가장 세련된 취미 판정자를 내 편으로 하고 있다. 내 생각에 플라톤은 문체의 모든 형식을 섞어놓았다. 따라서 그는 문체 면에서 최초의 퇴폐주의자라 할 수 있다. 즉 그는 메니포스(Menippos)의 혼합물을 발명한 견유학파의 무리와 어딘가 유사한 양심의 가책을 지니고 있다. 플라톤의 대화편, 이 엄청나게 의기양양한 어린애 같은 변증법이 자극제가 될 수 있는 것을 보면, 사람들은 한 번도 훌륭한 프랑스 사람의 글을 읽지 않았음에 틀림없다—예를 들면 퐁트넬 같은 사람의 것을. 플라톤은 지겹다. 결국 플라톤에 대한 나의 불신은 깊은 부분까지 이르고 있다. 나는 그를 고대 그리스 사람의 근본 본능에서 너무 벗어났고, 도덕화되었고, 그리스도교적인 것에 앞섰다고 인정하기 때문에(그가 이미 가장 드높은 개념으로서의 '선'이라는 개념을 지니고 있기 때문에) 플라톤이라는 모든 현상에 관해서 '고등 사기'라는 험악한 말을, 또는 그보다 좀 듣기 좋게 말한다면 이상주의라는 말을 사용하려 한다. 이 아테네 사람이 이집트 사람에게서(혹은 이집트에 있는 유대인에게서?) 배웠던 것에 대해 우리는 많은 희생을 치렀다. 그리스도교라는 위대한 숙명 안에서 플라톤은 '이상'이라고 불린 애매하고도 매혹적인 존재였다. 고대의 가장 고귀한 천성을 지닌 자들에게 자신을 오해하게 하고 '십자가'로 통하는 다리를 밟게끔 했다. '교회'라는 개념 속에, 교회의 구조와 조직과 실천 속에 얼마나 많은 플라톤이 있는가!

　모든 플라톤주의로부터 벗어나게 하여 나에게 기분 전환이 되어주고 나를 위로해 주며 내가 좋아하게 해준 것은 언제나 투키디데스였다. 투키디데스와 아마도 마키아벨리의 《군주론》은 나를 속이지 않으며, 현실 속에서 이성을 보려 하는 무조건적인 의지를 감안할 때 나 자신과 가장 비슷하다. 이들은 이성을 이성 속에서 보려 하지 않으며, 더구나 도덕 속에서는 더더욱 보려 하지 않는다. 그리스 사람을 이상화하는 가련한 겉치레는 '고전적으로 교양' 있는 젊은 이가 학교 수업에서 배운 대가로 삶 속에 가져오는 것이며, 이것을 투키디데스만큼 철저하게 치료해 주는 자는 없다. 사람들은 그의 책을 한 줄 한 줄 뒤집어서 그의 속뜻을 그 말과 똑같을 정도로 명확히 읽어내야 한다. 그만큼 의도하는 바가 풍부한 사상가도 없기 때문이다. 그는 소피스트의 문화, 즉 현실주의자의 문화가 완성한 표현에 도달한다. 소크라테스의 여러 학파가 여러 방향으로 퍼트린 도덕이나 이상의 사기 속에서 이 귀중한 운동이 일어났다. 그리스적 본능의 퇴폐주의 성향을 띤 그리스 철학, 더욱 고대 그리스 사람의 본능에서 볼 수 있는 저 강하고 준엄하며 냉혹한 사실성의 위대한 구현인 마지막 계시로서의 투키디데스이다. 결국 현실에 대한 용기가 투키디데스와 플라톤 같은 천성을 구분하는 것이다. 플라톤은 현실 앞에 겁쟁이여서 이상 속으로 도망쳤다. 그러나 투키디데스는 자기를 강력히 지배하고 있어서 사물도 강력히 지배할 수 있었다.

3

　그리스 사람 속에서 위대함 가운데의 안식, 이상적 성향, 드높은 단순성을 경탄하는 것, '아름다운 영혼', '중용', 그 밖의 완전성을 알아내는 것—결국 독일적 어리석음인 이러한 '드높은 단순성'에서 나를 지켜준 것은 내가 속에 지니고 있었던 심리학이다. 나는 그들의 가장 강한 본능인 권력에 대한 의지를 보았고, 그들이 이 억누를 수 없는 충동의 폭력에 떠는 것을 보았다. 나는 그들의 모든 제도가 그들 내부에 있는 폭발물로부터 서로가 몸을 안전하게 지키기 위해 생겨난 것임을 보았다. 내부의 엄청난 긴장이 외부의 무섭고도 무자비한 적대감이 되어, 이윽고 폭발했다. 즉 도시국가들은 시민 각자에게 안식을 찾아주기 위해서 서로 물어뜯었던 것이다. 사람은 강해져야 했다. 위험은 가까이 있었고 곳곳에서 기다리고 있었다. 매우 부드러운 육체, 그리스 사람에게 특유하고 대담한 현실주의나 비도덕주의는 불가피했으며, '천성'은 아니었다. 그것은 결과적으로 발생했고, 처음부터 있었던 것은 아니었다. 그리고 축제나 예술로서 바랐던 것도, 자기가 우위에 있다 자부하고, 자기가 우위에 있다고 과시하는 것 이상의 아무것도 아니었다. 즉 자기 자신을 찬미하고 사정에 따라서 자신을 공포의 대상으로 만들기 위한 수단이었던 것이다.

그리스 사람은 독일적 방식으로 그 철학자들을 판정하고, 무엇이 근본적으로 고대 그리스적인가를 해명하기 위해서 소크라테스 학파들의 우직함을 이용했다! 그 철학자들은 그리스 정신의 퇴폐주의이며, 오래되고 고귀한 취미에 맞서는 반대 운동이다(경기 본능에 맞서고, 도시국가에 맞서고, 인종의 가치에 맞서고, 혈통의 권위에 맞서는 운동이다). 소크라테스적 덕이 설교된 이유는 그리스 사람들이 그것을 잃어버렸기 때문이었다. 그들은 과민하고, 비겁하고, 일정한 주장이 없고, 모조리 희극적인 배우이며, 도덕이 설교당할 만한 이유를 너무나도 많이 갖고 있었다. 그것이 어떤 도움이 되었기 때문이 아니라 허풍 치는 말이나 태도가 퇴폐주의에 어울리기 때문이다.

4

나는 훨씬 오래되고, 또한 풍요하여 넘칠 정도인 고대 그리스적 본능을 이해하기 위해서, 디오니소스라는 이름을 가진 저 이상한 현상을 진지하게 생각한 최초의 사람이다. 그것은 그저 힘의 과잉에서만 설명할 수 있다. 바젤의 야코프 부르크하르트와 같이 오늘날 살아 있는 그리스 문화에 가장 깊이 파고든 학자처럼, 그리스 사람을 연구하는 자는 그것으로 무엇인가가 이루어졌다는 것을 바로 알았다. 즉 부르크하르트는 그의 《그리스 문화사》 속에 이 현상에 관한 특별한 장을 집어넣었다. 이것과 반대의 경우를 바란다면, 독일의 문헌학자들이 디오니소스적인 것에 접근할 때 나타나는 쾌활한 본능의 빈곤을 보는 것이 좋다. 특히 저 유명한 로베크, 그는 책 사이에서 말라 비틀어진 책벌레의 존경스러운 확실성을 갖고 비밀에 가득한 디오니소스 세계 속에 기어 들어가, 구역질이 날 정도로 경솔하고 유치한 것을 과학적이라고 스스로에게 이해시켰다. 로베크는 학식을 모조리 동원해 이 진기한 일은 모두 본디 보잘것없었다고 암시를 주었다. 사실 성직자들은 그러한 주신제의 관계자들에게 포도주는 쾌락을 일으킨다든가, 인간은 사정에 따라서는 과일을 먹고서 살 수 있다든가, 풀과 나무는 봄에 꽃피고 가을에 시든다든가 하는 좀 가치 있는 것을 전했을지도 모른다. 고대 세계를 문자 그대로 무성하게 휘덮고 있는 주신제에 기원을 둔 기이할 만큼 풍부한 의식과 상징과 신화가 문제시된다면, 로베크는 거기에 한층 더 재치 있고 발랄해질 수 있는 실마리를 발견한다. 그는 《아그라오파무스》 제1권 672쪽에서 말하고 있다.

"그리스 사람은 다른 아무것도 하는 일이 없을 때는 웃든가, 뛰놀든가, 떠들썩하든가 한다. 그리고 인간은 때로 그러한 기분도 나기 때문에 앉아 있거나, 울거나, 탄식하거나 한다. 이윽고 다른 자들이 나중에 가담하여, 이러한 이상스런 일에 대해 어떠한 이유를 찾았다. 그리하여 그 관습을 설명하기 위해서 수많은 축제의 전설이나 신화가 발생했다. 한편 한번 축제의 날에 일어난 우스꽝스러운 야단법석 또한 필연적으로 축제에 속하는 것으로 믿게 되어, 축제에 필요한 일부로 고정되었다."

이것은 경멸할 만한 헛소리이며, 사람들은 로베크와 같은 생각을 잠시라도 진지하게 받아들이지 않는다.

빙켈만과 괴테가 그들 자신을 위해 만든 '그리스적'이라는 개념을 검토하고, 더구나 이 개념이 디오니소스적 예술을 낳은 요소라는 점과 주신제와는 서로 양립될 수 없다는 점을 발견했을 때 우리는 깊이 감동받게 된다. 사실 나는 괴테가 이런 것을 원칙적으로 그리스적 영혼의 가능성들에서 제외했을 것이라 믿는다. 따라서 괴테는 그리스 사람을 이해하지 못했다. 왜냐하면 디오니소스적 비밀 의식 속에서, 디오니소스적 심리 상태 속에서 비로소 고대 그리스적 본능의 근본 사실이 표출되기 때문이다. 즉 그 '삶에 대한 의지'가 드러나기 때문이다.

고대 그리스 사람은 이러한 비밀 의식에서 무엇을 보증했던가? 영원한 삶이며, 삶의 영원회귀선이다. 과거에 약속되고 정화된 미래이다. 죽음과 변화를 넘어서 개선가를 부르는 삶에 대한 긍정이다. 생식과 성적 신비에 의한 총체적 존속으로서의 진정한 삶이다. 이 때문에 그리스 사람에게 성적 상징은 존경해야 할 상징 자체이며, 모든 고대적 경건심에 내재하는 진정한 깊이였다. 생식, 임신, 탄생에 있어서 일어나는 하나하나의 일들이 매우 숭고하고 엄숙한 감정을 불러일으켰다. 비밀 의식의 가르침 속에는 고통이 신성한 것으로 표현된다. 즉 '여인의 진통'이 일반적인 고통을 신성화했으며 모든 생성과 성장, 모든 미래를 보증하는 것이 고통의 조건이 되어 있었다. 창조의 영원한 쾌감이 있기 위해서는 삶에 대한 의지가, 영원히 자신을 스스로 긍정하기 위해서는 영원한 여인의 진통이 있어야 한다.

이 모든 것을 디오니소스라는 말이 의미한다. 즉 나는 이 그리스적 상징, 디오니소스 축제의 상징보다 더 고차원적인 상징을 모른다. 그 속에서는 삶의 가장 깊은 본능, 삶의 미래와 삶의 영원성에 대한 본능이 종교적으로 감수되고 있다─삶을 향한 길 자체가, 즉 생식이 신성한 길로 감수되고 있다. 그리스도교는 삶에 거슬리는 그 원한을 근거로, 성욕을 어떤 불결한 것으로 만들어 버렸다. 다시 말해 그리스도교는 우리 삶의 시작에, 삶의 전제에 오물을 던졌던 것이다.

5

고통마저도 그 속에서는 하나의 자극제로 작용하는, 넘치는 생명과 힘의 감정으로서의 주신제 심리학은 아리스토텔레스도, 특히 현대의 염세주의자들도 오해하고 있는 비극적 감정의 개념을 이해하는 데 필요한 열쇠를 나에게 주었다. 비극은 쇼펜하우어가 의미한 고대 그리스 사람의 염세주의를 증명하는 것이 아니라, 오히려 그 결정적인 거부나 반대 절차로 간주되어야 한다. 그 아득하고 가장 가혹한 문제들이 있는 삶 자체를 긍정하고, 그 최고 전형을 희생하면서 자신의 무한성을 기뻐하는 삶에 맡기는 의지, 바로 이것을 나는 디오니소스적이라 부르며, 바로 이것을 나는 비극적 시인의 심리학에 이르는 다리로 보았다.

공포나 동정에서 도망치기 위해서가 아니라, 그 거센 폭발로 인한 위험한 욕정으로부터 몸을 정화시키기 위해서가 아니라—아리스토텔레스는 그렇게 해석했지만—공포나 동정을 넘어서서, 자기 자신 안에서 생성의 영원한 쾌감 자체가 되기 위해, 파괴로 느끼는 쾌감까지도 자기 안에 포함하고 있는 기쁨이기 위해 나는 일찍이 내가 처음 출발했던 곳에 다시 가 닿게 되는 것이다.《비극의 탄생》은 내 최초의 모든 가치의 전환이었다. 이 일로써 나는 나의 의욕과 능력이 자라나는 땅 위에 다시금 몸을 되돌려 두는 것이었다. 철학자 디오니소스의 마지막 제자인 내가, 영원회귀의 스승인 내가.

망치는 말한다

"왜 그렇게 단단한가? 그렇다면 우리는 가까운 친척이 아니란 말인가?" 어느 날 숯이 금강석에게 말했다.

왜 그처럼 부드러운가? 오, 나의 형제여, 나는 그대들에게 묻노라. 그렇다면 그대들은 나의 형제가 아니란 말인가?

왜 그처럼 부드러우며, 그처럼 순종적이며, 그처럼 비굴한가? 왜 그대들의 심장에는 그처럼 많은 반대와 부정이 있는가? 왜 그대들의 눈에는 그처럼 작은 운명만이 있는가?

만일 그대들이 운명이기를, 준엄한 존재이기를 바라지 않는다면, 어떻게 그대들이 뒷날 나와 더불어 승리할 수 있단 말인가?

그리고 만일 그대들의 단단함이 빛나지 않고, 잘게 부서지기를 바란다면, 어떻게 뒷날 나와 더불어 창조할 수 있을 것인가?

모든 창조자는 단단하다. 그리고 그대들의 손을 밀랍에 찍듯이 수천 년 위에다 찍는 것을 그대들은 행복으로 생각해야 한다.

청동에 기록하는 것처럼 수천 년 의지 위에 청동보다 더 단단하고 고귀하게 기록하는 것은 행복이다. 가장 고귀한 것만이 단단하다.

오오, 나의 형제여, 이 새로운 목록(판)을 나는 그대들 머리 위에 거노라! 단단해질지어다!

《차라투스트라는 이렇게 말했다》

Ecce Homo

이 사람을 보라

곽복록 옮김

머리글

1

머지않아 나는 인류에게 여태껏 제기된 어떤 문제보다도 어려운 요구를 해야 되겠기에, 먼저 내가 누구인가를 밝혀두어야 할 듯하다. 사람들은 내가 누구인지를 이미 알고 있을 수도 있다. 내가 '신분을 밝히지 않은 적'이 없었으니 말이다. 그런데 내 사명의 위대함과 동시대인들의 하찮음 사이의 불균형은, 사람들이 내 말을 들어보려 하지도 않고 나를 쳐다보려 하지도 않았다는 사실로 나타난다.

나는 나 자신의 신용에 의해서만 살아간다. 내가 살아 있다는 것이 한갓 편견일 수도 있지 않을까? ……내가 살아 있지 않다는 것을 스스로 확신하기 위해서는 그저 여름철 어퍼 엥가딘에 오는 '어느 지식인'과 잠시 이야기를 나누어 보면 되리라. 이런 상황에서는 나의 습관도, 아니 여러 본능에 대한 자부심도 사실 저항을 느끼지만, 그래도 감히 다음과 같이 말하는 것이 나의 의무이리라. 내 말을 들어라! 나는 이러저러한 사람이니, 나를 다른 사람과 혼동하지는 말라!

2

예컨대 나는 요괴도 아니고 도덕의 괴물도 아니다. 그렇기는커녕, 나라는 인간은 여태껏 사람들이 덕망 높다고 칭찬하는 그런 부류의 인간과는 정반대 성격을 지니고 있다.

우리끼리 하는 이야기이지만, 바로 이것이야말로 내가 자랑처럼 여기는 점이다. 나는 철학자 디오니소스의 제자 가운데 한 사람이다. 나는 성자가 되느니 차라리 사티로스가 되는 편이 더 나을 것 같다. 아무튼 사람들은 그저 이 글을 읽기만 하면 된다. 성공했는지 모르지만, 이 글은 이러한 대조들을 명랑하고 인간적인 방법으로 표현하는 것 말고는 다른 의미는 갖고 있지 않는 듯하다.

인류를 '개선한다'는 따위의 약속을 나는 결코 하지 않을 것이다. 무슨 말을 하든, 거기서 어떠한 새로운 우상이 세워지는 일은 없다. 낡은 우상들은 진흙으로 만들어진 다리가 대체 무엇이 되어가고 있는가를 알 것이다. 우상을 뒤엎는 일(내가 '이상'을 가리키는 말)—그것은 내 직업 가운데 하나였다. 사람들이 이상적인 세계를 날조했을 때, 그들은 그만큼의 가치와 의미와 진실을 현실 세계에서 앗아가 버렸다. ……그렇게 되어 '진실의 세계'와 '가상의 세계'—쉽게 말한다면 진실의 세계란 허위의 세계이며, 가상의 세계란 현실의 세계이다. 이상이라는 이 거짓말이 이제까지 현실 세계를 책망하는 저주였다.

이 저주 때문에 인류는 그 본능의 맨 밑바닥에 이르기까지 거짓말쟁이가 되고 위조품이 되어버린 것이다. 그리하여 마침내 인류는 처음 인류가 번영과 미래와 미래에 대한 높은 권리를 보장해 준 가치와는 정반대의 가치를 숭배하는 지경에까지 이르렀다.

3

내 글의 공기를 들이마실 줄 아는 사람이라면 그것이 높은 곳의 공기이며, 강렬한 공기임을 알고 있을 것이다. 이 공기를 마시려면 그만한 자질을 갖추고 있어야 한다. 그렇지 않으면 그 찬 공기에 휩싸여 감기에 걸릴 위험이 적지 않으니 말이다. 얼음은 가까이에 있으며, 고독은 엄청날 만큼 지독하다. 그러나 얼마나 고요하게 빛 속에 놓여 있는가! 얼마나 자유로이 사람은 숨을 쉬는가! 얼마나 많은 것이 자기 아래에 있는 것처럼 느끼는가! 내가 여태껏 철학을 이해하며 살아온 바로는, 철학은 얼음과 높은 산맥 속에서 자발적으로 사는 생활이다—삶 속의 온갖 낯설고 의심스런 것을 찾아내는 일이고, 도덕 때문에 이제껏 제외되었던 모든 것을 찾아내는 일이다.

나는 금지된 구역 안에서 방황하며 얻은 경험으로 도덕화시키고 이상화시킨 원인들을 본디 생각했던 것과는 달리 보는 법을 배웠다. 철학가들의 숨겨진 역사, 그들의 위대한 명성의 심리학이 내게 분명히 드러났다. 곧 하나의 정신이 얼마나 많은 진실을 견딜 수 있을까? 감히 얼마나 많은 진리를 말할 수 있을까? 이것이 내게는 갈수록 확고한 가치 기준이 되었던 것이다. 오류(이상에 대한 믿음)는 맹목이 아니다. 오류는 비겁한 것이다. ……인식의 성과와 전진은 용기로 부터, 자신에 대한 준엄함과 순수함에서 생긴다. ……나는 모든 이상을 반박할 생각은 아니다. 나는 그저 이상 앞에서 장갑을 낄 따름이다. ……우리는 금지된 것을 구한다. 이 표지 아래 언젠가 나의 철학은 승리를 거두리라. 이제까지는 원칙적으로 언제나 진리만이 금지되었기 때문이다.

4

내 글들 가운데서 《차라투스트라는 이렇게 말했다》는 독자적인 자리를 차지하고 있다. 이 책으로 나는 여태껏 인류가 받은 선물들 가운데 가장 큰 선물을 준 것이다. 수천 년을 넘어 울려퍼질 목소리를 지닌 이 책은 이 세상에 존재하는 최고의 책일 뿐만 아니라 저 높은 산의 공기이며, 인간이라는 사실 전체가 그 밑에 터무니없이 멀리 가로놓여 있다. 그것 또한 가장 깊이 있는 책이며, 그 속에 두레박을 내리면 황금과 자비를 가득 끌어올릴 수 있는, 아무리 퍼내도 마르지 않는 샘이다.

이 책 속에서 지껄이고 있는 자는 예언자가 아니다. 종교의 창시자라 불리는, 질병과 권력에 대한 의지가 합쳐진 소름끼치는 잡종도 아니다. 차라투스트라의 지혜에 무자비하게도 부당한 일을 저지르지 않기 위해 사람들은 무엇보다도 이 입에서 나오는 소리를, 이 부드러운 소리를 들어야 한다. "폭풍을 일으키는 것은 더없이 조용한 말들이다. 비둘기처럼 다가오는 사상은 세계를 이끈다."

무화과 열매가 나무에서 떨어진다. 그것은 탐스럽고 달콤하다. 그 열매가 떨어지면 붉은 껍질이 벌어진다. 나는 잘 익은 무화과 열매를 떨어뜨리는 북풍이다. 내 벗들이여, 무화과 열매처럼 이 가르침이 그대들에게로 떨어진다. 이제 그 과일즙을 마시고 그 달콤한 살을 먹어라! 주위가 온통 가을이고 하늘은 맑으며 대낮이다.

여기서 지껄이고 있는 이는 광신자가 아니다. 여기서는 아무런 '설교'도 없고 어떠한 믿음도 강요받지 않는다. 무한한 빛과 깊은 행복에서 한 방울 또 한 방울, 한마디 또 한마디 떨어지는 것이다. 이 지껄임의 속도는 약하고 느리다. 이 토록 약하고 느린 말은 특별히 선택된 사람에게만 들린다.

여기서 듣는 자가 된다는 것은 그 무엇과도 비할 데 없는 특권이다. 누구나 차라투스트라의 말을 듣는 귀를 갖고 있는 것은 아니기 때문이다. 그렇다면 차라투스트라는 유혹자가 아닐까? 그러나 그가 처음으로 자기 고독 속으로 되돌아갈 때, 그는 대체 혼자서 뭐라고 중얼거리는가? 그 어느 '현자'나 '성자'나 '세계의 구세주', 그리고 다른 타락자가 그러한 경우에 말할 법한 것과는 정반대의 말을 했으리라. 그는 남과 다르게 말할 뿐만 아니라, 정말로 다른 존재인 것이다.

이제 나는 혼자서 가련다. 내 제자들아, 너희들도 이제 이곳을 떠나 혼자서 가거라! 나는 그러기를 바란다.

나를 떠나가서 차라투스트라에 맞서 자기를 지켜라! 그리고 그를 섬겼다는 사실을 부끄러워하는 것이 좋으리라! 아마도 그가 너희들을 속였을 테니.

인식하는 인간은 원수만 사랑할 것이 아니라, 벗들도 미워할 줄 알아야 한다.

너희들이 언제나 제자로만 머물러 있다는 것은 스승에게 보답하는 길이 아니다. 그런데 왜 너희들은 내 월계관을 낚아채려 하지 않는가?

너희들은 나를 존경한다. 그러나 너희들의 존경심이 어느 날 뒤집힌다면 그때는 어찌할 것인가? 서 있던 조각상에 깔려 죽지 않도록 조심하여라.

너희들은 차라투스트라를 믿는다고 말하는가? 하지만 차라투스트라에게 무엇이 있단 말인가! 너희들은 내 신도이다. 그러나 신도들에게 무엇이 있단 말인가!

너희들은 스스로를 탐구할 줄 알기 전에 나를 발견했다. 모든 신도가 다 그런 법이다. 그러므로 모든 신앙은 이처럼 공허하다.

이제 나는 너희들에게 명령한다. 너희들은 나를 버리고 너희 자신을 찾아라. 너희들이 모두 나를 부인한 다음에야 나는 너희에게 되돌아가리라……

프리드리히 니체

* * *

이 완벽한 날, 포도송이가 갈색이 되고 모든 것이 익는 지금, 힌 줄기 햇살이 내 삶 위에 비쳐든다. 나는 살아온 길을 되돌아보았다. 나는 앞을 내다보았다. 내가 이렇게 많은 그리고 이렇게 좋은 것들을 한꺼번에 본 일은 여태껏 한 번도 없었다. 오늘 나의 마흔네 번째의 해를 묻어버린 것은 헛되지 않다. 나는 그것을 묻어버릴 '권리'를 갖고 있다. 그 속에 생명을 지닌 것은 모두 구원받았으며, 불멸할 것이다.

《모든 가치의 재평가》의 제1권, 〈디오니소스의 송가〉, 망치로 철학하려는 나의 시도인 《우상의 황혼》—이 모든 것이 올해의, 아니 그 마지막 석 달의 선물이었다! 어찌 내가 내 온 생애에 감사하지 않을 수 있겠는가! 그러므로 나는 스스로에게 내 생애를 이야기하려는 것이다.

* * *

나는 왜 이렇게 현명한가

1

나라는 존재의 행복, 내 삶의 단 하나뿐인 것은 아마도 내가 타고난 숙명 가운데 있는 것이리라. 그것을 수수께끼처럼 표현한다면, 나의 아버지는 이미 죽었고, 어머니는 아직 살아 있으며 앞으로 늙어갈 것이다. 마치 생명의 사다리 맨 위와 맨 아래 계단의 혈통을 이어받고 태어난 듯한 이 이중의 내력, 몰락하는 동시에 시작이기도 하다. 이것이야말로 내 중립성을, 아마도 나의 특징을 이루고 있을, 삶의 문제에 대한 관계에의 자유를 설명해 주는 것이리라.

나는 상승과 하강의 징조에 대해서 이제까지 그 누가 지니고 있던 것보다 더 섬세한 후각을 갖고 있다. 나는 여기에 대해서는 뛰어난 선생이다—나는 상승과 하강을 모두 알고 있으며, 내가 바로 이 두 가지이기도 하다.

나의 아버지는 서른여섯 살에 세상을 떠났다. 그는 그저 스쳐 지나가도록 운명지어진 존재처럼 화사하고 얌전하고 사랑스럽고 허약했다. 삶 자체라기보다 오히려 삶에 대한 아련한 추억만을 갖도록 규정된 존재 같았다. 그의 삶이 내리막길을 간 것과 같은 나이에 나의 삶도 내리막길을 걸었다. 나는 서른여섯 나이에 생명력의 최저점에 이르렀던 것이다. 그때의 나는 살고는 있었으나 세 발짝 앞도 보지 못했다.

1879년 무렵 나는 바젤 대학의 교직에서 물러나 여름 내내 장크트모리츠에서 마치 그림자처럼 지냈고, 내 평생 가장 햇볕이 귀했던 다음 겨울은 나움부르크에서 그림자처럼 살았다. 이것은 내 생명력의 최저점이었다. 《방랑자와 그 그림자》는 그 사이에 나왔다. 두말할 것도 없이 그 무렵 나는 그림자에 대한 모든 것을 꿰뚫고 있었다. ……그다음 해 겨울, 내가 처음으로 제노바에서 지낸 그 겨울에 피와 근육의 극단적인 빈곤 상태에서 이루다시피 한 저 감미롭고 영

310 이 사람을 보라

화 같은 감정이 《아침놀》을 낳았다. 그 작품이 반영하고 있는 완전한 명쾌함과 쾌활함, 그 넘치는 풍요로움은, 나에게 있어서는 가장 깊은 생리적 쇠약과 양립할 수 있는 것이었을 뿐만 아니라 지나친 고통과도 모순되지 않는 것이었다. 힘겹게 구토를 하던 사흘 동안 쉴 새 없이 이어지던 두통이 가져오는 고문의 한복판에서도, 나는 건강한 상태였다면 결코 충분히 그렇게 하지 못했을 만큼 매우 냉정하게 또한 뛰어난 변증가적 명석함을 지니고 생각했다.

독자들은 어떤 면에서 내가 변증법을 퇴폐의 징후로 간주하고 있었던가를 아마 알고 있으리라. 예컨대 가장 유명한 경우, 곧 소크라테스와 같은 경우 말이다. 나는 어떤 장애에 부딪혀도, 심지어는 열에 뒤따르는 혼수상태에서조차도 병 때문에 지적 능력이 감퇴되는 일은 전혀 경험해 보지 못했다. 열이 높아지면 혼수상태가 된다고들 말하지만 나는 그렇게 되어본 적이 한 번도 없다. 그것들의 특성과 발생 빈도를 나는 책을 읽고 알았을 뿐이다. 내 피는 천천히 흐른다. 이제까지 누구도 나한테서 열이 있는 것을 확인하지 못했다. 오랫동안 나를 신경쇠약 환자로 치료한 의사가 마침내 다음과 같이 말했다. "아닙니다! 당신의 신경은 아무런 이상이 없습니다. 내가 신경과민이었을 뿐입니다." 내 몸의 어떤 부분적인 퇴화는 전혀 입증된 바 없다. 온몸이 피로하여, 위가 매우 심하게 약해져 아프더라도 위 조직이 원인이 되어 생겨난 통증은 아니다. 장님이 될 위험에 처한 눈의 통증도 눈 자체는 원인이 아니라 결과일 뿐이다.

그래서 생명력이 커짐에 따라 시력도 언제나 다시 나아졌던 것이다. 나에게 회복이란 길고 긴 세월을 의미한다. 그토록 긴 세월이 흐른다는 것은 유감스럽게도 퇴폐주의의 재발, 악화의 주기적 반복도 뜻한다. 이 모든 이야기 끝에 내가 퇴폐주의 문제에 대해서는 전문가임을 굳이 말할 필요가 있을까? 나는 퇴폐주의라는 말을 앞에서부터 그리고 뒤에서부터 한 자 한 자 더듬어 보았다. 심지어는 손으로 만져보고 분별하는 저 세공 기술이든, 미묘한 차이를 감독하는 손가락이든, '보이지 않는 곳까지 꿰뚫어 보는' 심리학이든, 그 밖의 나의 특기라고 할 만한 것들은 모두 그때 습득된 것이다. 그리고 그것은 관찰하는 모든 기관과 관찰 그 자체까지도, 내게서 다듬어졌을 때 나의 참된 선물이 된다. 병자의 관점에서 좀더 건강한 개념들과 가치들을 바라다보고, 다시금 거꾸로 풍부한 삶의 충만과 자기 확신으로부터 퇴폐주의 본능의 은밀한 작업을 내려다보는 일—이것은 나의 오랜 연습이었으며 진실한 경험이었다. 만일 그 무엇에서 내가 명인(名人)이 되었다면 바로 여기서이다.

나는 이제 그것을 손아귀에 넣었다. 나는 관점을 바꿔 맞추는 일에 능숙한 손도 갖고 있다. 왜 나 혼자만 '가치의 재평가'를 할 수 있을까? 그 첫째 이유가 바로 여기에 있다.

2

내가 퇴폐주의자라는 사실은 별도로 하고, 나는 그것의 반대이기도 하다. 나쁜 상태에 놓였을 때 나는 언제나 본능적으로 올바른 방법을 선택했기 때문이다. 퇴폐주의자는 언제나 자기에게 불리한 방법을 선택하는 법이다. 전체적으로 보면 나는 건강하다. 그러나 특수한 면에서는 나는 퇴폐주의자이다. 절대적으로 고독해지려 하고 익숙한 생활환경에서 자기를 분리해 내려는 에너지, 자신을 더 이상 돌보지 않고 의사의 치료를 받게 하지 않으려는 자신에 대한 강요—이것은 그 시절 내게 필요했던 것이 무엇인지에 대해 내 본능이 확실히 알고 있었음을 말해 준다.

나는 나를 맡았다. 그리고 스스로 다시 건강하게 만들었다. 그럴 수 있었던 것은—모든 생리학자가 그것을 인정할 것이다—근본적으로 건강했기 때문이다. 전형적으로 허약한 자는 건강해질 수 없을뿐더러 자신을 건강하게 만들 수도 없다. 반대로 건강한 자에게는 병을 앓는 일이 오히려 삶에 대한 힘찬 자극일 수도 있다. 실제로 지금이 내게는 오랫동안 병들어 있는 시기로 여겨진다.

나는 삶을, 그리고 나 자신을 마치 새로 발견한 사람 같다. 다른 사람들은 쉽사리 맛볼 수 없을 온갖 좋은 것들과 변변치 않은 것까지도 나는 맛보았다. 나는 건강에 대한 의지와 삶에 대한 의지로부터 나의 철학을 만들어 냈다. …… 왜냐하면 내가 가장 활력이 없었던 시기는 바로 내가 염세주의자이기를 그만둔 때였기 때문이다. 자기 복구의 본능이 나에게 빈곤과 의욕 상실의 철학을 금지했다. ……그런데 도대체 어디서 인간의 선함을 알아차린단 말인가! 선한 인간은 우리에게 좋은 인상을 준다. 선한 인간은 천성이 단단하면서도 부드러우며 향긋한 나무 냄새가 난다. 그에게는 자기에게 이로운 것만이 맛이 있다. 그의 호감이나 맛보고 싶은 욕망도 이로운 것의 척도에서 벗어나면 사라지고 만다.

그는 손상된 것을 치료하는 법을 알아낸다. 그는 이따금 거북한 일이 생길지라도 자기 이익으로 만든다. 요컨대 그를 죽이지 않는 것이라면, 그를 더 강하게 만들어 주는 것이다. 그는 본능적으로 자기가 보고 듣고 경험하는 모든 것을 한데 모아서 나름대로 총계를 내고 답을 낸다. 그가 선택의 원칙이고, 그는 많은 것을 버린다. 그는 책과 더불어 사귀든지, 인간들이나 풍경과 더불어 사귀든지 언제나 무엇과 함께 있다. 그는 선택하며 허가하고, 신뢰하며 경의를 나타낸다. 그는 모든 종류의 자극에 서서히 반응한다. 오랜 주의와 의지적인 긍지가 그에게 길러준 저 완만성을 갖고 말이다. 그는 다가오는 자극을 음미한다. 그것을 마중 나가기에는 그는 너무 멀리 떨어져 있다. 그는 '불행'도 '죄'도 믿지 않는다. 그는 자기 자신과 남을 조절하며, 잊어버릴 줄도 안다. 모든 것이 그에게는 최대한으로 공급되지 않으면 안 될 만큼 그는 충분히 강하다. 좋다. 나는 퇴폐주의자의 반대이다. 나는 지금 나 자신에 대해 이야기하고 있는 것이니 말이다.

3

이러한 이중적인 경험, 언뜻 분리된 듯한 두 세계의 어느 쪽에도 드나들 수 있다는 사실은 어느 점으로 보나 나의 천성 가운데서 되풀이된다. 나는 이중인격자이다. 나는 첫 번째 얼굴 말고도 '두 번째' 얼굴을 갖고 있다. 그리고 아마 세 번째 얼굴도…… 이미 나는 혈통 덕분에 내가 태어난 지방이나 국가에 얽매인 좁은 시야를 뛰어넘어 사물을 보는 눈의 혜택을 입고 있다. '훌륭한 유럽인'이 되는 것쯤은 내게는 문제도 안 된다. 반면에 오늘날의 독일인들, 제국 국민에 불과한 독일인들이 아무리 독일인다워진다고 하더라도 아마 그보다 내가 더 독일적일지도 모른다. 마지막 비정치적 독일인인 내가 말이다. 그러나 나의 조상은 폴란드의 귀족이었다. 그 때문에 나는 몸속에 많은 종족 본능을 갖고 있다. 누가 알겠는가, 내가 결국에는 폴란드 의원이 가지는 전통적 특권 가운데 하나인 거부권까지도 갖고 있다는 사실을. 사람들은 길에서 가끔 나를 폴란드인으로 보고 말을 걸어오기도 하며, 심지어 폴란드인들조차 나를 동포로 본다. 나를 독일인으로 보는 사람은 퍽 드물다. 그런 일을 생각하면, 나는 알록달록한 잡종 독일인일 뿐인 것처럼 여겨지기도 한다.

그러나 나의 어머니 프란치스카 욀러는 어쨌든 독일인다운 사람이었으며, 친할머니 에르트무테 크라우제도 마찬가지였다. 할머니는 소녀시절에 괴테의 영역과 무관하지 않은 옛 바이마르에서 살았다. 쾨니히스베르크의 신학 교수였던 할머니의 오라버니 크라우제는 헤르더가 죽은 뒤 총감독으로 바이마르에 초빙되었다. 그러니까 할머니의 어머니가 젊은 괴테의 일기장에 '무트겐'이라는 이름으로 나오는 것도 전혀 있을 수 없는 일은 아니다. 할머니는 아일렌부르크의 지방 교구장 니체와 재혼했다. 더욱이 나폴레옹이 참모들과 함께 아일렌부르크에 입성한 전쟁의 해, 1813년 10월 10일에 할머니는 아버지를 낳으셨다. 할머니는 작센인으로서 대단한 나폴레옹 숭배자였다. 할머니의 피를 이어받았으니 나 역시 그럴지도 모른다. 아버지는 1849년에 돌아가셨다. 그는 뤼첸에서 멀지 않은 뢰켄 교구의 목사직을 맡기 전 여러 해 동안 알텐부르크성(城)에서 살았으며, 그곳에서 네 명의 공주를 가르쳤다. 바로 하노버의 왕비, 콘스탄틴 대공비, 올덴부르크의 대공비, 그리고 작센 알텐부르크의 테레제 공주이다. 그는 프로이센 왕 프리드리히 빌헬름 4세에 대해 깊은 충성심을 가졌으며 목사직도 이 왕에게서 받았다. 1848년의 사건들은 그를 매우 슬프게 했다. 앞서 말한 왕의 생일날, 곧 10월 15일에 태어난 나는 당연한 듯이 프리드리히 빌헬름이라는 호엔촐레른 왕가의 이름을 얻었다. 이날 태어나서 유리한 점이 하나 있긴 했다. 내 생일이 소년시절 동안 나라의 축제일이었기 때문이다.

나는 그러한 아버지를 가졌다는 것을 하나의 커다란 특권으로 생각한다. 그밖에 내가 다른 특권으로부터 받고 있는 모든 것도 그러하다. 삶에 대한 위대한 긍정은 계산에 넣지 않고 말이다. 무엇보다 내가 스스로 높고 아련한 사물들의 세계에 들어가기 위해서는 그러한 의도가 아닌, 단순한 기다림만이 필요했던 것이다. 그곳이 나에게는 집이고 그곳에서 비로소 나의 가장 내적인 정열이 자유로워진다.

나는 이 특권의 대가로 생명의 일부까지 값을 치렀으나 밑지는 장사를 했다고는 생각지 않는다. 나의 차라투스트라에 대해 조금이라도 이해하려면, 아마도 나와 같은 조건 또는 비슷한 조건을 갖추고 있지 않으면 안 되리라—한쪽 발을 삶의 저쪽 언덕에 두는 일 말이다…….

4

나는 나에게 반감을 품게 하려면 어떻게 해야 좋을지 도무지 모르겠다. 이것도 내 아버지의 덕분이다. 그렇게 될 수만 있다면 얼마나 좋을까 생각될 때도 그렇게 되지 않는다. 반그리스도교도적으로 보일지 모르겠지만, 나는 나 자신에게도 악의를 가져본 적이 없다. 내 생애를 이리저리 뒤집어 보라. 아무도 거기서 누군가가 나에 대해 악의를 가진 흔적을 거의, 아니 단 한 번도 찾지 못할 것이다. 오히려 숱한 선의의 흔적들뿐…… 심지어 누구나 나쁜 경험을 하기 마련인 사람들과의 경험에서조차 나는 예외 없이 그들에 대해 호의적으로 말한다.

나는 온갖 곰들을 길들이고, 어릿광대도 예의 바르게 만든다. 바젤의 고등학교 최상급반에서 그리스어를 7년 동안 가르친 적이 있었는데, 거기서도 나는 학생들에게 벌을 줄 만한 어떤 계기도 발견할 수 없었다. 가장 게으른 학생들도 내게 배울 때는 부지런했다. 나는 어떤 일이 갑자기 일어나도 거기에 대처할 줄을 안다. 나 자신을 마음대로 제어하기 위해서는 어떠한 준비도 하지 말아야 한다. '인간'이라는 악기가 음률이 맞지 않을 수 있듯이 어떤 악기가 음률이 맞지 않을지라도, 만일 내가 그것한테서 뭔가를 듣지 못한다면, 나는 병을 앓고 있는 것임에 틀림없으리라.

나는 '악기들' 스스로가 여태껏 한 번도 그런 연주를 한 일이 없었다고 말하는 소리를, 얼마나 자주 들었던가. 가장 아름다운 소리를 낸 사람은, 용서할 수 없을 만큼 젊어서 죽은 하인리히 폰 슈타인이었으리라. 그는 어느 날, 신중히 면회 허가를 요청한 다음 사흘 동안 실스 마리아에 나타나서, 자기가 엥가딘을 구경하려고 온 것은 아니라고 모두에게 설명했던 것이다. 프로이센 귀족의 거친 단순성을 갖고 바그너 늪 속에 철벅거리며 들어간(그밖에도 뒤링 늪 속에까지!) 이 뛰어난 인물은 이 사흘 동안, 마치 갑자기 자기 높이에 올려지고 날개를 얻게 된 사람처럼, 자유의 폭풍 때문에 완전히 달라져 버린 듯했다.

그것은 여기 이 높은 곳의 좋은 공기 덕분이었다. 여기서는 누구나 그렇게 된다. 괜스레 바이로이트로부터 6천 피트나 높이 올라온 것은 아니라고 나는 자꾸만 그에게 말했다. 그러나 그는 내 말을 믿으려 하지 않았다. ……그럼에도 나는 크고 작은 나쁜 일을 당했는데, 그것은 '의지' 때문에 일어난 것은 아니었으며 악의 때문에는 더더욱 아니었다. 오히려 나는 이미―막 암시한 바 있지만―적지 않게 내 삶에서 행패를 부린 선의에 대해 불평해야 할 것이다. 나의 경험은 '사심 없는' 충동, 즉 이리저리 참견할 준비를 하고 있는 모든 '이웃에 대한 사랑'을 믿지 않을 권리를 주고 있다.

그것은 나에게 그 자체가 약점처럼, 자극에 저항할 수 없는 낱낱의 경우로 평가된다. 동정이란 퇴폐주의자에게만 미덕이라 불린다. 나는 동정하는 자들을 비난하는데, 그 이유는 그들에게서 수치심, 존경심, 다른 이들과의 거리감 앞에서 느끼는 민감성이 쉽게 없어져 버리기 때문이다. 그리고 동정이란 순식간에 천민 냄새를 풍기고 나쁜 행실과 헷갈릴 만큼 닮아 보이기 때문이며, 동정심 많은 손은 경우에 따라서는 아주 파괴적으로 위대한 운명 속에, 상처 입은 고독 속에, 무거운 죄를 짊어질 특권 속에 내리쳐 뻗칠 수 있기 때문이다. 동정의 극복을 나는 고귀한 미덕으로 생각한다.

나는 '차라투스트라의 유혹'이라 하여 어떤 경우를 설정한 적이 있다. 그것은 커다란 비명이 들려오고 동정이 최후의 죄처럼 차라투스트라를 덮쳐와 그를 자신으로부터 등지게 하려는 장면이다. 여기서 자기 자신을, 즉 자기 사명의 높이를, 이른바 사심 없는 행위 속에서 활동하고 있는 훨씬 더 낮고 근시안적인 충동으로부터 순순히 간직한다는 것, 그것이야말로 시험, 곧 차라투스트라와 같은 사람이 치러야 할 마지막 시험이리라. 그것은 그가 지닌 힘의 증거이다.

5

또한 다른 한 가지 점에서도 나는 아버지를 쏙 빼닮았으며 너무도 일찍 죽은 아버지의 나머지 인생을 이어서 사는 것 같다. 한 번도 자기와 같은 사람들 사이에서 살아보지 못하고, '동등한 권리'라는 개념과 마찬가지로 '보복'이라는 개념도 통하지 않는 사람처럼 누군가 크고 작은 바보 같은 짓을 내게 하는 경우, 나는 그것에 대한 온갖 대비책이나 방비책도, 온갖 변호와 온갖 '정당화'도 스스로 금한다. 나의 보복 방법은 될 수 있는 대로 빨리 영리함이 어리석음을 뒤쫓게 하는 것이다.

그렇게 하면 어쩌면 어리석음을 따라잡을 만한 시간이 있을지도 모른다. 비유적으로 말한다면, 나는 신맛 나는 이야기에서 벗어나기 위해 설탕물에 절인 과일을 보내는 것이다. ……누가 나에게 어떤 나쁜 짓을 한다면, 나는 그것에 대해 '보복'한다. 그것은 틀림없다. 나는 곧 그 '악행자'에게(심지어는 가끔 그 악행에 대해서까지) 감사하는 마음을 표현할 기회를 발견하고, 그렇지 않으면 그에게 무언가 부탁할 기회를 발견한다. 부탁하는 것은 무엇을 주는 것보다 더 정중할 수도 있으니까. 또 가장 난폭한 말, 가장 난폭한 편지일지라도 침묵보다는 훨씬 얌전하고 단정한 것 같다. 침묵하는 자들은 거의 언제나 마음속에 섬세함과 은근함이 결여되어 있다. 침묵은 하나의 반박이다. 말을 그냥 삼키면 반드시 성격이 나빠지는 법이다. 그것은 심지어 위까지도 망쳐버린다. 침묵하는 사람은 모두 소화불량 환자이다. 그러므로 사람들은 내가 난폭함을 과소평가하고 싶어 하지 않는다는 것을 안다.

난폭함은 가장 인간적인 반박 형식이니 말이다. 그리고 유약한 지금 시대 한가운데서 그것은 으뜸가는 미덕 가운데 하나이다. 사람이 충분히 난폭하다면, 부당한 말을 하는 것조차도 하나의 행복이다. 만일 신이 이 땅 위에 온다면 그는 부당한 일을 하는 것 말고는 다른 일은 전혀 할 수 없을 것이다. 벌이 아니라 죄를 스스로 짊어지는 것이야말로 비로소 신적인 것이리라.

6

원한으로부터의 자유, 원한에 대한 깨우침—이 문제에서 내가 얼마나 내 오랜 병의 덕을 입고 있는지를 누가 알겠는가! 이것은 간단한 문제가 아니다. 자신의 강함과 약함을 통해 그것을 경험해 보지 않고는 언급할 자격이 없다. 병을 앓는 것과 허약하다는 것에 반대해서 반드시 그 무엇인가가 통용되게 만들어야 한다면, 본디의 치유 본능, 곧 인간 속에 있는 방어 및 공격 본능을 쇠퇴시켜야 한다.

사람은 아무것도 뿌리칠 줄 모르고 아무것도 끝낼 줄을 모르며, 모든 것에 상처를 줄 뿐이다. 인간과 사물은 너무 집요하게 붙어 다니며, 경험은 너무 깊은 충격을 주고, 추억은 하나의 곪은 상처와도 같다. 즉 앓고 있다는 것은 어떤 원한 그 자체이다―여기에 대해서 환자는 단 하나의 치료 방법을 갖고 있을 뿐인데―나는 그것을 러시아적 숙명론이라 부른다. 진군하는 것이 너무 힘겨워진 러시아의 한 병사가 마침내 눈 속에 드러눕게 되는 반항 없는 숙명론 말이다. 더 이상 아무것도 받지 않는 것, 받아들이지 않는 것, 자기 안에 받아 넣지 않는 것, 더 이상 반응을 보이지 않는 것…… 이 숙명론의 위대한 이성은 언제나 죽음에 대한 용기만은 아니다. 그것은 생명이 위태로운 상황 아래에서 목숨을 부지하는 것으로 신진대사를 떨어뜨리며, 목숨을 완만하게 이끄는, 어떤 겨울잠에 대한 의지이기도 하다. 이 논리에서 몇 발짝 더 나간다면, 몇 주일이나 한 무덤 속에서 자는 이슬람교 고행 수도자를 보게 된다. 만일 그가 반응하면 너무 빨리 자기를 소모하게 되므로, 더 이상 그는 반응하지 않는 것이다.

이것이 그 논리이다. 원한의 영향보다 더 빨리 사람을 불태워 버리는 것은 없다. 노여움, 병적인 민감성, 복수에 대한 무능, 복수하려는 욕망과 갈증, 어떤 의미에서 독약을 조제하는 것―이것은 기진맥진한 자에게 확실히 가장 불리한 반응 방법이다. 이것은 신경의 급속한 소모, 해로운 배설의 병적 증가, 예컨대 담즙이 위 안에 나오는 현상 따위를 일어나게 한다. 원한은 환자에게 그 자체로서 금물이다. 그에게 악인 것이다.

그러나 유감스럽게도 그것은 그의 가장 자연스런 습성이기도 하다. 조예 깊은 생리학자인 부처는 그것을 이해했다. 그리스도교와 같이 측은한 것들과 혼동하지 않을 정도로 위생학이라고 일컬어도 될 그의 '종교'는 그 효력을, 원한 극복에 두었던 것이다. 원한으로부터 영혼을 해방시키는 것―그것은 회복을 향한 첫걸음이다. "적대감에 의해서는 적대감은 끝나지 않는다." 오로지 우정으로써 적의는 끝이 나는 것이다. 이것은 부처의 가르침에 모두 들어 있는 말이다. 그런데 이렇게 말하는 것은 도덕이 아니라 생리학이다. 원한이 허약해서 생겼을 경우에는 원한은 누구보다도 그 약자 자신에게 해롭다. 그렇지 않고 풍부한 천성에서 비롯된 경우에는 풍부한 감정이 원한을 억제하고 있다는 것을 증명해 준다.

나의 철학이 복수심과 뒷감정과의 싸움을 '자유의지'의 교훈에 이르게 한다는 사실을 아는 사람이라면—그리스도교와의 싸움은 그중 단 하나의 예일 뿐이다—왜 내가 개인적인 태도를, 실제로 나타난 본능의 확실성을 이 자리에서 공개하는지를 이해할 것이다. 퇴폐주의 시기에 나는 그것을 해로운 것으로 여기고 금지했다. 또한 삶이 다시 충분히 풍부해지고 자랑스러워지자, 이번에는 내 아래에 있는 것이라 하여 그것을 금지했다.

거의 참을 수 없는 형편, 장소, 사교가 한 번 우연히 주어진 뒤에 내가 그것을 몇 년이고 끈질기게 고수했을 때, '러시아적 숙명론'이 내게도 나타났다. 그렇게 하는 것이 그것들을 바꾸는 것보다, 바꿀 수 있다고 느끼는 것보다, 그것들에 반항하는 것보다 나았다. 이 숙명론에 잠겨 있는 나를 방해하고 억지로 일깨워 주는 일을 그 무렵 나는 매우 나쁘게 생각했다. 사실 그것은 엄청나게 위험했던 것이다. 자신을 숙명처럼 생각하는 일, 자신을 '달리' 바라지 않는 일—그것이야말로 그러한 상태에서는 위대한 이성 그 자체라 할 수 있다.

7

전쟁은 또 다른 문제이다. 나는 선천적으로 호전적이다. 공격은 내 본능 속에 있다. 적이 될 수 있다는 것, 적이 되어 있는 것—그것은 아마도 강력한 천성을 전제로 하는 일이리라. 아무튼 그것은 모든 강력한 천성 속에만 나타난다. 그것은 저항을 필요로 하며, 따라서 저항을 찾는다. 마치 복수심과 뒷감정이 약함에 따르는 것처럼, 이러한 공격적 파토스는 강함에 따르게 마련이다.

예컨대 여자는 복수심이 강하다. 남의 고통에 대해 민감한 것도 마찬가지로 여자의 약한 천성 속에 들어 있다. 공격하는 자가 얼마나 강한지 알려면 그가 필요로 하는 적대자를 보면 된다. 그 가운데 어떤 척도가 있기 때문이다. 모든 성장은 강력한 적대자 또는 문제를 찾는 데서 나타난다. 호전적인 철학가는 문제들에 도전한다. 하지만 그의 사명은 저항하는 상대를 정복하는 일이 아니다. 자기의 온 힘, 융통성, 그리고 싸움 기술을 동원해야 하는 것—동등한 적대자를 정복하는 일이다…… 적에 대한 대등함—그것이야말로 정정당당한 결투에서 첫 번째 전제이다.

상대를 얕보는 경우에는 전쟁을 할 수가 없다. 명령하는 경우에나, 무엇인가 자기 아래로 내려다보이는 것이 있을 때는 전쟁을 해서는 안 된다. 나의 전법은 네 개 조항으로 요약된다.

첫째, 나는 승자들만 공격한다. 경우에 따라서는 그들이 승자가 될 때까지 기다린다.

둘째, 같은 편을 발견하지 못할 경우, 곧 혼자 서 있을 경우—나 혼자만 위험에 처할 것 같은 경우에만 공격한다—나 자신을 위험하게 하지 않는 공격을 한 번도 공공연하게 한 적이 없다. 내게는 이것이야말로 올바른 행동의 판단 기준이다.

셋째, 나는 결코 인신공격을 하지 않는다. 나는 한 사람을 그저 강력한 확대경의 하나로 이용할 뿐이다. 그 확대경은 일반적이긴 하지만 살금살금 기어다니고 붙잡기 어려운 위험 상태를 볼 수 있게 해준다. 그래서 나는 다비트 슈트라우스를, 더 정확히 말해서 독일의 '교양'한테서 거둔 노쇠한 책의 성공을 공격한 적이 있었다. 나는 이 교양을 현행범으로 잡은 것이다…… 그래서 나는 바그너를, 더 정확히 말해서 닳아빠진 자들을 풍부한 인물로, 뒤처진 자들을 위대한 인물로 혼동하는 우리 '문화'의 허위성, 그 본능의 잡종성을 공격했던 것이다.

넷째, 모든 개인차가 배제되어 있는 경우나 못된 경험의 배경이 없는 경우에만 그것을 공격한다. 그와 반대로 공격이란 나에게는 호의의 증거이며, 때로는 감사의 증거이기도 하다. 나는 내 이름을 하나의 사물이나 한 인물의 이름과 연결시킴으로써 내 이름을 드높이고 칭찬한다. 편들거나 반대하거나 나에게는 이 점에서는 마찬가지이다. 만일 내가 그리스도교와 전쟁을 한다면, 내가 그쪽으로부터 어떠한 재난이나 해를 입은 적이 없기 때문에 전쟁을 할 수 있는 것이다. 진지한 그리스도교 신자들은 늘 나에게 호의를 갖고 있었다. 나는 그리스도교를 혹독하게 반대하는 사람이지만, 수천 년의 숙명에 대해서 결코 한 개인에게 앙심을 품지는 않는다.

사람들과 사귀는 데 적지 않은 어려움을 주는 내 천성의 마지막 특징을 또 하나 암시해도 좋을까? 나는 아주 이상할 정도로 철저하게 순수함이라는 본능에 민감하다. 나는 모든 영혼에 가까운 곳을 또는―무어라 말할까?―영혼의 가장 깊은 곳을, 영혼의 '내장'을 느끼고 냄새 맡을 수 있다. 나는 이 민감성으로 인해 심리적인 촉각을 갖고 있는 셈인데, 그것으로 나는 온갖 비밀을 느끼고 움켜잡는다.

여러 천성의 밑바닥에는 숱한 오물이 숨어 있다. 아마도 나쁜 피 때문에 생겨났을 테지만 교육으로도 뒷받침된 오물을 나는 한 번만 만져보고도 대부분 알아차릴 수 있다. 내가 올바르게 관찰했다면, 나의 순수함에 해로운 천성들도 그것대로 구토증을 일으키지 않으려고 조심한다. 그렇다고 냄새가 더 좋아지는 것은 물론 아니다. 내가 습관적으로 그래왔듯이 스스로에 대한 순수함은 내게 생존 조건이다. 나는 더러운 환경 아래에서는 죽는다. 말하자면 끊임없이 물속에서, 완전히 투명하고 반짝이는 원소 속에서 나는 헤엄치고 목욕하고 철퍼덕거리고 있다.

그것이 인간들과의 사귐에 적지 않은 인내의 시련을 가져다준다. 내 인간성은 다른 사람들의 처지를 공감하는 데 있는 것이 아니라, 내가 그를 공감한다는 것을 견디는 데 있다. 나의 인간성은 끊임없는 자기 극복이다. 그러나 나는 고독이 필요하다.

그렇다. 회복, 나 자신에게로의 복귀, 자유롭고 가벼우며 희롱하는 공기의 호흡이 필요하다. 나의 차라투스트라 전체는 고독에 바치는 찬가이다. 사람들이 내 말을 이해한다면, 순수함에 대한 찬가가 되리라. 다행히도 순수한 바보짓에 대한 찬가는 아니다. 색을 구별하는 눈을 갖고 있는 사람이라면, 그것을 다이아몬드라고 부를 것이다. 인간, 즉 '천민'에 대한 구토증은 늘 나에게 가장 큰 위험이었다. 차라투스트라가 구토증으로부터의 구제에 대해 하는 이야기를 들어보겠는가?

나에게 무슨 일이 일어났단 말인가? 어떻게 나는 구토증에서 구제되었던가?

누가 내 눈을 젊어지게 했던가? 어떻게 나는 샘물가에 천민도 없는 이 높은 곳까지 날아왔는가? 내 구토증이 나에게 날개를 달아주고 샘을 발견하는 힘을 주었는가?

진정 기쁨의 샘을 다시 찾기 위해 나는 가장 높은 곳까지 날아올라야 했노라!

오, 형제들이여, 나는 그것을 발견했던 것이다! 여기 이 가장 높은 곳에 있는 기쁨의 샘이 내게로 흘러나오는구나! 어떤 천민도 더불어 마시지 못하는 그러한 생명이 있다!

너무 요란하다고 할 만큼 그대는 내게로 용솟음쳐 오는구나, 기쁨의 샘이여! 그대는 잔을 채우려 그것을 다시 비우는구나.

아직 나는 더 점잖게 그대에게로 가까이 가는 법을 배워야 한다. 너무도 격렬하게 내 마음이 아직 그대를 향해 용솟음치기 때문이다.

짧지만 뜨거우며, 우울하면서도 행복한 여름이 내 심장 위에서 타오르고 있다. 나의 이 심장이 얼마나 그대의 차가움을 바라고 있는가!

오래 머물던 봄의 고통은 지나가 버렸다! 6월의 원한의 눈송이도 가버렸다! 나는 송두리째 여름이 되었다. 더욱이 여름의 대낮이.

차가운 샘과 행복한 정적이 깃든 가장 높은 곳의 여름. 오, 내 벗들이여, 오너라. 이 정적이 한결 더 복되도록!

이것은 우리의 높은 곳이며 고향이기에, 온갖 불결한 것이 갈망하는, 너무나 높고 험한 이곳에 우리는 살고 있다.

그저 그대들의 순수한 눈물을 내 기쁨의 샘 속에 던져라. 그대 벗들이여! 어찌 그 때문에 샘이 흐려지겠는가? 순수함으로 그것은 그대들에게 웃음을 보내리라.

미래의 나무 위에 우리는 둥지를 튼다. 독수리들이 그들의 부리로 우리 고독한 자들에게 먹이를 가져오리라!

진정, 불결한 자들은 함께 먹을 수 없는 먹이를! 그들이 그것에 입을 대면 불을 먹는 것처럼 입을 델 것이다.

진정, 우리는 여기에 불결한 자들을 위해서는 한 채의 집도 마련해 놓지 않앉다! 그들의 행복도, 그들의 육체와 정신에게는 얼음 동굴인 것이다.

우리는 마치 세찬 바람처럼 그들이 있는 곳보다 아득히 높은 곳에 서련다. 독수리의 이웃, 눈의 이웃, 해의 이웃으로, 그렇게 세찬 바람은 살고 있노라.

그리하여 한 줄기 바람처럼 나는 언젠가 또 그들 사이로 불어가서 내 정신으로 그들 정신에게서 숨을 앗아가련다. 그렇게 하길 나의 미래는 바라고 있노라.

진정, 차라투스트라는 모든 낮은 것에게는 세찬 바람이어라. 그의 적과 그에게 침을 뱉는 모든 자에게 충고한다. 바람에 거슬러 침 뱉지 않도록 조심할지어다!……

나는 왜 이렇게 영리한가

1

왜 나는 다른 사람보다 더 많이 아는가? 왜 나는 도대체 이렇게 영리한가? 나는 한 번도 문제가 되지 않는 문제에 대해서는 곰곰이 생각해 본 적이 없다. 나는 자신을 낭비하지 않았다. 예컨대 나는 본디 종교적 어려움 같은 것은 겪어 보지 못해서 그에 대해 아는 것이 없다. 얼마만큼 내가 '죄가 많은가' 하는 문제는 내게서 완전히 사라져 버렸다.

마찬가지로 나에게는 무엇이 양심의 가책이냐 하는 믿을 만한 기준이 없다. 그것에 대해서 말하는 바를 듣자 하니, 양심의 가책이란 전혀 존경할 만한 것이 못되는 듯하다. 나는 내가 한 행동을 나중에 가서 본체만체하고 싶지 않다. 나는 어떤 행동의 나쁜 결말을, 곧 결과를 원칙적으로 가치 문제에서 떼어놓기를 더 좋아할 것이다. 사람이란 결과가 나쁠 때에는 자기가 한 일에 대해 가졌던 올바른 눈을 너무도 쉽게 잃는다. 양심의 가책이란 나에게는 하나의 '흉악한 눈초리'이다. 실패한 것은 실패했기 때문에 더욱더 존경스럽다. 그것이 오히려 내 도덕에 속한다. '신', '영혼의 불멸성', '구제', '내세', 이 모든 개념들에 대해 나는 관심을 기울인 적도 시간을 들여본 적도 없다. 심지어는 내가 어린아이였을 때조차도 그랬다. 아마도 내가 그런 것을 생각하기에 충분할 만큼 어린이답지 않았기 때문일까? 나는 결코 무신론이라는 것을 하나의 결과로 받아들이지 않는다. 하나의 사건으로는 더더욱 아니다.

무신론은 나에게는 본능적으로 이해된다. 나는 주먹구구식 대답으로 만족하기에는 너무나 호기심이 많고 의심이 많으며 교만하다. 신은 우리 사상가에게는 주먹구구식 대답이며 맛없는 음식이다. 결국 우리에 대해 주먹구구식 금지를 할 뿐이다──너희들은 생각하지 말지어다! 그와는 달리 나에게 흥미를 주는 문제는, 신학자의 골동품보다 '인간의 구제'가 더 많이 걸려 있는 문제이다.

곧 영양의 문제이다. 그것은 흔히 쓰이는 말로 다음과 같이 표현된다. "르네상스식 힘인 미덕을 위선 없는, 덕성의 최고점에 이르게 하기 위해 너는 스스로 어떤 영양을 섭취해야 하는가?" 이 문제에 대한 나의 경험은 형편없이 나쁘다.

이 문제를 이렇게 늦게야 듣고, 이 경험에서 그렇게 늦게야 '이성'이라는 것을 배운 데 대해 나는 어이없어할 따름이다. 단지 우리 독일 교양의 완전한 무가치성—그 '이상주의'—만이 내가 왜 바로 이 점에서 늦게 깨달아 성스러울 지경에까지 이르게 되었던가를 어느 정도 나에게 설명해 준다. 철두철미하게 문젯거리인 '이상적'인 목표, 예컨대 '고전적 교양' 같은 것을 추구하기 위해 이교양은 처음부터 현실을 눈앞에서 잃어버릴 것을 가르친다. 마치 처음부터 '고전적'이라는 말과 '독일적'이라는 말은 하나의 개념 속에 융합하지 못하도록 불행하게도 운명지워져 있기라도 한 것처럼 말이다!

그뿐 아니라 그것은 흥겹기까지 하다. '고전적 교양을 갖춘' 라이프치히 사람을 한번 생각해 보라! 사실 나는 성숙한 나이가 될 때까지 늘 안 좋은 식사를 해왔다. 도덕적으로 표현한다면 '비개인적인', '사심 없는', '이타적인' 식사만을 해왔는데, 이는 요리사들과 다른 그리스도교 교우들을 위해서였다. 예컨대 나는 라이프치히 요리를 알고 쇼펜하우어를 처음 공부하면서 내 '삶에 대한 의지'를 진지하게 부정하게 되었다.

영양 부족을 목적으로 위까지도 망치는 일—나는 앞서 말한 요리가 이 문제를 놀랍게도 잘 해결해 주는 것이라 여겼다. (1866년은 바로 이 점에서 내게 하나의 전환을 가져왔다는 소문이 있다.) 그러나 전반적으로 독일 요리—이것은 양심에 거리낌이 없었던가!

식사 전의 수프(16세기의 베네치아 요리책에서도 독일식이라고 일컬었다), 푹 삶은 고기, 밀가루로 버무린 채소, 서진(書鎭) 모양으로 바뀌어 버린 푸딩! 여기에다가 옛 독일인의, 결코 옛 독일인의 것만은 아니지만 아무튼 그 짐승 같은 식후 음주욕을 덧붙인다면 독일 정신의 내력도 알 만하다. 그것은 허약한 오장으로부터 나온 것이다! 독일 정신은 소화불량에 걸려 아무것도 소화시키지 못한다.

그러나 영국의 식사는 독일의 식사, 심지어는 프랑스의 식사와 비교해 볼 때 어떤 '자연으로의 복귀', 곧 식인종의 식사로의 복귀이다. 하지만 이 또한 내 본능에 어긋난다. 그것은 정신에 무거운 다리를 달아놓은 것 같다. 영국 여자들의 그 무거운 다리를…… 가장 좋은 요리는 피에몬테 요리이다. 술은 내게 좋지 않다. 내 인생을 '눈물의 계곡'으로 만들기에는 한 잔의 포도주나 맥주면 충분하다. 뮌헨에는 나와 반대되는 사람들이 살고 있다.

내가 이것을 조금 늦게 깨닫기는 했지만 그것을 경험한 것은 어릴 때였다. 소년 시절에 나는 포도주를 마시는 것은 담배를 피우는 것과 마찬가지로, 처음에는 젊은이들의 허영으로 시작되어 나중에 나쁜 습관으로 자리잡은 것이라고 믿었다. 아마도 내가 이런 신랄한 판단을 내린 데는 나움부르크의 포도주에게 책임이 있을 것이다. 포도주가 사람을 명랑하게 한다는 말을 믿기 위해서는 그리스도교도가 되어야 하며, 부조리한 것을 믿어야 한다.

나는 물을 아주 많이 탄 적은 양의 알코올을 마시면 매우 정신이 혼미해지는데, 거꾸로 많은 양의 알코올을 마셨을 때는 거의 뱃사람처럼 강해진다. 이것은 참으로 이상한 노릇이다. 소년 시절에 나는 벌써 이런 부분에 용맹성을 드러냈다. 나는 그 엄격성과 간결성에서 본보기로 삼은 살루스티우스의 전례를 따르려는 공명심을 펜에 담아 밤새워 한 편의 긴 라틴어 논문을 써내려 가며, 가장 독한 그로그주 몇 잔을 내 라틴어 위에 쏟아 넣었다. 이 일은 그 명예로운 슐포르타 학교의 학생으로서 내 생리에 모순되지 않았으며, 아무리 영예로운 슐포르타 학교와 모순이 되었다 하더라도 살루스티우스의 생리에는 어긋나지 않았을 것이다. 그 뒤 중년이 될수록 나는 더 엄격하게 온갖 '알코올' 음료를 거부하기로 결심했다.

나를 개종시켜 준 리하르트 바그너와 마찬가지로 경험을 통해서 채식주의에 반대하는 모든 정신적인 천성을 가진 사람들에게 무조건 알코올을 삼가기를 진정으로 권한다. 물은 좋다…… 나는, 어디서나 철철 흐르는 샘물을 퍼 마실 수 있는 곳들(니스, 토리노, 시스)을 좋아한다. 한 개의 조그만 잔이 마치 한 마리의 개처럼 내 뒤를 따라다닌다. 포도주 속에 진리가 있다. 나는 이 점에서도 '진리'라는 개념에 대해서 세상과 의견을 같이하지 않는 것처럼 보인다. 나에게 정신이란 물 위를 떠도는 것이다…… 내 도덕관에 대해서 두서너 가지만 더 적기로 한다. 알찬 식사가 간단한 식사보다 쉽게 소화될 수 있다. 위 전체가 활동을 시작하는 것이 소화가 잘되기 위한 첫 번째 조건이다. 사람은 자기 위의 크기를 알고 있어야 한다. 똑같은 이유에서 나는 잘 차려진 식탁에서 지루하게 오래 끄는 식사는 하지 말도록 충고한다. 간식도 안 되고 커피도 안 된다. 커피는 마음을 어둡게 한다. 아침에 홍차를 마시는 것은 좋다. 적은 양으로 진하게. 만일 조금이라도 묽으면, 홍차는 매우 해로우며 온종일 병약하게 만든다.

이 문제에서는 사람마다 알맞은 정도가 다르다. 그 사이에는 아주 섬세하고 미묘한 한계가 있다. 자극이 강한 풍토에서는 차와 함께 하루를 시작하는 것은 바람직하지 않다. 한 시간 전에 기름기를 뺀 코코아를 미리 한 잔 마셔두어야 한다. 될 수 있는 대로 조금만 앉아 있도록 한다. 야외에서 또는 자유로운 운동으로써 생겨나지 않은 사상이라면, 또한 거기서 근육도 축제를 벌이고 있지 않은 사상이라면 그 어떤 것도 믿지 말아야 한다. 온갖 편견은 내장으로부터 나오는 법이다. 오래도록 버티고 앉아 있는 생활—벌써 한 번 말한 적 있었지만—그것이야말로 성령에 거역하는 진정한 죄악이다.

2

영양 문제와 가장 밀접한 관련이 있는 것은 장소와 풍토의 문제이다. 어디서나 살도록 되어 있는 사람은 아무도 없다. 모든 힘을 짜내 위대한 과제를 풀어야 할 사람은 이 점에서 선택의 폭이 매우 좁다. 장소와 풍토를 잘못 선택한다면, 그 풍토적인 영향이 신진대사를 방해하거나 촉진하게 되므로, 그 사람은 자기 과제로부터 멀리 떨어질 뿐 아니라 송두리째 자신을 잃어버릴 수도 있는 지경에까지 내몰리게 된다. 그는 그 과제와 한 번도 만날 수 없다. 그 사람에게는, 사람들이 '나 혼자만이 할 수 있는 일이다' 하고 인식할 때 정신 속으로 물밀듯 넘쳐흐르는 자유에 이를 수 있었던 만큼 동물적인 생기가 충분히 커진 적이 한 번도 없다.

나쁜 습관에 젖어버린 사소한 내장의 게으름조차도 천재를 변변치 못한 사람으로, '독일적인' 것으로 만들기에 충분하다. 강력하며 그 자체로서 영웅적인 소질을 가진 오장의 기운을 빼버리기에는 독일의 풍토만으로도 넉넉하다. 신진대사의 속도는 정신의 발이 빠르냐 느리냐에 정확히 비례한다. 정신 자체도 이러한 신진대사의 하나이기 때문이다. 세련과 악의가 행복을 이루는 곳, 천재가 거의 반드시 그 풍토에 익숙해졌던 곳, 이러한 곳들의 일람표를 만들어 보라.

이곳들은 모두 기가 막히게 건조한 공기를 갖고 있다. 파리, 프로방스, 피렌체, 예루살렘, 아테네—이 이름들이 무언가를 증명해 주고 있다. 천재는 건조한 공기에 의해, 순수한 하늘에 의해 조건지어져 있다. 곧 신속한 신진대사에 의해, 심지어는 굉장한 양의 힘을 계속하여 공급할 수 있는 가능성에 의해 조건지어져 있다는 말이다. 나는 뛰어나고 자유로운 소질을 타고난 한 정신이 풍토를 선택하는 본능이 부족해서, 움츠러드는 전문가가 되고 뚱딴지가 되어버린 경우를 보았다.

그런데 병이 나를 이성으로 향하도록, 현실 가운데서 이성을 성찰하도록 강제로 이끌었다. 그렇지 않았던들, 나도 결국 이와 같이 될 수도 있었을 것이다. 지금, 나는 오랜 훈련을 통해 풍토 및 기상이 미치는 여러 영향을 마치 한 개의 섬세하고 믿을 수 있는 측정 기구가 그러한 것처럼 뚜렷이 읽을 수 있다. 예를 들어 토리노에서 밀라노로 가는 짧은 여행에서도 벌써 습도의 변화를 생리학적으로 계산해 낼 수 있는 지금, 나는 생명이 위독했던 지난 10년 동안에 내 삶을 언제나 잘못된 곳, 나에게는 금지되어 있는 곳에서만 꾸려나갔다는 섬뜩한 사실을 생각할 때 소름 끼치지 않을 수 없다. 나움부르크, 슐포르타, 튀링겐 일대, 라이프치히, 바젤, 베네치아는 모두 내 생리에는 맞지 않는 불행한 곳들일 뿐이다. 내가 유소년 시절의 바람직한 추억을 갖고 있지 않다는 데서 이른바 '도덕적' 원인을 찾을 때, 이론의 여지가 없을 정도로 충분한 교제가 없었음을 말하는 것은 바보 같은 짓이리라. 교제가 부족하다는 것이, 과거에도 그러했고 지금도 마찬가지이지만, 결코 내가 명랑하고 용감하게 되는 데 방해가 되지 않았기 때문이다.

내 인생에서 재앙은 생리학에 대한 무지—그 저주받을 '이상주의'—인 것이다. 이것이야말로 내 인생에 남은 것이며 어리석은 것이다. 그것에는 어떠한 좋은 것도 자라나지 않고 아무런 배상도 보상도 받을 수 없다. 이 이상주의의 결과로 나는 모든 실수, 본능의 착각, 그리고 인생의 과업에서 벗어난 '겸손함', 예컨대 나를 언어학자가 되게 한 그러한 겸손함을 설명한다. 왜 나는 의사나 그 밖에 눈을 뜨게 해주는 그 무엇이 되지 않았는가? 바젤 시절 나의 정신적인 식이요법은 어떻게 하루를 나누는가까지 포함해서 뛰어난 힘을 쓸데없이 소모하는 것에 불과했다. 소모된 부분을 다시 채울 힘의 공급도 없이, 소모하고 보충하는 일에 대해서 생각해 보는 일조차 없이 말이다.

섬세한 자기의식이라고는 없었다. 명령적 본능의 보호도 없었다. 누군가와 자기를 동일시하고, 자기를 상실하고, 다른 사람과의 거리를 잊어버리는 이런 점들에서 나는 결코 나 자신을 용서할 수 없었다. 내가 거의 마지막까지 갔을 때 바로 내가 거의 마지막에 이르렀다는 이 사실로써 나는 내 삶의 이러한 근본적인 무지각, 즉 '이상주의'에 대해 곰곰 생각해 보게 되었다. 병이 나를 비로소 이성에게 이끌어 주었던 것이다.

3

영양 섭취의 선택 및 풍토와 장소의 선택—이 두 가지에 이어지는, 절대 잘못을 저질러서는 안 되는 세 번째 일은, 자기 나름대로 휴식을 취하는 방법을 선택하는 일이다. 여기서도 역시 한 정신의 됨됨이에 따라 그에게 허용된 것, 다시 말해 유용한 것의 한계는 갈수록 더 좁아진다. 나의 경우 온갖 독서가 내 휴식 방법에 속한다. 독서는 나를 해방시켜 주고, 낯선 학문과 영혼 속에서 산책하게 해준다. 그러나 나는 더 이상 이를 진지하게 받아들이지 않는다. 독서는 나를 진정으로 쉬게 해준다. 내가 일에 파묻혀 있는 동안에는 아무도 내게서 책을 볼 수 없다. 나는 누가 가까이에서 지껄이거나 어떤 일을 생각하는 일조차 못하게 한다. 독서란 바로 이런 것이다……

잉태할 때 정신을, 근본적으로는 온 조직을 긴장하게 되는데, 여기에 우연이, 즉 온갖 종류의 바깥 자극이 너무도 격렬하게 너무도 깊이 '파고드는' 것을 관찰한 적이 있는가? 사람은 우연을, 바깥 자극을 될 수 있는 대로 피해야 한다. 성벽으로 에워싸듯이 자신을 가두는 일은 정신적 잉태의 첫째가는 본능적 영리성에 속하는 것이다.

어떤 낯선 사상이 몰래 성벽을 타고 넘어오는 것을 나는 보고만 있을 것인가? 그런데 독서란 바로 이런 것이다. 일과 결실의 시간이 지나면 휴식의 시간이 뒤따른다. 다가오라! 그대 유쾌한 자들, 그대 재기발랄한 자들, 그대 재치 있는 책들아! 이런 책들이 과연 독일 책일까? 내가 책 한 권을 손에 쥐고 있는 장면을 포착하기 위해 나는 반년을 거슬러 올라가야만 한다. 그것은 대체 무엇이었던가? 그것은 빅토르 보르샤르의 저서 《그리스의 회의주의자들》이었다. 거기서는 나의 라에르티오스론도 잘 이용되고 있다. 회의주의자는 이중적이고 오중적이기까지 한 철학자들 사이에서 존경할 만한 유형이다! 그 밖에 나는 거의 언제나 똑같은 책들에서 은신처를 찾는다.

이것은 몇 권 안 되지만 나에게는 입증된 책들이다. 많은 책을 읽는 것과 여러 가지 책을 읽는 것은 아마도 내 성미에 맞지 않는 일인 것 같다. 서재는 나를 병들게 만든다. 많은 책을 사랑하는 것이나 여러 가지 책을 사랑하는 것도 내 성미에 맞지 않는 듯하다. 새로운 책들에 대한 조심성, 심지어 적대심은 '관용'이나 '너그러움' 그리고 그 밖의 '이웃에 대한 사랑'보다 오히려 더 내 본능에 가깝다. 결국 내가 자꾸만 되돌아가는 곳은 몇몇의 옛 프랑스 사람들이다. 나는 프랑스의 교양만을 믿으며, 그 밖에 유럽에서 '교양'이라 불리는 것은 모두 오해라고 생각한다. 독일의 교양에 대해서는 더 말할 필요도 없고…… 내가 독일에서 만난 몇몇 높은 교양은 모두 프랑스 계통이었다.

무엇보다도 바그너의 아내 코지마는 특히 취향의 문제에 관한 한 내가 들은 목소리 가운데 단연 으뜸이다. 나는 파스칼의 책을 읽지는 않았지만 파스칼을 사랑한다. 그는 처음에는 육체적으로, 다음에는 심리적으로 서서히 살해당하면서 그리스도교의 가장 교훈 많은 제물로서 비인간적인 잔인함의 몸서리나는 형식의 논리를 썼다. 나는 이 논리를 읽지 않고도 그를 사랑하는 것이다.

나는 몽테뉴의 방자함 가운데 얼마만큼을 정신 속에, 모르긴 몰라도 아마 몸속에도 갖고 있을 것이다. 나의 예술가적 취향은 몰리에르, 코르네유, 그리고 라신의 이름을, 원한 감정이 없진 않지만 셰익스피어와 같은 조잡한 천재 앞에서 비호해 준다. 나는 옛날 프랑스 사람만을 언급했지만, 그렇다고 해서 요즘 프랑스 사람들이 매력적인 친구들이 아니란 뜻은 아니다. 역사상 어느 세기에 오늘날의 파리처럼 그렇게 호기심 많고 그렇게 섬세한 심리학자들이 모인 적이 있었는지 모르겠다.

나는 시험 삼아—그 수가 결코 적은 게 아니니까—폴 부르제, 피에르 로티, 지프, 메이야크, 아나톨 프랑스, 쥘 르메트르를 들어본다. 아니면 이 강력한 종족 가운데 한 사람, 내가 특히 마음이 끌리는 진정한 라틴 사람인 기 드 모파상을 들 수 있다.

우리끼리 이야기지만 나는 이 세대를, 심지어는 그들의 위대한 선생들보다 더 좋아한다. 그들의 위대한 선생은 모조리 독일의 철학자들 때문에 망가졌다 (예컨대 텐 씨는 헤겔 때문에 위대한 인간과 시대를 오해했다). 독일이 미치는 곳은 어디든 문화가 망가진다.

전쟁이 비로소 프랑스의 정신을 '구제'했다. 스탕달, 내 인생에서 가장 아름다운 우연—그도 그럴 것이 내 인생에서 획기적인 모든 것은 우연의 결과이지 결코 누군가 권유해서 얻은 것은 아니다—가운데 하나인 그는 먼저 알아차리는 심리학자의 눈, 가까이 가장 위대하고 사실적인 것이 있음을 상기시켜 주는, 사실 파악력(손톱을 보고 나폴레옹을 알아차린다)을 갖고 있는 존재이다. 그것은 그가 정직한 무신론자이기 때문이다.

프로스페르 메리메가 있긴 하나, 이것은 프랑스에서는 거의 찾아보기 어려운 종족이다. 나는 스탕달을 시기하고 있는 걸까? 내가 가질 수도 있는 무신론자의 가장 좋은 농담을 그가 내게서 빼앗아 갔으니 말이다. 그 농담이란 다음과 같다. "신의 유일한 변명은 자기가 존재치 않는다는 것이다."

나 자신도 어디선가 말한 바 있다. 이제까지 존재에 대한 가장 큰 반증은 무엇이었던가? 그것은 신이다.

4

서정 시인에 대해 내게 최고의 개념을 준 것은 하인리히 하이네였다. 나는 수천 년에 걸쳐 모든 나라에서 그처럼 감미롭고 정열적인 음악을 찾아보았으나 소용이 없었다. 완전한 것을 상상할 수 없는 그러한 신적인 악의를 그는 갖고 있었다. 나는 인간과 종족의 가치를, 그들이 얼마나 필연적으로 신을 사티로스와 분리하지 않고도 잘 이해했는가에 따라 평가한다. 그리고 어떻게 하이네가 독일어를 다루고 있는가! 언젠가 사람들이 하이네와 내가 월등하게 독일어를 다룬 첫 예술가들이었다고 말할 날이 올 것이다. 우리는, 그저 독일인에 불과한 사람들이 독일어로 한 모든 일과 헤아릴 수 없을 만큼 동떨어져 있다. 바이런의 맨프레드와 나는 틀림없이 깊은 관계가 있으리라.

나는 내 안에서 그의 모든 심연을 발견했다. 열세 살 나이로 이 작품을 이해할 만큼 나는 성숙해 있었다. 나는 맨프레드가 있는 앞에서 파우스트라는 말을 감히 입 밖에 내는 그런 자들에 대해선 무어라 대꾸할 말이 없다. 그저 흘겨볼 따름이다. 독일인들은 위대함의 개념에 대해서 무지하다. 그 증거가 슈만이다. 나는 이 달콤한 작센인에 대한 원한으로, 일부러 맨프레드에 붙이는 서곡을 작곡한 일이 있다. 이 서곡에 대해서 한스 폰 뷜로는 오선지 위에 그러한 것이 작곡되어 있는 것은 한 번도 본 적이 없다고 말했다. 그것은 음악의 여신 에우테르페에 대한 폭행이라는 것이다. 셰익스피어에 대한 최고의 문구를 찾을 때면 나는 늘 그가 카이사르의 유형을 구상했다는 말밖에는 발견하지 못한다. 이런 유형은 짐작해 쓸 수 있는 것이 아니다. 자신이 그런 유형이어서 그런 인물을 묘사할 수 있거나 그런 유형이 아니기 때문이다.

위대한 시인은 자기 자신의 현실에만 의존한다—나중에는 자기 작품을 더이상 견디지 못할 지경에까지 이른다…… 《차라투스트라는 이렇게 말했다》에게 눈길을 던지고 나면, 나는 참을 수 없는 흐느낌의 발작을 억제할 힘도 없이 반시간이나 방 안에서 왔다 갔다 한다. 나는 셰익스피어보다 더 마음을 갈기갈기 찢어놓는 작품을 알지 못한다. 한 인간이 그토록 어릿광대가 되어야 했을 때 그는 얼마나 고민했을까! 사람들이 햄릿을 이해할 수 있을까? 사람을 미치게 하는 것은 회의가 아니라 확실성이다. 그러나 그렇게 느끼기 위해서는 깊어지고 심연이 되고 철학자가 되지 않으면 안 된다. 우리는 모두 진리를 무서워한다…… 그리고 나는 고백한다. 베이컨 경이 이러한 가장 섬뜩한 종류의 문학 창시자이며 자학자라는 것을 본능적으로 확신해 마지않는다고. 미국의 정신착란자와 바보 대가리들의 측은한 잡담 같은 것이 나와 무슨 상관이 있는가?

하지만 환상의 가장 힘찬 현실에 도달하려는 힘은 행위로, 기괴함으로, 범죄로 이끌어 주는 가장 강력한 힘과 화합될 뿐 아니라, 그것 자체를 전제하고 있다. 우리는 아직도 말의 온갖 위대한 의미에서 첫 현실주의자인 베이컨 경에 대해 알지 못한다. 그가 무슨 일들을 했는가, 무엇을 하려 했는가, 그리고 무엇을 체험했는가를 알 만큼 충분히 알지 못한다는 것이다. 더욱이 악마에게나 가라고 저주하고 싶은 것은 비평가들이다! 만일 내가 나의 차라투스트라를 다른 낯선 이름으로, 예컨대 리하르트 바그너라는 이름으로 출판했다고 가정한다면, 그 뒤 2천 년 동안 배출될 그 어떤 비평가의 눈으로도 《인간적인 너무나 인간적인》의 저자가 차라투스트라의 환상을 지녔던 사람과 같은 인물이라는 것을 알아내지 못하리라.

5

내 인생의 휴식에 대해서 이야기하는 지금, 나를 가장 마음속 깊이 쉬게 해준 데 대하여 감사의 뜻을 표기 위해 한마디 하고 싶다. 그것은 바로 리하르트 바그너와의 친밀한 교우 관계였다.

나는 내 인간관계에서 그 나머지 것은 쉽게 내버릴 수 있다. 그러나 트립셴에서 보낸 나날만은 내 삶에 어떠한 일이 생기더라도 내어주고 싶지 않다. 숭고한 우연의 일치로 기분 좋게 보낸 나날, 깊은 순간들의 나날…… 다른 사람들이 바그너와 함께 무엇을 경험했는지 나는 모른다.

하지만 우리 위의 하늘에는 한 점의 구름조차 흘러가지 않았다. 여기에서 나는 화제를 다시 한 번 프랑스로 돌리기로 한다. 자기들한테서 바그너와 닮은 점을 발견하는 일이 그를 존경하는 것이라 믿는 바그너 숭배자 및 그와 비슷한 무리에 대해서는 탓할 까닭이 없다. 나는 그저 입가에 멸시의 빛만을 띨 따름이다. 어찌나 내가 가장 깊은 본능 속으로부터 독일적인 것과는 완전히 거리가 멀었던지 독일인이 하나 가까이 있기만 해도 벌써 소화가 잘 안 될 정도였으니까.

바그너와의 첫 만남은 내 생애에서 처음으로 내쉰 안도의 한숨이기도 했다. 나는 그를 외국인으로서, 온갖 '독일적인 미덕'에 대한 대립으로서, 그리고 인격화된 항의로서 느끼고 또 존경했다. 50년대의 늪지대와 같은 공기 속에서 자란 우리는 '독일적'이라는 개념에 대해서는 필연적으로 염세주의자일 수밖에 없었다. 우리는 혁명가 말고 다른 무엇도 될 수가 없다. 우리는 위선자들이 기분 좋게 버티고 있는 상태를 인정하지 않을 것이다. 그 위선자가 오늘날에는 다른 빛깔의 옷을 입고 장난을 치는지, 진홍빛 옷을 입는지, 경기병의 군복을 입는지에 대해서는 나는 전혀 관심이 없다…… 좋다! 아무튼 바그너는 혁명가였다. 그는 독일인들에게서 달아났다. 유럽에서는 예술가에게 파리 이외에 다른 고향은 없다. 바그너 예술의 전제인 모든 예술, 오관(五官)의 섬세함, 미묘한 차이를 알아차리는 손가락, 심리학적인 병증, 이런 것들은 파리 아닌 다른 곳에는 존재하지 않는다.

그 밖의 어느 곳에도 이러한 형식 문제에서의 정열, 연출에서의 진지성은 없다. 그것은 뛰어난 파리의 진지성이다. 독일은 파리 예술가의 영혼 속에 살고 있는 굉장한 야망에 대해 전혀 아무런 개념도 갖고 있지 않다. 독일인은 마음씨가 좋다. 바그너는 전혀 마음씨 좋은 사람은 아니었다…… 그러나 나는 바그너가 어디에 속하고, 누구에게서 자기와 가장 닮은 모습을 발견하는가에 대해서는 이미《선악을 넘어서》에서) 충분히 말했다.

그것은 프랑스의 후기 낭만주의 저 높이 나는, 그러한 사람을 높이 채 가지고 올라갈 줄 아는 들라크루아나 베를리오즈와 같은 부류의 예술가들이다. 병을 지닌, 본질적으로 불치병을 지닌, 마음 한구석 밑바닥을 갖고 있는 표현의 광신자들, 철두철미한 거장들…… 대체 누가 최초의 지성적인 바그너 숭배자였던가? 그것은 샤를 보들레르였다. 그는 처음으로 들라크루아를 이해했던 사람들 가운데서 예술가 무리로 다시 인지된 전형적인 퇴폐주의자이다. 아마도 마지막 퇴폐주의자기도 했을 것이다. 내가 바그너를 결코 용서하지 않은 이유는 무엇 때문이었던가? 그것은 그가 독일인들에게 굴복했다는 점이다. 그가 독일 제국적이 되었다는 점이다. 독일은 자신이 닿는 곳이 어디든 그곳 문화를 망쳐 버린다.

6

모든 것을 생각해 보아도 바그너의 음악이 없었다면 나는 청년 시절을 견뎌 내지 못했을 것 같다. 나는 독일인이 되도록 태어났기 때문이다. 만일 사람이 참을 수 없는 압박에서 벗어나고자 한다면, 마약이 필요한 법이다.

그렇다. 나는 바그너가 필요했던 것이다. 바그너는 모든 독일적인 것에 대한 뛰어난 해독제—이것도 독이다—였다. 이 사실에 이의를 제기하지는 않는다. 〈트리스탄〉의 발췌곡이 존재하게 된 순간부터—내 치하를 받으십시오. 폰 벨로 씨!—나는 바그너 숭배자가 되었다. 바그너의 옛날 작품들을 나는 얕잡아보았다. 아직 너무도 통속적이고, 너무도 '독일적'이었으므로…… 그러나 나는 오늘 날까지도 〈트리스탄〉처럼 위험한 매혹을 지닌, 몸서리치도록 감미로우며 무한 성을 지닌 작품들을 찾고 있다. 나는 모든 예술의 영역 속에서 속절없이 찾고 있는 것이다. 레오나르도 다빈치의 신비함도 〈트리스탄〉의 첫 음조로 마력을 잃는다. 이 작품이야말로 바그너의 최고 걸작이다.

그는 〈마이스터징거〉와 〈니벨룽겐의 반지〉로 휴양을 했다. 더 건강해지는 것, 이것이야말로 바그너와 같은 천성을 지닌 사람에게는 뒷걸음질이다. 나는 내가 이 작품을 이해할 수 있을 정도로 성숙해졌을 때, 바로 독일인들 사이에 살았 음을 가장 큰 행운이라 여긴다. 내게서 그만큼 멀리 심리학자의 호기심이 뻗어 간 것이다.

이 세계는 '지옥의 쾌락'을 맛보기에 넉넉할 만큼 병든 적이 없는 사람에게는 빈약하다. 여기서 신비주의자의 문구를 적용하는 것이 허용되어 있으며 거의 꼭 필요하다고 볼 수 있다. 나는 바그너가 창조해 낼 수 있는 엄청난 일, 그 말고 는 아무도 거기에 날아갈 날개를 갖고 있지 않는 낯선 황홀의 세계 오십 가지 를 누구보다도 더 잘 알고 있다.

그런데 나는 내게 가장 의심스러운 것과 가장 위험한 것도 내게 이로운 것으 로 돌리고, 그것으로써 더욱 강해질 정도로 강하기 때문에 바그너를 내 생애의 가장 위대한 은인이라 부른다. 우리는 서로 닮았다. 동시대 인간들이 번민할 수 있었던 것보다 한결 더 서로에 대해서 깊이 번민했다는 점에서 말이다. 그 사실 이 다시 우리의 이름을 영원히 한데 맺어주었다.

그리고 바그너가 독일인들 사이에서 확실히 오해에 불과했던 것처럼 나 또한 확실히 오해에 불과하며, 언제나 오해인 채로 있을 것이다. 나의 게르만 민족이 여! 2세기 동안 심리학적이며 예술적인 훈련이 먼저 필요하다…… 그래도 쉽게 바로잡지는 못할 것이다.

7

나는 가장 훌륭한 귀를 가진 분들에게 또 한마디 하겠다. 도대체 내가 음악에 무엇을 바라는가를. 나는 음악이 쾌활하고 깊고, 10월의 어느 오후와 같기를 바란다. 나는 음악이 특수하고 제멋대로이고 싹싹하고, 그리고 조그마하고 겸손하고 우아한 사랑스러운 여자이기를 바란다.

나는 독일인이 음악이 무엇인가를 알 수 있다고는 인정하지 않는다. 독일 사람들이 음악가라고, 그중에서도 가장 위대한 음악가라고 부르는 이들은 외국인들이다. 슬라브 사람, 크로아티아 사람, 이탈리아 사람, 네덜란드 사람 또는 유대인이다. 다른 경우에는 이미 고인이 된 독일인들로 하인리히 슐츠, 바흐, 헨델과 같은 강한 종족의 독일인들이다. 나 자신은 폴란드인이므로 쇼팽을 위해서라면 나머지 음악은 모두 버려도 좋다. 하지만 세 가지 이유로 바그너의 〈지크프리트 목가〉는 예외로 한다. 또 고귀한 오케스트라 악센트가 다른 음악가들보다 뛰어난 리스트의 곡도. 마지막으로 알프스 산맥 저편에서 자란 모든 것도—지금 내가 있는 곳에서 본다면 이쪽이지만…… 로시니 없이 나는 어떻게 하면 좋을지 모르겠다. 음악에서 나의 남쪽 나라, 나의 베네치아 음악가인 피에트로 가스티 없이는 더욱 그러하다.

그런데 내가 알프스 산맥의 저쪽이라고 말할 때는 오로지 베네치아만을 가리키는 것이다. 음악에 대한 대명사를 찾을 때 나는 늘 베네치아라는 말을 발견하게 된다. 나는 눈물과 음악을 구별할 줄 모른다. 두려운 전율 없이는 행복, 그 남쪽 나라를 생각할 줄 모른다.

얼마 전 갈색 밤에
나는 다리에 서 있었다.
멀리서 들려오는 노랫소리
황금 물방울이 되어
떨리는 수면 위를 가로질러 흘렀다.

곤돌라와 불빛과 음악에
취한 채 황혼 속을 헤엄쳐 나갔다.

현악기처럼 나의 영혼도
눈에 보이지 않는 손길에 닿아 노래하며
살며시 곤돌라의 노래를 반주했다.
오색의 행복에 겨워 떨리는 소리로
―누군가 내 영혼에 귀 기울였던가?

8

이 모든 점이―영양 섭취, 장소와 풍토, 휴양의 선택에서―명령하는 것은 자기 보존 본능이다. 이 본능은 자기 방어 본능으로서 가장 뚜렷하게 나타나는 것이다. 많은 것을 보지 않는 것, 듣지 않는 것, 자기에게로 다가오지 못하게 하는 것―이것들은 첫째가는 영리함이며, 사람은 우연이 아니라 필연의 첫째가는 증거이다.

이 자기 방어의 본능을 흔히 쓰는 말로 하면 취향이다. 그것은 긍정하는 대답이 '자기 상실'을 의미하게 될 때는 '아니다' 부정적 대답을 하도록 명령하며, '아니다'라는 대답을 될 수 있는 대로 적게 말하도록 명령하기도 한다. 자꾸만 되풀이해서 '아니다' 대답해야 할 경우에서 멀어지도록 말이다. 방어적인 지출은 설령 아무리 작더라도 규칙이 되고 습관이 됨으로써 순전히 무용지물인 엄청난 빈곤으로 몰아가기 때문이다.

커다란 지출은 적게 자주 지출한 것이 모인 것이다. 방어하는 것과 다가오지 못하게 하는 것은 하나의 지출이다. 이 점을 잘못 생각해서는 안 된다. 그것은 부정적인 목적을 위해 낭비되는 힘인 것이다. 단순히 끊임없는 방어의 필요성 속에서 사람은 자기를 더 이상 방어할 수 없을 정도로 약해지기도 한다.

내가 집에서 나와 발견한 것이, 조용하고 귀족적인 토리노가 아닌 독일의 소도시였다고 가정해 보자. 이 납작 눌린 비겁한 세계로부터 침입해 들어오는 모든 것을 되물리치기 위해, 나는 본능적으로 나 자신을 봉쇄해야 할 것이다. 그렇지 않으면 내가 독일의 대도시를 발견한다고 하자. 아무것도 성장하는 것이라고는 없으며 좋고 나쁘고 할 것 없이 다 끌어들여 만들어진 이 패덕 덩어리를 말이다. 이 현실 속에서 나는 고슴도치가 되어야 하지 않을까? 그러나 가시를 갖고 있다는 것은 낭비이다. 하지만 가시 없이 맨손이어도 좋다면 그것은 이중의 사치이다.

또 다른 영리성과 자기 방어는 될 수 있는 대로 드물게 반응을 한다. 그리고 자기의 '자유', 즉 자기의 주도권을 떼어내고, 단순한 시약이 되도록 선고받을 위험성이 있는 상황이나 관계를 피한다. 이에 대한 비유로 책과의 교제를 들어보자. 그저 책을 '뒤지기만 하는' 학자──줄잡아 하루 200권 정도가 적당하다고 하는 문헌학자──는 마침내 혼자서 생각하는 능력을 잃어버리고 만다. 책을 뒤지지 않을 때는 그는 생각하지도 않는다. 그가 생각할 때도 하나의 자극에 대해(방금 읽은 책에 나온 하나의 사상에 대해) 대답하는 것이다. 그는 결국 그저 계속해서 반응하고 있을 뿐이다.

학자는 이미 사유된 것에 대해 '그렇다', '아니다'라고 말하며 비평하는 데 온 힘을 내어준다. 그리하여 자신은 이미 생각하지 않는다. 그의 자기 방어 본능이 물렁물렁해져 버린 것이다. 그렇지 않다면 그는 책으로부터 자기를 방어할 것이다. 학자란 퇴폐주의자이다. 그것을 나는 눈으로 직접 보았다. 천부적 소질을 타고났으며 풍부하고 자유로운 소질을 지닌 사람이 벌써 30대에 '독서로 황폐해진' 것이다. 그는 결국 불꽃을──'사상'을 튀기기 위해서는 누군가와 충돌하지 않으면 안 되는 성냥개비 같은 존재가 되고 말았다. 아침 일찍 동이 틀 무렵 온갖 신선함 속에서 이제 막 힘이 솟아오를 때 한 권의 책을 읽는 일, 그것을 나는 악덕이라고 부른다.

9

여기에서는 "어떻게 사람이 본디의 자기가 되는가"라는 질문에 대답하는 것을 더 이상 피할 수 없었다. 그리하여 나는 자기 보존의 예술 걸작품──즉 이기심을 건드리게 된다. 다시 말해서 과업, 즉 과업의 운명이 보통 수준을 상당히 웃돌 경우, 이 과업을 짊어진 자신의 얼굴을 맞대는 일보다 위험한 일은 없다.

사람이 본디의 자기가 되는 것은, 조금이라도 무엇이 본디의 자기인가를 짐작조차 못한다는 사실을 전제로 한다.

이러한 관점에서 본다면 인생의 실수조차도 그 자체로의 의미와 가치를 지니고 있다. 잠시 옆길로 샜다거나 길을 잘못 들었다거나 주저했던 일, '겸손', 진지성, 본디 자기 과업의 저편에 있는 잡다한 과업에 힘을 낭비하는 것 같은 일들도 말이다. 그러한 일 가운데 위대한 영리성이, 심지어 최고의 영리성이 나타난다. "너 자신을 알라"가 몰락을 위한 처방일 경우에는 자기 망각, 자기 오해, 자기 약화, 자기 협소화, 자기 평범화는 이성 자체가 된다.

도덕적으로 표현한다면 이웃에 대한 사랑, 다른 사람과 다른 것을 위한 인생은, 가장 견고한 자기만의 성을 유지하기 위한 보호책일 수도 있다는 말이다. 이것은 내 규칙과 확신과는 반대로 '이기적이지 않은' 충동, 여기서는 이기심, 자기수양을 위해 봉사하는 것을 의미한다. 사람은 의식의 표면을—의식이란 하나의 표면이다—그 어떤 명령으로부터도 순수하게 유지해야만 한다.

온갖 거창한 말, 거창한 태도에 주의하라! 본능이 너무 일찍 '스스로를 알아차리는' 것은 참으로 위험한 일이다. 그러는 사이 타고난 이념이 조직하고 지배하도록 깊은 곳에서 자라고 또 자라는 것이다. 이념은 명령하기 시작하고 옆길과 엉뚱한 길에서 서서히 되돌아가게 하고, 언젠가 전체를 이루는 수단으로써 그것이 꼭 필요한 것임을 보여줄 낱낱의 성질과 능력을 준비한다. 그 이념은 지배하고 있는 과업, '목표', '목적', '의미'에 대해 무언가를 누설하기 전에, 거기에 봉사하는 능력을 순서에 따라 형성하는 것이다. 이 측면에서 관찰해 볼 때 나의 삶은 그저 경이적일 뿐이다. 가치 재평가의 과업을 위해서는 아마도 한 개인 안에 함께 살고 있던 것보다 더 많은 능력이 필요했을 것이다. 무엇보다도 서로 방해하거나 파괴해서는 안 되는 능력의 대립이라는 것이 필요했으리라.

이러한 능력들 사이에서의 등급, 거리, 적대 관계가 되지 않게 갈라놓는 기술, 아무것도 섞지 않는 일, 아무것도 '화해'시키지 않는 일, 그럼에도 혼돈과는 반대되는 엄청난 다양성—이것이 내 본능의 전제 조건이며 오랫동안 비밀스레 해왔던 일이며 예술가 기질이었다. 내 본능의 보다 높은 보호력은 대단히 강하게 나타나서, 나는 내 안에서 무엇이 자라는가를 한 번도 예감조차 하지 못했을 정도이다. 어느 날 나의 모든 능력이 갑자기 성숙해져서 완성된 모양으로 뛰쳐나왔던 것이다.

나는 일찍이 애를 썼던 적이 없다. 내 삶에서 분투의 흔적은 한 줌도 찾아볼 수 없다. 나는 영웅적인 성격과는 반대이다. 무엇을 '하려 하기', 무엇을 얻으려고 '애쓰기', '목적'이나 '소망' 갖기—이런 것을 나는 한 번도 경험해 보지 못했다. 이 순간에도 나는 내 미래를—넓은 미래를!—잔잔한 바다를 바라보듯이 내다보고 있다. 어떠한 욕망도 그 위에서 출렁거리지 않는다.

나는 그 어떤 것도 지금과 달라지기를 바라지 않는다. 나 자신도 달라지기를 바라지 않는다. 나는 늘 이렇게 살아왔다. 그 어떤 소망도 갖고 있지 않았다. 마흔네 살이 넘은 지금까지 한 번도 명예, 여자, 돈 때문에 애를 쓴 적이 없다. 그것이 내게 모자라다는 말은 아니다…… 예를 들면 나는 어느 날 대학교수가 되었다. 그렇게 되리라고는 꿈에도 생각지 않았다. 그때 겨우 스물네 살이 될까 말까 했으니 말이다.

그보다 2년 전 나는 어느 날 문헌학자가 되었다. 어떤 의미에서 나는 나의 시작이라고 볼 수 있는 첫 번째 문헌학적 논문을 나의 스승 리츨 선생에게서 그가 발행하는 잡지 〈라이니셰스 무제움〉에 실으라는 요청을 받은 것이다(리츨—나는 존경심을 갖고 이 말을 하는데, 내가 오늘날까지 만나본 유일한 천재적 학자이다. 그는 우리 튀링겐 사람들의 특색을 나타내고 있으며 독일인까지도 호감을 갖는 유쾌한 퇴폐성을 지니고 있었다. 우리 튀링겐 사람은 진실에 이르기 위해서는 샛길도 좋아한다. 나는 이 말로 더 가까운 고향 사람인, 영리한 레오폴트 폰 랑케를 과소평가하려는 것은 아니다……)

10

사람들은 나에게, 대체 왜 이 모든 사소하고 아무래도 좋은 것들을 이야기했는지, 그리고 그렇게 해서 스스로를 해치는 것은 아닌지 물을 것이다. 만일 내가 위대한 과업을 대표로 수행하는 운명을 타고났다면 더욱 그러하다고 말이다. 내 대답은 이렇다. 이 사소한 것들—영양 섭취, 옷, 풍토, 휴양, 이기심에 대한 결의론—은 모든 개념을 넘어서 사람들이 이제까지 중요하다고 생각했던 것보다 더 중요하다.

바로 이 점에서 사람은 다시 배우기 시작해야 한다. 인류가 이제까지 진지하게 숙고해 온 것이란 사실이기는커녕 단순한 상상이며, 더 엄격히 말한다면 가장 깊은 의미에서 해로운 천성들의 나쁜 본능에서 나온 거짓말이다. '신', '영혼', '미덕', '죄악', '피안', '진리', '영생' 같은 모든 개념이 말이다. 그러나 사람들은 그것들 가운데서 인간 본성의 위대함, 그 '신성(神性)'을 찾아왔다. 정치, 사회조직, 교육, 모든 문제가 그 때문에 밑바닥에 이르기까지 변조되어 사람들은 가장 해로운 인간을 위대한 인간으로 생각했다. '사소한' 것들이야말로 생명의 근본 문제인데도 그것들을 멸시하도록 가르쳤던 것이다. 이제 나 자신을, 사람들이 여태껏 최고의 인간이라 존경했던 인간들과 비교해 보면 그 차이는 분명하다. 나는 이른바 '최고의 인간'을 인간으로도 보지 않는다. 그들은 인류의 쓰레기이며 병과 복수심 많은 본능의 소산이다.

그들은 완전히 치명적이고 근본적으로 치유 불가능한, 삶에 복수하려는 괴물들이다. 나는 그들과 반대이고자 한다. 나의 특권은 건강한 본능의 모든 징조를 알아차리는 최고의 섬세함을 지니고 있다는 것이다. 나에게는 병적인 특징이라곤 없다. 나는 심지어 중병에 걸렸던 시절에조차도 병적이지는 않았다. 내 본질 가운데서 광신주의의 흔적을 찾으려 해도 아무 소용없다.

내 생애의 어떤 순간에서도 그 어떤 오만하거나 애처로운 태도를 사람들은 찾아낼 수 없을 것이다. 꾸며진 행동의 파토스는 위대성에 속하지 않는다. 꾸민 행동을 필요로 하는 자는 가짜이다. 그림같이 풍채 좋은 인간을 조심하라! 나에게 삶은 쉽다. 삶이 나에게 가장 어려운 일을 요구했을 때, 그것은 가장 쉬웠던 것이다. 어느 누구도 나를 모방하지 못할─또한 나보다 먼저 했던 사람도 없는 여러 일들을, 나는 후세에 이어질 천 년에 대한 책임감으로 이번 가을 70일 동안 쉴 새 없이 했다. 그 70일 동안에 사람들은 내게서 긴장된 흔적을 알아차리기는커녕 넘쳐흐르는 신선함과 쾌활함을 보았을 것이다.

나는 그때보다 더 맛있게 먹은 적도, 더 잘 잔 적도 없었다. 위대한 과업과 사귀는 데 있어 나는 유희 말고 다른 방법을 알지 못한다. 유희는 위대성의 징조이자 본질적인 전제 조건이다. 최소한의 제한, 우울한 표정, 어떤 칼칼한 목소리, 이런 것들은 모두 인간에 대한 방해 요소이다. 또한 그것은 그의 과업에 대해서는 얼마나 불리한가!······ 튼튼한 신경을 가져야 된다. 고독에 고민하는 것도 하나의 방해물이다. 나는 오로지 '많은 사람들의 등쌀'에 늘 괴로워해야 했다······ 어린 시절, 일곱 살 나이로 나는 벌써, 인간의 말이 한마디도 나에게 와 닿지 않으리라는 것을 알고 있었다.

그런데 내가 그 일 때문에 우울해하는 것을 누가 본 일이 있었는가? 나는 오늘날에도 누구에게나 똑같이 붙임성 있다. 나는 가장 낮은 사람들을 대하는 데도 아주 뛰어난 솜씨를 갖고 있다. 이 모든 일에 약간의 교만이나 남몰래 하는 멸시도 없다. 내가 멸시하는 자는 나에게서 멸시당한다는 것을 짐작한다. 나는 그저 내 존재를 통해서 몸에 나쁜 피를 가진 모든 것에 대해 화를 내고 있을 뿐이다!

인간의 위대함을 표현하는 내 문구는 운명애이다. 즉 지금 모습과 다른 무언가가 되기를 조금도 바라지 않는 일, 앞으로도 뒤로도 안 그렇고 영원토록 그러지 않는 일이다. 운명애는 필연적인 것을 단순히 견디는 일도 아니고 그것을 숨기는 일은 더더욱 아니다. 모든 이상주의란 필연적인 것 앞에서는 거짓말이지만, 그것을 사랑하는 일이다.

나는 왜 이렇게 좋은 책을 쓰는가

1

한 가지는 나이고, 다른 한 가지는 내 글이다. 여기서는 내 글에 대해 이야기하기에 앞서 이 글이 이해되는 일, 또는 이해되지 않는 일에 대해 말해 보기로 한다. 나는 그것을 어떻게든 지금 시점에서 알맞은 정도로만 다룰 수밖에 없다. 왜냐하면 이 문제는 다루기에 아직 이르기 때문이다. 나 자신도 아직 이르다. 몇몇 사람들은 죽은 뒤에 태어나기도 하는 법이다. 그 언제든 사람들은, 내가 살고 가르칠 줄 아는 것처럼 살고 가르칠 기관을 필요로 하게 되리라.

아마도 그때는 차라투스트라 해설을 위한 몇몇 강좌가 개설될지도 모른다. 그러나 내가 오늘 벌써 나의 진리를 위한 귀와 손을 기대한다면, 그것은 나에 대한 완전한 모순이 될 것이다. 사람들이 오늘날 내 말을 듣지 않고, 나에게서 아무것도 배울 줄 모른다는 것은 이해할 만한 일일 뿐만 아니라 나 자신에게도 올바른 일로 여겨진다.

나는 혼동되기를 바라지 않는다. 여기에는 내가 나 자신을 혼동하지 않는다는 의미도 들어 있다. 되풀이하면, 내 삶에서는 '악의'에 대해 입증할 만한 것이 거의 없다. 문학적인 '악의'에 대해서도 나는 거의 한 가지도 이야기할 거리를 갖고 있지 않다. 그 대신 너무도 많은 순수한 바보짓!…… 누가 내 책 한 권을 손으로 잡는다면, 그것은 그 사람이 내게 줄 수 있는 가장 드문 표창 가운데 하나이다. 나는 심지어 그가 그러기 위해 구두를 벗으리라고 가정한다. 장화는 더 말할 것도 없고…… 언젠가 하인리히 폰 슈타인 박사가 차라투스트라의 한마디도 이해할 수 없다고 정직하게 불평을 하기에, 나는 그에게 말해 주었다.

"그것은 당연한 일이다. 그 책에서 여섯 개 문장을 이해했다면, 즉 체험했다면 그것은 '현대의' 인간들이 다다를 수 있는 단계보다 더 높은, 무상한 인간 단계에 높이 올라가는 것을 뜻한다."

이런 거리감을 갖고서 어떻게 '현대인들'에게 내가 읽히기를 바랄 수 있겠는가! 나의 승리는 쇼펜하우어의 승리를 바로 뒤집어 놓은 것이다. 나는 말한다. "나는 읽히지 않는다. 나는 읽히지 않을 것이다."

내 글에 대해 여러 번 부정하는 사람들의 천진함을 보았을 때, 내가 맛본 재미를 과소평가하고 싶지는 않다.

올여름에도 내가 무거운, 너무나 무거운 책들로 세상의 나머지 책들이 놓인 저울의 균형을 깨뜨릴 수 있었을 그때도, 베를린 대학의 한 교수는 호의적으로 나에게 암시해 주었다.

"당신은 다른 형식을 사용해야 할 것이오. 이 따위 책은 아무도 읽지 않으니 말이오."

마지막으로 극단적인 두 예를 제공해 준 것은 독일이 아니라 스위스였다. '니체의 위험한 책'이라는 제목이 붙은, 《선악을 넘어서》에 대한 〈분트〉지에 실린 비트만 박사의 논문과 마찬가지로 〈분트〉지에 수록된 카를 슈피텔러가 쓴 내 책 전반에 관한 종합 보고는 내 생애 최고의 것이다. 어떤 최고인가에 대해서는 말하지 않겠지만…… 슈피텔러는 예컨대 나의 차라투스트라를 고급 문체 연습으로 다루고, 다음부터는 내용에 대해서도 내가 마음을 썼으면 좋겠다는 소망을 덧붙였다.

비트만 박사는 모든 품위 있는 감정들을 없애려고 애쓴 용기에 대해 나에게 경의를 표해 주었다. 그 논문에서는 하나의 조그만 우연의 장난으로 내 논리 정연한 모든 명제를 뒤집었는데, 나는 이 점에 놀라지 않을 수 없었다. 눈에 띄는 방법으로 나의 급소를 찌르기 위해서 사람들은 결국 모든 '가치를 재평가하는' 것 말고는 할 일이 없었다. 내 머리에 못을 박는 대신 말이다. 그러면 그럴수록 나는 설명을 해야 한다. 결국 아무도, 책까지 포함하여 모든 사물에게서 자기가 이미 습득한 것 이상을 드러낼 수는 없다. 체험을 거울삼아 그것에 들어갈 수 있는 길이 없는 것에 대해서는 아무도 귀를 기울이지 않는 법이다.

우리는 이제 극단적인 경우를 생각해 보자. 예를 들면 책이 자주 또는 드물게 일어나는 아주 바깥에 놓여진 가능성 있는 체험만을 이야기하는 경우—새로운 경험에 대해 최초로 말하고 있는 경우를 생각해 보도록 하자. 이 경우에는 아무것도 '들리지' 않는다. 아무것도 들리지 않는 곳에는 아무것도 없다는 음향학적 착각이 있을 뿐이다…… 이것이 결국 나의 평균적인 경험이며, 원한다면 내 경험의 독창성이라 불러도 좋다. 나에 대해서 조금 이해했다고 믿는 사람은 자기 모습에 따라 나로부터 무엇을 만든다. 나와 반대되는 것, 예컨대 하나의 '이상주의자'를 만드는 경우도 드물지 않을 것이다. 나에 대해서 아무것도 이해하지 못한 사람은 내가 관찰 대상이 된다는 것부터 부인한다. '초인'이라는 말은 '현대적' 인간, '선량한' 인간, 그리스도교도, 그 밖의 허무주의자들과는 달리 최고로 잘된 인간 유형에 대한 이름으로 쓰인다. 도덕의 파괴자인 차라투스트라와 같은 사람의 입에서 나오면 그것은 생각할 만한 단어가 된다. 그런데 거의 어디서나 그 말의 가치가 차라투스트라의 모습에서 나타나게 되었던 것과는 정반대 가치로 천진하게 이해되었다.

말하자면 그들은 더 높은 부류인 '이상주의적' 유형으로 반은 '성자', 반은 '천재'라는 것이다. 그 때문에 다른 바보는 나에게 다윈주의자라는 혐의를 걸었다. 지식과 의지에 반대되는 위대한 화폐 위조범, 칼라일의 '영웅 숭배'에 내가 그토록 악의에 차 거부했는데도 말이다. 심지어 그들은 이것을 차라투스트라에서 다시 인지하기도 했다. 내가 어떤 사람의 귀에 대고 파르지팔보다 오히려 체사레 보르자를 염두에 두고 찾아보라 속삭이자, 그 사람은 자기 귀를 의심했다. 내 책에 대한 비평, 특히 신문을 통한 서평에 대해서 내가 전혀 호기심이 없는 점을 사람들은 용서해 주어야 할 것이다.

친구들과 내 책을 펴낸 출판자들은 그것을 알고 있다. 그래서 나에게 그런 것에 대해서 말해 주지 않는다. 특별한 한 경우에서 나는 내 한 권의 책에—그것은 《선악을 넘어서》였다—어떤 허물이 씌워지고 있는 것을 본 적이 있다. 나는 그 일에 대해 정중히 보고서를 쓸 수도 있었다. 〈국민신문〉에서는—외국인 독자들을 위해 설명하자면 그것은 프로이센의 신문인데, 미안하지만 나는 〈주르날 데 데바〉 외에는 읽지 않는다—아주 진지하게 그 책을 '시대의 징후', 진짜 우익 귀족의 철학이라 했다. 또한 〈크로이츠차이퉁〉은 용기가 부족할 뿐인 귀족 철학이라고 시사했음을 믿을 수 있겠는가?

2

앞서 한 말은 독일인들을 위해 한 말이다. 그 밖에도 나는 세계 각국에 독자를 갖고 있다. 선택된 지성, 높은 지위와 의무 속에서 교육받은 확고한 성격의 독자들 말이다. 나의 독자들 가운데는 천재들도 있다. 빈, 상트페테르부르크, 스톡홀름, 코펜하겐, 파리, 그리고 뉴욕 어디서나 나를 찾을 수 있다. 그렇지 않은 곳은 유럽의 평지 독일뿐이다. 그런데 고백하자면, 나는 내 책을 읽지 않은 사람들이 더 좋다. 내 이름도 내 철학이라는 말조차도 들어본 적이 없는 그러한 사람들 말이다. 그들은 내가 어디로 가든, 예컨대 이곳 토리노 사람들은 나를 보면 곧 온 얼굴이 밝아지고 온화해진다.

이제까지 나를 가장 기분 좋게 한 일은, 늙은 여자 노점상들이 나에게 그들의 포도송이 가운데서 가장 단 것을 골라주느라 시끌벅적하게 소란을 피운 일이다. 철학자라면 이 정도는 되어야 한다. 아무 이유 없이 폴란드인이 슬라브인들 사이의 프랑스인이라 불리는 것은 아니다. 상냥한 러시아 여자라면 한 번만 보아도 내가 어느 나라 인종인가를 알아맞힐 것이다.

나는 격식을 차릴 수가 없다. 기껏해야 낭패에 빠지기 일쑤다. 독일식으로 생각하기, 독일식으로 느끼기—이 모든 것을 나는 할 수 있다. 그러나 그것만은 내 힘에 벅차다. 나의 옛 스승 리츨 선생은 내가 문헌학적 논문까지도 파리의 소설가처럼—허무맹랑한 것을 재미나게 쓴다고 주장했다. 파리에서조차도 '나의 모든 대담함과 섬세함'은—이 표현은 텐 씨에게서 따온 말이다—사람들을 깜짝 놀라게 했다.

송가의 최고 형식 속에서까지 내가 소금을 섞은 것을 사람들이 발견할까 두렵다. 결코 어리석게 '독일적으로' 되는 일이 없는 정신이라는 소금을 말이다. 내게는 다른 도리라곤 없다. 신이여 나를 도와주소서! 아멘. 당나귀가 무엇인지 우리는 모두 안다. 몇몇 사람은 경험을 통해서까지 그것을 안다. 좋다. 나는 내가 가장 작은 귀를 갖고 있다고 감히 주장하겠다. 이것이 여자들의 관심을 적지 않게 끈다. 여자들은 내가 그들을 더 잘 이해하면 내가 그들을 좋아하는 것으로 여긴다…… 나는 뛰어난 반(反)나귀이며 세계사적인 괴물이다. 나는 그리스어로 그리고 그리스어로만 그런 것은 아니지만, 적그리스도이다.

3

나는 작가로서 내 특권을 어느 정도 안다. 또한 몇몇 경우에 내 글에 익숙해지는 일이 얼마나 심하게 취미를 '망치는가'도 내게 확인되었다. 내 책에 익숙해진 뒤에 사람들은 다른 책을 더 이상 참지 못하게 된다. 그중에서도 가장 참지 못하는 것은 철학책이다. 나의 고귀하고 미묘한 세계에 발을 들여놓는다는 것은 비길 데 없는 영예이다. 그러기 위해서는 독일 사람이어서는 결코 안 된다. 그것은 결국 모든 사람이 당연히 받아야 할 영예인 것이다. 그러나 나와 비슷한 높이의 의지를 가진 사람은 내 책을 읽을 때 진정한 배움의 황홀경을 경험한다. 나는 여태껏 한 마리의 새도 날아올라간 적이 없는 높은 곳에서 내려왔으니 말이다. 어떤 발도 길 잃은 적이 없었던 심연을 나는 알고 있으니 말이다.

내 책을 손에서 내려놓는다는 것은 불가능하다. 심지어 내 책이 평화로운 밤의 잠을 방해한다고 사람들은 말하곤 한다. 내 책보다 더 자랑스럽고 세련된 종류의 책은 존재하지 않는다. 그것은 지상에서 다다를 수 없는 최고 높이, 즉 냉소주의에 이른다. 내 책을 읽는 사람은 그것을 가장 보드라운 손가락으로, 가장 용감한 주먹으로 정복해야 한다. 영혼에 어떠한 결함도 있어서는 안 된다. 절대 안 된다. 심지어는 소화불량도 있어서는 안 된다. 사람은 건강한 신경을 가져야 한다. 그는 튼튼한 배를 갖고 있어야 한다.

가난과 영혼의 구석에 고인 공기보다 비겁함, 불결함, 오장 속에 깃든 남모르는 복수심이 훨씬 더 냉소주의에 이르지 못하도록 막는다. 내 한마디 말이면 모든 나쁜 본능을 얼굴에 몰아넣을 수 있다. 내가 알고 있는 사람들에게는 내 책에 대한 여러 반응을 알게 하는 다양한 실험용 동물 같은 면이 있다. 내 글의 내용과는 아무 관계도 없다고 주장하려는 자, 예컨대 스스로 내 친구라 일컫는 자들은 그 경우 '당당해'진다. 그들은 다시 '책이 나온 데' 대해 나에게 축하를 한다. 이제까지보다는 훨씬 더 밝아진 논조 가운데서 발전이 엿보인다느니 하고 말이다. 완전히 악덕적인 '정신들', '아름다운 영혼들', 밑바닥까지 거짓말쟁이인 그런 자들은 이 책을 갖고 어떻게 해야 할지 전혀 알지 못한다. 그래서 그들은 이 책들을 자기 아래로 내려다본다. 이것이 모든 '아름다운 영혼들'의 아름다운 논리인 것이다.

내가 아는 사람들 가운데 어리석은 이들은, 굳이 말하자면 모두 단순한 독일인들인데, 언제나 내 의견과 같지는 않지만 가끔 동의한다고 암시한다. 심지어 차라투스트라에 대해서 이런 말을 하는 것을 들은 적도 있다. 마찬가지로 인간 속에, 남자 속에 깃들어 있는 '여성 숭배'는 나에게로 통하는 문을 닫아버린다. 그것은 대담한 인식의 미궁 속에 들어서지 못하게 한다. 온통 가혹한 진리들 틈바구니에서 유쾌하고 명랑하기 위해서는 결코 자신을 아껴서도 안 되며 자기 습관 가운데 가혹함을 갖고 있어야만 한다.

완전한 독자의 형상을 상상해 보면 거기에는 언제나 용기와 호기심으로 가득 찬 괴물이 생겨난다. 그 밖에도 무언가 유연한 것, 교활한 것, 조심성 있는 것, 타고난 모험가, 그리고 발견이 있다. 결국 나는 도무지 누구에게 이야기를 하고 있는가에 대해서 차라투스트라보다 더 잘 말할 수는 없다. 차라투스트라는 누구에게 수수께끼를 던지는가?

> 그대들, 대담한 탐색가들에게, 모험가들에게, 그리고
> 교활한 돛을 달고 무서운 바다 위로 출범한 적이
> 있는 자들에게—
> 그대들, 수수께끼에 취한 자들에게
> 황혼을 기꺼워하는 자들에게, 영혼이 피리 소리와 함께
> 심연으로 이끌려 들어가는 자들에게
> —그대들은 비겁한 손으로 한 올의 실을
> 더듬어 찾으려 하지 않으므로
> 그대들은 알아맞힐 수 있을 때
> 추론하려고 하지 않는다.

4

여기서 또한 내 문체 기법에 대해 한마디 하겠다. 파토스의 내적 긴장을 기호를 통해서, 물론 기호의 속도까지 포함하여 전달하는 것—그것은 문체의 의미이다. 그런데 나의 내적 상태가 다양하다는 점을 미루어 보면, 내게는 많은 문

체의 가능성이 있다. 이제까지 어느 누구도 갖고 있지 못했던 문체의 다양한 기법이 말이다.

내적인 상태를 생생하게 전달하는 모든 문체, 기호와 기호의 속도 그리고 몸짓—복합문의 모든 법칙인데—을 잘못 다루지 않는 문체는 모두 좋은 문체이다. 나의 본능은 이 점에서 틀리는 일이 없다. 좋은 문체는 순진한 바보짓이며, 예컨대 '아름다움 자체'처럼, '선 자체'처럼, '사물 자체'처럼 단순한 '이상주의'이다. 그러나 그것은 듣는 귀가 있다는 것, 그와 똑같은 파토스를 가질 능력이 있고 그럴 만한 가치가 있다는 것, 자기를 전달할 만한 사람들이 없지 않다는 것을 전제로 한다. 예를 들면 나의 차라투스트라도 아직 당분간 그러한 사람들을 찾고 있는데—아! 그는 아직도 오랫동안 찾아야 할 것이다!—사람들은 그를 음미할 만한 가치를 지녀야 한다. 그런 사람이 나타나기까지, 차라투스트라에서 마음껏 구사된 기법을 이해하는 사람은 아무도 없을 것이다.

나를 제외하고 이제까지 새롭고 들어본 적이 없는 차라투스트라를 위해 처음으로 창조된 예술 수단을 마음껏 구사해야 하는 사람은 아무도 없었다. 그러한 것이 바로 독일어로 가능했음이 비로소 입증되었다. 나 스스로가 그 이전에는 강경하게 그것을 거부했을 것이다. 나 이전에 사람들은 독일어로 무엇을 할수 있는지, 도대체 언어를 가지고 무엇을 할 수 있는지도 알지 못했다. 위대한 리듬의 예술, 복합문 기법의 위대한 문체, 미묘한 초인적 정열의 굉장한 상승과 하강을 표현하기 위한 이런 것들은 내가 처음 발견한 것이다. 차라투스트라 제 3부의 '일곱 개의 봉인'이라는 제목이 붙은 마지막 송가로 나는 이제까지 시(詩)라 불리던 것을 넘어 수천 마일이나 앞서 날아갔던 것이다.

5

내 글에서는 그 유래를 찾아볼 수 없는 한 심리학자가 이야기를 하고 있다. 이것이 아마도 좋은 독자가 처음으로 다다르게 되는 통찰일 것이다. 나에게 어울리는 독자란, 옛날의 훌륭한 언어학자들이 호라티우스를 읽은 것처럼 나를 읽는 사람이다. 근본적으로는 온 세상이 의견을 함께하는 문장들이—통속철학자, 도덕주의자, 그 밖의 텅 빈 냄비 같은 자와 양배추 머리 같은 자들은 물론 말할 것도 없고—나에게는 천진한 실책처럼 드러난다.

예컨대 자아 자체는 '보다 고차적인 사기', 즉 '이상'인 데 반하여 '비이기적'과 '이기적'은 서로 대립 개념이라는 믿음이 그렇다. 세상에는 이기적인 행위도 없거니와 이기적이지 않은 행위도 없다. 이 두 개념은 심리학적인 모순이다. 또는 "인간은 행복을 추구한다"라는 명제, "행복은 미덕의 대가이다"라는 명제, 또는 "쾌락과 불쾌는 반대 개념이다" 따위의 명제…… 인류의 키르케인 도덕이 모든 심리학적 사상을 송두리째 위조해 버렸고 도덕화해 버렸다. 사랑은 '비이기적인 것'이어야 한다는 소름 끼치는 허튼소리에 이르기까지 말이다. 사람은 확고하게 자기 위에 앉아 있어야 한다. 사람은 용감하게 자기 두 발로 서 있어야 한다. 그렇지 않으면 전혀 사랑할 수가 없다.

여자들은 이 점을 너무도 잘 알고 있다. 그들은 이기적이지 않은 남자들, 그저 객관적일 뿐인 남자들 같은 건 바보로 간주한다. 여기서 내가 여자를 안다는 추측을 감히 해도 좋을까? 이것은 내가 디오니소스한테서 받은 지참금이다. 누가 알겠냐마는, 어쩌면 나는 영원히 여성적인 것을 아는 첫 번째 심리학자인지도 모른다. 여자들은 모두 나를 사랑한다. 이것은 새삼스런 이야기가 아니다. 불쌍하게 된 여자들, 아이를 낳는 도구를 잃어버린 '해방된 여자들'은 제외하고 말이다. 다행히도 나는 나를 갈기갈기 찢으려고 하지는 않는다. 완전한 여성은 사랑할 때는 상대를 갈기갈기 찢는 법이다. 나는 이러한 사랑스런 바쿠스의 무녀들을 안다…… 아, 이 무슨 위험하고, 살금살금 조심스레 걸어다니는 지하의 조그만 맹수인가!

그런데 그러면서도 기분이 좋다! 복수를 뒤쫓는 조그만 여자는 운명마저 넘어뜨릴지 모른다. 여자는 남자보다 말할 수 없이 간악하고 영리하다. 착한 여자란 이미 퇴화한 한 형태를 의미한다. 이른바 '아름다운 영혼'이라는 것에는 그 밑바닥에 생리학적인 결함이 있다. 나는 모두를 말하지는 않겠다. 모두를 말하면 의학적이 아니라 반(半)견유학적이 될 테니 말이다. 심지어 평등권을 위한 싸움도 병의 한 증세이다. 의사는 누구나 이것을 안다. 여자는 여성스러우면 여성스러울수록, 두 손과 두 발로 무릇 권리라는 것에 대해 저항하니까. 두 성 사이의 영원한 '전쟁'이라는 자연 상태는 여자를 훨씬 우위에 놓아주니 말이다. 사람들이 사랑에 대한 내 정의에 귀를 기울였던가? 그것은 철학자에 어울리는 유일한 정의이다.

사랑이란 그 방법에서는 전쟁이요, 그 밑바탕에서는 두 성의 철저한 증오이다. 어떻게 여자를 치료하는가, 어떻게 여자를 '구제'하는가 하는 문제에 대한 내 해답을 사람들은 들은 적이 있었던가? 그것은 여자에게 아이를 만들어 주면 된다는 것이다. 여자에게는 아이가 필요하다. 남자란 늘 그 수단에 지나지 않는다. 차라투스트라는 이렇게 말했다. '여성 해방'은 불완전한 여자, 다시 말해 아기를 낳을 능력이 없는 여자가 정상적인 여자에 대해 품는 본능적 증오이다. '남성'에 대한 싸움은 언제나 수단이며 핑계이자 전술이다. 그들은 자기들만을 '여자', '고급 여성', 여성 '이상주의자'로 높이 끌어올림으로써 여성의 일반적인 수준을 끌어내리려 한다. 그러기 위한 수단이 고등교육, 바지, 줏대 없는 선거권이라는 것이다.

궁극적으로 해방된 여성들이란 '영원히 여성적인' 세계에서는 무정부주의자들이며, 복수를 본능의 가장 밑바닥에 품고 있는 그릇되어 먹은 자들이다. 질이 나쁜 '이상주의'를 지닌 패거리들 말이다. 그런데 이상주의는 남성에게도 나타나는데, 예컨대 전형적인 노처녀 기질을 보이는 헨리크 입센의 경우가 그렇다─이와 같은 사람들은 성적 사랑에서의 양심과 자연을 독살하는 것을 목표로 삼는다. 나는 이 과정에서 정직함과 아울러 엄격한 신념에 의혹의 여지를 남기지 않기 위해, 악덕에 대한 내 도덕 법전에서 하나를 더 소개하려 한다.

나는 '이상주의'와 '악덕'이라는 말로 자연을 거스르는 것과 아름다운 말을 사랑하는 사람과 싸운다. 아무튼 그 문장은 다음과 같다. "순결성을 지키라는 설교는 자연을 거스르라는 공공연한 선동이다. 성생활의 모든 멸시, 성생활을 '불순'이라는 개념으로 더럽히는 것은 인생 자체에 대한 범죄이다. 인생의 성령을 거스르는 본디의 죄악인 것이다."

6

심리학자로서의 나를 이해시키기 위해 《선악을 넘어서》에 나오는 진기한 심리학의 한 절을 인용하겠다. 그러나 내가 여기서 누구의 이야기를 쓰고 있는가에 대한 온갖 억측은 금한다.

"저 위대한 은둔자가 지니고 있는 마음의 천재는 유혹자, 신, 양심이라는 쥐를 잡는 천부적 쥐잡이, 그 목소리는 모든 영혼의 밑바닥 깊숙이 내려갈 줄 알며, 유혹의 동기와 저의가 깃들어 있지 않은 어떠한 말도 하지 않고, 어떠한 눈초리도 던지지 않는 자, 겉모습을 내보일 줄 아는 것이 그의 특기인 자―그런데 그것은 있는 그대로의 겉모습이 아니라 그를 따르는 자들에게는, 자꾸만 그에게로 가까이 몰려가게 하고, 갈수록 더 그를 열렬하고 철저하게 따르게 하려는 강제가 붙는 겉모습인 것이다."…… 마음의 천재, 그는 모든 소리와 자기도취를 침묵하게 하고 귀 기울여 듣는 법을 가르쳐 주며 거친 영혼을 매끄럽게 해주고 그 영혼으로 하나의 새로운 소망―조용히, 거울처럼, 깊은 하늘이 그 위에 비치도록 누워 있으려는 소망을 맛보게 해주는 것이다…… 마음의 천재, 그는 거칠고 날쌘 손을 주저하게 하고, 보다 우아하게 잡는 법을 가르쳐 준다.

그것은 숨겨져 잊힌 보물과 선의와 달콤한 한 방울의 정신성을 두껍고 탁한 얼음 밑에서 찾아내고, 오랫동안 많은 수렁과 모래의 감옥 속에 묻혀 있던 한 알 한 알의 황금을 찾아내는 마술 지팡이다…… 마음의 천재, 그가 건드리면 누구나 풍부해져서 떠나간다.

은총을 받거나 놀라서 또는 낯선 선물을 받아 기쁘거나 마음에 걸리거나 해서가 아니라, 전보다 자신이 더 풍부해지고 더 새로워지며, 속박에서 벗어나고 눈 녹이는 봄바람에 비밀을 드러내며, 아마도 보다 불확실해지고 보다 깨어지기 쉬우며 보다 불안정해지고 보다 유약해지며, 아직 아무런 이름도 없는 희망과 새로운 의지와 흐름에 가득 차서, 새로운 반(反)의지와 역류에 가득 차서 말이다.

비극의 탄생

1

《비극의 탄생》(1872)을 바르게 이해하기 위해서는 몇 가지를 잊어버려야 한다. 이 작품은 실패한 부분으로 오히려 효과를 올리고, 심지어 사람의 마음을 매혹했던 것이다. 즉 바그너가 마치 시대의 상승기류이기라도 한 것처럼 바그너주의에 이용됨으로써 말이다. 바로 그 때문에 이 글은 바그너의 생애에 하나의 사건이었다. 그때부터 비로소 바그너라는 이름에 커다란 희망이 붙어 다니게 되었던 것이다.

그러나 오늘날 사람들은 경우에 따라서는 파르지팔의 한가운데서 이 문화가치에 관해 그토록 높은 평가가 대두된 데 대해 내가 얼마나 양심의 가책을 받고 있는가를 떠올리게 한다. 나는 그 글이 여러 차례 '음악의 정신으로부터 비극의 탄생'이라고 인용되어 있음을 발견했다.

사람들은 단지 바그너의 예술과 목표와 과업에 대한 새로운 공식을 듣는 귀밖에는 갖고 있지 않았으며, 내 글의 깊은 곳에 숨어 있는 귀중한 것을 흘려버렸던 것이다. '그리스 정신과 염세주의', 이런 제목이 차라리 오해를 피할 명료한 제목이었으리라. 즉 어떻게 그리스 신들은 염세주의를 극복했는가, 무엇으로 그들은 그것을 극복했는가에 관한 최초의 가르침으로써 말이다. 비극이야말로 바로 그리스인들이 염세주의자가 아니라는 증거이다.

쇼펜하우어는 다른 모든 점에서 잘못 파악하고 있다. 조금 중립적으로 본다면 《비극의 탄생》은 시대에 걸맞지 않은 듯하다. 이 책이 뵈르트 근교 전장의 포화 밑에서 시작되었다는 것을 사람들은 꿈에도 상상하지 못하리라.

나는 이 문제들을 차가운 9월에 메츠 성벽 앞에서 밤마다 부상병을 간호하면서 생각해 냈다. 사람들은 오히려, 그 글이 50년은 더 되었으리라 믿을 것이다. 그것은 정치적으로는 냉담하여—오늘날 사람들은 '비독일적'이라고 말할 것이다—불쾌하게도 헤겔적인 냄새가 난다. 그리고 두서너 어투에 쇼펜하우어의 향기가 배어 있다. 하나의 '이념'—디오니소스적인 것과 아폴론적인 것의 대립—은 형이상학적인 것으로 옮겨져 있다. 역사 자체는 이 '이념'의 전개로 간주된다. 비극에서는 이 대립이 통일로 승화하고 있다.

이런 관점에서 보면 아직까지 한 번도 마주해 본 일이 없던 사물들이 갑자기 나란히 놓이고 서로를 비추고 분명히 한다. 예컨대 오페라와 혁명이 그렇다. 이 책은 두 개의 결정적인 개선을 나타냈다. 그 하나는 그리스인들이 이해하는 디오니소스적인 현상이다. 이 현상에 대한 첫 번째 심리학이 제시되어 있다. 이 책은 그 현상 가운데 모든 그리스 예술의 한 근원을 보여준다.

또 다른 하나는 소크라테스주의의 이해이다. 소크라테스가 그리스 해체의 도구로서, 전형적인 퇴폐주의자로서 처음으로 인식된 것이다. 본능에 거역하는 '이성', 그것은 어떠한 대가를 치르든 위험하고 삶을 뒤집어엎는 힘이다. 이 책에는 그리스도교에 대한 깊고 적의에 찬 침묵이 있다. 그리스도교는 아폴론적이지도, 디오니소스적이지도 않다.

그리스도교는 모든 미적 가치를 부정한다. 《비극의 탄생》이 인정하는 유일한 가치를 말이다. 디오니소스적인 상징 속에서 긍정이 극한까지 이르러 있는 것과 반대로 그리스도교는 가장 깊은 의미에서 허무주의적이다. 이 책에서 그리스도교의 목사들을 '심술궂은 난쟁이', '심술궂은 지하 존재의 하나'라고 풍자한 데가 한 군데 있다.

2

그 시작은 굉장히 기묘하다. 나는 나의 가장 내적인 경험에 대한 역사상 유례없는 유일한 비유와 그 경험에 맞는 짝을 발견했다. 바로 그것으로 나는 디오니소스적이라는 신기한 현상을 맨 처음 이해한 사람이 되었던 것이다.

마찬가지로 소크라테스를 퇴폐주의자로 인식함으로써 나는, 내 심리학적인 파악의 확실성이 그 어떤 개인의 도덕적 특이한 성격으로 위험에 부딪치는 일이 얼마나 드문가 하는 점을 뚜렷이 증명하게 되었다. 도덕 자체를 퇴폐의 징후로 보는 것은 인식의 역사에서 하나의 혁신이며 전무후무한 일이다.

이 두 가지를 갖고서 낙천주의 대 염세주의라는 가련하고 어리석은 자의 지껄임을 이 얼마나 높이 뛰어넘었던가! 나는 본디의 대립을 최초로 보았다. 지하의 복수욕을 갖고 삶을 적대하고 퇴화시키는 본능—그 전형적 형식으로는 그리스도교, 쇼펜하우어의 철학, 어떤 의미에서는 이미 플라톤의 철학, 모든 이상주의를 들 수 있다—이 충만과 과잉에서 태어난 최고 긍정의 문구, 즉 고뇌 자체에 대해서, 죄 자체에 대해서, 존재 자체의 온갖 의심스런 것과 낯선 것에 대해서 아무런 유보 없이 긍정하는 본능과 대립하는 것을 보았다. 삶에 대한 긍정, 최후의 가장 기꺼운, 생기발랄하기 이를 데 없는 이 긍정은 최고의 통찰일 뿐더러 또한 진리와 학문으로써 가장 엄격히 확인되고 어렵게 유지된 가장 깊은 통찰인 것이다.

존재하는 것 가운데 빼버릴 수 있는 것은 아무것도 없다. 그리스도교도들과 그 밖의 허무주의자들이 거부한 존재의 측면도 가치의 순위에서는 퇴폐 본능이 인정하고 좋다고 하는 그 어떤 것보다 문학 수준이 높다.

이것을 이해하는 데는 용기가 필요하다. 용기를 갖기 위해서는 넘쳐나는 힘이 필요하다. 용기가 앞으로 나가도 괜찮을 만큼, 꼭 힘의 정도만큼 사람은 진리에 가까이 가기 때문이다. 인식한다는 것, 즉 현실을 긍정한다는 것은 강자에게 필요한데, 그것은 약자가 유약성의 영감을 받아 현실에 대한 공포와 도피, 즉 이상을 필요로 하는 것과 같은 맥락이다. 인식한다는 것은 약자에게는 마음대로 되는 일이 아니다. 퇴폐주의자들은 거짓말을 필요로 한다. 거짓말은 그들의 자기 보존 조건 가운데 하나이기 때문이다. '디오니소스적'이라는 말 가운데서 자기를 이해하는 자는 플라톤이나 그리스도교나 쇼펜하우어를 논박할 필요가 없다. 그것들의 썩은 냄새를 맡을 수 있으니 말이다.

3

어느 정도로 내가 '비극적'이라는 개념, 비극의 심리학은 무엇인가에 관한 최종적 인식을 발견했는가에 대해서는 이미 《우상의 황혼》에서 다음과 같이 밝혔다. "나는 인생의 가장 낯설고 가혹한 문제에서조차도 인생을 긍정하고 삶을 향한 의지를 가졌다. 그러면서 인생에서 겪는 가장 전형적인 것들을 희생시키며 스스로의 무한성에 기뻐했다. 나는 이것을 디오니소스적이라 부르며 비극적인 시인의 심리에 이르는 다리로 이해했다. 그것은 경악과 동정에서 벗어나기 위한 것도, 맹렬하게 폭발해서 위험한 흥분으로부터 자신을 정화하기 위한 것도 아니다. 아리스토텔레스는 이렇게 오해했다. 그러나 그것은 오히려 경악과 동정을 넘어서서 스스로 생성의 영원한 기쁨이기 위해서였다. 파괴의 기쁨까지 포함해서 말이다."

이런 의미에서 나는 나 자신을 최초의 비극적인 철학자로서 이해할 권리가 있다. 즉 염세주의적인 철학가에 극단적으로 반대하는 대척자로서 말이다. 나 이전에는 아무도 디오니소스적인 것을 철학적인 파토스에 옮겨 쓰지 않았다. 비극적인 지혜가 결여되어 있었던 것이다. 나는 철학으로 위대한 그리스인들, 소크라테스 이전 200년의 그리스 철학자들에게서까지 그 징후를 찾아보려 했으나 소용이 없었다.

헤라클레이토스 가까이에 있으면 나는 다른 어느 곳에서보다 마음이 따뜻해지고 아늑해지는데, 그에 대해 아직 풀리지 않은 의문이 남아 있다. 무상(無常)과 파괴의 긍정—이것은 디오니소스적 철학에서 결정적인 것이다—과, 대립과 전쟁에 대해 '그렇다'고 대답하는 것과, '존재'라는 개념조차도 철저하게 거부하면서 내걸은 생성이, 이제까지 생각된 것 가운데 나와 가장 가깝다는 점을 인정하지 않을 수 없다. '영원한 윤회'에 대한 가르침, 즉 모든 사물의 무조건적이고 무한히 되풀이되는 순환에 대한 가르침—차라투스트라의 이 가르침은 결국 이미 헤라클레이토스가 보여주었는지도 모른다.

적어도 거의 모든 그들의 원칙적인 관념을 이어받은 스토아학파에게는 그러한 흔적이 있다.

4

이 책에서는 굉장히 희망에 찬 말을 하고 있다. 결국 나에게는, 음악의 디오니소스적 미래에 대한 희망을 철회할 아무런 이유도 없다. 한 세기 앞을 한 번 내다보자. 그리고 2천 년간의 반자연과 인간 모독에 대한 나의 암살이 성공할 경우를 가정하자. 인류의 보다 높은 도약을 맡은 삶의 저 새로운 당파는 온갖 과업 가운데 가장 위대한 과업—모든 퇴화된 것과 기생충 같은 것의 가차 없는 박멸을 포함하여—을 이루며 '삶의 충일'을 지상에 다시 가능하게 할 것이다. 그 것에서 디오니소스적인 상태도 다시 자라날 것임에 틀림없다.

나는 비극적인 시대를 약속한다. 삶에 대해 긍정하는 최초의 예술, 즉 비극은 인류가 가장 가혹하지만 가장 필요한 전쟁의 의식을 괴로움 없이 겪은 다음에서야 다시 탄생할 것이다. 심리학자로서 나는 내가 젊은 시절에 바그너 음악에서 들었던 것이 바그너와는 아무런 상관도 없다는 사실을 덧붙여도 되리라.

내가 디오니소스적인 음악에 대해 쓸 때는 내가 들었던 것에 대해 썼다. 나는 본능적으로 모든 것을 내 안에 간직하고 있는 새로운 정신으로 해석하고 변형해야 했다. 그 가장 강력한 증거는 《바이로이트의 리하르트 바그너》라는 내 글이다.

그런데 그 글의 심리학적으로 결정적인 곳에서는 모두 나에 대해서만 이야기를 하고 있다. 그 글에 바그너라는 말이 나오면 그 자리에 거침없이 내 이름이나 '차라투스트라'를 넣어도 된다. 송가적 예술가의 모습은 차라투스트라라는 뛰어난 시인의 모습이다. 심연 같은 깊이로 그려져 있고 잠시도 바그너적인 현실을 건드리지 않는다.

바그너도 그것을 알고 있었다. 그는 그 글에서 자기를 다시 알아차릴 수 없던 것이다. 마찬가지로 '바이로이트의 사상'도 내 차라투스트라를 잘 아는 사람들에게는 수수께끼가 될 수 없는 그 무엇으로 변해 있었다. 즉 뽑히고 뽑힌 자들이 온갖 과업 가운데 가장 위대한 과업에 자기를 바치는 '위대한 대낮'에 말이다. 누가 알겠는가? 언젠가 내가 겪게 될 축제의 참다운 환상을…… 맨 처음 몇 페이지의 파토스는 세계사적이다. 그 처음 부분에 언급되어 있는 눈초리는 사실 차라투스트라의 눈초리이다.

바그너, 바이로이트, 보잘것없이 작은 독일적 비참성은 미래의 무한한 신기루가 반영되는 한 점의 구름이다. 심리학적으로도 내 고유한 천성의 온갖 결정적인 특색은 바그너의 것으로 그려져 있다. 가장 가볍고 가장 불길한 힘의 공존, 결코 인간이 소유해 본 일이라고는 없었던 권력에 대한 의지, 정신적인 면에서

앞뒤를 헤아리지 않는 용감성, 행위를 향한 의지가 짓눌리는 일 없이 배우려는 무한한 힘, 이 모든 것이 이 책에서는 예고적이다. 그리스 정신이 다시 올 날이 가까워졌다는 것, 고르디우스의 매듭 같은 그리스 문화의 매듭을 간추린 다음에 다시 묶는 반알렉산더파의 필요성…… 그것으로 '비극적 신념'이라는 개념이 도입된 세계사적인 강조를 들어보라.

이 글에는 온통 세계사적 강조투성이이다. 이것은 세상에 존재할 수 있는 것 중에서 가장 낯선 '객관성'이다. 내가 누구인가 하는 것에 대한 절대적인 확실성이 어떤 우연한 현실 위에 투영되었으니 말이다. 그리고 나에 관한 진실을 소름 끼치도록 깊은 곳에서 이야기했으니 말이다. (제9부에서는) 차라투스트라의 문체가 결정적인 확실성을 갖고 설명되었으며, 미리 이야기되었다. 그리고 사람들은 여기서(제6부에서) 발견된 것보다 더 대단한 차라투스트라라는 사건, 그리고 인류의 터무니없는 정화와 성화의 행위를 발견하지는 못할 것이다.

반시대적 고찰

1

네 편의 반시대적 고찰은 철저하게 호전적이다. 그것들은 내가 '몽상가 한스'가 아니었다는 것, 단검을 뽑는 것이 내게는 재미있다는 것, 또 내 손목이 위험할 정도로 내가 자유롭다는 것을 증명해 준다. 첫 번째 반시대적 고찰은(1873) 그 무렵 이미 내가 가차 없는 멸시감을 갖고 쳐다보던 독일의 교양에 대한 것이다. 그것은 의미도, 실체도, 목적도 없으며 '여론'에 불과하다. 독일인들의 군사적 성공이 교양 덕택이라는 것, 또는 심지어 프랑스에 대한 교양의 승리라는 것을 입증한다고 믿는 일보다 더 악의적인 오해는 없다. 두 번째 반시대적 고찰은(1874) 우리의 학문 경영 가운데 깃들인 위험성, 삶을 좀먹고 중독시키는 것을 온 세상에 밝힌다. 이 비인간화된 톱니바퀴와 기계장치에서, 노동자의 '비인격성'에서, '노동 분업'이라는 그릇된 경제로 삶은 병들어 간다. 문화라는 목적을 잃었고 수단, 즉 현대의 학문적 경영은 야만화되었다…… 이 논문에서 비로소 금세기가 자랑하고 있는 '역사적 의미'가 처음으로 병으로서 퇴락의 전형적인 징조로서 인식되었다. 세 번째와 네 번째 반시대적 고찰에서는 문화의 보다 높은 개념에 대한, 즉 '문화' 개념의 회복에 대한 지표로서 가장 가혹한 자기 욕심과 자기 도야의 두 모습을 제시한다. 이것들은 뛰어난 반시대적 전형들로서, 그 주변에서 '제국', '교양', '그리스도교', '비스마르크', '성공'이라 불리는 모든 것에 대한 최고의 멸시에 가득 차 있다. 그것은 쇼펜하우어와 바그너, 또는 한마디로 하면 니체인 것이다.

2

이 네 개의 암살 계획 가운데 첫 번째 것은 굉장한 성공을 거두었다. 그것이 불러일으킨 소란은 그 모든 의미에서 호화판이었다. 나는 승리한 국민의 상처를 건드렸던 것이다. 그들의 승리는 문화 사건이 아니라 아마도 전혀 다른 무엇이리라. 거기에 대한 대답은 사방에서 왔으며 비단 다비트 슈트라우스의 옛 친구한테서만 온 것은 아니다.

나는 슈트라우스를 독일적인 교양을 갖춘 속물이자 자기만족자의 전형으로서, 간단히 말해 '옛 신앙과 새 신앙'에 대한 맥줏집 복음서의 저자로서 조롱한 바 있었다(교양을 갖춘 속물이라는 단어는 내 글에서 처음 나타나 지금도 독일어 가운데 남아 있다). 뷔르템베르크 사람이며 슈바벤 사람인 이들 옛 친구들에게 내가 깊숙이 일침을 가하고 그들의 슈트라우스를 우스꽝스럽게 여기자, 그들은 내가 예상하지 못한 완고하고 거친 응답을 보내왔다.

프로이센인들의 대응책은 훨씬 영리했다. 그들은 '베를린 블루'를 더 많이 자신들 안에 간직하고 있었던 것이다. 가장 점잖지 못한 짓을 한 것은 라이프치히의 한 신문으로, 평판이 좋지 않은 〈그렌츠보텐〉지였다. 나는 이 신문 기사에 격분한 바젤의 친구들을 진정시키느라고 애를 먹었다. 무조건 내 편을 든 것은 몇몇 늙은 신사들뿐이었는데 그것도 잡다하고 다분히 이해할 수 없는 이유에서였다.

그런 사람들 가운데 한 사람인 괴팅겐의 에발트는 나의 습격이 슈트라우스에게 치명상을 입혔음을 암시했었다. 늙은 헤겔주의자 브루노 바우어도 마찬가지였는데, 이때부터 나를 가장 주목하고 있는 독자 가운데 하나가 되었다. 만년에 그는 내 책을 읽도록 사람들에게 즐겨 권했다. 예컨대 프로이센의 역사 편수관 하인리히 폰 트라이치케에게, '문화'라는 말의 개념을 누구한테서 되찾을 수 있는가에 대해 암시를 주었던 것이다.

내 글과 나에 대해 가장 신중하고도 가장 길게 평한 사람은 철학자 폰 바더의 옛 제자인 뷔르츠부르크의 호프만 교수였다. 그는 내 글에서 나의 위대한 사명을 예견했다. 무신론의 문제에서 어떤 위기와 최고의 결말을 불러오려는 사명을 말이다. 그리고 내가 그 무신론의 가장 본능적이고 무자비한 전형이라는 것을 알아차렸다.

나를 쇼펜하우어에게로 이끌어 준 것은 바로 이 무신론이었다. 그보다도 사람들이 가장 잘 듣고 가장 신랄하게 느낀 것은 카를 힐레브란트의 붓을 통한, 강하고 용감한 변호였다. 그는 평상시에는 아주 온화하고 인간적인 성품을 지니고 있었다. 사람들은 〈아우크스부르거 알게마이네 차이퉁〉에 실린 그의 글을 읽었다. 오늘날에는 그의 전집에서 더 조심스레 다듬어진 그의 글을 읽을 수 있다. 여기서는 내 글이 하나의 사건, 전환점, 최초의 자기반성, 가장 좋은 징조로, 또한 정신적인 일에서 독일의 진지성과 독일적인 정열의 실제적 귀환으로 그려져 있다.

힐레브란트는 글의 형식에 대해, 그 원숙한 취향에 대해, 인물과 사물을 구별하는 그 완벽한 절도에 대해서 높은 찬사를 아끼지 않았다. 그는 내 글을 독일어로 씌어진 가장 좋은 논쟁의 책이라 칭찬했다. 바로 독일인들에게는 그토록 위험하고 권할 만한 것이 못되는 논쟁서 말이다. 그는 무조건 긍정하고 심지어는 내가 독일에서의 언어 타락에 대해 말했던 것을 더욱 강화하여(오늘날 독일인들은 국어 정화자인 체하면서 문장조차 제대로 구성하지 못하는 형편이다), 독일 민족의 '최고 문필가들'에 대해 똑같은 멸시를 나타내며, 나의 용기에 대한 감탄을 표현하면서 끝을 맺었다. 바로 한 민족의 인기 작가들을 피고석으로 몰아넣는 최고의 용기라고 말이다.

내 글의 영향은 내 평생에는 평가하기가 불가능하다. 이제까지 나에게 논쟁을 걸어온 자는 아무도 없다. 사람들은 잠자코 있다. 독일에서 나는 외면당하며 조심스럽게 다루어지고 있다. 여러 해 동안 나는 무조건적인 언론의 자유를 행사해 왔다. 아무도 오늘날, 더욱이 제국 내에서 언론의 자유를 그토록 마음껏 누릴 수 있는 수완을 가진 사람은 없다.

나의 천국은 '내 칼의 그늘 안에' 있다. 결국 나는 스탕달의 격언을 실행한 것이다. 그는 격투로써 사회에 들어서라 권하고 있다. 그리고 나는 이렇게 나의 적을 골랐던 것이다! 사실 이렇게 해서 아주 새로운 종류의 자유정신 활동이 처음으로 표현된 셈이다. 오늘날까지도 나에게는 온 유럽과 미국의 '자유사상가' 패거리보다 더 낯설고 친근하지 않은 것은 없다. 이 얼간이들이 이른바 근대사상을 이룩해 내는 교정 불가능한 속물이며 마술사인지라, 나는 그들 적대자들과 더 깊은 갈등 속에 처해 있는 것이다. 그들 또한 그들 나름대로 자기들 생각에 따라 인류를 '개선'하려고 했다. 그렇기 때문에 내가 누구인가, 또 무엇을 하려는가를 안다면 화해할 수 없는 싸움을 걸어올 것이다. 그들이 그것을 이해한다고 가정한다면 말이다. 그들은 모조리 아직도 '이상'을 믿고 있다. 그러나 나는 최초의 비도덕주의자이다.

3

쇼펜하우어와 바그너의 이름으로 표시된 반시대적 고찰이 특히 이 두 사람에 대한 이해를 위해서나 단순히 심리학적인 확인을 위해서 도움이 될 거라고 주장하고 싶진 않다—당연히 몇몇 경우는 예외로 한다. 예컨대 여기서는 깊은 본능의 확실성을 가진 바그너의 천성 가운데 기초적인 것이 배우의 소질로 특징지어져 있으므로, 이러한 배우 소질은 그 방법과 의도 가운데서 결과를 찾을 수 있다.

나는 본디 이 반시대적 고찰로 심리학과는 전혀 다른 그 무엇을 해보려고 했다. 유례 없는 교육의 문제, 자기 훈련, 가혹하기까지 한 자기 방어의 새로운 개념, 위대성과 세계사적인 과업을 향한 길에 대한 표현이 최초로 요구된 것이다. 크게 잡아 말한다면 나는, 유명하지만 아직 확인되지 않은 두 유형의 사람의 정수리를 움켜잡았던 것이었다. 무엇을 표명하기 위해 두서너 말투, 기호, 언어 수단을 더 많이 손안에 넣어 사람이 기회의 정수리를 움켜잡듯이 말이다.

이것은 결국 완전히 기묘한 명민성을 갖는 세 번째 반시대적 고찰(제7부)에도 암시되어 있다. 이런 식으로 플라톤 또한 소크라테스를 이용했다. 즉 플라톤 자신을 위한 기호학의 하나로써 말이다. 어느 정도 떨어져서 이 반시대적 고찰의 상태를 돌이켜 보는 지금, 나는 그 고찰이 결국은 나 자신에 대해서만 이야기하고 있음을 부인하고 싶지는 않다. 《바이로이트의 바그너》라는 글은 내 미래의 전망이다. 그와 반대로 《교육자로서의 쇼펜하우어》에는 나의 가장 내적인 역사, 나의 성장 과정이 적혀 있다. 무엇보다도 나의 서약이! 오늘날 내 모습, 오늘날 내가 있는 곳이.

나는 더 이상 입술로가 아니라 번개로 말을 하고 있는 높은 곳에 있는데—오, 그때까지만 해도 얼마나 나는 그것에서 멀리 떨어져 있었던가! 그러나 나는 육지를 보았다. 나는 한순간도 길, 바다, 위험, 그리고 성공을 착각한 적이 없었다! 약속 가운데서의 커다란 안정, 약속에만 그쳐서는 안 되는 미래를 행복하게 내다보는 것, 여기서는 하나하나의 낱말이 체험되었다. 깊이 그리고 은밀하게. 가장 고통스러운 낱말이 없는 것은 아니다. 정말 피비린내 나는 낱말들도 그 속에 있다.

하지만 위대한 자유의 바람이 모든 것 위를 지나간다. 상처조차도 다른 뜻으로 작용하지 않는다. 어째서 내가 철학자들을 모든 것을 위험에 빠뜨리는 무서운 폭약으로 이해하는지, 그리고 어째서 내가 '철학자'라는 개념을, 심지어 칸트 같은 철학자까지도 포함하는 개념으로부터 멀리 떼어놓는지, 학구적인 '반추동물들'과 그 밖의 철학 교수들에 대해서는 말할 것도 없이 말이다.

아무튼 그런 것에 관하여 이 고찰은 평가할 수 없을 정도로 귀중한 교훈을 준다. 설사 여기서는 결국 '교육자로서의 쇼펜하우어'가 아니라 그 반대, 즉 '교육자로서의 니체'가 발언할 기회를 갖고 있다는 사실을 인정한다고 하더라도 말이다. 그 무렵 내 직업이 학자였다는 것, 그리고 아마도 내가 내 직업을 이해했을 것이라는 점을 고려한다면, 이 고찰에서 갑자기 나타나는 학자적 심리학의 신랄한 한 편의 글도 의미 없는 것은 아니다.

그것은 거리감을 표현하며, 나에게 무엇이 과업이고 무엇이 단순한 수단이자 막간이며 부업일 것인가에 대한 깊은 확실성을 표현하고 있다. 나의 영리함은 하나의 것이 되기 위해 하나의 것에 이르기 위해 많은 것이 되어보고 여러 곳에 가보았다. 나는 한동안 학자이기도 해야 했던 것이다.

인간적인 너무나 인간적인

두 개의 속편과 함께

1

《인간적인 너무나 인간적인》은 위기의 기념비이다. 이 책은 나 스스로 일컫길, 자유로운 정신을 위한 책이다.

이 책에서는 거의 모든 문장마다 하나의 승리를 표현하고 있다. 그것으로 나는 내 천성에 맞지 않는 것에서 나 자신을 해방시켰던 것이다. 나에게 맞지 않는 것은 이상주의이다. 이 책의 제목은 "너희가 이상적인 것들을 보는 곳에서 나는 인간적인 것을 본다. 아, 너무도 인간적인 것을!"이라고 말한다. 나는 인간을 더 잘 알고 있다. '자유로운 정신'이라는 말은 여기서 다른 어떤 의미로도 이해되기를 바라지 않는다. 즉 자기 자신을 다시 자기 것으로 삼는 자유로운 정신 말고는 어떤 의미로 해석되어도 곤란하다는 것이다.

이 책에서는 문장의 어조, 음향이 완전히 달라졌다. 사람들은 이 책을 영리하고 차가우며, 경우에 따라서는 가혹하고 모욕적이라 느낄 것이다. 고상한 취향을 가진 하나의 정신성이, 정열적인 흐름에 대해 우위를 지키려고 끊임없이 분투하고 있는 것처럼 보인다. 이와 관련해서 이 책이 볼테르 서거 100주년을 기념하여 쓰였다는 사실은 의미가 있다. 이로써 이 책을 1878년에 출판한 것은 변명이 되는 셈이다. 그도 그럴 것이 볼테르는 그 이후에 무언가를 쓴 다른 사람들과는 반대로 무엇보다도 정신의 귀족이었기 때문이다.

바로 나도 그러하다. 내 책 가운데 하나에 볼테르라는 이름이 나오는 것, 그것은 정말 하나의 진보였다. 나 자신을 향한…… 세밀하게 관찰해 보면 사람은 이상이 깃들어 있는 모든 소굴을 발견하게 된다. 안전한 지하 감옥이며 말하자면 최후의 안전을 누리고 있는 모든 소굴을 아는 무자비한 정신을 발견하게 된다. '망설이지 않는' 빛을 발하는 횃불을 손에 들고 예리한 조명으로 이상의 지하 세계를 내리비친다. 이것은 전쟁이다. 화약도, 연기도, 전투 자세도, 파토스도 없는 전쟁이다.

이 모든 것은 '이상주의'이다. 이 전쟁에서는 오류가 연이어 침착하게 얼음 위에 놓인다. 이상은 반박당하지는 않는다. 그것은 얼어 죽는다…… 여기서는 예컨대 '천재'가 얼어 죽는다. 한 모퉁이 더 가서는 '성자'가 얼어 죽는다. 두꺼운 고드름 끝에서는 '영웅'이 얼어 죽는다. 마지막으로 얼어 죽는 것은 '신앙', 이른바 '확신'이다. 또한 '동정'도 얼어붙는다. 거의 어디서나 '물건 그 자체'가 얼어 죽는다.

2

이 책의 첫머리는 맨 처음 바이로이트 축제극이 상연되던 몇 주일 동안 내가 쓴 것이다. 그곳에서 나를 에워싸고 있던 것에 대한 낯선 느낌이 이 책의 전제 조건 가운데 하나이다. 어떠한 환상이 그때 벌써 내 길 위에서 어른거렸는가를 이해하는 사람이라면, 내가 어느 날 바이로이트에서 눈을 떴을 때 기분이 어떠했을지 알 수 있으리라.

꿈을 꾸고 있는 것 같았다…… 도대체 나는 어디 있었던가? 나는 아무것도 다시 알아보지 못했다. 바그너마저 거의 알아보지 못했다. 나는 내 추억을 이리저리 뒤적거렸으나 소용이 없었다.

트립셴—그것은 멀리 떨어진 행복한 자들의 섬에 지나지 않았다. 바이로이트와 닮은 데라고는 조금도 없었다. 기공식이 있었던 나날, 그 기공식을 축하하고 섬세한 문제를 이해할 수 있던 자그마하게 서로 짠 집단, 이제는 닮은 데라고는 그림자조차 없다.

무슨 일이 일어났던가? 사람들이 바그너를 독일어로 번역한 것이다! 바그너 숭배자들이 바그너 위에 군림하게 되었다! 독일의 거장, 독일의 맥주 위에도! 바그너의 예술이 우리, 어떤 유형의 세련된 예술가들에게, 어떠한 취미의 세계주의자들에게만 이야기하고 있는가를 너무나도 잘 아는 사람들은, 독일의 '미덕'으로 장식되어 있는 바그너를 다시 발견하자 어쩔 줄을 몰랐다. 나는 바그너 숭배자들을 알고 있다고 생각한다. 나는 바그너를 헤겔과 혼동한 고(故) 브렌델을 비롯하여 바그너를 자신과 혼동하고 있는 〈바이로이터 블레터〉의 이상주의자들까지 '경험'했다. 나는 바그너에 대한 '아름다운 영혼들의' 온갖 종류의 고백을 들었다. 재치 있는 말이 하나라도 있었다면 왕국이라도 주리라! 사실 이들은 머리털을 곤두세우게 만드는 패거리이다.

놀, 폴, 콜 등 기이한 사람들, 그들 사이에는 실패자 아닌 이가 아무도 없다. 반유대주의자까지도. 가여운 바그너! 그는 어디로 빠져든 것일까! 차라리 돼지들 사이에라도 들어갔다면 좋으련만! 그런데 독일인들 사이에 빠져들었다니! 결국 후세에 대한 교훈으로 한 명의 골수 바이로이트 사람을 박제로 만들어 놓아야 할 것이다. 아니 차라리 알코올에 넣어두는 편이 나으리라. 그들에게는 정신(Spiritus)이 부족하니까. 그 위에 사람들이 '제국'을 세운 '정신'의 꼴은 이러했다고 써 붙여서 말이다…… 이 정도면 충분하다. 나는 그 행사 도중에 2, 3주 예정으로 여행을 떠나버렸다. 아주 갑작스럽게, 매력적인 한 파리 아가씨가 나를 위로해 주려고 애를 썼음에도 말이다.

나는 바그너에게는 한 통의 전보로 사과했을 뿐이다. 뵈머발트 숲 속 깊숙이 숨겨진 클링겐브룬에서 나는 나의 우울증과 독일인에 대한 멸시를 병(病)처럼 이리저리 끌고 다녔다. 그리고 때때로 나는 '쟁기의 날'이라는 제목으로 문장을 하나씩 수첩에 적어 넣곤 했다. 온통 가혹한 심리학적 고찰뿐인데, 아마도 《인간적인 너무나 인간적인》에서 다시 찾아볼 수 있을 것이다.

3

그 무렵 나에게 결정적이었던 것은 바그너와의 절교 따위가 아니었다. 바그너건 바젤의 교수직이건, 이러한 실책의 하나하나가 단순히 하나의 징조에 불과한, 내 본능의 전체적 착란을 느꼈던 것이다. 나 자신에 대한 조급증이 나를 덮쳐왔다. 이것이 스스로를 돌이켜 반성할 가장 좋은 때임을 나는 알아차렸다. 끔찍하게도 모든 일이 뚜렷해졌다.

얼마나 많은 세월이 벌써 낭비되었는가—얼마나 쓸모없이, 얼마나 제멋대로 나의 문헌학자로서의 생애가 내 본연의 사명에 두드러져 나타났는가. 이러한 그릇된 겸손이 나는 부끄러웠다. 흘러간 10년은 본디 의미에서 정신의 영양 섭취가 멈춰버린 내가 그 어떤 쓸모 있는 것도 배우지 못하고, 먼지투성이 학식의 잡동사니를 뒤지느라 바보처럼 많은 것을 잃어버린 세월이었다. 고대 그리스의 운율학자를 약한 눈으로 세밀하고 철저하게 읽어내는 일—이 지경에까지 내가 이르다니!—에 몰두한 것이었다. 나는 아주 메마르고 굶주려 야윈 나 자신을 연민을 눈으로 바라보았다. 내 지식 속에는 현실이 부족했다. '이상적인 것들'이 무슨 소용이 있었던가! 정말 타는 듯한 갈증이 나를 사로잡았다.

그때 이후로 나는 사실상 생리학과 의학과 자연과학 말고는 아무것도 하지 않았다. 역사적 연구까지도. 과업이 나에게 강제적으로 명령하자 나는 비로소 되돌아왔다. 또한 본능에 반해서 선택된 활동, 즉 소명이라고 할 수 없는 '직업'과 마취제 같은 예술, 예컨대 바그너의 예술을 통해서 적막감과 공복감을 마비시키려는 욕구 사이에 연관이 있음을 그때 처음으로 알아차렸던 것이다.

조심스럽게 주위를 살펴보니 참으로 많은 젊은 사람들이 똑같은 위험 상태에 놓여 있었다. 하나의 반자연이 그대로 두 번째 반자연을 강제로 일으키는 그러한 위험 상태에 말이다. 독일에서는, 분명하게 말하자면 '제국'에서는 너무도 많은 사람이 너무 일찍 직업을 결정하고, 그러고 나서 내던질 수 없게 되어버린 그 짐의 중압감 아래 쇠약해 가도록 운명지어져 있다. 이들은 아편을 갈망하듯이 바그너를 갈망한다. 그들은 자기를 잊고 잠시 동안, 아니 넉넉히 대여섯 시간은 자기로부터 해방된다.

4

그 무렵 나의 본능은 더 오래 지속되는 무기력과의 동행, 자기 자신을 혼동하는 일에 가차 없이 반대하기로 결심했다. 온갖 종류의 삶, 가장 불리한 조건들, 질병, 가난—이 모든 것이 나에게는 염치없는 '자기부정'보다 나은 것처럼 보였다. 그런데 처음에는 아는 게 없고 젊어서 그 속에 빠져들었지만, 나중에는 타성에서, 이른바 '의무감'에서 그냥 그 상태에 머무르고 있었다.

이때 내가 아무리 감탄해도 모자랄 방법으로 아주 적절한 시기에 내 아버지로부터 전해진 고약한 유전이 나를 도우러 달려왔다. 단명하도록 되어 있는 운명 말이다. 병이 서서히 나를 풀어주었다. 그 덕택에 나는 모든 절교와 모든 폭력적이며 불쾌한 짓을 하지 않아도 되었다. 또한 남의 호의를 잃기는커녕 훨씬 더 많은 호의를 얻었다. 병은 모든 습관을 완전히 뒤집어엎을 권리를 주었다. 병은 나에게 망각을 허락했고 또 명령했다. 병은 나에게 안식, 한가로움, 기다림과 인내의 필요성을 선사해 주었다. 그것이 바로 사색한다는 게 아닌가! 내 눈만이 온갖 책들, 알기 쉽게 말한다면 문헌학과 절연케 했다.

나는 '책'으로부터 구제되고 여러 해 동안 더 이상 아무것도 읽지 않았다. 이 것이 내가 나 자신에게 베푼 가장 큰 은혜였다! 다른 사람의 자아에 끊임없이 귀를 기울여야 하는(이것이 바로 독서한다는 것 아닌가!) 짐 밑에 깔려, 말하자면 소리를 죽이게 되었던 저 밑바닥의 자아가 서서히 수줍게 의심스런 듯이 눈을 떴다. 그리고 마침내 그것이 다시 말하기 시작했던 것이다. 내 생애에서 가장 병이 심했고 가장 고통스럽던 때만큼 많은 행복을 가졌던 적은 한 번도 없었다.

이 '자기를 향한 귀환'이 무엇이었던가를 이해하기 위해서는 《아침놀》이나 《방랑자와 그 그림자》 같은 작품을 보면 된다. 그것은 최고 형태의 회복 그 자체였던 것이다! 다른 회복은 이것의 결과일 뿐이었다.

5

《인간적인 너무나 인간적인》은 엄격한 자기 수련의 기념비이다. 그것은 온갖 '고등 사기', '이상주의', '아름다운 감정', 그리고 그 밖에 여성적인 것들에 난데없는 종말을 마련해 주었다. 그 주요 부분이 소렌토에서 집필되었으나 마지막 부분과 그 최종적인 형태는 소렌토의 환경과는 비교할 수 없을 정도로 불리한 환경, 즉 겨울에 바젤에서 완성했다.

본래 이 책의 책임은 그 무렵 바젤 대학에서 공부하면서 나에게 큰 도움을 준 페터 가스트 씨가 맡았다. 나는 머리를 동여매고 고통에 힘겨워하면서 그에게 구술했고 그는 그것을 받아썼다. 그리고 교정도 보았다. 따지고 보면 나는 단순한 작가에 지나지 않았고 그가 진정한 필자였다. 책이 마침내 완성되어 손에 들어오자—그것은 중환자인 나에게 깊은 감동을 주었다—나는 바이로이트에도 두 권을 보냈다.

그런데 우연 속에 깃들인 의미심장한 기적으로 인해 그와 동시에 한 권의 아름다운 파르지팔 텍스트가 나에게 도착했다. 거기에는 나에게 붙이는 '고귀한 벗 프리드리히 니체에게, 교직자 회원 리하르트 바그너로부터'라는 헌사가 적혀 있었다. 책 두 권의 이러한 엇갈림—마치 불길한 소리가 들려온 것 같았다.

두 개의 단검이 맞부딪치는 것과 같은 소리가 나지 않았던가? 아무튼 우리 두 사람은 그렇게 느꼈다. 둘 다 침묵을 지켰으니 말이다. 이 무렵에 〈바이로이터 블레터〉가 처음으로 나왔다. 나는 무엇을 할 때가 무르익었는지 깨달았다. 믿을 수 없는 일! 바그너가 신앙심이 두터워졌다니…….

6

그때(1876년) 내가 나 자신을 어떻게 생각했던가, 어떠한 터무니없는 확실성을 갖고 내 과업과 거기에서의 세계사적인 의의를 파악했던가를 이 책의 전체가, 무엇보다도 아주 뚜렷한 한 부분이 증명을 해준다. 단지 나는 여기서도 본능적인 간계를 부려 '나'라는 단어를 피하고 이번에는 쇼펜하우어나 바그너가 아니라 탁월한 내 친구 파울 레 박사를 세계사적인 영광으로 찬연히 빛나게 해주었다. 다행히도 그는 너무나도 섬세한 위인이었다. 다른 사람들은 그보다 훨씬 덜 섬세했다.

이것은 내가 내 독자들 중에서 가장 절망적인 사람, 예컨대 전형적인 독일 교수들이 파울 레와 관계된 이 부분으로 이 책 전체를 고차원적인 사실주의로 이해해야 한다고 믿는 데서 알 수 있다. 사실 그 책은 내 친구 파울 레의 대여섯 개 문장을 반박하고 있었을 뿐이다. 이 일에 대해서는 《도덕의 계보》에 붙이는 머리말을 다시 읽기 바란다. 거기에는 다음과 같이 적혀 있다.

가장 대담하고 냉정한 사상가의 한 사람, 《도덕 감정의 기원에 대하여》의 저자(최초의 반도덕주의자 니체라 이해할 것)가 사람 행위에 대한 예리하고 결정적인 분석으로 이르게 될 주제는 대체 무엇인가? "도덕적 인간이 자연적 인간보다 예지적인 세계에 더 가까이 있는 것은 아니다. 예지적 세계란 존재하지 않기 때문이다……." 이 문장은 역사적 인식의 망치질(모든 가치의 재평가라 읽을 것)로 단단하고 예리해져서, 아마도 언젠가는—1890년!—인간의 '형이상학적 욕구'의 뿌리를 내리칠 도끼가 될 것이다. 그것이 인류가 축복할 일인지 저주할 일인지 누가 말할 수 있겠는가?

그러나 아무튼 좋은 결실을 거둘 수 있는 동시에 무섭기도 하며, 모든 위대한 인식에 따르기 마련인 저 이중의 눈초리로 세계를 들여다보는, 가장 중요한 결과를 자아내는 주제이다.

아침놀
선입견으로서의 도덕에 대한 생각

1

이 책으로 도덕에 대한 나의 원정은 시작된다. 그러나 이 책에서는 조금도 화약 냄새가 나지 않는다. 예민한 코를 갖고 있는 사람은 거기서 전혀 다른 훨씬 사랑스런 냄새를 맡을 것이다. 큰 포격도 작은 포격도 없다. 만일 책의 효과가 부정적이라면, 그 수단은 그러면 그럴수록 덜 부정적이다. 그 효과는 포탄처럼 따르는 게 아니라 결론처럼 따르는 수단인 것이다.

사람이 이 책과 이제까지 도덕이라는 이름 밑에 존경, 심지어 숭배까지 받게 되었던 모든 것과 조심스럽게 작별한다는 것은, 이 책 가운데 어떠한 부정적인 말도, 공격도, 악의도 나오지 않는다는 사실과 일치한다. 그리고 그것은 바위들 사이에서 햇볕을 쬐는 바다동물처럼 몸을 둥글게 하고 행복하게 햇볕 속에 누워 있다는 사실과도 일치한다. 결국 이 바다동물은 나였던 것이다.

이 책의 거의 모든 문장은 아직도 바다와 더불어 비밀을 간직하고 있던 제노바 근처의 어지러운 바위들 사이에서 혼자 있을 때 생각해 냈다. 오늘날에도 이 책을 우연히 건드릴 때면, 거의 모든 문장은 바위 모서리로 변하여 거기서 비할 데 없는 것을 깊은 곳으로부터 다시 끌어낸다. 이 책의 피부는 추억의 부드러운 전율에 오들오들 떠는 것이다.

이 책이 장기로 삼고 있는 기술은, 가볍게 소리도 없이 스쳐 지나가는 사물들, 내가 신적인 도마뱀이라고 부르는 순간들을 조금 붙잡아 두는 데 있다. 그것은 결코 하찮은 기술이 아니다. 작은 도마뱀을 그저 창으로 찌르는 젊은 그리스 신의 잔인성을 갖고 그러는 것은 아니다. 아무튼 끝이 뾰족한 것을 사용하는 것만은 사실이다. 즉 펜촉을 갖고 말이다. "아직도 빛나지 않은 많은 어스름이 있다"—인도의 묘비에 새겨진 이 글이 책의 입구에 적혀 있다. 이 말을 한 사람은 어디서 새로운 아침을, 그처럼—아, 새로운 나날의 연속과 온 세계가 시작되는!—이제까지 발견되지 않은 저 붉은 노을을 찾고 있는 것일까?

그는 모든 가치의 재평가 속에서, 모든 도덕 가치에서 헤어 나오는 가운데서, 지금껏 금지되고 멸시되고 저주되었던 모든 것을 긍정하고 신뢰하는 가운데서 새벽빛을 찾고 있다.

이 긍정하는 책은 그 빛을, 그 사랑을, 그 상냥함을 온통 나쁜 것들 위에 쏟아낸다. 이 책은 그것들에게 '영혼'과 양심, 존재에 대한 높은 권리와 특권을 되돌려 주는 것이다.

도덕이 공격을 받는 것은 아니다. 그것은 단지 더 이상 고찰 대상이 되지 못할 뿐이다. 이 책은 '혹은?'이라는 한마디로 끝맺는다. 이 책은 '혹은?'이라는 한마디 말로 끝맺는 유일한 책인 것이다.

2

내 과업은 인류 최고의 반성 순간을 인류가 되돌아보고 또한 앞을 내다보며 "왜, 무엇 때문에 인류가 우연과 사제의 지배에서 벗어나는가?"라는 물음을 처음으로 제기하면서 위대한 대낮을 준비하는 것이다. 이 사명은, 인류가 스스로 올바른 길 위에 있지 않고 전혀 신적으로 다스려지고 있지 않으며, 오히려 가장 성스러운 가치 개념 밑에 있는 부정 본능, 부패 본능, 퇴보 본능에 의해 유혹적으로 지배되어 왔다는 통찰에서 필연적으로 생겨난다. 여기에서 도덕적 가치의 내력에 대한 의문이 일어나는 것이다. 도덕적 가치는 인류의 미래를 결정하기 때문에 나에게는 가장 큰 문제이다. 도덕적 요구, 즉 모든 요구는 사실 가장 어진 손안에 들어 있다. 한 권의 책, 곧 성경이 인류의 운명 속에 있는 신의 인도와 예지에 대해 궁극적인 안도감을 준다는 점을 믿으라고 사람들에게 요구한다는 것은, 현실적으로 뒤집어 해석하면 그것에 대한 측은한 반대 사실에 관해 진실을 드러내지 않으려는 의지이다. 즉 인류가 이제까지 가장 나쁜 손안에 들어 있었다는 것, 잘못된 자들, 교활하고 복수에 주린 이른바 '성자들', 이 세계의 비방자들과 인간 모독자들이 인류를 지배해 왔다는 진실을 말이다. 사제가

—숨어 있는 사제들, 즉 철학자들까지 포함하여—일정한 종교적 집단 안에서뿐만 아니라 인류의 지배자가 되었다는 것, 도덕이 퇴폐적으로 변질되었다는 것, 종말에 대한 의지가 도덕 자체로 간주된다는 것, 이것이 나타나는 결정적인 징조는 이 세상 어디서든 이기적이지 않은 사람이 받는 무조건적인 가치와 이기적인 사람이 받는 적개심이다.

이 점에 대해서 나와 의견을 같이하지 않는 자를 나는 감염된 것으로 본다. 그러나 세상은 나와 의견을 같이하고 있지 않다. 생리학자는 그러한 가치 대립을 전혀 의심하지 않는다. 유기체 안의 아무리 보잘것없이 작은 기관이라도 아주 조금만 자기 보존, 힘의 보충, '이기주의'를 완전하게 확실히 관철하는 일을 게을리한다면 그 유기체 전체가 퇴보한다.

생리학자는 이 퇴보된 부분을 잘라낼 것을 요구한다. 그는 퇴보된 것과의 유대를 거부한다. 그는 그것을 조금도 동정하지 않는다. 하지만 사제는 전체, 즉 인류의 퇴보를 바란다. 그래서 그는 퇴보해 가는 것을 그냥 보존하고, 그 대가로서 인류를 지배한다…… 도덕의 보조 개념, '영혼', '정신', '자유로운 의지', '신', 이러한 여러 거짓 개념들은 인류를 생리학적으로 실험한다는 의미가 아니라면 어떤 의미를 갖고 있단 말인가? 만일 사람이 자기 보존, 체력, 즉 생명력의 정진에 대해 진지하게 생각지 않는다면, 또한 빈혈증에서 이상을, 육체의 멸시에서 '영혼의 구원'을 꾸민다면 그것이 퇴보로 이끄는 처방과 무엇이 다르겠는가? 중력의 상실, 자연스런 본능에 대한 저항, 한마디로 '자기 소멸'—다시 말해 이제까지의 도덕에 《아침놀》로서 나는 처음으로 싸움을 걸었다.

즐거운 지식

la gaya scienza

《아침놀》은 긍정적인 책으로서 깊으면서도 밝고 호의적이다. 이와 똑같은 표현이 다시 최고 의미에서 《즐거운 지식》에도 해당된다. 이 책의 거의 모든 문장에서 심오함과 장난스러움이 정답게 손을 잡고 있다.

내가 경험한 가장 멋있었던 1월에 대한 감사를 표현하고 있는 한 편의 시가 ─이 책 전체가 1월의 선물이다─어떤 깊은 이유에서 '학문'이 즐거운 것이 되었는지 충분히 설명해 주고 있다.

불꽃의 창으로
내 영혼의 얼음을 부수어
이제 영혼을 설레게 하면서
그 최고의 희망의 바다로 서둘러 가게 하는 그대,
사랑스런 필연 속에서 자유로이─
자꾸만 밝아지고 자꾸만 건강해져
이렇게 내 영혼은 그대의 기적을 찬양하노라.
그지없이 아름다운 1월이여!

여기서 '최고의 희망'이라 불리는 것이 무엇인가에 대해 제4부의 끝, 차라투스트라의 첫 말에서 다이아몬드와 같은 아름다움이 빛나는 것을 본 사람이라면 그 누가 의심을 품겠는가? 또는 최초로 영원에 걸친 한 운명이 정식으로 표현되었던 제3부의 끝에 나오는 화강암 같은 문장들을 읽는 사람이라면 누가 의심을 품겠는가? 대부분 시칠리아에서 쓰인 〈포겔프라이 왕자의 노래들〉은

'즐거운 지식'이라는 프로방스적 개념을 뚜렷이 떠올리게 한다. 프로방스 사람들의 놀라운 초기 문화를 애매한 모든 문화들과 구별해 주는 시인과 기사, 그리고 자유정신의 일치를 말이다. 특히 맨 마지막의 〈미스트랄에 붙임〉이라는 시는, 실례지만 도덕의 머리 위를 춤추며 지나가는 한 편의 자유분방한 춤곡으로서 완전한 프로방스풍이다.

차라투스트라는 이렇게 말했다
모두를 위하면서도 아무도 위하지 않는 책

1

나는 이제 차라투스트라의 이야기를 하겠다. 이 작품의 기본 개념, 다다를 수 있는 긍정의 최고 형식인 영겁회귀 사상이 성립된 것은 1881년 8월의 일이다. 그것은 한 장의 종이 위에 다음과 같은 단서와 함께 기록되었다.

"인간과 시간의 저편 6천 피트."

나는 그날 실바프라나 호수를 따라 숲 속을 거닐고 있었다. 나는 수를레이에서 멀지 않은 곳에 커다란 피라미드 모양으로 솟아 있는 바위 옆에 멈췄다.

그때 나에게 그 생각이 떠올랐던 것이다. 이날로부터 두세 달 거슬러 올라가 생각해 보면, 그 징후로 취향의 가장 깊은 것에서 갑작스럽게 결정적인 변화를 일으킨 것을 발견했다. 무엇보다도 음악에서. 사람들은 아마도 《차라투스트라》 전체를 음악으로 생각해도 될 것이다. 확실히 듣는 기술의 부활이 그 전제 조건이었으리라.

베네치아에서 멀지 않은 레코아로라는 조그만 산간 온천장에서 나는 1881년 봄을 보냈다. 여기서 나는 내 음악 교사이며 친구인, 나처럼 '다시 태어난 자'인 페터 가스트와 함께, 음악의 불사조가 이제까지 나타났던 것보다 더 가볍고 반짝이는 날개를 지닌 채 우리 옆을 날아 지나가는 것을 발견했다. 그날로부터 1883년 2월 갑작스럽고 있을 법하지 않은 상황에서 일어난 출산에 이르기까지를 생각해 보면—내가 머리말에서 두서너 문장을 인용한 그 끝부분은 리하르트 바그너가 베네치아에서 죽은 바로 그 시간에 완성되었다—이 책의 잉태 기간이 18개월이었던 셈이다.

18개월이라는 수는 적어도 불교도들 사이에서는 내가 사실 한 마리의 암코

끼리라는 생각을 하게 할지도 모른다. 그 사이에, 나는 무언가 비할 데 없는 것이 가까이 있다는 수백 가지 징조를 갖고 있는 《즐거운 지식》을 썼다. 결국 그것은 《차라투스트라》의 첫머리를 그대로 싣고 있고 제4부의 마지막 두 번째 절에서는 《차라투스트라》의 기본 사상을 보여주고 있다. 마찬가지로 2년 전 라이프치히의 프리츠 출판사에서 나온 〈삶의 찬가(혼성 합창단과 오케스트라를 위한)〉도 이 사이에 쓴 것이다.

이 찬가는 아마 내가 비극적 파토스라 부르는 저 뛰어난 긍정적인 파토스가 최고로 나에게 깃들어 있던 그해의 상태를 보여주는 중요한 징후였으리라. 이 노래는 나중에 나에 대한 추모곡으로 불릴 것이다. 한 가지 오해가 퍼지고 있기 때문에 분명히 말해 두는데, 그 텍스트는 내가 쓴 것이 아니다.

그것은 내가 그 무렵 친교를 맺고 있던 젊은 러시아 여성, 루 폰 살로메 양이 놀라운 영감으로 쓴 것이다. 아무튼 그 시의 마지막 구절에서 의미를 찾아낼 줄 아는 사람이라면, 왜 내가 그 시를 좋아했고 찬탄했는가를 알 수 있으리라. 그 마지막 구절은 위대함을 지니고 있다. 고통이 삶에 대한 비난으로 간주되어 있지 않다. "그대에게는 이미 나에게 줄 행복이 더 이상 남아 있지 않다. 그래도 좋다! 그대에겐 아직도 고뇌가 있나니……." 아마도 내 작곡 또한 이 부분에 위대함이 있는 것이리라. (A 클라리넷의 마지막 음은 *c*가 아니라 *cis*임. 오자이다). 그다음 겨울을 나는 제네바에서 멀지 않은 쾌적하고 고요한 라팔로 만에서 보냈다. 이곳은 카이바리와 포르토 피노 곶 사이에 깊숙이 들어앉아 있는 곳이다. 나의 건강은 썩 좋은 상태가 아니었다. 겨울은 추웠고 지나치게 비가 많이 왔다. 바닷가에 바로 붙어 있는 조그만 여관에서 나는 거친 파도 소리 때문에 밤이면 잠을 못 이루었으며, 모든 점에서 거의 내가 바라던 것과는 정반대였다.

그럼에도 결정적인 모든 일은 '그럼에도 불구하고' 일어난다는 내 명제가 옳다는 것을 증명이라도 하듯, 나는 《차라투스트라》를 그해 겨울 이러한 악조건에서 썼다. 오전에 남쪽으로 뻗어 있는 조알리로 향하는 멋진 길을 따라, 전나무 곁을 지나 멀리 바다를 내려다보면서 언덕에 올랐다. 오후에는 건강이 허락하기만 하면 산타 마게리타에서 포르토 피노의 뒤쪽에 이르기까지 만 전체를 돌았다. 이곳과 이곳의 풍경은 황제 프리드리히 3세 또한 몹시 사랑해서인지 한

결 더 마음에 가깝게 다가왔다.

나는 1886년 가을 우연히 다시 이 해변에 왔는데, 마침 프리드리히 3세가 마지막으로 이 작고도 잊힌 행복의 세계를 방문했을 때였다.

이 두 길을 거니는 동안 《차라투스트라》 제1부가, 무엇보다도 차라투스트라 자체가 하나의 유형으로 떠올랐다. 아니, 더 정확하게 말한다면 차라투스트라가 나에게 덮쳐왔다.

2

이 유형을 이해하려면 먼저 그의 생리학적인 전제를 분명히 알아두어야 한다. 그 전제란 내가 위대한 건강이라 부르는 것이다.

나는 이 개념을 《즐거운 지식》 제5부 마지막 장에서 가장 개인적으로 이미 잘 설명해 두었다. "우리 새로운 자, 이름 없는 자, 이해하기 고약한 자." 거기서는 이렇게 말하고 있다. 아직 증명되지 않은 미래의 조산아인 우리에게는 새로운 목적을 위해 새로운 방법, 다시 말해서 이제까지보다 더 강하고, 재빠르고, 질기고, 담대하고, 기꺼운 새로운 건강이 필요하다. 지금까지의 가치와 바람직한 것들의 모든 범위를 체험하기를 바라고 이 이상주의적인 '지중해'의 모든 해변을 두루 항해하기를 갈망하는 영혼을 가진 자, 그리고 이상의 정복자와 발견자의 기분이 어떠한지, 또 예술가, 성자, 입법자, 현자, 학자, 신자, 옛날 방식으로 신이 들린 은둔자의 기분이 어떠한지를 가장 독자적인 경험을 통해 알려고 하는 사람은 그러기 위해 무엇보다도 먼저 필요한 것이 있다.

즉 위대한 건강이 필요하다. 건강을 갖고 있을 뿐만 아니라 건강을 끊임없이 획득하고 또 획득해야 한다. 왜냐하면 건강을 자꾸만 버리고 버려야 하기 때문이다…… 그리고 이상의 아르고호 승무원들인 우리는 영리하다기보다는 용감하고, 자주 난파당하고 파손당하면서도 얄미울 정도로 또는 위험할 정도로 건강하며 어떠한 피로에도 곧 건강을 되찾는다. 그것은 마치 오랫동안 이 상태로 항해를 계속한 대가로 그 경계를 아직 아무도 내다본 일이 없고, 한 번도 발견된 적이 없는 나라, 이제까지의 모든 나라들과 마을들의 저 너머 땅을 보고 있는 것처럼 여겨지리라. 호기심은 물론이거니와 소유욕까지 넋을 잃을 정도로

―아, 이제는 다른 무엇으로도 충족되지 않을 만큼 그렇게 풍족하게 이들 낯선 것, 의심스런 것, 무서운 것과 신적인 것을 간직한 하나의 세계를 눈앞에 보고 있는 것처럼 말이다!

그러한 것을 지식과 양심의 갈망을 갖고서 본 뒤에 여전히 현재의 인간에 만족할 수 있겠는가? 현재의 인간이 품은 가장 소중한 목표와 희망을 잠자코 진지하게 바라본다는 것, 아니 어쩌면 한 번도 바라보지 않을지도 모른다는 것, 이것은 매우 고약하긴 하나 어쩔 수 없는 일이기도 하다. 하나의 다른 이상―신기하고 유혹적이며 위험이 많은 이상―이 우리 앞에 달려온다. 우리는 아무에게도 그 이상을 갖도록 설득하고 싶지 않다. 그 누구도 그것에 대한 권리가 있다고 우리는 쉽사리 승인해 주지 않기 때문이다. 그 이상이란 자연히 용솟음쳐 넘치는 풍요와 힘에서 뛰노는 소박한 정신의 이상이다. 그리고 이제까지 성스럽고 선량하며 손댈 수 없고 신적이라 불려왔던 모든 것이다. 당연히 인간이 가치척도로서 갖고 있는 최고의 것인 이러한 이상의 정신은 민중에게는 이미 위험, 타락, 굴욕 같은 것, 아니면 최소한 휴양이나 맹목성 및 일시적인 자기망각 같은 것으로 보일 것이다. 예컨대 이제까지 지상에서 진지하던 몸짓, 말, 음향, 시선, 도덕, 과업을 이루기 위한 온갖 의식 옆에 이상이 그것들과 가장 닮은 풍자시처럼 놓인다면, 그 인간적이면서도 초인간적인 안녕과 호의를 지님에도 위대한 진지함으로 시작되고 본연의 물음표가 찍힐 것이다. 그러면 영혼의 운명이 방향을 바꾸고 시곗바늘이 움직이며, 그곳으로부터 비극이 시작될 것이다.

3

19세기 말 강력한 시대의 시인들은 영감이라 불렀던 것에 대해 뚜렷한 개념을 갖고 있는가? 갖고 있지 않다면 내가 그것을 묘사하리라. 자기 안에 조금이라도 미신의 잔재를 갖고 있다면 자기가 단순한 화신, 단순한 입, 단순히 강력한 힘들의 매개체에 불과하다는 상념을 좀처럼 몰아낼 수 없을 것이다. 계시라는 개념은 갑자기 이루 말할 수 없는 확실성과 미묘성을 갖고 사람의 가장 깊은 곳에 충격을 주거나 감동시키는 무언가가 눈에 보이고 귀에 들리게 된다는 의미에서 그저 상황을 묘사하는 것이다. 사람은 듣는 것이지 찾는 것이 아니다.

사람은 누가 거기서 주는가를 묻지 않고 받는 법이다. 번갯불처럼 어떤 생각이 번쩍 떠오른다. 필연적으로 망설이지 않는 형태로. 나는 한 번도 선택해 본일이 없었다. 그 굉장한 긴장이 때로 눈물의 강물로 녹아 흘러 황홀경에 빠진다. 그때는 발걸음이 무의식중에 빨라졌다 느려졌다 한다. 발가락까지 수없이 가녀린 전율과 넘쳐흐르는 뚜렷한 의식이 느껴지는 완전한 무아경 속에서 가장 고통스러운 것과 우울한 것이 대립하지 않고 서로를 제한한다. 그리고 본능은 풍부한 빛 속에서 필연적인 빛깔로 작용하는 행복, 심연, 형식들의 넓은 공간 위에 퍼진 율동적 관계를 감시한다. 멀리 퍼져 있는 율동, 그 길이를 감지하려는 욕구는 영감의 힘을 재는 척도이다. 그 압력과 긴장에 작용하는 조화로운 모든일은 가장 나의 뜻과 반대로 일어난다.

그러나 마치 자유 감정의 폭풍, 필연적인 힘이라는 신성한 폭풍 속에서처럼 상징의 반의지성, 비유의 반의지성은 가장 진기한 일이다. 사람은 상징이 무엇인가, 비유가 무엇인가를 더 이상 알지 못할 것이다. 모든 것은 가장 가까운, 가장 올바른, 가장 단순한 표현으로 나타난다.

차라투스트라의 말을 떠올려 보면 거기에서는 마치 사물들이 다가와 자기를 비유적으로 제공해 주는 것처럼 보인다. "여기서 모든 사물은 애무하면서 그대의 역설에 다가와서 아첨한다. 그것은 그대의 등을 타고 가려 하기 때문이다. 그대는 모든 비유를 타고 진리에 이를 수 있다. 여기서는 모든 존재의 말과 말의 상자가 튕겨 열린다. 모든 존재가 말이 되려 한다. 모든 생성이 그대에게서 말하는 법을 배우려 한다." 이것이 영감에 대한 나의 경험이다. "내 영감도 그렇다." 이렇게 말할 수 있는 누군가를 찾기 위해서는 수천 년을 거슬러 올라가야한다는 것을 나는 의심치 않는다.

4

그 뒤 2, 3주 동안 나는 제네바에서 앓아누워 있었다. 그러고 나서 로마에서의 우울한 봄이 이어졌다. 여기서 나는 하루하루를 겨우 살았다. 쉬운 일은 아니었다. 내 뜻으로 선택한 곳도 아니었고, 차라투스트라의 시인에게는 지상 최악의 고장이었기 때문에 나는 짜증이 났다. 나는 그곳에서 벗어나 아퀼라로 가려고 했다. 이곳은 로마에 대한 반대 개념으로, 내가 언제고 하나 세우고 싶은 도시였고 로마에 대한 적대감에서 세워진 곳이다.

이곳은 무신론자이며 교회의 적, 즉 나의 가장 가까운 친척 가운데 하나인 호엔슈타우펜의 위대한 황제 프리드리히 2세를 기념하기 위해 세워졌다. 그러나 나는 운이 없었다. 되돌아오지 않으면 안 되었던 것이다. 반그리스도교적인 지방을 찾으려다가 지쳐서 결국 나는 바르베리니 광장으로 만족하기로 했다. 한번은 나쁜 냄새를 될 수 있는 대로 피하기 위해 퀴리날레 궁전에 철학자를 위한 조용한 방이 있는가 알아본 일도 있다. 그곳에서 로마를 멀리 바라다볼 수 있고 저 아래 깊숙한 분수대의 물이 촬촬 흐르는 소리가 들리는 바르베리니 광장 위 높은 전망대에서 시 가운데 가장 외로운 시, 바로 밤의 노래가 지어졌다.

이 시절에 이루 말할 수 없는 우울한 선율이 늘 나의 주변에 떠돌았는데, 그 후렴을 나는 '불멸성 앞에서 죽은……'이라는 말 가운데서 다시 찾았다. 여름에 차라투스트라에 대한 생각의 첫 번갯불이 뇌리에 스쳤던 그 성지로 돌아와서 《차라투스트라》 제2부를 얻었다. 열흘로 충분했다. 나는 어떤 경우에도, 제1부도 마지막 제3부도 그보다 더 많은 시간이 필요하지 않았다. 그해 겨울 처음으로 내 인생을 비춘 니스의 온화한 하늘 아래에서 나는 《차라투스트라》의 제3부를 발견했다. 그리고 그것은 완성되었다.

모두 통틀어 1년이 채 걸리지 않았다. 니스의 풍경에서 숨겨진 많은 장소들과 언덕들이 잊을 수 없는 순간들을 통해 나에게 바쳐졌다. '낡은 목록과 새로운 목록'이라는 제목을 붙인 그 결정적인 부분은 정거장에서 기막힌 무어인들의 바위성에 싸여 아주 힘들여 올라가며 쓴 것이다. 창조적인 힘이 가장 풍부하게 흐를 때면 언제나 근육이 민첩하게 움직였다. 육체는 영감을 받고 있었다. 우리 '영혼'은 빼고 이야기하자. 사람들은 자주 내가 춤추는 모습을 보았을 것이다. 나는 피곤이라는 것을 몰랐으며 일고여덟 시간쯤은 산을 돌아다닐 수 있었다. 나는 잠을 잘 잤고 많이 웃었다. 완전히 건강했으며 참을성이 있었다.

이 열흘 동안의 작업을 제외한다면, 《차라투스트라》를 쓴 해와 그 뒤 여러 해는 비할 데 없는 비상 상태였다. 사람은 불멸하기 위해 비싼 대가를 치러야 한다. 살아 있을 때 여러 차례 죽어야 하는 것이다. 내가 위대한 것의 원한이라 부르는 게 있다. 작품이든 행위이든 그 어떤 위대한 것이 일단 완성되면, 그것은 당장 그것을 행한 사람에게 대항한다. 그가 그것을 했다는 이유 때문에 그는 이제 쇠약해진다. 그는 자기 행위를 더 이상 견디지 못하고 그것을 더 이상 들여다보지 못한다. 한 번도 바랄 수 없었던 뒤에 숨겨진 그 무엇을, 그 속에 인류 운명의 매듭이 맺어지는 그 무엇을 말이다. 이제 그것을 짐 지고 있는 일! 그것은 그를 거의 깔려 죽게 한다.

위대한 것의 원한! 그것은 주위에서 들리는 몸서리나는 정적이다. 고독은 일곱 겹의 피부로 싸여 있다. 아무것도 더 이상 그것을 뚫고 나가지 못한다. 사람들에게로 다가가고 친구들에게 인사를 해도 말이다. 새로운 적막이 감돌고 더 이상 인사하는 눈초리라곤 없다. 그나마 나은 경우에는 어떤 반란이 있을 뿐이다. 그러한 반란의 징조는 참으로 가지가지였으나 가깝게 지내던 거의 모든 사람에게서 경험했다. 갑자기 거리를 느끼게 하는 것보다 더 모욕적인 일은 없는 듯하다. 고귀한 천성을 지닌 사람치고 어떻게 존경하지 않고 살아야 하는지를 모르는 경우는 드물다.

세 번째 원한은 피부가 조그만 자극에도 터무니없을 정도로 민감하다는 것, 즉 온갖 사소한 일에 어떤 당혹감을 느낀다는 것이다. 이 당혹감은 모든 방어력이 막대하게 소모되어서 생기는 것 같다. 그런데 이 방어력의 소모는 모든 창조적 행위, 가장 독자적이고 가장 내적인, 가장 밑바닥에서 나오는 행위의 전제가 된다.

그렇게 해서 조그마한 방어 능력은 사라질 뿐이다. 이 방어 능력에는 더 이상 아무런 힘도 흘러들지 않는다. 그런 사람은 소화를 잘 못 시키고 좀처럼 움직이려 하지 않으며 냉담함과 불신감에 내맡겨져 있다고 나는 감히 암시한다─대부분 단지 병원학적인 실책에 불과한 불신감에 말이다. 그러한 상태에서 어느 땐가 더 온화하고 더 어진 생각을 다시 하게 되면서, 나는 소떼가 가까이 있음을 느꼈다. 그것을 보기도 전에 말이다. 온화하고 어진 생각 자체는 온기를 지니고 있다.

6

이 작품은 철저하게 홀로 서 있다. 시인들은 제쳐놓기로 하자. 이 작품처럼 넘치는 힘으로 쓰인 것은 하나도 없을 것이다. '디오니소스적'이라는 나의 개념은 이 작품에서 최고 행위가 되었다. 이것에 비하면 나머지 인간이 행한 것은 모두 구차하고 한정된 것처럼 보인다.

괴테나 셰익스피어 같은 시인도 이와 같은 정열과 경지에서는 한순간도 숨을 쉬지 못했을 것이다. 차라투스트라에 비하면 단테도 그저 신봉자에 지나지 않으며, 진리를 먼저 창조하는 자도 세계를 지배하는 정신이나 운명도 아니다. 베다의 시인들도 사제일 뿐이고 차라투스트라의 구두끈을 풀어줄 만한 가치조차 없다. 이 모두는 최소한의 것으로, 작품이 살고 있는 거리에 대해, 하늘빛 고독에 대해 일깨워 주지는 못한다.

차라투스트라는 다음과 같이 말할 권리를 영원히 갖고 있다. "나는 내 둘레에 원을 만들어 성스러운 경계를 완성한다. 산이 높아질수록 나와 더불어 오르는 사람은 점점 줄어든다. 나는 갈수록 성스러워지는 산들을 모아 하나의 산맥을 만든다." 모든 위대한 영혼의 정신과 자애를 한데 모은다고 하자. 그래도 차라투스트라의 말 한마디를 내놓지는 못할 것이다. 그가 오르내리는 사다리는 거대하다. 그는 그 어떤 인간보다 더 멀리 보고 더 멀리 바라고 더 멀리 갈 수 있었다.

그는 모든 말로 항변한다. 모든 정신 가운데서 가장 긍정하는 이 정신, 그 속에서 모든 대립이 새로운 통일을 이룬다. 인간이 타고난 가장 큰 힘, 가장 작은 힘, 가장 감미로운 것, 가장 경쾌한 것, 가장 무서운 것이 하나의 샘에서 불멸의 확실성을 갖고 용솟음쳐 나온다. 그때까지는 사람들은 높이가 무엇인지, 깊이가 무엇인지를 알지 못한다. 진리가 무엇인지는 더욱더 모른다. 이러한 진리의 계시 속에는 이제까지 가장 위대한 자들 가운데 한 사람도 알아차린 순간이 없었다. 차라투스트라 이전에는 지혜도, 영혼 탐구도 어떠한 이야기법도 없었다. 가장 비슷하고 가장 일상적인 말이 《차라투스트라》에서는 전대미문의 이야기가 되는 것이다. 잠언은 정열에 떨고 웅변은 음악이 되며 번갯불은 지금껏 추측된 일 없는 미래를 향해 미리 내던져진다.

이제까지 있었던 비유는 아무리 강력하더라도 빈약하며 상징적인 천성으로 되돌아온 언어에 비한다면 장난에 불과하다. 그런데 차라투스트라는 어떻게 산에서 내려와 모든 사람에게 가장 자비로운 말을 하는 것일까! 어떻게 그는 심지어 자신의 적인 사제들까지 부드러운 손으로 잡고, 그들과 함께 그들 때문에 괴로워한단 말인가! 여기서 인간은 모든 순간마다 극복되고, '초인'이라는 개념이 가장 큰 현실이 되었다.

여태껏 인간들이 위대하다고 일컫던 모든 것은 초인과는 무한히 먼 곳에 있다. 그 누구도 평온함이나 가벼운 발걸음, 악의와 충만의 편재, 그리고 차라투스트라의 유형에 있는 전형적인 모든 것을 위대성의 본질이라고 생각지 않았다.

차라투스트라는 바로 자기가 차지하는 공간이 넓다는 이유에서, 대립하고 있는 것에서도 마음대로 드나들 수 있다는 이유에서 스스로를 온갖 존재하는 것들 가운데 최고 유형으로 느끼는 것이다. 그런데 그가 이것을 어떻게 정의하는가를 듣는다면 사람들은 그의 비유를 찾겠다는 생각을 단념하리라.

가장 긴 사다리를 갖고 있으며 가장 깊은 곳까지 내려갈 수 있는 영혼,
자기 속에서 가장 멀리 달리고, 그 속에서 길을 잃고 방황할 수 있는 가장 폭넓은 영혼,
기꺼이 우연 속에 떨어지는 가장 필연적인 영혼,
생성 속으로 들어가려는 존재하는 영혼,
의지와 욕망 속으로 들어가려는 소유하는 영혼―
스스로에게서 도망치고, 가장 넓은 원 안에서
다시 스스로를 따르는 영혼,
바보 같은 소리가 가장 감미롭게 말을 거는 가장 지혜로운 영혼,
온갖 사물들 안에서 순류(順流)와 역류(逆流)를 거듭하며, 썰물과 밀물을 교차시키는, 자기 자신을 가장 사랑하는 영혼―

이것이야말로 디오니소스의 개념 그 자체이다. 다른 생각도 바로 이 개념에 이끌려 간다. 차라투스트라 유형의 심리학적인 문제는 이러하다. 여태껏 사람들이 긍정한 모든 것에 대해 한 번도 들은 일이 없을 정도로 부정하고, 또 부정한 행동을 하는 자가 어떻게 부정하는 정신의 반대일 수 있는가 하는 점이다. 또한 가장 무거운 운명과 과업의 숙명을 이고 있는 정신이 어떻게 가장 경쾌한 정신, 가장 다른 편의 정신일 수 있는가 하는 점이다―차라투스트라는 춤추는 자이다. 가장 가혹하고 무섭게 현실을 꿰뚫어 보고 있으며 '가장 심연적인 사상'을 사유한 정신이 어떻게 그 가운데서 존재에 대한 어떠한 항변도, 심지어 존재의 영원한 회귀에 대한 어떠한 항변도 찾지 못하는가 하는 점이다. 게다가 오히려 자기 자신이 모든 사물을 영원히 긍정하는 이유, 즉 "터무니없이 무제한으로 긍정과 아멘을 말하는" 이유를 어떻게 발견하는가 하는 점이다…… "모든 심연 속에까지 나는 축복하는 긍정의 말을 갖고 가노라"…… 그런데 이것이야말로 또다시 디오니소스의 개념이다.

7

그러한 정신이 자기 자신과 이야기할 때는 무슨 언어를 사용할까? 그것은 송가의 언어(바쿠스 찬가)이다. 나는 송가의 발명가이다. 차라투스트라가 해뜨기 전에 자기 자신과 어떻게 이야기하는가를 들어보라. 에메랄드 빛 행복, 그러한 신적인 상냥함을 입에 올린 사람은 나 이전에는 아무도 없었다.

디오니소스의 가장 깊은 우수도 송가가 된다. 이에 대한 표시로서 나는 밤의 노래를 들어보겠다. 햇빛과 넘치는 힘으로 말미암아, 그의 태양 같은 천성으로 말미암아 사랑할 수 없는 운명을 타고난 불멸의 비탄을.

밤이어라. 이제 솟아오르는 모든 샘물이 소리 높여 이야기하도다. 한데 내 영혼 또한 솟아오르는 샘이어라.

밤이어라. 이제 비로소 연인들의 모든 노래가 눈을 뜨도다. 한데 내 영혼 또한 사랑하는 사나이의 노래이어라.

진정되지 않은 것, 진정될 수 없는 것이 내 안에 깃들어 있어 소리 높여 지껄이려 하노라. 사랑하려는 갈망이 내 안에 깃들어 있어 스스로 사랑의 언어를 지껄이도다.

나는 빛이어라. 아, 밤이고도 싶도다! 그러나 빛에 둘러싸여 있으니 이것이 나의 고독이어라.

아, 내가 어둡고 밤이라면 좋으련만! 얼마나 내가 빛의 젖가슴을 빨고 싶었던가!

너희들 반짝이는 별들과 저 하늘 위 개똥벌레들이여! 너희들마저 나는 축복하고 싶노라. 너희 빛의 선물을 받고 나는 즐거웠다.

그러나 나는 내 빛 속에서 사노라. 나는 내게서 빠져나간 불꽃을 내 속에 되삼키노라.

나는 받는 자의 행복을 알지 못하노라. 그래서 자주 나는 꿈을 꾸었나니, 훔치는 것이 받는 것보다 차라리 복되리라고.

내 손은 빛을 남에게 주노라. 한 번도 쉬는 일 없는 이 손이 나의 가난이어라. 기다리는 눈을 보고 밝게 비춰진 동경의 밤을 보며 나는 부러워하노라.

오, 주기만 하는 자들의 불행이여! 오, 어두워 가는 나의 태양이여! 오, 갈망을 향한 갈망이여! 오, 포만 속에 지독한 허기여!

그들은 내게서 받노라. 그러나 나는 그들의 영혼을 건드리는가? 받는 것과 주는 것 사이에는 심연이 있나니, 가장 작은 심연에 다리 놓기는 가장 어려운 일이어라.

나의 아름다움에서 허기가 싹트노라. 내가 비추는 자들에게 나는 상처를 주고, 내가 베푼 것들을 훔쳐내고 싶어라. 이처럼 나는 악에 굶주려 있노라.

누가 손을 뻗치면 나는 손을 움츠리노라. 쏟아져 내리면서도 머뭇거리는 폭포처럼 나는 망설이노라. 이처럼 나는 악에 굶주려 있노라.

그러한 복수를 생각해 낸 것은 나의 충만이었노라. 그러한 간계가 나의 고독에서 넘쳐 나왔도다!

베푸는 나의 행복은 베푸는 가운데 죽어버리고 내 덕망은 그 도가 지나쳐 스스로 지쳤도다!

베풀기만 하는 자의 위험은 부끄럼을 잃는 것이니, 나누어 주기만 하는 자의 손과 마음은 온통 나누어 주느라 멍이 드느라.

간청하는 자의 부끄럼 앞에서도 내 눈은 더 이상 넘쳐흐르지 않고, 눈물은 채워진 손의 떨림을 느끼기에는 너무 굳어버렸노라.

내 눈의 눈물과 내 가슴의 솜털은 어디로 가버렸나? 오, 주는 자들의 고독이여! 오, 비추는 자들의 침묵이여!

숱한 태양이 거친 공간 속을 빙글빙글 돌고 있노라. 어두운 것에게 태양은 빛으로 이야기하나 나에게는 묵묵히 말이 없도다.

오, 이것은 비추는 자에 대한 빛의 적의! 냉엄하게 빛은 제 길을 가노라.

비추는 자에게 바르지 못한 마음을 깊이 품고 다른 태양들에게 냉정히 그렇게 태양은 모두 돌고 있노라.

폭풍처럼 태양들은 제 길을 돌아가노라. 가차 없는 의지에 따르노라. 이것이 그들의 냉엄성이도다.

오, 너희들 어두운 자들, 밤과 같은 자들, 너희들이야말로 비추는 자에게서 온기를 만드는 자들이도다! 너희들이야말로 빛의 젖가슴에서 우유와 안락을 마시는 자들이도다!

오, 내 둘레에는 얼음이 차 있도다. 내 손은 얼음에 화상을 입노라! 오, 내 안에는 갈증이 있도다. 너희들의 갈증을 찾아 야위어 가는 갈증이!

밤이어라. 아, 내가 빛이어야 하다니! 밤마다 생기는 갈증이여! 고독이여!

밤이어라. 이제 샘처럼 내게서 갈망이 터져 나오노라. 이야기하려는 나의 갈망이!

밤이어라. 이제 솟아오르는 모든 샘물이 소리 높여 이야기하도다. 한데 내 영혼 또한 솟아오르는 샘이어라.

밤이어라. 이제 비로소 연인들의 모든 노래가 눈을 뜨도다. 한데 내 영혼 또한 사랑하는 사나이의 노래이어라.

8

이와 같은 것은 이제까지 한 번도 쓰여지지도, 느껴지지도 않았으며 그렇게 괴로워했던 적도 없었다. 이렇게 괴로워하는 고독의 송가에 대한 응답은 아리아드네일 것이다. 아리아드네가 무엇인가를 아는 사람이 나 말고 누가 있을까! 그 모든 수수께끼에 대해서 이제까지 해답을 얻은 사람은 아무도 없었다.

여기서 수수께끼가 있다는 것을 본 사람이 과연 있었는지도 나는 의심스럽다. 차라투스트라는 언젠가 자기 과업의—나의 과업이기도 하다—의미에 대해 사람들이 오해하는 일이 없도록 다음과 같이 규정했다. 그는 모든 지나간 것을 정당화할 정도로, 그것들을 구제할 정도로 긍정적이다.

나는 인간들 사이를, 미래의 파편들 사이를 방황한다. 내가 바라다보는 그 미래를.

파편이고, 수수께끼이며, 무서운 우연인 것을 하나로 모아 가다듬는 것, 그것이 나의 시작(詩作)이며 노력이다.

만일 인간이 시인이나 수수께끼를 푸는 자, 우연의 구제자가 아니라면 어떻게 나는 내가 인간임을 견딜 것인가?

지나가 버린 것들을 만회하는 것, 모든 '있었다'를 '그렇게 나는 하려고 했다!'로 고치는 것, 그것이 비로소 내가 구제라 부르는 것이리라.

차라투스트라는 또 다른 곳에서 될 수 있는 대로 엄격하게 오직 무엇만이 그에게 인간일 수 있는가를 규정하고 있다. 인간은 결코 사랑이나 동정의 대상이 아니다. 차라투스트라는 인간에 대한 엄청난 구토도 극복했다. 그에게 인간이란 조각가를 필요로 하는 하나의 기형, 하나의 재료, 하나의 추악한 돌이다.

더 이상 바라지 않는 것과 평가하지 않는 것, 그리고 더 이상 창조하지 않는 것! 이 커다란 권태가 영원히 내게서 멀리 떠나버렸기를!

인식에서도 나는 내 의지의 생산과 생성의 기쁨만을 느낀다. 만일 내 인식 가운데 천진성이 들어 있다면, 그것은 생산에 대한 의지가 거기에 있기 때문이다.

신들에게서 나를 멀리 유혹하여 끌어낸 것은 이 의지였다. 만일 신들이 거기에 존재한다면, 도대체 무엇을 만들 수 있단 말인가?

의지는 나를 인간에게로 다시금 내쫓는다. 내 불타는 창조 의지가 망치로 돌을 쪼는 것과 마찬가지로.

아, 너희 인간들이여! 돌 속에 하나의 상(像)이, 상 가운데 상이 잠들어 있다. 아, 그것이 가장 딱딱하고 추악한 돌 속에서 잠자고 있어야 하다니!

이제 내 망치는 잔인하게도 그 감옥을 향해 맹렬히 덤벼든다. 돌에서 파편이 흩날린다. 그것이 내게 무슨 상관이랴!

나는 그것을 완성하려 한다. 하나의 그림자가 내게로 왔으니 말이다. 모든 것들 중에서 가장 조용하고 가장 가벼운 것이 왔다!

초인의 아름다움이 그림자가 되어 나에게로 온 것이다. 이제 나에게는 신들이 무슨 상관이랴!

나는 마지막 관점을 강조하려 한다. 밑줄을 친 시구가 계기를 제공한다. 디오니소스적 과업에는 망치의 딱딱함이나 파괴에서 느끼는 쾌락이 결정적인 전제 조건이다. '딱딱해져라!'는 명령은 모든 창조자가 딱딱한 것에 가장 기본적인 확실성을 갖는다는 뜻인데, 이것이야말로 디오니소스적인 천성의 표시이다.

선악을 넘어서
미래 철학의 서곡

1

그 뒤 계속되는 수년 동안의 내 과제는 가능한 한 엄격하게 예정되어 있었다. 내 과제 가운데 긍정하는 부분이 풀리면 이번에는 부정하고 부정을 행하는 과제의 나머지 반쪽이 풀릴 차례가 온다. 그것은 이제까지 가치의 재평가인 위대한 싸움이 결정의 날을 불러내는 일이다.

이 과제에는, 강한 힘을 갖고 있어서 파괴를 위해 나에게 손을 빌려줄 지지자들을 찾아 천천히 사방을 둘러보는 일도 포함되어 있다. 그때부터 내 글들은 낚싯바늘이 되었다. 어쩌면 나는 그 누구보다 낚시하는 법을 잘 알고 있지 않을까? 아무것도 잡히지 않았으나 그건 내 잘못이 아니다. 물고기가 없었던 것이다.

2

이 책(1886년)은 본질적으로 현대성을 비판한다. 현대과학, 현대예술, 심지어는 현대정치까지도 제외되어 있지 않다. 동시에 이것은 그 반대 전형, 즉 가능한 한 덜 현대적이고 고귀하며 긍정하는 전형에 대한 암시이기도 하다. 후자의 의미에서 이 책은 귀공자의 학교이다. 이 개념을 이제까지 이해된 것보다 한결 더 정신적이고 과격하게 해석해서 말이다. 이 개념을 견뎌내려면 사람은 몸에 용기를 지니고 있어야 한다. 무서움을 배워서는 안 된다. 이 시대가 자랑으로 삼는 모든 것은 이 유형과 모순되어 거의 나쁜 관습으로 느껴진다.

예컨대 그 유명한 '객관성'이나 '모든 고뇌하는 자들에 대한 동정', 남의 취미에 굴복하고 하찮은 일 앞에 엎드려 복종하는 '역사적 감각', '과학성' 따위가 있다. 이 책이 《차라투스트라》를 뒤따른다는 점을 생각한다면, 이 책이 만들어진 섭생법을 알게 될 것이다. 강요로 말미암아 멀리 보는 습관이 들어버린 눈이―차라투스트라는 러시아 황제보다 더 원시적이다―여기서는 가장 가까운 것을, 시대를, 우리 주변의 것을 예리하게 파악하도록 강요받는다.

그러므로 이 책의 모든 부분에서, 특히 형식에서 차라투스트라를 가능하게 했던 본능의 고의적 배반을 발견할 것이다. 형식과 의도와 침묵의 기술에서 세련됨이 앞쪽에 두드러져 나타난다.

또 심리학이 혹독하고 잔인하게 뚜렷이 구사된다. 이 책에는 친절한 말이란 찾아볼 수 없다. 이 모든 것이 휴양을 취한다. 차라투스트라처럼 선의를 낭비한 뒤에 어떤 휴양이 필요한지 누가 알겠는가?…… 신학적으로 말한다면―내가 신학자로서 이야기하는 일은 드무니 귀를 기울여 주기 바란다―하루 일이 끝난 뒤 인식의 나무 아래 뱀이 되어 드러누운 것은 신 자신이었다.

그런 식으로 신은 자기가 신이라는 것에서 벗어나 휴양했던 것이다. 신은 모든 것을 너무도 아름답게 만들었다. 악마란 일곱째 날의 신의 한가로움에 불과하다.

도덕의 계보

논쟁의 책

이 계보를 이루고 있는 세 편의 논문은 아마도 표현, 의도, 놀라게 하는 기술 면에서 이제까지 쓰인 것 중에서 가장 끔찍한 것이리라. 알다시피 디오니소스는 암흑의 신이기도 하다. 세 편마다 시작 부분이 사람을 어리둥절하게 한다. 차갑고 과학적이며 심지어는 풍자적이고 일부러 눈에 띄게 하며 끈덕지게 늘어지기도 한다. 또 차츰 불안이 더해간다. 산발적인 번갯불, 불쾌한 진리가 멀리에서 들리는 둔중한 소리와 함께 요란해지면서—거친 속도에 이르기까지 모든 것이 굉장한 긴장 속에 앞으로 내닫는다.

마지막 부분에는 완전히 소름끼치는 폭발 아래 두꺼운 구름 사이에서 새로운 진리가 눈에 보인다.

첫 번째 논문의 진리는 그리스도교의 심리학이다. 그리스도교는 원한의 정신에서 탄생했다. 흔히들 믿고 있듯이 '정신'에서 나온 것이 아니다. 그것은 본질적으로 하나의 반대 운동이며 고귀한 가치의 지배에 맞선 커다란 반란이다.

두 번째 논문은 양심의 심리학을 그리고 있다. 양심이란 보통 생각하는 것처럼 '인간 내부에서 나오는 신의 소리'가 아니다. 양심은 더 이상 밖으로 나갈 수 없게 될 때 자신에게로 그 방향을 돌리는 잔인함의 본능이다. 잔인함은 가장 오래되고 도저히 빠뜨릴 수 없는 문화적 토대 가운데 하나로, 여기에서 처음으로 뚜렷이 제시되어 있다.

세 번째 논문은 금욕적인 이상, 즉 사제적 이상은 몹시 해로운 데다 종말로 치달으려는 의지를 지닌 퇴폐적인 이상임에도 어디서 굉장한 힘을 가져오는가 하는 물음에 대답한다. 그 대답은, 흔히 믿듯이 신이 사제들의 뒤에서 움직이고 있기 때문이 아니라 그런 이상보다 나은 게 없기 때문이라는 것이다. 그러니까 이제까지 그것이 단 하나의 이상이었고 아무런 경쟁자도 없었기 때문이다.

"인간은 의지하지 않기보다는 차라리 무(無)를 의지하려 한다." 무엇보다 대항하는 이상이 없었다고—차라투스트라가 나오기 전에는—사람들은 이해하고 있었다. 모든 가치의 재평가를 위한 심리학의 세 가지 결정적 예비 공작을 말이다. 이 책은 최초로 사제 심리학을 담고 있다.

우상의 황혼
어떻게 사람은 망치를 갖고 철학을 하는가

1

150쪽도 채 안 되는 책, 그 어조는 명랑하고 숙명적이며, 껄껄대는 악마이다. 어찌나 짧은 시간 안에 완성되었는지 며칠이라는 숫자를 더 써도 망설일 지경인 이 작품은 모든 책 가운데서도 가장 특별하다. 이보다 더 알맹이가 풍부하고 독립적이며 파괴적이고 악의적인 책은 없다.

나 이전에 모든 것이 어떻게 뒤집혔는가를 간단하게 알고자 한다면, 이 책부터 읽기 시작하라. 표지에 쓰여 있는 우상이라는 것이 무엇인가는 간단하다. 우상은 이제까지 진리라 불렸던 바로 그것이다. 우상의 황혼─독일어로 쉽게 말하면, 낡은 진리는 끝장이 난다는 뜻이다.

2

이 책에서 건드리지 않은 현실이나 '이상성'은 없다(건드리다, 이 얼마나 조심스럽고 완곡한 표현인가). 그저 영원한 우상들뿐만 아니라 젊은 우상들, 가장 여린 우상들도 건드린다. 예컨대 '현대적 이념' 따위 말이다.

큰 바람이 나무들 사이를 지나가고 곳곳에 열매들─진리라는 열매들이 떨어진다. 그 속에 풍족한 가을의 낭비가 있다. 사람은 진리에 걸려 비틀거리고, 심지어는 몇몇 진리를 밟아 죽이기까지 한다. 진리가 너무 많은 것이다.

그러나 사람이 손에 넣는 것, 그것은 이미 의심스러운 것이 아니다. 그것은 결단들이다. 나는 처음으로 '진리'에 대한 척도를 손에 넣었다. 내가 처음으로 결정할 수 있는 것이다.

마치 내 안에 두 번째 의식이 눈뜬 것 같다. 내 안의 '의지'가 여태껏 내리막

길을 달렸던 비탈진 길 위에 불을 켜기라도 한 것 같다. 비탈진 길—사람들은 그것을 '진리'를 향해 가는 길이라 불렀다.

모든 '어두운 열망'은 끝났다. 선량한 인간일수록 올바른 길을 의식하지 못했다.

그리고 진지하게 말해서 나 이전에 올바른 길, 올라가는 길을 알고 있었던 사람은 아무도 없다. 내게서부터 비로소 희망, 과업, 문학의 규정될 수 있는 길이 다시 존재하게 된 것이다—나는 이것을 전하는 사도이다. 바로 이 때문에 나는 또한 운명이기도 하다.

3

이 작품을 끝낸 뒤, 하루도 헛되이 보내는 일 없이 나는 가치 재평가라는 거대한 과업에 들어갔다. 무엇과도 비교되지 않는 나의 불멸성을 의식하고 청동판에 순간마다 한 자씩 운명의 확신을 갖고 새겨나갔다. 그 머리말은 1888년 9월 3일에 썼다.

내가 이것을 쓴 다음 바깥에 나가자, 오버엥가딘이 일찍이 내게 보여준 것 가운데서 가장 아름다운 날이 내 앞에 펼쳐져 있었다. 투명하고 여러 빛깔로 불타며 얼음과 남국과의 사이에 온갖 대립, 온갖 중용을 모두 품고 있는 날 말이다. 홍수로 인해 예정보다 더 머무르다가 9월 20일에 이르러서야 나는 실스마리아를 떠났다.

결국 나는 이 멋진 곳의 유일한 손님으로 남아 있다. 감사 표시로 영원히 기억될 이름을 선사하고 싶다. 아주 늦은 밤에 홍수가 난 코모에 도착해 생명의 위협을 느끼기까지 하는 등 여러 사건을 겪은 뒤, 나는 21일 오후에 토리노에 도착했다.

나는 그해 봄에 묵었던 집을 다시 빌렸다. 비토리오 에마누엘레가 태어난 카를로 알베르토 광장은 물론이고 나아가서는 구릉지대까지 내다보였다. 나는 웅장한 카리냐노 궁 맞은편에 있는 카를로 알베르토 거리 6번지 4층에서 지체 없이, 잠시 기분 전환할 겨를도 없이 다시 일을 시작했다.

그 작품의 마지막 4분의 1만이 남아 있었다. 그러다가 9월 30일 대승리의 날을 맞았다. 7일 만이었다. 포 강가를 따라 걸으며 신이 그러하듯 7일 만에 휴가를 즐겼다. 그날 《우상의 황혼》에 부치는 머리말도 썼는데, 나는 이 《우상의 황혼》의 교정을 9월 중 휴양 삼아 보았던 것이다. 나는 한 번도 그러한 가을을 경험한 일이 없었다.

또한 지상에서 그러한 종류의 것이 가능하다고도 생각해 보지 못했다. 클로드 로랭 같은 화가가 끝없이 추구하듯이 모든 하루하루가 완벽했다.

바그너의 경우

한 음악가—문제

1

이 책을 올바르게 평가하기 위해서는 쓰라린 상처로 괴로워하듯 음악의 운명에 괴로워해야 한다. 음악의 운명에 괴로워한다면, 나는 무엇에 괴로워하는 것일까? 나는 음악이 세계를 밝게 해주는 긍정의 성격을 잃어버렸다는 것에, 다시 말해 그것이 퇴폐적 음악이며 더 이상 디오니소스의 피리가 아니라는 것에 괴로워하는 것이다. 그러나 음악의 문제를 자기 자신의 문제처럼, 자신의 수난사처럼 느끼는 사람이라면 이 책이 사려 깊고 매우 온화하게 느껴질 것이다.

그러한 경우에 쾌활하고 기분 좋게 자신을 조롱하는 것—진리를 말해 온갖 가혹성을 정당화할 때 웃으면서 준엄한 일을 말하는 것—은 인간성 그 자체이다. 늙은 포병인 내가 바그너에 대해 포문을 여는 일쯤은 문제가 없음을 누가 의심하겠는가? 나는 이 문제에서 모든 결정적인 것을 미루었다. 나는 바그너를 사랑했다. 결국 다른 사람이 쉽게 알아맞힐 수 없는, 섬세한 미지의 한 사나이에 대한 공격이 내 과업의 의미이자 방법이다. 오, 나는 엉터리 음악인과는 아주 다른 '미지의 사나이들'을 폭로해야 한다. 물론 정신적인 일을 할수록 게을러지며 본능이 궁핍해지고 정직해지는 독일 국민에 대해서는 그 이상의 공격이 필요하다.

독일 국민은 부러워할 만한 식욕으로 대립된 것들에서 영양을 섭취하고 있으며, '신앙'도 과학과 마찬가지로, '그리스도교적 사랑'도 반유대주의와 마찬가지로, 권력(제국)에 대한 의지도 천한 자들의 복음과 마찬가지로 아무 문제 없이 소화시킨다. 대립된 것들 사이에서 어느 당의 편도 들지 않는 것! 이 위장의 중립성과 '사심 없음'! 모든 것에 똑같은 권리를 주며—모든 것을 다 맛있게 느

끼는—독일인 미각의 공평한 감각······ 의심할 여지없이 독일인들은 이상주의
자들이다. 마지막으로 독일을 방문했을 때, 나는 바그너와 재킹엔의 트럼펫 연
주자에게 똑같은 권리를 주려고 애쓰는 독일인의 취향을 발견했다.

단순한 독일 제국의 국민이 아니라 옛날 의미에서 독일적인, 가장 진정한 독
일적 음악가인 거장 하인리히 쉬츠에게 경의를 표하기 위해서라고 말하면서,
사람들이 라이프치히에 교활한 교회 음악을 보급할 목적으로 리스트 협회를
설립하는 것을 나는 직접 보았다. 의심할 여지없이 독일인들은 이상주의자이다.

2

아무도 내가 여기서 험상궂게 독일인들에게 두서너 가지의 가혹한 진리를
말하는 것을 방해해서는 안 된다. 나 아니면 누가 그 일을 할 것인가? 나는 역
사적인 사항에서 그들의 볼썽사나움에 대해 이야기하려 한다. 독일의 역사가
들은 문화의 과정이나 가치에 대한 위대한 시선을 송두리째 잃어버렸을 뿐만
아니라, 모조리 정치의 (또는 교회의) 어릿광대이다.

그들은 이 위대한 시선을 추방해 버렸다. 사람은 일단 '독일적'이어야 하고 '종
속적'이어야 한다는 것이다. 그래야 역사적인 일에 모든 가치와 무가치를 결정
할 수 있다는 것이다. '독일적'이란 것은 하나의 근거이며, '모든 것 위에 우뚝 솟
은 독일'은 원칙이다.

게르만인들은 역사상 '도덕적인 세계 질서'이다. 로마 제국과의 관계에서는
자유의 기수이고, 18세기와의 관계에서는 도덕의 재건자, 즉 '정언적 명령'의 재
건자이다. 이제는 독일 제국의 역사 기술이 있으며, 심지어 반유대적인 역사 기
술이 있을지도 모른다. 궁정적 역사 기술이라는 것도 있는데, 폰 트라이치케 씨
는 이를 창피하게 생각지도 않는다.

최근 역사적 사건에 대한 한 바보 같은 판단이, 즉 다행히도 죽은 슈바벤의
미학자 피셔의 한 문장이 모든 독일인이 반드시 긍정해야 할 하나의 진리로서
독일의 신문들에 반복적으로 실렸다. "르네상스와 종교개혁, 이 두 가지가 합
쳐져야만 비로소 전체를 이룬다. 미학적 부활과 도덕적 부활"—이런 문장을 보
면 나는 더 이상 참을 수가 없다. 이 모든 일에 그들이 얼마나 많은 책임이 있는

가를 독일인들에게 말해 주고 싶은 생각이 들며, 심지어 그것을 의무로 느낀다. 400년 동안 일어난 모든 큰 문화 범죄에 독일인들은 책임이 있다! 그런데 그것은 늘 똑같은 이유에서 비롯된다. 즉 진리에 대한 비겁함에서, 현실에 대한 그들의 가장 내적인 비겁함에서, 그들에게는 본능이 되어버린 허위성에서, '이상주의'에서 나온 것이다. 독일인들은 유럽의 마지막 위대한 시대, 즉 르네상스 시대의 수확과 의미를 없애버렸다. 이제는 더 높은 가치질서와, 고귀한 생명, 긍정적인 가치와 미래를 보증하는 가치가 몰락한 반대 가치에 굴복하고 거기 앉아 있는 자들의 본능 속에까지 들어간 순간이었다. 루터, 이 재앙의 사제가 교회를 되살렸다. 그리고 수천 배 더 고약한 일은 그가 그리스도교를 부활시켰다는 것이다.

그리스도교가 쓰러져 가던 그 순간에 말이다. 그리스도교, 삶을 위한 의지의 부정이 종교가 되어버리다니! 루터는 자기가 받아들여질 수 없다는 이유 때문에 교회를 공격하고, 결과적으로 교회를 재건했다. 가톨릭 신자들이야말로 루터 축제를, 그리고 루터 극을 만들 만한 이유가 있을 것이다. 루터, '도덕적 부활', 심리학 같은 건 모두 없어져 버려라! 의심할 여지없이 독일인들은 이상주의자들이다. 독일인들은 굉장한 용기와 자기 극복으로써 올바르고 명료하며 완전히 과학적인 사고방식을 이루었을 때, 두 번씩이나 옛날의 '이상'으로 가는 샛길을, 진리와 '이상'의 화해로 가는 샛길을, 사실은 과학을 거부하는 권리, 거짓말을 할 수 있는 권리에 대한 규칙을 발견할 줄 알았다.

라이프니츠와 칸트, 이 두 사람이 유럽의 지적인 성실성을 크게 방해했다. 독일인들은 마침내 퇴폐적인 두 세기를 연결하는 다리 위에서 유럽의 통일, 정치적이고 경제적인 통일을 이루어 내기에 충분한 천재와 의지의 불가항력이 눈에 보이자, 세계 제패를 목표로 '자유 전쟁'을 수단으로 하여 나폴레옹의 존재 속에 들어 있는 의미, 그 기적과도 같은 의미를 유럽에서 말살해 버렸다. 따라서 그들은 그다음에 온, 오늘날의 모든 것에 책임이 있다. 이 세상에 존재하는 이러한 반문화적인 병과 비이성, 민족주의적인 유럽이 앓고 있는 국민적 신경증, 유럽의 소국 분립과 소극 정치의 영구화에 책임이 있는 것이다. 그들은 심지어 유럽에서 유럽의 의미를, 그 이성을 망쳐버리고 유럽을 막다른 골목에 몰아넣었다. 나 말고 누가 이 막다른 골목에서 나오는 길을 아는가? 모든 민족을 다시 결합하려는 하나의 큰 과업을 말이다.

3

그런데 왜 나는 나의 의혹을 입 밖에 내서는 안 된단 말인가? 독일인들은 나에게도 하나의 터무니없는 큰 운명으로부터 생쥐 한 마리를 낳게 하려고 온갖 짓을 다 할 것이다. 그들은 이제까지 나와 적당히 타협해 왔다. 그들이 미래에 더 잘하리라고는 믿지 않는다. 아, 나 자신에 대해 말한다면 나는 여기서 차라리 엉터리 예언자가 되고 싶다!

나의 독자나 청중은 본디부터 러시아인, 스칸디나비아인, 그리고 프랑스인이다—늘 이런 식으로 될 것인가?—독일인들은 인식의 역사에 온통 애매한 이름들만 적어넣었다. 그들은 언제나 '무의식적인' 위폐 제조자만을 낳았다(피히테, 셸링, 쇼펜하우어, 헤겔, 슐라이어마허는 물론 칸트와 라이프니츠도 이에 해당된다. 모두 다 베일을 만드는 자들이다). 그들은 결코 영예를 가져서는 안 된다. 다시 말해 그들의 정신이 정신의 역사 가운데서 최초의 올바른 정신, 즉 4천 년 동안의 위조지폐 제조 행위를 재판하는 진리의 정신과 하나로 간주되는 영예를 누려서는 안 된다는 것이다.

'독일 정신'은 내게는 나쁜 공기이다. 독일인의 모든 말, 모든 얼굴 표정에는 심리학적인 일에서 본능이 되어버린 불결함이 드러나 있고, 이것이 가까이 있으면 나는 숨 쉬기가 힘들다. 그들은 프랑스인들처럼 17세기의 가혹한 자기 시험을 한 번도 겪지 않았다. 라 로슈푸코나 데카르트와 같은 사람은 가장 뛰어난 독일인들보다 정직성에서는 백배나 더 낫다. 오늘날까지 독일인 가운데에는 한 사람의 심리학자도 없다. 심리학은 거의 한 종족의 순수성, 또는 불순성의 척도인데도 말이다. 순수하지 않은 사람이 어떻게 깊이를 가질 수 있겠는가? 독일인과 사귀는 것은 거의 여자하고 사귀는 일과 같다. 결코 깊이 빠져들지 못하는 것이다.

독일인에게는 밑바닥에 이르는 깊이가 없다. 그것이 이유이다. 그러나 독일인이 천박하다는 뜻은 아니다. 독일에서 '깊다'라고 일컬어지는 것은 내가 바로 지금 이야기하고 있는, 자기 자신에 대한 본능적 불결성이다. 독일인은 자신을 분명하게 보기를 원치 않는다. '독일적'이라는 말을, 이 심리학적인 부패를 보여주는 국제적인 동정으로 부르자고 제안할 순 없을까?—예컨대 이 순간에 독일 황제는 아프리카의 노예들을 해방시키는 일을 자기의 그리스도교적 의무라 일컫고 있다.

하지만 우리, 다른 유럽인들은 그것을 단순히 '독일적'이라고 말할 것이다—독일인들이 깊이를 가진 책 한 권이라도 내놓은 적이 있었는가? 심지어 그들에게는 책에서 '깊다'라는 것이 무엇인가에 대한 개념조차 없다. 나는 칸트를 깊다고 생각한 학자들을 만나보았다. 프로이센의 궁정에서는 폰 트라이치케 씨를 깊다고 여길 것이다. 그리고 내가 가끔 스탕달을 깊은 심리학자라고 칭찬할 때면, 그 이름의 철자를 알려달라는 독일의 대학교수와 만나게 된다.

4

왜 내가 끝까지 말하지 않겠는가? 나는 깨끗이 처리하는 것을 좋아한다. 뛰어난 독일인 멸시자라고 인정받으려는 공명심까지도 갖고 있다. 독일적 성격에 대한 불신감을 나는 이미 스물여섯 살 때 《반시대적 고찰》 제3부에서 표현했다. 독일인들은 나에게는 가당치도 않게 여겨진다.

내가 나의 모든 본능에 거스르는 인간을 생각해 낼 때면, 늘 독일인이 나타난다. 내가 사람의 마음을 떠보는 첫 번째 기준은, 그가 거리 감각을 몸에 지니고 있는가, 그가 어디서나 인간과 인간 사이의 등급, 정도, 서열을 매기는가 하는 것이다. 그렇게 하는 사람은 귀공자가 된다. 그렇지 않은 경우에는 구제받을 길 없이 마음 넓은, 아! 마음이 어진 천민의 개념에 속하게 된다.

그런데 독일인들은 천민이다. 아! 그들은 마음이 아주 어질다. 독일인과 사귐으로써 사람은 품위가 떨어진다. 독일인은 평등하기 때문이다. 몇몇 예술가들과의, 특히 리하르트 바그너와의 교제를 제외한다면 나는 독일인들과 즐거운 시간을 보낸 적이 한 번도 없었다.

수천 년 동안의 가장 깊은 정신이 독일인들 사이에 나타난다면, 카피톨리움을 구해 준 그 몇 마리의 거위도 자기의 아름답지 못한 영혼 또한 적어도 고려의 대상은 될 수 있으리라 생각할 것이다.

나는 이 종족을 참을 수가 없다. 이 종족은 언제나 사귀기 나쁘고 미묘한 차이를 느낄 만한 손가락을 갖고 있지 않다. 아뿔싸! 그런데 나는 하나의 미묘한 차이이다.

그 종족은 발에 아무런 정신을 지니고 있지 않으며 걸어갈 수조차 없다. 독일인들에게는 발이 없다. 그들은 다리를 갖고 있을 뿐이다. 독일인들은 자신들이 얼마나 천한지를 전혀 모른다.

그러나 가장 천한 것은 그들이 한낱 독일인이라는 걸 부끄러워하지 않는다는 사실이다. 그들은 온갖 것에 참견한다. 그리고 자신에게 결정권이 있다고 생각한다.

내가 추측하건대, 그들은 나에 대해서까지 결정을 내려버린 것 같다. 내 인생이 이 모든 명제에 대한 엄연한 증거이다. 내 삶 속에서 나에 대한 그들의 재치의 표지, 섬세의 표지를 찾아보았지만 소용없었다. 유대인한테라면 몰라도. 그러나 독일인들한테는 아직 한 번도 그런 재치나 섬세함을 찾아볼 수가 없었다. 나는 누구나 온화하고 호의적으로 대하고 싶다—나는 아무런 차별도 하지 않을 권리를 갖고 있다—이것은 내가 눈을 뜨고 있는 것을 방해하지는 않는다.

나는 누구도 예외로 다루지 않는다. 친구들에 대해서는 더욱 그러하다. 나는 결국 이것이 그들에 대한 나의 인간적인 사랑에 어떠한 손해도 끼치지 않기를 바란다!

나를 늘 존경의 대상이 되게 했던 대여섯 가지가 있다. 그런데도 수년 동안 내게 오는 거의 모든 편지는 풍자로 느껴진다. 나에 대한 호의 가운데는 증오보다 풍자가 더 많이 깃들어 있다. 나는 모든 친구들의 얼굴에다 대고, 내 책 가운데 어느 하나라도 연구할 만한 가치가 있다고 그들이 결코 생각지 않았다는 점을 말한다. 그들이 그 책 속에 무엇이 담겨 있는지 전혀 모른다는 사실을 나는 가장 작은 표정을 보고도 알아차린다.

심지어 차라투스트라에 대해 말하더라도 내 친구들 중에 누가 이 책에서 다행히도 자기와는 상관이 없는, 허락되지 않는 불순 이상의 것을 보았을까?……10년 동안, 내 이름은 불합리한 침묵에 파묻혀 있지만 그 침묵에 맞서서 내 이름을 변호해야 한다고 양심의 가책을 느낀 사람은 독일에서는 아무도 없었다. 그렇게 하기에 충분한 본능의 자유와 용기를 맨 처음 가진 사람은 한 덴마크인 이었는데, 그는 나의 친구들에 대해 노여워했다.

……작년 봄 게오르그 브란데스 박사가 코펜하겐 대학에서 그 자신이 심리학 자임을 다시 한 번 증명했듯이, 독일의 어느 대학에서도 나의 철학에 대한 강의가 가능할까? 나는 한 번도 이 모든 일에 괴로워하지 않았다. 필연성이 나에게 상처를 입히진 않는다. 운명이야말로 나의 가장 내적인 천성이다.

그러나 그렇다고 내가 풍자를, 심지어 세계사적인 풍자를 좋아한다는 사실이 사라지는 것은 아니다. 그리하여 나는 지구를 경련 속에 몰아넣게 될 가치 재평가의 파괴적인 벼락이 있기 2년 전에 《바그너의 경우》를 세상에 내놓았다. 독일인들이 다시 한 번 나에게 끝없이 실수를 저지르고 그 실수에 영원성을 부여하도록 말이다! 그러기 위해서는 아직 시간 여유가 있다! 목적한 바를 이루는가? 정말 기쁘다. 게르만인 여러분! 여러분에게 경의를 표하노라.

왜 나는 하나의 운명인가

1

나는 내 운명을 안다. 언젠가는 내 이름에 무언가 엄청난 일에 대한 추억이 결부되리라. 이 지상에서는 찾아볼 수 없는 위기의 추억, 그지없이 깊게 양심이 갈등한 추억, 이제까지 믿고 요구되고 신성화되었던 모든 것에 맞서 싸운 결정의 추억 말이다.

나는 인간이 아니다. 나는 다이너마이트이다. 그래도 내 안에는 종교의 창시자 같은 것은 아무것도 없다. 종교란 천민의 일이다. 종교적인 인간과 접촉한 다음에는 나는 손을 씻는다. 나는 '신자'를 원치 않는다. 생각건대 나는 나 자신을 믿기에는 너무도 악의적이다. 나는 절대로 대중을 상대로 이야기하지 않는다. 나는 언젠가 신성하다는 말을 듣게 될까봐 겁이 난다.

내가 이 책을 미리 출판하는 이유를 사람들은 알아차릴 것이다. 그것은 사람들이 나에게 해를 끼치지 못하도록 막기 위함이다.

나는 성자가 될 마음은 없다. 차라리 어릿광대가 낫다. 아마도 나는 어릿광대인지도 모른다. 여태껏 성자보다 더 거짓된 것은 아무것도 없으니 말이다. 진리는 나를 통해서 이야기한다. 그러나 나의 진리는 무섭다. 이제까지 사람들이 진리라고 한 것은 거짓말이었기 때문이다.

모든 가치의 재평가는 인류 최고의 자기 성찰 행위에 대한 공식이며, 이것이 내 안에서 살이 되고 천재성이 된다. 나의 운명은, 내가 최초의 분별 있는 인간이 되고, 수천 년 동안의 거짓말에 대한 반대로서 자신을 자각하기를 바라고 있다. 나는 처음으로 진리를 드러내 놓았다. 내가 처음으로 거짓말을 거짓말로 느낌으로써—냄새 맡음으로써 말이다. 나의 천재성은 콧구멍에 들어 있다. 나는 한 번도 거역된 일이 없었던 만큼 그렇게 거역한다. 그러나 부정하는 정신과는 정반대이다.

나는 이제까지 존재한 적이 없었던 기쁜 소식을 전해 주는 사도(使徒)이다. 그것에 대한 개념이 지금까지도 결여되어 있을 정도로 높은 과업을 나는 안다. 나로부터 비로소 다시 희망이 생기게 되었다. 이 모든 것에도 불구하고 나는 또한 필연적으로 숙명적 인간이다. 진리가 수천 년 동안의 거짓말과 싸움을 시작하면, 우리는 한 번도 꿈꾸어 본 일이 없는 것 같은 충격을, 지진의 경련을, 산과 골짜기의 이동을 경험할 것이다.

그러면 정치라는 개념은 완전히 정신적인 싸움이 되어버린다. 낡은 사회의 모든 권력 구조는 공중에 흩날리고 만다. 싸움은 모조리 거짓말에서 나온 것이다. 이 지상에 아직 한 번도 없었던 전쟁이 일어날 것이다. 비로소 지상에는 나와 더불어 위대한 정치가 시작되는 것이다.

2

그러한 인간이 되는 운명의 공식을 바라는가? 그 공식은 내 차라투스트라 속에 쓰여 있다.

선과 악의 창조자가 되려는 자는 먼저 파괴자가 되어 가치를 때려 부수지 않으면 안 되노라. 따라서 최고의 악은 최고의 선에 속한다. 그러나 그것은 창조적인 선이다.

나는 이제까지 존재했던 가장 무서운 인간이다. 그렇다고 이 사실이 내가 가장 이로운 사람이 되리라는 것을 배제하지는 않는다. 나는 파괴하려는 의욕을, 내 파괴력에 알맞는 정도를 안다. 이 두 가지 경우에 나는 부정하는 행위를 긍정하는 말에서 분리할 줄을 모르는 내 디오니소스적 천성에 복종한다. 나는 최초의 비도덕자이다. 따라서 나는 뛰어난 파괴자인 것이다.

3

다름 아닌 최초의 비도덕자인 내 입에서 나온 차라투스트라라는 이름이 무엇을 의미하는지 아무도 묻지 않았다. 나에게 그것을 물었어야 했는데 말이다. 왜냐하면 역사에서 페르시아인을 아주 독자적인 존재로 만들어 주고 있는 것은 바로 비도덕자의 반대 진영이기 때문이다. 차라투스트라는 처음으로 선과 악의 싸움에서 사물들이 움직이는 본연의 바퀴를 보았던 것이다. 도덕을 힘으로, 원인으로, 목적 그 자체로, 즉 형이상학적인 것으로 옮기는 것이 그의 일이다. 그러나 이 질문은 따지고 보면 이미 해답이 된다. 차라투스트라는 가장 숙명적인 오류, 즉 도덕을 창조했다. 그러므로 그는 그것을 인정하는 첫 번째 사람이 될 수밖에 없다.

그가 이 문제에서 다른 사상가보다 더 오랜, 그리고 더 많은 경험을 갖고—모든 역사는 이른바 '도덕적 세계 질서'라는 명제를 실험적으로 반박한다—있어서가 아니다. 더욱더 중요한 것은 차라투스트라가 그 어떤 사상가보다도 성실하다는 사실이다. 그의 가르침은 성실성을 최고의 덕으로 삼고 있다. 사실에 맞닥뜨리면 달아나 버리는 이상주의자의 비겁함과는 반대되는 것 말이다.

차라투스트라는 모든 사상가들의 용기를 한데 모은 것보다 더 큰 용기를 지니고 있다. 진실을 이야기하고 화살을 잘 쏘는 일, 이것은 페르시아적인 미덕이다. 사람들은 나를 이해하는 것일까? 진실성에서 나오는 도덕적 자기 극복, 도덕가의 자기부정에 대한—나에 대한—자기 극복은 내 입에서 나온 차라투스트라를 의미하는 것이다.

4

결국 비도덕자라는 내 말은 두 개의 부정(否定)을 의미한다. 나는 이제까지 최고의 전형, 선한 자들, 자애로운 자들, 베푸는 자들로 간주되던 인간의 전형을 부정한다. 한편 나는 도덕 자체로, 지배적인 것으로 통용된 퇴폐적인 도덕, 손쉽게 말하면 그리스도교적 도덕을 부정한다. 두 번째 반박은 더 결정적인 것으로 간주될 수 있으리라.

왜냐하면 자선과 선의의 과대평가는 크게 본다면 벌써 퇴폐의 결과로, 약함의 징후와 상태로, 또한 상승하며 긍정하는 삶을 참지 못하는 것으로 여겨지기 때문이다. 부정과 파괴는 긍정의 조건이다. 나는 먼저 선량한 인간의 심리학 옆에 멈춰 서기로 한다. 한 인간 유형이 얼마만큼의 가치가 있는가를 평가하기 위해서는 그를 유지하는 데 드는 비용을 계산해 보아야 한다. 그의 존재 조건을 알아야 한다는 것이다. 선량한 사람들의 존재 조건은 거짓말이다. 달리 표현하면 어떠한 일이 있더라도 현실이 실제로 어떻게 만들어져 있는가를 보지 않으려는 것이다.

이를테면 현실이 언제나 자애로운 본능을 불러내지 않는다는 점과, 더욱이 근시안적인 선의의 손이 언제나 내뻗쳐지는 것을 현실이 좋아하지 않는다는 점을 절대로 보지 않으려는 것이다. 온갖 종류의 긴급 상태를 대립적인 것으로, 또는 없애야 하는 그 무엇으로 보는 것은 터무니없이 어리석은 일이다. 크게 보아서 그것에 따르는 결과는 불행이며 바보 같은 운명이다. 가난한 사람들에 대한 동정으로 나쁜 날씨를 아예 없애려는 의지처럼, 거의 그 정도로 멍청한 짓이다. 전체의 큰 경제에서는 현실의(정열, 욕망, 권력에 대한 의지에서의) 무서움은 조그만 행복의 형식, 이른바 '선의'보다 헤아릴 수 없을 만큼 더 필요하다. 선의는 본능을 기만하는 데서 나오기 때문에, 선의에게 한 자리를 베풀어 주기 위해서 사람은 너그럽지 않으면 안 된다. 나는 전체 역사에 대한 낙천주의, 이 낙천적 인간의 기형아라는 섬뜩한 결과를 증명할 큰 기회를 갖게 될 것이다. 낙천주의자도 염세주의자와 마찬가지로 퇴폐주의자이다.

낙천주의가 염세주의보다 더 해로우리라는 점을 맨 처음 깨달은 차라투스트라는 아마 이렇게 말할 것이다. 착한 인간들은 절대로 진실을 말하지 않는다. 허위의 해변과 안전을 너희들에게 가르친 것은 착한 사람들이었다. 그들의 거짓말 속에서 너희들은 태어났고 보호되었다. 그들로 말미암아 모든 것은 밑바닥까지 거짓이 되었으며 비뚤어졌다. 이 세상은 다행히도 단순히 마음만 어질 뿐인 짐승 무리가 행복을 발견해 낼 만한 본능에 기초해 만들어져 있지는 않다. 모두가 '착한 인간', 짐승 무리, 푸른 눈이 되어야 한다든가, 자애로운 '아름다운 영혼'이 되어야 한다든가, 또는 허버트 스펜서 씨가 바라는 것처럼 이타적이 되어야 한다고 요구하는 것은 존재로부터 위대한 성격을 빼앗으라고 명령하는 일과 같다. 또한 인류를 거세하고 초라한 상태로 떨어뜨리도록 명령하는 일과 같다. 그런데 이런 것을 사람들은 추구해 온 것이다. 그리고 이것을 도덕이라 불렀다. 이런 의미에서 차라투스트라는 착한 사람들을 '최후의 인간들'이라 부르는 가 하면, '종말의 시초'라고 부르기도 한다. 차라투스트라는 그들을 가장 해로운 부류의 인간으로 느낀다. 왜냐하면 그들은 진리뿐만 아니라 미래까지도 희생시켜 자기들의 존재를 관철하기 때문이다.

착한 사람들—그들은 창조하지 못한다. 그들은 언제나 종말의 시초이다. 그들은 새로운 가치를 새로운 팔에 적는 자를 십자가에 못 박는다. 그들은 자기들을 위해 미래를 희생시키고, 모든 인간의 미래를 십자가에 못 박는다! 착한 사람들은 언제나 종말의 시초였다. 세계 비방자들이 그 어떤 손해를 끼친다 해도 착한 사람들이 끼치는 손해보다는 낫다.

5

따라서 선한 사람들의 첫 심리학자인 차라투스트라는 악인들의 친구이다. 퇴폐주의적 인간형이 최고의 인간 유형으로 올라왔다면 그들의 반대쪽에 있는, 강력하고 삶에 대한 신념이 두터운 부류의 인간들을 희생시켜야 한다. 짐승의 무리가 순수한 미덕의 광채 속에 빛난다면, 그 예외적 인간은 악인으로 격하될 수밖에 없다. 기만이 어떤 희생을 무릅쓰고라도 '진리'라는 말을 자기 관점을 위해 요구한다면, 정말 성실한 자는 최악의 이름들 사이에서 다시 발견되어야 한다. 차라투스트라는 이 점에 의심의 여지를 남기지 않는다. 그는 착한 사람들에 대해 '최고의 인간'을 인식하고부터 바로 인간 전반에 대해 경악하게 되었다고 말한다. 이 혐오가 그에게 '먼 미래로 날아 들어가게 하는' 날개를 만들어 준 것이다. 그는 숨기지 않는다. 자기와 같은 유형, 비교적 초인적 유형이 착한 사람들과 비교하면 그야말로 초인이라는 사실을, 그리고 착한 사람들과 의로운 자들이 그의 초인을 악마라고 부르리라는 사실을······.

내 눈이 마주친 그대들 최고의 인간들이여, 이것이 그대들에 대한 나의 의혹이며 은밀한 웃음이다. 나는 헤아리노라. 그대들이 나의 초인을 악마라고 부르는 것을!

그대들의 영혼은 위대한 자에게는 낯설므로 초인이 선의를 갖고 있어도 그대들은 무서우리라.

차라투스트라가 무엇을 바라는가를 이해하려면 다른 곳이 아닌 바로 이곳에서 단서를 잡아야 한다. 차라투스트라가 기초하는 인간은 현실을 있는 그대로 생각한다. 그는 그렇게 하기에 충분히 강하다. 그는 현실에서 소외되어 있지 않으며 멀리 떨어져 있지도 않다. 그는 현실 그 자체이다. 그는 현실의 모든 무서운 것과 의심스런 것을 아직도 자기 안에 갖고 있다. 그렇게 해야만 인간은 위대성을 가질 수 있는 것이다.

6

그러나 나는 또 다른 의미로 비도덕자라는 말을 나를 위한 이름으로, 명예의 이름으로 골랐다. 나는 나를 온 인류와 구별해 주는 이 말을 가진 것이 자랑스럽다. 아무도 여태껏 그리스도교적 도덕을 자기 아래의 것으로 느끼지 못했다. 그러기에는 높고 먼 시야, 이제까지 들어본 일이 없는 심리학적 깊이와 심연성이 따라야 했던 것이다.

그리스도교적 도덕은 모든 사상가의 키르케였다. 사상가들은 키르케를 위해 봉사했다. 나보다 먼저 누가 이상의 독기—세계를 비방하는 이런 종류의 독기가 넘쳐흐르는 동굴 속에 내려간 일이 있단 말인가? 누가 그러한 동굴들이 존재한다는 것을 감히 예상이나 했단 말인가? 나 이전의 철학자 가운데 누가 심리학자였던가? 아니 오히려 그 반대의 것, '고등 사기꾼', '이상주의자'가 아니었던가?

나 이전에는 심리학이라는 것이 존재치 않았다. 이런 시기에 첫 번째 심리학자라는 것은 저주일지도 모른다. 아무튼 그것은 운명이다. 그도 그럴 것이 첫 번째 심리학자인 사람은 멸시하는 데도 첫 번째이기 때문이다. 인간에 대한 구토가 바로 내가 처한 위험이다.

나를 이해했는가? 나를 다른 사람들로부터 구별 짓고 예외로 만드는 것은, 그리스도교적인 도덕을 폭로했다는 점이다. 그러므로 모두에 대한 도전의 의미를 포함하는 하나의 단어가 내게는 필요했다. 그리스도교적 도덕에 더 일찍 눈을 뜨지 않았다는 것은 인류가 반드시 책임져야 할 불결성이며, 본능이 되어버린 자기 기만, 모든 사건, 모든 원인, 모든 현실을 보지 않으려는 원칙적인 의지이자, 심리학적인 일에서 범죄에 이르기까지의 위조 행위이다. 그리스도교에 대한 맹목성은 특히 더 무거운 범죄이다—삶에 대한 범죄인 것이다. 수천 년 동안 민족들, 최초의 사람들과 최후의 사람들, 철학자들과 노파들—역사의 대여섯 순간과, 일곱 번째 순간인 나를 제외하고서—이들 모두 그리스도교에 맹목적이라는 죄를 진 것이다. 그리스도교는 이제까지 '도덕적 본질'로서, 비할 데 없이 기이했다. 그리고 '도덕적 본질'로서 인류 최대의 멸시자조차 꿈꿀 수 없었을 정도로 부조리하고 기만적이며 허영에 차 있고 경솔했으며, 그리스도교 자신에게도 해로웠던 것이다.

그리스도교적 도덕—거짓말에 대한 의지의 가장 악질적 형태, 인류 본연의 마녀 키르케, 인류를 망쳐버린 것, 이런 광경들이 나를 놀라게 하는데, 이것은 착각으로서의 착각이 아니다. '선의', 도야, 단정함, 정신성 가운데서의 용감성은 수천 년 내려오는 결핍, 즉 그 착각이 승리했을 때 나타나는 결핍은 아니다. 그것은 자연의 결핍인 것이다.

반자연 자체가 도덕으로서 최고의 영예를 받고, 법칙으로서, 정언적 명령으로서 인류 위에 드리워져 있었다는 것은 소름 끼치는 사실이다. 한 개인도, 한 민족도 아닌 인류가 이 정도로 그릇된 짓을 저지르다니! 삶의 가장 으뜸가는 본능을 멸시하도록 가르친 일, 육체를 결단내기 위해 '영혼'과 '정신'을 날조한 일, 삶의 전제, 즉 성적인 것 가운데서 불결한 것을 느끼도록 가르친 일, 성장을 위한 가장 깊은 필연성 속에서, 엄격한 자기 사랑 속에서 (이 말은 벌써 비방적이다!) 나쁜 원리를 찾는 일, 그와 반대로 몰락과 반본능의 전형적인 징조 가운데서, '나를 없애는 일' 가운데서, 중력의 상실 가운데서, '비개인화'와 '이웃에 대한 사랑' 가운데서 최고의 가치를 찾도록 한 일. 내가 무슨 말을 하고 있나! 아니, 가치 그 자체를 보는 일! 어찌 이런 짓을 저질렀단 말인가! 인류 자체가 퇴폐적이란 말인가? 언제나 그러했던가? 확실한 것은 인류에게 퇴폐적 가치만이 최고 가치로 여겨져 왔다는 사실이다. 자아를 없애는 도덕은 전형적인 몰락의 도덕이며 '나는 몰락한다'가 된다. 그런데 그것은 단지 명령형으로만 옮겨진 것은 아니다! 이제까지 가르쳤던 유일한 도덕, 즉 자아를 없애는 도덕은 종말을 향한 의지를 드러낸다. 그것은 가장 깊숙이 삶을 부인하는 것이다.

여기에는 인류가 퇴화한 것이 아니라 단지 저 기생충 같은 사람, 즉 도덕으로 사람들을 속여서 가치 결정자로 올라온—그리스도교적 도덕에서 권력에 이르는 수단을 알아차린—사제 종족만이 퇴화한 것이리라는 가능성이 해결되지 않은 채 남아 있다. 그리고 사실 이것이 나의 통찰이다. 인류의 선생, 지도자, 신학자 무리는 모조리 퇴폐주의자이다. 그러므로 모든 가치를 생명에 적대적인 것으로 전환시켰고 도덕이 생긴 것이다. 도덕의 정의—도덕이란 삶에 대해 복수하려는 숨은 뜻을 갖고 있는, 그것에 성공한 퇴폐주의자의 병적 성질이다. 나는 이 정의에 가치를 둔다.

8

나를 이해했는가? 나는 지금, 5년 전에 내가 차라투스트라의 입을 통해서 했던 말은 한마디도 하지 않았다. 그리스도교적 도덕을 샅샅이 파헤치는 것은 유례를 찾아볼 수 없는 사건이며, 진정한 대참사이다. 도덕이 무엇인지 깨우쳐 주는 자는 하나의 불가항력, 즉 운명이다. 그는 인류의 역사를 두 조각으로 갈라놓았다. 사람은 그 이전에 살았고 그 이후에도 산다. 진리의 벼락이 이제까지 가장 높은 데 있던 것에 명중했다. 그때 파괴된 것이 무엇인가를 이해하는 자는, 아직 자기 손안에 도대체 무엇이 있는가를 볼 것이다.

이제까지 '진리'라 불린 모든 것은 가장 해롭고 악의적이며 가장 밑바닥에 있는 형식의 거짓으로 인식되었다. 인류를 '개선한다'는 성스러운 핑계가 삶 자체의 피를 빨아 빈혈증을 앓게 하는 간계로 인식되었다. 흡혈귀로서의 도덕…… 도덕을 폭로하는 사람은, 이제껏 신뢰받고 지금도 신뢰받고 있는 모든 것이 아무 가치도 없다는 사실을 아울러 폭로한다.

그는 가장 존경받은, 심지어 성스럽다고 일컬어진 유형의 사람 가운데서 더 이상 존경할 만한 가치를 찾지 못한다. 그는 그 가운데서 가장 불길한 부류의 기형아를 보는 것이다. 그들이 불길한 까닭은 사람을 매혹했기 때문이다. 삶에 대한 반대 개념으로서 고안된 '신'이라는 개념―그 가운데서 온갖 해로운 것, 중독시키는 것, 비방적인 것, 삶에 대한 온갖 적대심이 끔찍하게도 하나가 되었다!

현존하는 유일한 세계를 무가치화하기 위해 고안된 '사후 세계', '참된 세계'라는 개념―그것들은 지상의 현실에 대한 어떠한 목표, 성질, 과업도 남겨놓지 않기 위해 발명된 게 아닐까?

'영혼', '정신', 마지막으로 심지어는 '불멸의 영혼', 이러한 개념은 육체를 멸시하기 위해, 육체를 병들게―'성스럽게'―하기 위해, 삶에서 중요시되는 온갖 것들, 즉 영양, 주거, 정신적 식사, 병의 치료, 청결, 날씨 등의 문제에 몸서리나도록 경솔하게 대처하려고 고안된 것이다.

건강을 대신한 '영혼의 구원'은 참회의 경련과 구제의 히스테리 사이를 오가는 주기적 광기라 부르리라! 본능을 교란시키기 위해, 본능에 대한 불신을 제2의 본성으로 만들기 위해 그것에 따르기 마련인 고문 장치, 즉 '자유의지'라는 개념과 함께 고안된 '죄'라는 개념!

'이기적이지 않은 사람', '자기 자신을 부인하는 자'의 개념 속에서는 본디 퇴폐적인 징후, 즉 해로운 것에 유혹당한다는 것과 자기에게 필요한 것을 더 이상 발견할 수 없게 된다는 것, 자기 파괴가 가치 표지로, '의무'로, '신성'으로, 인간 가운데 '신적인' 것으로 되어버린다!

마지막으로―이것이 가장 무서운 것인데―착한 인간의 개념 속에는 모든 약자, 병자, 불구자, 스스로 괴로워하는 자들, 즉 몰락해야 할 모든 것이 들어 있다. 선택의 법칙은 가로막혀 있다. 이상은 자부심 강하고 훌륭한 인간에 대한 반박에서, 그리고 긍정하는 인간과 미래를 확신하고 미래를 보증하는 인간에 대한 반박에서 만들어졌다.

이러한 사람들을 지금은 악인이라 부른다. 그리고 이 모든 것이 도덕으로 신봉되었다! 이 파렴치한 것을 산산이 부셔버려라.

9

나를 이해했는가? 디오니소스 대 십자가에 못박힌 자······.

니체의 사상과 작품에 대하여

니체 사상의 오솔길

철학으로의 초대

오늘날은 상대주의의 시대로 철학에게는 불행한 시대이다. 상대주의가 강한 시대에는 철학에 대한 불신이 커지기 때문이다. 이를 이해하려면 먼 옛날부터 철학에 존재하는 '세 가지 수수께끼'를 생각해 보면 된다. 그 세 가지 수수께끼란 '존재의 수수께끼', '인식의 수수께끼', 그리고 '언어의 수수께끼'이다.

존재란 무엇인가

그리스 철학은 탈레스의 '만물의 원리는 물'이라는 설에서 시작되었다. 오늘날의 관점으로 보면, 가장 단순한 원소는 수소원자라고 하는 것과 같다. 이를테면 종교는 신이 세계를 창조했다는 '이야기'로 세계의 의미를 가르친다. 이에 비해 철학은 '이야기'를 사용하지 않고, 세계는 근본의 최소단위로 구성되어 있다는 자연과학적인 생각에서 출발했다. 이것은 세계의 가장 근본적인 요소를 어떠한 언어(=개념)로 부르면 더 많은 사람들이 이해할 수 있을까 하는 독자적인 '언어놀이'의 방법이었다. 이 철학 방법에서 자연과학의 방법이 나타났던 것이다. 그리스 철학은 이 방법을 추구했다. 피타고라스는 세계의 원리는 '수(數)'라고 주장했고, 아낙사고라스는 '이성'이라고, 플라톤은 '이데아'라고 주장했다. 이러한 답들은 저마다 독자적인 의미를 갖고 있다. 그것은 저마다 세계의 형식성과 동인(動因), 인간적인 진선미의 본질을 이야기하고자 한다. 즉 철학의 '존재의 수수께끼'란 세계와 인간의 의미, 그 '진실'을 알맞은 개념으로 부르는 일로서 전개한 것이다. 이 '존재의 수수께끼'는 늘 철학자들이 탐구하는 가장 중요한 주제가 되어왔다.

인식의 수수께끼

철학은 세계와 인간에 대한 가장 깊은 의미와 본질을 탐구한다. 물론 그것은 간단한 일이 아니다. 온갖 철학자가 다양한 생각을 제시하지만 그것은 반드시 일치하지는 않으며, 어떤 경우에는 근본적인 대립을 낳기도 한다. '일원론', '관념론' 대 '유물론'이 그 대표적인 예이다. 그리고 이 세계관의 대립을 해결하지 못한 채 나아가면, 거기서 과연 인간은 세계와 인간의 진리를 올바르게 인식할 수 있는가 하는 '인식의 수수께끼'가 생겨난다.

그리스 철학에서도 많은 주장의 대립이 일어나 '인식의 수수께끼'가 나타났다. 그러나 그것은 근대철학에서 가장 중심적인 철학의 수수께끼가 되었다. 거기에는 까닭이 있다. 근대는 자연과학이 시작되어 자연세계를 객관적으로 인식하는 방법을 낳은 시대였다. 근대철학자들은 이 방법을 사용하면, 인간과 사회 문제에 대해서도 객관적인 인식방법을 세울 수 있을 것으로 기대했다. 그러나 실제로는 이 영역에서는 엄밀한 객관인식이 성립하지 않고, 마찬가지로 근본적인 이설(理說)의 대립이 계속되었다. 도대체 왜 그런 것일까? 이 물음이 근대철학에 독자적인 '인식의 수수께끼'를 낳았다. 그것은 바로 '객관과 주관은 일치하는가'라는 물음이다.

이 물음을 처음으로 제시한 사람은 데카르트였다. 잘 생각해 보면 주관과 객관은 원리적으로 일치하지 않으며, 그것은 논리적으로 증명할 수 있다는 것이다. 이 결론은 철학자들에게 충격을 주었다. 주관과 객관이 원리적으로 일치하지 않는다면 처음부터 '올바른 인식'이라는 것은 존재하지 않고, 모든 인식은 상대적인 것이 된다. 뿐만이 아니라 더 중요한 것이 있다. 만약 '올바른 인식'이 성립하지 않는다면 선악과 정의, 부정 같은 것에도 진정한 기준이 없게 된다. 그러면 어떻게 될까? 세상의 선악과 정의, 부정은 결국 힘이 센 것이 결정할 뿐이라는 결론을 피할 수 없게 된다.

근대철학의 큰 봉우리는 데카르트, 흄, 칸트, 헤겔, 그리고 마지막으로 니체이다. 그들은 예외 없이 이 문제의 중요성을 충분히 인식했다. 그래서 누구나 이

'인식의 수수께끼(주간―객관 문제)'와 씨름한 것이다.

언어의 수수께끼

현대철학에서는 새로운 물음이 제기된다. 바로 '언어의 수수께끼'이다. 여기에도 사정이 있다. 그 하나는 19세기 끝 무렵부터 등장한 근대철학에 대한 커다란 비판이다. 철학은 지나치게 추상적이고 난해해서 인간사회에 아무런 도움도 되지 않는다는 비판이었다. 또 하나가 있다. 20세기에 인류는 파괴적인 세계대전을 두 번이나 치렀다. 그 일로 유럽적인

니체(1844~1900)

'이성'이나 '합리성'에 대한 큰 반성이 일어난다. 이러한 일들에서 유럽의 근대적 이성을 비판하는 새로운 철학의 흐름이 등장한다. 그것이 현대의 언어철학(분석철학)이다. 맨 처음부터 언어가 사물을, 또 사람의 생각을 '올바르게 전달'할 수 있을까? 이것이 현대 언어철학의 중심 질문이다.

'언어의 수수께끼'는 '인식의 수수께끼'에서 파생되었다. 단, 근대의 '인식의 수수께끼'가 인식의 가능성을 추구하는 데 비해, 현대의 '언어의 수수께끼'는 오히려 객관이나 진리의 인식이라는 생각은 낡은 것이고 어떠한 논리도 상대적일 뿐이라는 생각에 의해 지탱되고 있다. 현대철학은 상대주의 철학이다.

현대 언어철학의 대표자 가운데 한 사람인 비트겐슈타인이 한 유명한 말이 있다. "말할 수 없는 것에 대해서는 침묵해야 한다." 철학은 이제까지 세계에 대해 무의미한 말만 해왔을 뿐이다. 이제 철학은 그 사명을 마쳤다.

그러나 실제로는 철학은 끝난 것이 아니다. 현대철학에는 세 거장이 있다. 후설, 하이데거, 비트겐슈타인이다. 하이데거는 '존재의 수수께끼'를, 비트겐슈타

인은 '언어의 수수께끼'를 탐구했다. 또 후설은 '인식의 수수께끼'를 거의 해명하기에 이르렀다. 즉 현대철학에서는 철학의 세 가지 수수께끼가 저마다 다른 방법으로 탐구되는 것이다.

철학은 어디로 가는가

처음에 이야기한 것처럼, 철학에서 가장 중심 문제는 인간과 세계의 '진실'을 어떻게 생각하는가이다. 뛰어난 철학자는 반드시 이 물음에 파고들어 뛰어난 생각을 풀어내고 있다. 그들의 논의를 깊이 파고들면 참으로 단순한 핵심을 갖고 있음을 이해하게 된다. 그 단순한 생각에 가만히 멈춰서서 들여다보면, 철학 사고의 정수를 깨달을 수 있다.

현대철학에서는 '언어의 수수께끼'에 대한 논의가 한창이다. 오늘날은 상대주의 시대이기 때문이다. 여기서는 사람들은 '진실'한 것을 탐구하고자 하는 의욕을 잃어가고 있다. 그러나 철학의 탐구는 '인식의 수수께끼'나 '언어의 수수께끼'를 서서히 극복해 가고 있다. 그것으로써 사회의 본질과 인간 삶의 '진실'을 추구하는 철학 언어는 다시 한 번 그 신뢰와 광채를 되찾을 것이다.

철학은 어렵다. 하지만 철학의 난해한 논의에 잘 대항하지 못한다면, 철학의 진실과 중요한 본질에 닿을 수가 없다. 그런 의미에서 철학 논의에는 언제나 골치 아픈 '수수께끼'가 따라다니는 것, 또 그러한 '수수께끼'가 어떻게 진행되어 왔는지를 이해하는 것이 매우 중요하다.

철학자들이 이 세 가지 수수께끼와 어떻게 맞붙어 철학의 사고를 발전해 왔을까. 이 점을 생각하면서 니체의 사색을 음미해보기 바란다.

도덕의 기원/영원회귀

니체 《도덕의 계보·차라투스트라》

'좋다, 나쁘다'라는 말에는 두 종류의 '가치'가 들어 있다. 하나는 '기분 좋다, 재미없다'. 스스로 즐거워지고 기분이 좋아지는 것이다. 또 하나는 '선, 악'이다.

니체 생가와 기념물 라이프치히 근교 뢰켄
니체는 이곳에서 태어나 이곳에 묻혔다. 니체의 생가는 기념관으로 바뀌었고, 그의 할아버지, 아버지가 사목했던 루터교회도 여전히 남아 있다.

선생이나 부모의 명령, 또 어떤 규칙에 충실하게 따르는 것이 '선한' 행위이다. 그러나 이 두 가지 가치는 말은 비슷해도 완전히 다른 것일지도 모른다.

《인간과 시대》 시대를 초월하여 새로운 가치 창출을 지향했던 철학자

니체는 20세기 후반의 철학에 가장 큰 영향을 미친 철학자의 한 사람이다. 니힐리즘(허무주의), 르상티망, 힘의 의지(意志), 초인, 영원회귀 같은 독자적인 개념으로써 유럽의 철학이 당연시했던 '정의', '선', '도덕' 같은 가치들을 철저하게 의심하며 새로운 지평을 열었다. 나치즘에 영향을 미친 위험한 철학자라는 말을 듣는 등 문제시되는 점에서도 으뜸이라 할 수 있다.

'사상'이나 '진리'가 아니라 '높아지는 것'이 중요하다

니체는 그리스도교와 진리를 혹독하게 비난한 것으로 유명하지만, 단순한 무신론자나 회의론자는 아니었다. 그게 아니라 진리를 지향하는 이제까지의 삶을 대신하여, 더 높아지고자 하는 창조적인 삶을 제시하려고 한 점에 그의 사상의 근본이 있다.

니체는 이렇게 말한다. 근대가 되면 자유로운 비판정신에 기초한 과학이 태어나, 신을 절대시한 그리스도교를 상대화하게 된다. 그리스도교는 사람들 속에 '성실성(=거짓말을 해서는 안 된다)'을 길렀지만, 그 성실성이 그리스도교 자체에 향해져서 결국 신은 거짓으로 꾸며졌음을 알게 되리라고. 그런 다음 국가나 인류의 진보 같은 '다양한 최고가치'의 하락이 발생하고, 어딘가에 절대적인 진리가 있으리라는 생각은 실망으로 바뀌어, 마침내 니힐리즘, 곧 '진리는 어디에도 없고 무엇을 해도 소용없다'는 생각이 등장할 거라고 그는 예언했다.

다시 말해 진리에 대한 신앙(어딘가에 인생의 의미를 부여하는 절대 진리가 있을 것이라는)은 최종적으로는 니힐리즘을 낳는다고 니체는 생각했다. 그렇다면 그저 진리를 부정하는 것만으로는 충분하지 않다. 그래서 그는 이렇게 주장한다. 생명체 안에는 자기보존을 추구할 뿐만 아니라 강해지고자 하는 근원적인 충동, 즉 '힘의 의지'가 있다. 고뇌에 꺾이지 않고 이 '힘의 의지'를 가장 크게 발휘하여 높아지고자 하는 삶이 본디 인생의 목표라는 것이다.

그러나 니힐리즘이 널리 퍼지면, 사람들은 더 높아지려고 노력하는 것이 아니라 무난하고 편안한 생활과 달콤한 잠만 추구하는 '최후의 인간'(말인(末人)으로 번역하기도 한다)이 되어버릴지도 모른다. 이 '말인화(末人化)'에 저항하기 위해 니체는 《차라투스트라는 이렇게 말했다》에서 '초인'을 지향하는 삶을 제시했다. 초인은 '어린아이'에 비유되는데, 모래성을 열심히 쌓고 있는 어린아이 같은, 창조성의 화신이다. 따라서 초인이란 체력과 지력이 뛰어난 슈퍼맨이 아니라 고뇌에 꺾이지 않고 끊임없이 창조적으로 사는 삶의 비유이며, 그런 의미에서 한 사람 한 사람의 삶의 목표이다. 그러므로 차라투스트라(=니체)는 어디까지나 '그 사람 나름의 방법으로' 높아지는 것이 중요하다고 말한다.

이것이 인생이었단 말인가?—영원회귀

누구라도 침울해질 때가 있다. 니체의 철학에는, 인생을 긍정적으로 보는 사

니체하우스 독일 안할트 주 나움부르크
목사였던 아버지가 죽은 이듬해 1850년(6살) 뢰켄에서 나움부르크로 이사해 누이동생, 어머니와 함께 살았던 집.

니체 기념물 나움부르크

고방식이 아주 많다. 그 안에서도 가장 긍정적인 한 마디가 바로 이것이다. '이것이 인생이었단 말인가? 좋아! 그렇다면 한 번 더!' 자신의 인생을 긍정할 수 있도록 살아가는 것이, 니체가 이른 사상이다. 이를 니체는, '영원회귀(영겁회귀)'라고 불렀다. 이 영원회귀 사상을 말해보고자 한다.

니체는 무엇으로 인해 인생을 긍정할 수 있다고 생각했는가? 바로 '순간'을 긍정하는 것이다. 인생이나 역사는 순간의 연속으로, '우연'에 지배당한다. 그러나 이 '순간'이나 '우연'을 긍정한다면 '지금'은 '필연'이 된다는 것이다. 지금 이 순간을 긍정함으로써 '이것이 인생이었단 말인가? 좋아! 그렇다면 한 번 더!' 외친다. 이것이 '영원회귀'를 단순하게 표현한 말이라고 생각했다. 이만큼 인생을 잘 긍정할 수 있는 말도 없으리라.

르상티망(원한)이 그리스도교를 창조했다

《도덕의 계보》 여기서는 '좋다, 나쁘다'를 귀족적 가치평가법이라고 부른다. '좋다'는 건강한 힘의 의지가 힘을 키우고 북돋울 때의 순수한 자기긍정을 바탕으로 한다. 이를테면 음악이 기분 좋다, 신이 난다고 할 경우의 '좋다'이다. 그것에 비해 하찮고 재미없는 것은 '나쁘다'고 말한다.

'선과 악'은 이것과는 다른 기원을 가지며, 성직자적 가치평가법이라고 한다. 이 기원은 '무력함에서 오는 복수심'이고, 이것을 니체는 '르상티망'이라고 부른다. 즉 유대인들은 로마의 지배를 무너뜨릴 실력을 갖고 있지 않았다. 그래서 그 무력함에서 오는 르상티망을 가치전환으로 풀려고 했다는 것이다.

《신약성경》〈마태복음〉의 '산상수훈'이라는 대목에서, 예수는 '가난한 자야말로 행복하다. 천국은 그들을 위해 있다', '부자가 천국에 가는 것은 낙타가 바늘구멍을 지나가는 것보다 어렵다' 말했다. 이 말을 니체는 힘이 있는 것을 '좋다'고 여기는 귀족적 가치평가법을 뒤집으려 한 것이라고 해석했다. 신을 날조하여, 그 신의 관점에서 무력하고 가난한 자는 '선'이고 천국에 갈 수 있지만, 반대로 힘과 부를 가진 자는 '악'이고 지옥에 간다고 주장하려 했다는 것이다.

그리하여 신의 명령에 따를 것인가 말 것인가 하는 관점에 의한 '선과 악'의 가치평가법이 태어난다. 그러나 이것은 자기보다 강한 상대를 관념 속에서 부정함으로써 자기를 긍정하려고 하는 이른바 병든 '힘의 의지'이고, 드높임도 창조성도 없이 오로지 진리(신)에만 의지하게 된다. 니체는 바로 그러한 진리 신앙이 유럽을 오랫동안 지배해 왔다고 주장했다.

《차라투스트라는 이렇게 말했다》에서 이야기되어 있는 '영원회귀' 사상도 초인사상과 마찬가지로 사람을 고뇌에 꺾이지 않는 창조적인 삶을 향하게 하려는 것이다.

사람은 이따금 자신의 고뇌를 뭔가 다른 대상(운이나 부모, 사회 등) 탓으로 돌리려고 한다(=르상티망). 그러나 그래서는 '이런 상

조로아스터(BC 630?~553?)
조로아스터(Zoroaster)는 페르시아어 차라투스트라 (Zarathustra)의 영어명이다. 니체가 초인으로 등장시킨 차라투스트라는 불을 숭배하는 조로아스터교 창시자 차라투스트라를 가리킨다.

태에서 나는 어떻게 할 것인가' 하는 주체적인 자세를 취할 수 없게 된다. 그래서 니체는 '만물과 인생은 영원히 회귀한다'는 이야기를 마련했다. 지구가 창조되어 생물이 자라고 자신이 태어나는 과정은 사실 아득한 옛날부터 이제까지 수없이 되풀이되어 왔고, 앞으로도 계속 되풀이될 것이다. 그렇다면 자신이 뭔가를 하려고 할 때 '수만 번 되풀이해도 또 그것을 선택할 것인가', 즉 그 행위는 진정으로 자신의 삶을 긍정하는 것이 될까 하고 묻지 않을 수 없게 된다고 그는 말한다.

그러나 이 이야기는 오히려 절망을 가져다줄지도 모른다. 고통스러운 과거를 가진 사람이 수없이 많은데, 그 괴로운 과거가 또다시 몇 번이고 회귀해 온다고 하니 말이다. 그런데도 '나의 인생이여, 몇 번이고 돌아오라!' 소리치는(즉 자신의

인생을 총체적으로 긍정하는) 것이 어떻게 가능하냐고 니체는 묻는다. 그리고 차라투스트라(=니체)는 대답한다. 인생의 모든 것은 연결되어 있기 때문에 단 한 번이라도 진정으로 마음 떨리는 기쁨을 경험한다면, 온갖 고뇌를 포함한 이 삶 전체를 긍정할 수 있으리라고.

그것은 무척 아름다운 말이지만, 이제까지의 인생 긍정에 이어질 뿐 '앞으로 어떻게 살 것인가'에 이어지지는 않는다고 의문을 품는 사람도 있을지 모른다. 누군가를 좋아하게 된 일, 친구와 함께 뭔가를 만들어 낸 일, 그러한 기쁨의 감각을 사람들은 르상티망 속에서 잊어버린다. 그러나 참된 기쁨을 느낄 수 있다면 르상티망을 극복하고 미래의 기쁨을 추구해 갈 수 있을 것이다. 여기에는 그런 메시지가 들어 있다고 볼 수 있다.

《미래를 향한 가교》 진리에서 확신으로

니체는 '어딘가에 있는 진리를 찾을 것이 아니라, 자신이 높아지는 길을 찾으라' 말했다. 그 메시지는 오늘의 우리 가슴에도 곧장 날아든다. 그러나 그 높아지는 길을 어떻게 찾아야 할지 도무지 알 수 없는 사람도 있을 것이다. 절대적인 진리가 어딘가에 있는 것이 아니라도, '나에게도 남에게도 기쁨을 가져다주는, 가치 있는 것이 무엇인가'에 대해 구체적인 예에서 출발하여 서로 확인해 갈 수는 있다. 진리가 아니라 확인과 공통이해로 말이다. 이는 본디 소크라테스 이후의 철학이 지향해 온 것이기도 하다.

오늘까지 유럽의 정신을 뒷받침해 온 가치관—신은 죽었다

'신은 죽었다.' 이는 니체의 유명한 말이다. 무슨 뜻일까? 그리스도교 신이 죽었다는 의미이기도 하지만 그것이 모두를 뜻하지는 않는다. 니체는 《비극의 탄생》이라는 책에서, 그리스시대의 비극적 정신 탄생에 대한 연구 글을 써냈는데 그 가운데서도, 아폴론과 디오니소스라는 그리스 신에 주목했다. 그리고 가치관을 '아폴론적인 것'과 '디오니소스적인 것' 둘로 분류했다.

'아폴론적인 것'이란 무엇일까? 이상적인 것, 형태를 갖춘 그리스 조각과 같은 것을 가리킨다. '디오니소스적인 것'은 무엇일까? 이성적인 충동, 과격한 감정

등 음악적인 것을 의미한다.

니체는, 이 '디오니소스적인 것'이 그리스 비극의 근원이라고 말했다. 그러나 니체의 분석에 따르면, 그리스 비극의 시대가 지나가면서 차츰 '디오니소스적인 것'보다 '아폴론적인 것'이 중시되어 갔다고 주장한다. '아폴론적인 것'이 지배하게 됨으로써 인간은 약한 존재가 되어 버렸다고 니체는 생각했다. 또한 그리스도교나 이성=로고스를 중심으로 한 이제까지의 철학은, '아폴론적인 것'에 포함된다. 자, 그렇다면 니체의 말 '신은 죽었다'는 어떤 뜻일까? '아폴론적인 것'인 그리스도교의 신이나 이성중심의 정신은, 이미 죽었다는 뜻이다. 그래서 '신은 죽었다'는 말은, 이제까지와

디오니소스 조각상
'아폴론'은 질서정연한 형식의 신, 꿈의 신으로 조형적인 미·질서·형식의 예술을 통해 미를 창조하는 힘을 가지며 개별적인 것의 원리가 된다. 반면 '디오니소스'는 카오스와 황홀의 신, 술의 신이다. 도취적이고 형식을 파괴하며 통제되지 않는다.

는 다른 시대, 새로운 시대, 디오니소스적인 시대의 도래를 알리는 게 아닐까? 니체는 이성 대신에 '디오니소스적인 것'의 가치를 중시한다.

신의 죽음과 니힐리즘

니체는 그리스도교가 역전시킨 가치관은 차츰 인간을 억압하게 된다고 말했다. 처음에는 약자를 심리적으로 지탱해 주었던 선악이 개인에게 영향을 미치는 것이다.

악은 강자로서 자기 밖에 있는 것이 아니라 자기 안에 있다는 생각이 그리스도교적 가치관의 주류였다. 자신의 악을 몰아내는 것은 신이다. 거룩한 신 앞에

서 인간은 선할 수가 없다. 그러나 니체는 치열한 말로 이렇게 주장한다.

"그것은 자기 자신을 영원히 구원할 수 없는 극악인으로 보려고 하는 인간의 의지이다."

그 의지는 마침내 인간의 자연적인 본능까지 적대하는 것으로 규정하려 한다. 살려고 하는 욕망은 거룩한 신을 어기는 것이라는 이야기다.

이 금욕주의는 바로 삶의 부정일 뿐이다. 이 세상의 삶은 거짓되고 겉보기일 뿐이므로 의미가 없다는 것이다. 이렇게 그리스도교에 의해 삶은 부정되었다.

쓸모없는 자의 운명

바야흐로 과학과 철학이 신의 존재를 위태롭게 하고 있다. 과학적인 발견과 논증, 철학적인 사고는 신이 아닌 다른 곳에서 진리를 찾게 되었기 때문이다.

쓸모가 없어진 것은 죽는 수밖에 없다.

"신은 죽었다."

니체는 신의 죽음으로써 니힐리즘이 완성되었다고 선언했다. 이 세계에서는 어떠한 가치도 의미도 찾을 수 없다. 그것이 니체의 세계관이었다.

초인 '차라투스트라'

니체가 초인으로서 등장시킨 차라투스트라는 불을 숭배하는 조로아스터교의 창시자 조로아스터를 가리킨다.

초인이 인간에게 말하는 것은, 신이 죽은 세계에서는 인간 한 사람 한 사람이, 그 어디에도 규범이 없는 가운데 자기 자신의 가치를 창조하고 모든 책임을 질 각오로 행동해야 한다는 점이다.

강자는 자신을 약자와 비교하여 우월감에 빠지지 않고, 약자에게 자신을 낮추는 일은 더더욱 하지 않고 더 높은 곳에 이르는 삶을 살아야 하며, 약자는 자신을 부정하거나 더 약한 사람과 비교함으로써 자신이 강자에게 품고 있는 르상티망을 해소할 것이 아니라, 높은 곳에 있는 강자의 삶을 목표로 삼아야 한다.

초인의 사상이란 무릇 그런 것이라고 할 수 있다. 니체 자신의 말을 빌리면,

"나는 내 위에 나 자신보다 더욱 높고 더욱 인간적인 존재를 본다. 내가 거기에 다다를 수 있도록 모두 나를 도와주기 바란다. 나도 나와 같은 것을 인식하고 같은 것에 고뇌하는 모든 사람을 도와주고 싶다."

니힐리즘이 넘쳐나는 20세기의 시대상을 예견하고, 초인사상으로 그 시대의 삶을 제시한 니체는 살아 있는 동안에는 평가를 얻지 못했지만 그의 영향은 후세의 사상 흐름을 크게 좌우했다고 할 수 있다.

니체는 체계를 세운 철학자라기보다는 오히려 한 사람의 예언자였다. 그는 형이상학과 인식론에는 크게 관심을 갖지 않았으며, 독일 사람들의 이른바 '생(生)의 철학(Lebensphilosophie)'에 그의 위대한 문학적 자질을 모두 기울였다. 니체는 칸트를 도덕적 광신자라고 비웃었다. 그는 다윈과 헉슬리의 저서들을 알고 있었으나, 가치없는 것으로 여겼다. 그의 해석에 따르면 이들은 생물학적 생존에만 지나치게 많은 가치를 두었다.

니체의 세계관을 그의 저서들로부터 찾아내려고 하는 비평가는(이 같은 시도는 특별히 보람 있는 것은 못 된다) 몇 가지 모호한 명제들만 모을 수 있을 뿐이다. 니체는 이 세계에는 어떠한 고유한 질서도, 일관된 목적도, 도덕적 정부도 없다고 생각했다. 그는 '선하다 또는 악하다, 아름답다 또는 추하다, 기계이다 또는 유기체이다'라는 말들을 일반적으로 적용하는 것이 잘못된 일이라고 생각했다. 세계는 수많은 방식으로 서로 작용하는 온갖 종류의 무수한 사물들이다. 니체는 자기의 정신 세계는 매우 넓기 때문에 어떤 체계 하나만을 품을 수는 없다고 자랑했다.

'생의 철학' 분야에서도 니체는 체계적인 것과는 거리가 멀었다. 그는 수려한 문장과 긴 논문들을 쓸 수 있었다. 몇몇 저서들에서 그는 초연한 명언들을 숱하게 쏟아놓았다. 이 명언들 하나하나는 갑작스런 외침과도 같다. 이 명언들은 때로는 지혜로우며, 대부분은 언제나 날카롭고 알맹이가 있고, 가끔 의식적으로 도발적이기까지 하다. 니체는 자신의 사상을 과장해서 표현하기를 좋아했는데, 이는 경건한 독자를 괴롭히려는 이유도 있지만, 생각이 깊은 독자들 사이에서 개인적인 반성을 불러일으키기 위함이었다. 니체를 싫어하는 사람들은 누구든지 니체가 쓴 글귀에 엄격하게 파고드는 한편 니체의 참된 의도를 찾아보려고 애쓰지 않았기에, 뚜렷한 자기모순을 저질렀다고 할 수 있다.

그러나 니체는 실제로는 더할 나위 없이 성실했다. 그는 지혜로운 사람으로 보이기 위해서 기지를 부리는 일은 결코 없었다(볼테르에게는 그런 면이 있었던 것 같다). 그는 여러 세대 동안 목사로 일해 온 그의 조상들이 목표로 삼았던 결과들과 완전히 반대되는 결과들을 목표로 삼았으나, 그들의 열정을 그 또한 가지고 있었다. 니체는 압도적으로 우세한 유대교적 기독교 전통을 깨뜨리기 위해 사람들에게, 또는 몇몇 사람들에게 보다 새롭고 높은 업적을 성취하도록 격려했다. 이따금 눈에 띄는 명민한 사람으로 하여금 사회의 일반 조류에 휩쓸려 들어가기를 그만두게 하고, 아름답고 뛰어난 독창적 업적을 이루도록 길을 열어주려면 일반 대중(그는 일반 대중이 답답하게 인습에 얽매여 있다고 말하며 이를 경멸했다)의 비위를 거스르는 모험을 스스로 해야 함을 그는 알고 있었다. 이에 니체는 일반 사람들이 받아들인 기준들을 거세게 비난했다. 그리고 천재에 대한 칭송을 아끼지 않았는데, 천재가 혼란과 고통을 대가로 치르고 성공을 거두었을 때에도 찬사를 아끼지 않았다. 그는 자기 사상을 조용히 분석하느니 차라리 소리 높여 투쟁해 나아가도록 외치는 데 저술 활동의 초점을 두었다.

니체는 쇼펜하우어에게서 많은 것을 얻었으나, 그리스인들에게서는 더 많은 것을 얻었다. 그리고 쇼펜하우어가 범했다고 본 오류는, 그리스인들로부터 얻은 것으로 바로잡았다. 니체는 인간이 근본적으로 의지(意志)를 가지고 있다는 것(다만 쇼펜하우어처럼 모든 자연을 의지라고 보지는 않았지만), 그리고 인간이 여러 예술을 통해 아름다운 형상들을 창조함으로써 세상의 단조로움과 혼란을 피할 수 있다는 것에 대해서는 쇼펜하우어와 같은 생각을 했다. 니체는 의지를 인간의 경험에서 디오니소스적 요소라 불렀으며, 형상(形相)에 대한 관조를 아폴론적 요소라 불렀다. 그러나 인간이 의지의 여러 충동으로부터 피해야만 한다고 주장하는 쇼펜하우어의 신념에는 옳다고 말하지 않았다. 니체는 의지를 거부하라는 쇼펜하우어의 충고를 받아들이지 않았다. 니체는 의지로 말미암아 사람들이 고통을 겪게 된다는 사실을 알았다. 그러나 그는 고통을 거부하지 않았다. 이 고통을, 어떤 사람이 적극적으로 살아가고 있다는 상징으로서 기꺼이 받아들였다.

　니체는 삶에 대한 의지가 권력에 대한 의지가 되는 삶을 바랐다. 니체는 디오니소스적 황홀경과 아폴론적 균형이 결합된 삶을 원했다. 오직 겁이 많은 소심한 사람들만 이 고통 앞에 굴복하여 염세적이 된다고 생각했다. 용감한 의지는 고통을 무시하고, 뛰어난 목적을 이루기 위해 수많은 고통을 참고 견딜 것이며, 고난을 이겨내고 창조해 나아가는 자기 힘에 큰 기쁨을 느낄 것이다. 우리 삶에서 디오니소스적 요소와 아폴론적 요소가 잘 결합되면 훌륭한 귀족이 탄생하게 된다. 이 결합은 위대한 문학과 위대한 삶에서 볼 수 있는 비극의 참된 본질이라고 그는 주장했다. 아폴론적 균형이 지나치면 삶이 너무 지적인 것이 된다(초기 그리스 사상가들에게 훨씬 못 미치는 능력을 가졌던 소크라테스 뒤에 나타난 철학자들이 바로 그렇게 되었다고 그는 믿었다). 디오니소스적 환락에 대한 도취가 지나치게 허용되면, 삶은 어지럽혀지고 타락하게 된다. 니체는 호메로스와 아이스킬로스와 소포클레스 같은 사람들은, 아폴론적 요소와 디오니소스적 요소 사이의 균형이 적절하게 이루어졌으며, 예술이나 삶의 기술에서 창조성을 가지고 있다고 보았다.

　니체는 인습에 끌려가는 인류 대중에게는 어떠한 부탁의 말도 하지 않았으며, 또 하려고도 하지 않았다. 그는 많은 사람들이 고통을 내다보고는 의지가 약해진다는 것과 모든 훌륭한 업적은 격렬한 고통을 겪어야만 얻어진다는 사실을 잘 알았다. 많은 사람들이 자신의 사회적 환경으로부터 여러 도덕적 교훈을 받아들인다는 것, 그리고 만일 사회의 단조로운 기준을 넘어서는 일이 있다면 그것은 오직 어떤 강한 의지가 자신의 도덕적 자율성을 드러내 관습의 타성을 물리칠 때뿐임을 또한 잘 알았다. 니체는 많은 사람들이 죄의식으로 말미암아 좌절하고 있음을 잘 알았다. 그래서 그는 사람들에게 자신의 과거 잘못들을 들추어 내어 스스로를 괴롭힐 것이 아니라, 진정으로 훌륭하고 뛰어난 행동을 하도록 충고했다. 니체는 많은 사람들이 순종하며 의무를 지키도록, 온건하고 신중하며 이타적인 행동을 하도록 권한다는 사실을 잘 알았다. 그래서 그는 '점잖지 못한'과 같은 형용사를 비웃었다. 니체는 많은 사람들을 '노예'

라고 불렀다. 사제(司祭)들의 노예, 관습의 노예, 일상적인 것들의 노예라고 본 것이다. 그는 사람들이 기사답게 분투할 용기를 가지기를, 전투를 열망할 것을, 많은 사람들을 '짓밟는' 것조차 빛나는 공적을 세우는 데 필요하다면 기꺼이 행동하기를 간절히 바랐다. 참으로 뛰어난 사람은 초인(超人)이다.

니체는 결코 시대의 선동자가 아니다. 그는 정의로운 사람이다. 그러나 정의는 열등한 사람들을 우월한 사람들과 동등하게 대우하는 데 있는 게 아니다. 정의는 열등한 사람들을 수단으로서 대우하는 데 있다. 다만 여기에는 한 가지 조건이 있는데, 열등한 사람들은 무가치한 복수나 다른 사람들을 악의로 지배하기 위한 수단이 되어서는 안 되며, 위대한 예술의 탄생이나 위대한 사상의 해방을 위한 수단이 되어야 한다.

니체의 저서들 가운데 하나의 제목을 인용하여 말한다면, 뛰어난 인간은 '선악을 넘어서' 있다. 이 문구는 부주의한 독자들을 오해로 이끌지도 모른다. 니체는 뛰어난 사람이 매우 선한 것과 더없이 악한 것 또는 비도덕적인 것 사이의 여러 구별을 초월해 있다고 본 것은 아니다. 그의 용어법에서, 악이란 사람들의 병적인 양심이 그들로 하여금 두려움을 갖게 하는 것이다. 이러한 것은 어느 것이나 악이다. 니체는 사람들이 '온유한 자는 복이 있다', '마음이 가난한 자는 복이 있다', 또는 '화평케 하는 자는 복이 있다'고 하는 따위의 격언에 따르는 것을 비난했다. 사람들이 온유함과 마음의 가난과 투쟁에 대한 공포를 찬양함은 이들이 자신들만의 척도로 세상을 바라보는 것이며, 자신들의 약함을 알았기 때문이다. 그래서 이들은 다른 사람들에게 이런 격언들을 따르도록 덮어씌운 것이다. 이 격언들을 일반 사람들이 잘 따르면 연약한 이들은 보호를 받게 된다. 악한 일들이란 사람들이 두려워하는 것들이다. 사람들이 이것들을 두려워하는 까닭은 이들에게 힘써서 행동할 용기가 없기 때문이다. 물론 뛰어난 사람은 약자들이 두려워하는 것들을 초월하고 있다. 뛰어난 사람은 악한 것은 무엇이든 피할 것이다. 그런 사람은 게으름, 자기만족, 관능적 쾌락의 유혹, 그 자체만을 목적으로 하는 상업적 이익, 명성을 얻기 위한 값싼 과시, 그리고 온갖 핑계들을 피할 것이다. 또한 용기를 내어 온갖 위험에 맞설 것이다. 그리고 대담하게 살아갈 것이며, 언제나 얻고 잃는 것을 계산하며 망설이지 않을 것이다.

선과 악 사이의 구별은, 우월한 것과 열등한 것 사이의 차이를 발견하는 데 그 기초를 두는 하나의 참된 구별이다. 선함과 사악함 사이의 구별은 약자가 생각해 낸 거짓된 구별이다. 그것은 이들의 보잘것없는 연약함을 변명하거나 보호하기 위해서 생각해 낸 것이다.

체념하기 위해서 체념하는 일만큼 도덕적으로 추악한 것은 없다. 보통 실천 되고 있는 금욕주의는 어리석고 천박하다. 실제로 엄격한 자기 훈련은 위대한 일을 이룩하기 위한 필수 조건이 될 수 있으며, 금욕적 수행은 예술가나 철학 자로 하여금 자신이 추구하는 드높은 경지에 올라갈 수 있게 하는 오직 하나 의 길이 될 수 있다. 좀더 좋은 것을 위해서 무언가를 단념하는 것은 좋은 일 이다. 하지만 체념을 추구하기 때문에 무언가를 단념하는 것은 타당하지 않다. 어떤 강한 경구들에서 니체는 남녀의 순결을 비난한다. 니체가 순결을 비난한 것은 탕아를 찬미해서가 아니라 욕망이 없는 사람을 혐오했기 때문이다. 강렬 한 욕망은 뛰어난 사람이 되게 하는 보증이 되는 것은 아니지만, 없어서는 안 될 하나의 필수 조건이다. 성문제(性問題)뿐만 아니라 삶의 모든 영역에서, 좀 더 훌륭한 일을 성취하기 위해 절제하는 것은 좋은 일이지만, 그저 체념을 하 기 위해 절제하는 것은 비겁한 짓이다.

니체는 자기의 주장이 모든 가치를 뒤엎는 것이라고 선언했다. 그의 이 말 은 거의 옳았다. 그의 이상은 아마도 근세철학에서 그리스의 귀족주의적 이상 의 부활에 가장 가깝다고 말할 수 있을 것이다.[1] 니체는 칸트의 정언명법(定言 命法)에서 주장하는 보편주의적 견해에 조금도 동의하지 않았다. 모든 사람은 똑같은 행위를 할 권리가 없으며, 심지어 똑같은 판단을 내릴 권리도 없다고 그는 가르쳤다. 뛰어난 사람은 자기보다 열등한 사람들을 다룸에 있어 뛰어난 사람들끼리는 하지 않는 방법으로 다루는 것이 현명할 수도 있다. 또 자기 자

---

1) 어떤 비평가들은 니체의 초인(超人 : superman)과 아리스토텔레스의 고귀한 정신의 사람(high-minded man) 사이에 비슷한 점을 지적했다. 니체는 이 점에 대해서 주의를 기울이지 않았다. 아마도 이것은 그가 아리스토텔레스를 소크라테스 뒤에 나타난 지적으로 뛰어난 사상가들 가운데 한 사람으로 여겼기 때문일 것이다.

신의 공적을 높이기 위해 결정한 판단에 따라 열등한 사람들을 대하는 방법을 찾을 수도 있다. 모든 사람에게 옳은 것이어야만 어떤 한 사람에게도 옳은 것이 될 수 있다고 생각하는 것은 너무나 어리석다. 오직 윤리적 감상가만이 도덕적 경지가 서로 다른 이 세상에서 행위에 대한 지침으로 보편주의적 원리를 주장할 수 있다.

니체는 그의 말 속에 나타난 한계성 때문에 비평가들로부터 비난받았다. 뛰어남이 매우 절실하게 요구된다는 점을 매우 강조하면서도, 니체는 참으로 뛰어난 것과 뛰어난 듯하지만 실제로는 그렇지 않은 것을 구별하는 기준을 제시하지 않았다. 아마도 이러한 비평은 공정하다고 할 수 없을 것이다. 어떤 철학자도 그의 비평가들이 나중에 묻는 모든 질문에 대답할 수는 없다. 니체는 뛰어남의 경지에 대한 갖가지 단계들을 판단하는 형식적 기준을 체계적 철학자로서 정의하지는 않았다 해도, 예언자로서 이 뛰어남에 대해 크게 외친 것이다. 또한 니체의 비평가들은 그의 후기 저서에서 가혹하고 잔인해 보이는 논점들을 더 과장해서 그를 거세게 비난했다. 그러나 이 맹렬한 과장들은 날로 나빠져만 간 그의 건강 때문이었다고 볼 수 있을 것이다. 우리는 니체에게 불리한 비평들에 대해서 동의하든 그렇지 않든 유리하게 평가할 수 있는 한 가지 점을 놓쳐서는 안 된다. 세계 문학에서 이제까지 니체만큼 평범한 삶 안에 존재하는 도덕적 부당성을 철저하게 폭로한 작가는 한 사람도 없다.

《선악을 넘어서》

일반적으로 이 저작은 니체가 자신의 철학체계 전체를 보여주려고 한 첫 번째 시도로 여겨지는 《차라투스트라는 이렇게 말했다》에 뒤이은 것으로 1886년에 세상에 선보였다. 니체는 《선악을 넘어서》가 2000년쯤에야 읽힐 수 있다고 1886년 9월 24일 말비다 폰 마이젠부크에게 보내는 편지에서 말했다. 그는 왜 이 책을 자신이 죽은 지 100년이 훨씬 지난 뒤에야 독자들이 제대로 받아들일 수 있다고 이야기했던 것일까? 《선악을 넘어서》에서 니체가 정말로 의도하는 내용은 무엇이었을까? 1886년 8월 출판되어 나온 이 책의 부제 '미래 철학의 서곡'이 말하듯이, 니체가 이 책을 인류의 미래 정신사의 지도를 그리고자 하는 목적으로 썼음을 알 수 있다.

1886년 9월 22일 니체는 야콥 부르크하르트에게 이런 편지를 썼다.

"꼭 이 책을 읽어보시기 바랍니다. 《차라투스트라는 이렇게 말했다》와 같은 내용이 담겼지만 그것과는 아주 다릅니다." 또 니체는 1886년 10월 26일 자신의 친구이며 화가인 라인하르트 폰 자이트리츠에게 보내는 편지에서 《선악을 넘어서》는 "내 《차라투스트라는 이렇게 말했다》에 대한 하나의 주석서"라 말한다. 몸, 대지, 디오니소스, 여성성, 생명, 자유, 건강, 지혜, 영원회귀사상, 고귀한 덕 등 《차라투스트라는 이렇게

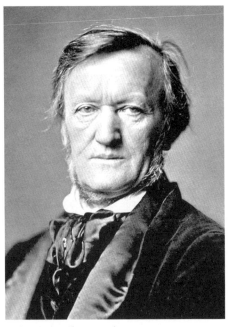

리하르트 바그너(1813~1883)

니체는 바그너의 음악극에서 그리스 비극의 정신이었던 디오니소스적인 것과 아폴론적인 것의 조화를 보았다. 《우상의 황혼》 제목은 《신들의 황혼》을 작곡한 바그너에 대한 적개심에서 붙였다고 말했다.

말했다》에서 문학적으로 다루어진 내용을 이 책에서는 한결 사색적으로 다루며 새로운 미래 철학의 대안을 찾기 때문이리라.

니체가 평가한 말을 정리해 보면, 그는 이 책에서 가장 중요한 점은 현대성 비판, 현대과학, 현대예술, 현대정치라고 말한다. 그는 《선악을 넘어서》에서 우리로 하여금 "가장 가까운 것, 시대, 우리 주변에 있는 것", 즉 현대성을 날카롭게 포착하고 문제의식화할 것을 요구한다. 가장 가깝게 있는 현실문제들은 더 깊은 사유의 성찰을 동시에 요구하는데, 그것은 바로 인간의 근원적인 사유방식과 이어진 형이상학의 문제이다.

니체에게 현대성을 극복할 수 있는 가능성은 바로 자유정신의 인간을 기르는 것이다. 그에게 "미래의 철학자는 자유정신"이며, '참된 철학자'는 스스로 자신의 가치를 창조하는 입법자이고 자기 명령을 하는 자이다. 그는 "오늘날 유럽

에서의 도덕은 무리동물의 도덕이다" 말하며, 자신의 가치가 무리 속에 묻히고 평준화되어 자기소외 속에서 살아가는 병든 시대적 본능에서 인간의 참된 과제는 바로 자신의 가치를 창조하는 일이라고 보았다. 이는 선악의 저편에서 과거와 현재에 존재하는 모든 것을 긍정하며, "가장 대담하고 생명력 넘치며 세계를 긍정하는 인간의 이상"에 새롭게 눈을 뜨는 훈련을 요구한다.

《선악을 넘어서》는 19세기, 나아가 인류 역사상 가장 위대한 책들 가운데 하나임은 틀림없는 사실이다. 이 책이 왜 위대한가를 간단하게 설명해 본다면, 먼저 이것에 일관되어 흐르는 정신의 예언자적 독자성을 들 수 있다. 또한 우리의 정신이 새로운 조망, 새로운 문제점, 새로운 연관성에 다다를 수 있도록 수많은 길을 열어주었다는 점, 그리고 우리에게 현대 사상과 문학과 역사에 대해 풍부한 이해를 얻게끔 해주었다는 점들을 들 수 있다. 결국 《산악을 넘어서》는 단순히 위대한 인물일 뿐만 아니라 예외적인 복합성과 전체성을 지닌 매력적인 한 인간을 만나볼 수 있는 기회를 제공해 주는 귀중한 저서이다.

《우상의 황혼》

1878년 니체는 그의 첫 저작인 《인간적인 너무나 인간적인》을 쓴다. 그뒤 10년 동안 그는 아주 많은 책들을 펴낸다. 1888년에는 《반 그리스도》《바그너의 경우》《우상의 황혼》《이 사람을 보라》《디오니소스 송가》《니체 대 바그너》 등 모두 6권의 책들을 집필한다.

1888년은 니체 생애에서 사실상 마지막 해였다는 점에서 절정의 해라 할 수 있다. 젊은 시절에 걸린 것으로 보이는 매독 때문에 그는 16년 동안 병으로 고생해 왔다. 끝내 그는 1889년 새해가 밝아오자 정신병자가 되었다가 1900년 8월에 죽음에 이르렀다.

니체는 1887년 가을 무렵부터 시작된 우울증에도 불구하고 1888년에 자신의 운명을 예감이나 한 듯이 저술에 마지막 혼신의 힘을 기울인다. 이때에 그는 무엇을 위해서 자신의 마지막 삶의 정열을 불태웠던 것일까. 그는 현대 세계와 현대성에 대해서 마지막 일침을 가하고자 했다.

1888년 씌어진 그의 여섯 저작들은 니체의 모든 저작들에 대해서 축소판이라 해도 지나친 말은 아니다. 니체의 철학은 그때 이미 완성되어 있었고 그는 이제 그것을 마무리하고 있었던 것이다. 《우상의 황혼》에서는 더없이 간결하게 이전 10년 동안에 다룬 주제의 거의 모든 것을 요약했고, 《반 그리스도》는 그리스도교와 그리스도교 도덕에 대한 흩어진 성찰들을 하나의 도전적 에세이로 묶어 정리했다.

'우상의 황혼'이라는 제목은 니체가 페터 가스트에게 보낸 1888년 9월 27일 편지에서 밝히듯이 《신들의 황혼》을 작곡한 바그너에 대한 적개심에서 붙인 것이다. 이 책의 구성은 머리글, 잠언과 화살, 소크라테스의 문제, 철학에서의 '이성', '진실한 세계'가 어떻게 결국 우화가 되었던가, 반자연으로서의 도덕, 네 가지 중대한 오류, 인류를 '개선하는 자들', 독일사람에게 부족한 것, 어느 반시대적 인간의 편력, 내가 옛사람에게 힘입은 것, 망치가 말한다 등으로 이루어졌다.

그중 〈철학에서의 '이성'〉 대목에서 니체는 철학자들에게 부숴버려야 할 우상으로서 역사적 감각의 모자람 또는 빠짐, 생성에 대한 증오, 실제적인 것의 박제, 개념의 숭배, 감각과 육체에 대한 불신과 경시, 최후의 것과 최초의 것에 대한 혼동 등을 든다. 나아가 니체는, 참된 세계와 가상 세계로 세계를 나누는 이분법의 방식은 그것이 그리스도교적이든, 형이상학적이든 간에 데카당스의 징후이며 하강하는 삶의 징후에 지나지 않는다는 점, 철학자들의 참된 세계란 가상이고, 무의미한 이론에 불과하며 우리가 살아가는 이 세계만이 오직 하나의 실재라는 점을 다시 한 번 주장한다.

〈'진실한 세계'가 어떻게 결국 우화가 되었던가〉는 이 책 《우상의 황혼》에서 가장 널리 알려진 대목이다. 이 구절은 아주 간결한 몇 단어와 형식으로 형이상학의 역사를 오류의 역사로서 개괄한다. 플라톤에서부터 그리스도교를 거쳐 칸트에 이르는 참된 세계와 가상 세계라는 이분법의 변천사가 제시되고, 실증주의를 거치고 니체에 이르러서 이분법 자체가 무너져 버리는 과정을 그려낸다. 오류의 역사의 종말은 곧 형이상학적 사유의 종말이고, 이 종말은 니체에게서 비로소 가능해졌다.

〈네 가지 중대한 오류〉 대목에서 니체는 우리 인간을 판결하고 단죄할 수 있는 우리 바깥의 것은, 이를테면 신은 존재하지 않는다는 것, 존재 방식이 최고 원인으로 소급되어서는 안 된다는 것, 세계가 정신으로서의 단일체가 아니라는 것, 신을 부정하면서 인간 삶에 대한 가장 큰 반박을 부정한다는 것 등을 주장한다.

《이 사람을 보라》

1888년 가을에 코펜하겐 대학의 브란데스 교수가 니체 철학을 강의하기까지 줄곧 외면만 받아 왔던 니체의 작품들이 독일 안에서도 공공연히 반향을 일으키기 시작한다. 그러자 니체는 자신이 공정하게 평가되고 있다는 생각을 하게 된다. 이런 생각 아래 니체는 자서전적 저작인 《이 사람을 보라》를 쓰게 된다. 오랫동안 세상의 외면과 오해를 받아온 니체가 스스로에 대한 해명의 글을 남기고 싶은 심정이 든 것은 마땅한 일이었으리라. 그는 이 철학적 자서전을 아주 기쁜 마음으로 쓴다. 하나의 철학 자서전으로써 자기의 삶과 작품, 철학을 정리했다. 그렇기에 니체나 그의 작품들, 니체 철학의 바탕을 파악하는데 길잡이 역할을 해준다.

《이 사람을 보라》의 구성은 크게 머리글, 나는 왜 이렇게 현명한가, 나는 왜 이렇게 영리한가, 나는 왜 이렇게 좋은 책들을 쓰는가, 왜 나는 하나의 운명인가 등으로 이루어진다.

《이 사람을 보라》에서 니체는 첫 문장에서부터 겸손과는 거리가 먼 태도를 보인다. 그는 자신을 혼동하지 말라고 요구하며, 스스로를 철학자 디오니소스의 제자로, 자기의 작품들을 자신의 삶과 격정의 표현으로, 자신의 작품들이 높은 곳의 공기임을 주장한다. 니체는 자신의 유일성에 자부심을 가지며, 니체라는 한 인간의 본보기적인 위대함을 알아차리지 못한 그 시대에 온갖 비난을 퍼부어댄다. 여기서 니체는 현대 세계의 도덕적이고도 정치적인 면에 대한 그의 사유를, 그를 고통스럽게 만들었던 온갖 개인적인 경험과 주변 사람들에 대한 기억과 연결지어 서술해 나아간다.

20세기 사상의 뿌리―니체

니체는 금욕주의적 이상에 따라서 최고 가치로 정립된 것을 평가절하하기 위해 '허무주의'라는 용어를 썼다. 자신이 살았던 시대를 수동적 허무주의 시대, 즉 19세기에 실증주의가 나타남으로써 종교적·철학적 절대성이 이미 해체되었음을 아직 모르고 있는 시대라고 보았다. 형이상학적이고 신학적인 기초와 전통적인 도덕이 허물어짐으로써 무목적·무의미 등의 느낌만이 남았다. 무의미의 승리는 곧 허무주의의 승리이며, 그러므로 "신은 죽었다." 그러나 니체는 많은 사람들이 금욕주의적 이상의 쇠퇴와 존재의 본래적 무의미를 받아들일 수 없을 것이기 때문에 삶에 의미를 주는 대리 절대자를 찾으리라고 내다보았다. 그 무렵 등장하던 민족주의가 그러한 불길한 대리 신이며 민족국가는 초월적 가치와 목적을 부여받게 될 것이라고 니체는 말했다. 철학과 종교가 교의의 절대성을 표현한 것으로 볼 수 있듯이, 절대성은 사명감과 정열을 지닌 민족국가에도 나타난다고 본 것이다. 경쟁자에 대한 살육과 영토의 정복은 보편적 형제애와 민주주의·사회주의의 깃발 아래 진행된다. 이러한 니체의 선견지명은 매우 날카로운 것이었다. 니체는 자신의 저작들을 허무주의와의 투쟁으로 보았으며 종교, 철학, 도덕에 대한 비판을 바탕으로 권력을 지향하는 의지, 영원한 회귀, 초인(超人)에 대한 독창적인 사상을 발전해 나아간 것이다.

니체를 말하지 않고는 20세기의 철학·신학·심리학의 역사를 생각할 수 없다. 독일의 철학자 막스 셸러, 카를 야스퍼스, 마르틴 하이데거가 니체에게 많은 빚을 졌으며, 프랑스의 알베르 카뮈, 자크 데리다, 미셸 푸코 등도 마찬가지이다. 철학과 문학비평에서 일어난 실존주의와 해체주의 또한 그에게 힘입은 바가 크다. 20세기의 위대한 철학자 마르틴 부버는 니체가 그의 삶에 가장 커다란 영향을 준 사람 가운데 하나라고 언급하며 《차라투스트라는 이렇게 말했다》의 1부를 폴란드어로 옮기기도 했다. 니체가 자기를 누구보다도 더 철저하게 이해했다고 말한 프로이트를 비롯하여 아들러, 카를 융 등 심리학자도 깊은 영향을 받았다. 토마스 만, 헤르만 헤세, 앙드레 말로, 앙드레 지드 등의 소설가와 조지 버나드쇼, 라이너 마리아 릴케, 슈테판 게오르게, 윌리엄 예이츠 등의 시인·극작가도 니체에게서 많은 영감을 얻었고, 그에 대해 글을 썼다. 이렇게 니체는 20세기 사상의 뿌리이자, 가장 영향력 있는 철학자 가운데 한 사람임이 분명하다.

니체 연보

1844년　　　　10월 15일, 프리드리히 빌헬름 니체, 독일 작센 주 뢰켄에서 목사의 맏아들로 태어남.

1846년(2세)　　7월 10일, 누이동생 엘리자베트 태어남.

1848년(4세)　　2월, 동생 요제프 태어남.

1849년(5세)　　7월 30일, 아버지 죽음.

1850년(6세)　　2월, 동생 요제프 죽음. 4월, 가족이 나움부르크로 이사함. 초등학교에 들어감. 벨헬름 핀데르 및 구스타프 크루크와 친구가 됨.

1858년(14세)　10월, 나움부르크 근교의 슐포르타 학교에 입학. 파울 도이센과 평생에 걸친 교제가 시작됨.

1860년(16세)　핀데르 및 크루크와 함께 나움부르크에서 문학과 음악 동아리 '게르마니아'를 만듦.

1861년(17세)　크루크를 통해 리하르트 바그너의 〈트리스탄과 이졸데〉 피아노 발레곡을 알게 됨. 부활절에 도이센과 함께 견신례 받음. 10월, 편지로 자기가 좋아하는 시인을 친구에게 추천하는 형식으로 횔덜린을 논함. 12월, '게르마니아' 모임에서 바이런 연주 발표.

1862년(18세)　가끔 두통을 앓음(아버지가 뇌경색으로 죽었기 때문에 유전적인 것으로 생각함). '게르마니아'에서 논문 〈운명과 역사〉 발표.

1863년(19세)　독서 목록 맨 위에 에머슨을 들음. 〈에르마나리히론〉을 씀.

1864년(20세)　9월 7일, 슐포르타 학교를 졸업. 시 〈알지 못하는 신에게〉 발표. 10월, 본 대학에 입학, 신학과 고전문헌학을 전공함. 리츨 교수에게 배움.

1865년(21세)　10월, 리츨 교수를 따라 라이프치히 대학으로 옮김. 고전문헌학을 전공함. 우연히 헌책방에서 쇼펜하우어의 《의지와 표상으로서의 세계》를 발견하여 탐독함.

1866년(22세)　65년, 리츨 교수의 권고로 결성된 '고전문헌학연구회'에서 1월 18일, 그리스 시인 테오그니스에 대한 연구를 발표하고, 리츨 교수의 칭찬을 받자 문헌학자가 될 것을 결심함. 여름, 랑게의 《유물론사》를 읽음. 에르빈 로데와의 교제가 시작됨.

1867년(23세)　10월 9일, 나움부르크 포병연대에 입대.

1868년(24세)　3월 14일, 말을 타다가 떨어져 자리에 눕게 됨. 10월 15일, 제대하여 라이프치히 대학에 복학함. 10월 28일, 〈트리스탄과 이졸데〉와 〈뉘른베르크의 명가수〉 서곡을 듣고 바그너 음악에 심취함. 11월 8일, 리츨 부인의 소개로 라이프치히의 헤르만 브로크하우스 집에서 바그너를 만남. 그 뒤로 더욱 바그너에 열중함.

1869년(25세)　2월 13일, 리츨 교수의 추천으로 학위를 받기에 앞서 연봉 3천 프랑의 바젤 대학 고전문헌학 조교수로서 초빙됨. 3월 23일, 무시험으로 학위를 받음. 4월 17일, 프로이센 국적을 포기하고 스위스인이 됨. 5월 17일, 처음으로 루체른 근교 트립셴에 있는 바그너의 집을 방문함. 5월 28일, '호메로스와 고전문헌학'이라는 제목으로 바젤 대학 취임강연을 함. 자비(自費)로 인쇄함. 동료 야코프 부르크하르트와의 교우 관계 시작됨.

1870년(26세)　1월 18일, '그리스의 악극'이란 제목으로 공개강연을 함. 2월 1일, '소크라테스와 비극'이란 제목의 공개강연을 함. 《비극의 탄생》의 원형임(자비로 이듬해 바젤에서 인쇄되었으나 간행된 것은 1927년). 4월 9일, 교수로 승진함. 여름에 〈디오니소스적 세계관〉 집필(발표된 것은 1928년). 8월, 보불전쟁에 위생병으로 종군 지원, 중병을 얻어 10월 말 바젤로 돌아옴. 동료인 신학자 프란츠 오베크를 알게 되어 그와 함께 5년 동안 바우만 집에 하숙함.

1871년(27세)　2월 25일, 건강상의 이유로 휴가를 얻어 4월 초까지 누이동생과 함께 루가노에 머묾. 《비극의 탄생》 원고 집필.

1872년(28세) 연초에《음악의 정신에서 나온 비극의 탄생》출판. 1월 16일부터 3월 23일에 걸쳐, '우리나라 교육시설의 미래에 대해'라고 제목을 붙인 연속 공개강연을 5회에 걸쳐 행함. 4월 25일~27일, 마지막으로(23번째) 트립셴에 있는 바그너를 방문함. 5월에 문헌학자 빌라모비츠 묄렌도르프가《비극의 탄생》에 대한 공격문을 내놓자, 친구인 로데가 다시 이것을 반박함.

1873년(29세) 이때부터 줄곧 어딘가 몸이 좋지 못하고, 특히 심한 편두통을 앓게 됨. 전년 겨울부터 단편《그리스인의 비극 시대에 있어서의 철학》집필.《반시대적 고찰, 제1부, 다비드 슈트라우스. 고백자와 문필가》, 라이프치히의 프리츠 서점에서 출판.

1874년(30세) 《반시대적 고찰 제2부, 삶에 대한 역사의 이로움과 해로움》프리츠 서점에서 출판.《반시대적 고찰 제3부, 교육자로서의 쇼펜하우어》프리츠 서점에서 출판. 바그너의 초대로 8월 4일에서 15일까지 바이로이트에 머묾. 에머슨을 읽음.

1875년(31세) 눈병과 위장병이 악화됨.《반시대적 고찰》에 대한 서평이〈웨스트민스터 리뷰〉에 실림.

1876년(32세) 1월 초, 병으로 말미암아 고등학교에서의 수업을 면제받음. 2월 중순, 강의 중지함. 4월, 제네바에서 네덜란드인 여류 음악가 마틸데 트람페다흐에게 청혼했다가 거절당함. 7월 초,《반시대적 고찰 제4부, 바이로이트의 리하르트 바그너》켐니츠의 슈마이츠너 서점에서 출판. 7월 24일, 최초의 바이로이트 축제극을 위해 바이로이트로 갔으나 실망하여 전체 공연을 보지 않고 도피함. 그 뒤《인간적인 너무나 인간적인》의 초고를 쓰게 됨. 10월 15일부터 1년 동안, 병으로 인해 바젤 대학의 모든 의무를 면제받음. 10월 20일, 레와 바젤 대학생인 알베르트 브렌너와 함께 제네바로 감. 23일, 다시 나폴리로 감. 마이젠부크도 함께 소렌토에서 겨울을 보냄. 마침 그 무렵 바그너의 가족도 소렌토에 머무르고 있어서 바그너와 니체의 마지막 교제가 이루어짐.

1877년(33세) 마리 바움가르트너에 의한 《바이로이트의 리하르트 바그너》의 프랑스어 번역판 출판. 소렌토에서 라가츠, 로젠라우이를 거쳐 9월 다시 바젤로 돌아옴. 9월 1일 이후로 누이동생과 함께 지내다 가스트가 조수로서 함께 있게 됨.

1878년(34세) 5월, 《인간적인 너무나 인간적인—자유정신을 위한 글》 켐니츠의 슈마이츠너 서점에서 출판. 바그너와의 우정이 단절됨. 1월 3일, 바그너가 〈파르지팔〉을 니체에게 보낸 것이 마지막 기증이며, 이에 대해 5월 《인간적인 너무나 인간적인》을 기증하며 함께 보낸 편지가 니체의 마지막 편지가 됨. 〈바이로이트 브레터〉 8월호에 바그너는 니체에 대한 공격문을 실음. 6월, 누이동생은 어머니에게로 돌아감. 건강 상태 악화됨.

1879년(35세) 《인간적인 너무나 인간적인》 제2부 상권에 해당하는 〈여러 가지 의견과 잠언〉 슈마이츠너 서점에서 출판. 병세가 나빠져 6월 14일부로 바젤 대학을 퇴직, 3천 프랑의 연금을 받게 됨. 9월, 누이동생과 함께 나움부르크로 돌아옴. 그의 '생애에서 가장 어두운 겨울'에 《인간적인 너무나 인간적인》 제2부 하권에 해당하는 〈방랑자와 그 그림자〉 집필. 이 1년 동안 맹렬한 발작에 시달리게 됨. 발작 일수 118일이나 됨.

1880년(36세) 《방랑자와 그 그림자》, 슈마이츠너 서점에서 출판. 3월 12일부터 6월 말까지 베네치아에서 지냄. 베네치아에 머무는 동안 스탕달과 슈티프터의 〈늦여름〉 등을 읽음. 7월, 8월, 마리엔바트에 머무르면서 메리메, 생트 뵈브를 읽음. 9월, 나움부르크의 집으로 돌아옴. 11월부터 제네바에서 처음으로 겨울을 보냄.

1881년(37세) 1월, 전년부터의 《아침놀, 도덕적 편견에 관한 생각》 완성, 슈마이츠너 서점에서 출판. 7월 4일~10월 1일, 실스마리아에서 처음 여름을 맞이함. 이 동안 8월, 실바플라나 호숫가에서 영원회귀의 사상이 움트게 됨. 10월 초부터 제네바에 체류함. 11월 27일 처음으로 비제의 〈카르멘〉을 듣고 감동함.

1882년(38세) 시 〈메시나의 목가〉 발표. 3월 29일, 제네바에서 메시나로 감. 4
월 20일까지 메시나에 머묾. 마이젠부크와 레의 초청으로 로마
로 가서 거기서 루 폰 살로메를 알게 됨. 살로메 모자, 레와 함께
루체른 등지로 여행함. 니체와 레가 함께 살로메에게 구혼했다가
거절당함. 여름을 타우텐부르크에서 살로메와 함께 보내고 《즐거
운 지식》을 탈고, 슈마이츠너 서점에서 출판(제4권까지의 구판). 8
월 말, 나움부르크로 돌아감. 살로메의 시 〈삶에 바치는 기도〉를
작곡해서 〈삶의 찬가〉를 지음. 11월 23일 이후 라팔로에 체류, 해
를 넘김. 1882년 무렵부터 1888년에 걸쳐 이른바 《권력에의 의
지》로 불리는 '80년대의 유고'가 씌어짐(누이가 엮은 전집의 제15권
에 1901년 《권력에의 의지》라는 제목으로 발간되었을 때는 483편의
짧은 장밖에 수록되어 있지 않았는데, 1906년 누이와 가스트에 의
해 문고판에서 처음으로 그때까지 여러 판에서 행해지는 것처럼 총
수 1067로 되었다. 칼 슐레히타는 이것이 누이와 가스트의 합작에 의
한 날조라고 해서 거센 공격을 가하고, 그가 엮은 세 권으로 된 《저
작집》에서 '80년대의 유고에서'라는 표제 아래 새로운 객관적 배열을
하고 있음).
1883년(39세) 라팔로에서 2월 2일~13일 열흘 동안에 《차라투스트라는 이렇게
말했다》 제1부를 완성(1883년 인쇄). 3월 13일, 바그너 죽음. 5월 4
일~6월 16일, 로마에 체류함. 6월 24일 이후, 실스마리아에 머묾.
《차라투스트라는 이렇게 말했다》 제2부 완성(1883년 인쇄). 3월부
터 니스에서 처음으로 겨울을 보냄(1883부터 1888년까지, 습관적으
로 여름을 실스마리아에서, 겨울은 니스에서 보내게 됨).
1884년(40세) 1월, 니스에서 《차라투스트라는 이렇게 말했다》 제3부 완성(1884
년 인쇄).
1885년(41세) 2월, 《차라투스트라는 이렇게 말했다》 제4부 완성, 출판자가 나
타나지 않아 자비로 인쇄. 아우구스티누스의 《고백록》을 읽음. 5
월 22일, 누이 엘리자베트, 푀르스터와 결혼함.

1886년(42세)   누이가 남편 푀르스터와 함께 파라과이로 이주함. 5월 초까지 니스에 머묾. 여기서 《선악을 넘어서, 장래의 철학에의 서곡》 완성 (1886년 8월, 라이프치히의 나우만 서점에서 자비 출판). 니스를 떠나 베네치아, 뮌헨을 거쳐 5월 중순부터 6월 27일까지 라이프치히에서 보냄. 라이프치히 대학에서 로데의 강의를 들음. 9월 16일, 17일, 베른의 〈분트〉지에 비트만의 《선악을 넘어서》에 대한 서평이 실림. 《즐거운 지식》 제5권 '우리들 공포를 모르는 사람'을 탈고함. 《비극의 탄생》 부제를 '그리스 정신과 페시미즘'이라 바꾸고 '자기 비평의 시험'을 덧붙인 신판을 라이프치히의 프리츠 서점에서 출판. 《인간적인 너무나 인간적인》 제1권 및 제2권에 각각 새로운 머리말을 붙여 프리츠 서점에서 출판.

1887년(43세)   새로운 머리말을 붙인 《아침놀》의 재판이 프리츠 서점에서 간행. '포겔 프라이 공자의 노래' 및 제5권 '우리들 공포를 모르는 사람'을 덧붙인 《즐거운 지식》의 재판, 프리츠 서점에서 간행. 《차라투스트라는 이렇게 말했다》의 1부, 2부, 3부 합판을 프리츠 서점에서 간행. 《삶의 찬가, 혼성 합창과 관현악용》 프리츠 서점에서 간행. 1월, 몬테카를로에서 처음으로 〈파르지팔〉을 오케스트라로 들음. 2월, 처음으로 도스토옙스키를 프랑스어 번역으로 읽음. 2월 23일, 니차에 대지진 일어남. 살로메, 안드레아스와 결혼을 알려옴. 로데와 절교함. 11월 11일, 로데에게 마지막 편지를 씀. 6월 20일, 하인리히 폰 슈타인 죽음. 20일 동안에 《도덕의 계보, 논쟁의 글》 완성(1887년 나우만 서점에서 간행).

1888년(44세)   4월 2일, 니스를 떠나 토리노로 감. 4월 4일~6월 5일 최초로 토리노에 체류함. 4월 초 게오르그 브란데스, 코펜하겐에서 '독일 철학자 프리드리히 니체에 대하여' 강연. 6월 5일~9월 20일, 실스마리아에서의 일곱 번째 체류, 다시 스탕달을 읽음. 5월 8일부터 8월에 걸쳐 《바그너의 경우, 음악가의 한 문제》 완성, 9월 중순, 나우만 서점에서 출판. 《바그너의 경우》에 이어, 주로 8월 중에 《우상의 황혼 또는 사람은 어떻게 해서 쇠망치를 가지고 철학을 하는가》를 완성(이듬해인 1889년 1월 나우만 서점에서 간행). 9월 21일부터 이듬해 1월 9일까지 토리노에서 두 번째 체류, 9월 30일 《안티크리스트 그리스도교에 대한 저주》 탈고(1894년 케겔 편찬의 《저작집》에서 처음으로 간행. 그때까지의 모든 판에 복자(伏字)로 되어 있던 부분은 1956년 칼 슐레히타 편찬의 《저작집》 제3권에서 복원됨). 10월 15일, 그의 마흔네 번째 생일로부터 《이 사람을 보라, 사람은 어떻게 해야 본디의 자신으로 되는가》 집필 시작, 11월 4일 탈고(1908년 라울 리히터 교수에 의해, 독지가 사이에 배포되는 한정 출판 형식으로 인겔 서점에서 간행, 1911년 처음으로 공간). 11월 8일 〈분트〉지에 칼 슈피텔러에 의한 《바그너의 경우》 서평 실림. 브란데스의 소개로 스트린드베리와 편지 주고받음. 12월 중순, 《니체 대 바그너 한 심리학자의 공문서》 완성(가스트에 의해 자비로 이듬해인 1889년 1월, 나우만 서점에서 간행, 공간은 케겔 편찬 《저작집》에 1895년). 시 〈디오니소스 찬가〉 완성. 연말부터 정신 착란 증세가 나타남.

1889년(45세) 1월 3일, 토리노의 카를로 알베르토 광장에서 졸도함. 1월 3일부터 7일까지 사이에 '디오니소스' 또는 '십자가에 박힌 자'라고 서명한 괴상한 편지를 곳곳에 보냄. 1월 10일, 바젤 정신병원에 인도됨. 의사 빌레의 진단은 '진행성 마비증'. 1월 17일, 어머니와 함께 예나로 가서, 예나 대학병원 정신과에 입원함. 1월 말, 《우상의 황혼》 나우만 서점에서 출판. 전년도의 《니체 대 바그너》, 나우만 서점에서 자비로 간행.

1891년(47세) 누이동생이 니체의 작품 공간에 관여하기 시작, 《차라투스트라는 이렇게 말했다》 제4부의 공간을 저지함(주로 〈당나귀 축제〉 때문).

1892년(48세) 가스트에 의해 전집의 기획, 유고의 정리 발표가 행해짐. 《차라투스트라는 이렇게 말했다》 제4부 이 판에 의해 처음으로 공간됨.

1893년(49세) 9월, 누이가 사업에 실패하고 파라과이에서 돌아옴.

1894년(50세) 광인이 된 니체는 거의 외출을 못하게 됨. 누이가 가스트에 의한 전집의 중지를 종용하고 2월, 최초의 '니체 문서보관소'를 나움부르크의 어머니 집에 차림.

1895년(51세) 《안티크리스트》 및 《니체 대 바그너》 공간(케겔 편찬의 《저작집》에서). 마비 증세가 자주 나타나게 됨.

1897년(53세) 4월 20일, 어머니 죽음. 바이마르의 누이동생 집으로 옮김.

1899년(55세) 누이동생에 의해 세 번째 전집 출판 시작. 출판자는 처음에는 나우만, 나중에는 알프레트 크뢰너에 인계되어 열아홉 권으로 완결됨.

1900년(56세) 8월 25일, 바이마르에서 숨을 거둠. 8월 28일, 태어난 뢰켄에 묻힘.

강두식

서울대학교 독어독문과 및 대학원(문학박사)을 졸업하고 독일 하이델베르크대학에서 독문학을 연구했다. 서울대학교 인문대학교수, 인문대학 학장, 호원대학교 총장을 역임했고 현재 학술원 회원으로 있다. 논문 및 지은책《현대독문학산고》등이 있으며, 옮긴책 토마스 만《펠릭스 크룰의 고백》릴케《말테의 수기》니체《인간적인 너무나 인간적인》《권력에의 의지》카프카《아메리카》괴테《파우스트》등이 있다.

곽복록

일본 조치(上智) 대학교 독어독문학과 수학. 서울대학교 문리과대학 독어독문학과 졸업. 미국 시카고 대학교 대학원 독어독문학과 졸업. 독일 뷔르츠부르크 대학교 독문과 졸업(독문학 박사). 서울대학교·서강대학교 독문과 교수 역임. 한국독어독문학회 회장. 한국괴테학회 초대회장. 서강대학교 명예교수. 지은책《독일문학의 사상과 배경》옮긴책 요한 볼프강 폰 괴테《젊은 베르테르의 슬픔》《파우스트》《친화력》《헤르만과 도로테아》《빌헬름 마이스터 수업시대·편력시대》《괴테시전집》요한 페터 에커먼《괴테와의 대화》프리덴탈《괴테 생애와 시대》토마스 만《마의 산》카를 힐티《잠 못 이루는 밤을 위하여》《행복론》니체《차라투스트라는 이렇게 말했다》《비극의 탄생》《즐거운 지식》아이스킬로스《결박당한 프로메테우스》에우리피데스《히폴리토스》등이 있다.

세계사상전집072
Friedrich Wilhelm Nietzsche
JENSEITS VON GUT UND BÖSE
GÖTZEN–DÄMMERUNG/ECCE HOMO
선악을 넘어서/우상의 황혼/이 사람을 보라
프리드리히 니체/강두식·곽복록 옮김
동서문화사창업60주년특별출판
1판 1쇄 발행/2017. 2. 20
1판 5쇄 발행/2024. 2. 1
발행인 고윤주
발행처 동서문화사
창업 1956. 12. 12. 등록 16-3799
서울 중구 마른내로 144 동서빌딩 3층
☎ 546-0331~2 Fax. 545-0331
www.dongsuhbook.com
잘못된 책은 구입하신 곳에서 바꾸어드립니다.
＊
이 책의 출판권은 동서문화사가 소유합니다.
의장권 제호권 편집권은 저작권법에 의해 보호를 받는 출판물이므로
무단전재와 무단복제를 금합니다.
사업자등록번호 211-87-75330
ISBN 978-89-497-1587-2 04080
ISBN 978-89-497-1514-8 (세트)